全国优秀教材二等奖

普通高等教育"十一五"国家级规划教材
教育部普通高等教育精品教材
21世纪新闻传播学系列教材

传播学教程

第二版

郭庆光　著

中国人民大学出版社
·北京·

总序

P R E F A C E

中国人民大学出版社策划出版的这部“21世纪新闻传播学系列教材”，是一部在新闻传播学领域内密切联系新闻传播工作的实际，广泛吸收新闻传播学的最新研究成果，高挹遐揽，取精用宏，供新世纪的高等院校新闻传播院系教学使用的系列教材。

20世纪初以来的100年，是世界新闻传播事业飞速发展的100年。这100年来，随着科学技术的不断发展，继报纸、期刊、通讯社之后，广播、电视、网络和多种新媒体相继问世，新闻传播的媒介日趋多元化，新闻传播的手段日趋现代化，“地球村”变得越来越小，新闻传播事业对世界政治、经济和文化的影响则变得越来越大。

这100年，也是中国新闻事业飞速发展的100年。其中最近的30年，即中国改革开放以来的30年，发展得尤为迅猛。据20世纪末的统计数字，截至20世纪末，即1999年，全国已有公开发行的报纸2 100种，通讯社2家，广播电台1 200座，有线和无线电视台3 000多座。其中，报纸年出版总数达到195亿份，广播人口覆盖率达到88.2%，电视人口覆盖率达到89%，电视受众超过9亿人。与此同时，全国各类新闻从业人员的总数也已超过55万人。

进入新世纪以后，中国新闻事业发展的势头更为迅猛。报纸、期刊、通讯社、广播电台、电视台的数量在宏观调控下，虽无大变化，但软硬件的实力，都有了很大的进展。据2008年的最新统计数字，全国报纸的期发数已达1.07亿份，稳居世界第一位。全世界发行量最高的100家报纸中，中国占了25家（大陆24家，台湾1家）。电视受众超过了12亿，覆盖率达到了97.1%。宽带网的上网人数超过了 2.23 亿。手机的拥有量超过了 5.39 亿，手机短信的发送量超过 3 500 亿条。手机的功能已进入 3G 时代，由一般的通话，发展到手机短信、手机报和手机电视。与此同时，新闻传播业的产值也大大提高，超过了 5 440 亿元人民币，成为国民经济的第四大主导产业。中国在以上统计数据中的后几项数字，都已稳居世界的前列。

这样大的发展规模，这样快的发展速度，在世界和中国新闻事业史上都是空前的。回顾既往，盱衡未来，新闻传播事业在 21 世纪还将会保持旺盛的发展势头。新闻传播，作为上层建筑和意识形态的一个重要组成部分，在全面准确地宣传党的基本理论、基本路线和基本方针以及各项决策，反映人民群众的伟大业绩和精神风貌，以及推动改革开放和社会主义现代化建设等方面，必将继续发挥重要的作用。

与新闻传播事业的发展相配合，这 100 年来，为中国的新闻战线培养和输送人才的中国新闻教育，也有了相应的发展。中国的新闻教育起始于 20 世纪初，迄今有近 90 年的历史。新中国成立前的 30 年，虽然先后在个别院校中设立了新闻系或新闻专科，但规模都不大，设备也不够完善，在校学生的人数，最多的时候不超过 400 人，30 年间累计培养出来的毕业生还不到 3 000 人。新中国成立后，为了为新中国的新闻事业培养人才，新闻教育有了新的发展，但到 20 世纪 60 年代中期为止，全国的新闻教育机构也还只有 14 家。当时全国只有 343 家报社、78 座广播电台和 13 家电视台，革命老区来的新闻工作骨干，正当盛年，足以支撑大局，新闻系和新闻专业的学生统招统分，基本上能够满足中央和省市以上新闻单位梯队建设方面的需要。“文化大革命”爆发后，新闻事业进入低谷，新闻人才的培养也被迫中辍。拨乱反正之后，新闻事业有了飞速的发展，但新闻工作的人才却出现了断层，明显供不应求，因而极大地推动了新闻教育的发展。中国的新闻教育得以重振旗鼓并得到空前迅猛的发展，主要是改革开放以来的这 30 年间的事情。这 30 年来，中国新闻教育和中国新闻事业同步发展。截至 1999 年，全国设有新闻传播学类院、系、专业的高校已由改革开放之初的两三所增加到 60 所以上，各种类型和层次的专业教学点已不下 600 个。新闻专业的教学已从单一的大学本科教育，发展到博士生、硕士生、本科生、大专生、成人教育、函授教育等多层次的格局，个别院系还设置了新闻传播学方向的博士后流动站。改革开放之初，全国在校的新闻系科学生总共只有 500 来人，现在仅本科生就有6 000人，加上大专生和研究生接近 10 000 人。30 年间累计向新闻单位输送的毕业生超过 30 000 人。办学层次、办学规模、办学水平都有了很大的提高。进入新世纪以后，随着新闻传播事业的加速发展和新闻战线人才需求的不断增加，中国的新闻教育还将会有更大幅度的发展。

一般说来，新闻教育质量的高低，起决定作用的，主要是两个因素：一个是师资，一个是教材。两者之间，教材的作用更大。这是因为，师资的多少和良窳，往往受办学主客观条件的限制，而教材一旦完成，就可以直接嘉惠于学子，风行四海，无远弗届。进一步说，一部好的教材，不仅可以满足教学的需要，培养出一大批人才，而且还可以同时拥有一定的学术含量，推动新闻传播学研究的发展。1919 年出版的徐宝璜的《新闻学》，1927 年出版的戈公振的《中国报学史》，就是这方面很好的例子。两书都是作者在高等学校从事新闻学理论和新闻史教学时作为教材编写出来的，出版之后，立即引起世人的关注和推崇，几十年来一再重版，历久不衰，至今仍然是公认的新闻学理论和新闻史方面的传世之作和经典之作。正因为这样，新闻教育的前辈们，历来十分重视教材的建设。新中国成立初期的十来年，坊间出版的新闻学方面的书籍，绝大部分都是教材。改革开放以后，新闻传播学研究空前繁荣，新闻学方面的书籍大量问世，但教材仍然在其中占了很大的比重。这些教材，覆盖了新闻传播学的方方面面，经过出版家和众多作者们的长期努力，门类和品种基本配套齐全，曾经为同时期的新闻教学做出过重要的贡献。但是，随着时间的推移和新闻工作实际的飞速发展，这些教材的体例日显陈旧，观点和内容也亟待调整和更新。一些属于学科前沿和科技含量较高的新开课程的教材尚付阙如，使现有的教材出现了不少缺口。在新世纪已经到来之际，集聚力量，重新编写出一套体系完整，门类齐全，能够为新世纪的新闻教育和新闻人才培养服务的新闻传播学的系列教材，已经成为人们的共识和新闻业界及新闻教育界的迫切需求。

呈现在读者面前的，就是应这样的需求而产生的一套系列教材，它将涵盖新闻学、传播学两个二级学科的方方面面内容，满足新闻、广播、电视、广告、媒体经济、多媒体等多个专业的教学需要。负责这些教材编写工作的，是中国人民大学、复旦大学、北京大学、清华大学、中国传媒大学、中国青年政治学院等多所著名院校长期从事新闻传播学方面教学与研究工作的专家学者，其中有相当大的一部分编写者，都是相关学科的国家级的学术带头人，堪称一时之选。收入本系列的教材中，既有国家级的重点教材，也有部级的重点教材，其他的也都是经过严格筛选的精品，所以，它们的质量是有保证的，它们的权威性也将会得到社会的认同。

21 世纪是一个高度信息化的时代，是信息经济和知识经济占主导地位的时代。信息经济和知识经济有两大支柱，一是以高新科技为代表的传播技术产业，二是从事新闻和信息产品生产的媒体产业。新闻传播学作为将这两大领域有机联结的桥梁，在今后的国家建设和社会发展中必将发挥越来越重要的作用。中国人民大学出版社经过精心策划，隆重推出这套系列教材，是具有高度的前瞻性和战略眼光的。在这里，我谨代表编委会和全体作者向中国人民大学出版社表示由衷的感谢。

这部系列教材开始策划于 20 世纪的最后一年，21 世纪初起陆续问世，迄今已编写出版了近 50 种。在体例和内容的创新和开拓等方面，远远超过同时期出版的同类教材。其中的有些教材，还根据整个新闻传播理论与实践的发展和新闻传播学教学与研究的发展，陆续作了必要的补充和修订，重新出版，实现了内容的与时俱进。

21 世纪，中国的新闻传播事业和新闻教育事业都将有一个大的发展。这批系列教材的问世，将会为新闻传播事业和新闻教育事业的发展和繁荣、为新世纪新闻传播人才的培养做出其应有的贡献。这是出版者和全体作者共同的一点希望。

是为序。

方汉奇

于中国人民大学宜园

序言

PREFACE

《传播学教程》第一版自 1999 年面世以来，已经过去了十多年。在这十多年的时间里，伴随新传播技术的发展和高度媒介化社会的到来，传播学本身也由一门生疏的舶来学科变成了与国家建设、经济社会发展以及每个人的社会生活密切相关的热门学科，具有了前所未有的学科地位和重要影响。这一切都说明，传播学适应了高度信息化社会的需要，具有其他学科不可替代的价值。

近年来，传播学和其他人文社会学科的融合也是令人瞩目的，它被广泛借鉴与应用于人文社会科学的几乎所有领域，以至于一些学者提出了传播学的“泛化”现象。我认为，传播学“泛化”问题有两层含义：第一，它意味着传播学学科影响力的扩大，在社会高度媒介化、信息化的进程中，传播学不仅与社会实践息息相关，同时也为人文社会科学众多学科的理论创新和知识创新提供了新的动力；第二，传播学“泛化”也向我们提出了这样一个问题：在众多学科都在关注传播现象、研究传播问题的状况下，作为“本家”的传播学应该做些什么？换言之，传播学的学科相对独立性是什么？在现代人文社会科学发展的崭新环境中，这个学科的立身之本是什么？只有认真思考这些问题，我们才不至于在“泛化”中陷入自我迷失的境地。

其实，解决这些问题并不难。美国传播学家斯蒂文·W·小约翰早在 20 世纪 70 年代就提出了建设“传播学核心理论”（core communication theory）的问题，并认为传播学的核心理论应该包括研究信息的形成与发展、意义的生成与解读、信息文本的结构与组织、传播中的社会互动关系、传播的社会动力学（传播与宏观社会结构的关系、传播与权力和资源的社会分配关系、文化生产方式和社会各部分的相互作用）等。[①]

这些方面，当然不是传播学的全部，但的确是传播学研究中的最重要部分，也是传播学的学科独立性和独特价值的所在。我认为，传播学的核心理论也就是支撑这个学科存在和发展的基础理论，这种基础理论的出发点，是研究人类社会各种形态传播现象的普遍规律，提供对人类传播行为的本质理解。只有具备这样一个明确的目标，传播学才能建构成熟的、具有长远价值的理论体系，并为其他学科的发展源源不断地提供新的学术思想和新知识。

《传播学教程》一书就是本着建构传播学核心理论的宗旨编写的，第一版的出版，尽管还只是一种初步探索，但得到了国内新闻传播学界和其他学科的广泛使用。1999 年以来，本书作为“九五”、“十五”、“十一五”国家级重点教材重印 22 次，共发行 50 多万册。这次再版，主要是在原来的框架和体系的基础上，结合这十多年的新发展做了进一步充实和修改，其中包括：加重了对媒介技术与社会发展的互动关系的论述，对网络时代的传播新格局的变化做了进一步的分析，充实了个人信息处理的过程与模式的论述（如基模理论），增加了信息时代媒介素养教育的相关内容；对传播学的重头戏——传播效果理论，除结合近年来社会环境和媒介生态的变化对传统理论模式的新发展变化做了补充修改以外，还增加了近年来成为学术界研究焦点、日趋成熟的“框架”理论和“第三人效果”理论等。作者期冀，本书的再版，能够对新闻传播学及相关学科广大学子提供新的帮助。

本书是面向本科生的入门教材，主要着眼于传播学的基础理论。基础理论是一个学科的基本知识和体系，它不应该是易碎品，而应该具有长远的价值。尽管作者在编写中为贯彻这个宗旨做了许多努力，但囿于水平，本书依然会有这样那样的问题和不足，诚挚地希望使用本书的广大学子和教师提出批评和指正。

郭庆光

2011 年 1 月 28 日于清华大学宏盟楼

---

① 参见［美］斯蒂文・W・小约翰：《传播理论》（中译本），28～29 页，北京，中国社会科学出版社，1999。

目录

CONTENTS

第一章 传播学的对象和基本问题

CHAPTER 1

任何一门学科都必须有自己的研究对象和基本问题，传播学也是如此。每一个初次接触传播学的人也必然会提出这样的问题：传播学是一门什么学问？它的研究对象和考察的基本问题是什么？学习传播学有什么意义？怎样才能学好和用好传播学？本章所要解决的，正是这些问题。

第一节 从传播的定义看传播学的研究对象

传播学是20世纪出现的一门新兴社会科学，直到20世纪中叶，传播学才成为大学的正规课程。传播学又是一门交叉学科，它与新闻学、社会学、心理学、文化人类学、政治学、信息论、系统论、控制论等诸多学科有着千丝万缕的联系，彼此相互影响，相互渗透。传播学诞生后，其发展是突飞猛进的，进入21世纪后，它几乎与人文社会科学的所有领域发生了交融，乃至于一些学者提出了传播学的“泛化”问题。传播学“泛化”问题有两层含义：第一，它意味着传播学学科影响力的扩大，在社会高度信息化的进程中，传播学为人文社会科学众多学科的理论创新和知识创新提供了新的动力；第二，传播学“泛化”现象也提出了这样一个问题：传播学学科的相对独立性是什么？它的核心理论体系是什么？这意味着，在现代人文社会科学发展的崭新环境中，传播学应该重新回归它的学术原点，对传播学的研究对象和基本问题进行重新探讨和确认。

随着传播技术革命和社会信息化的发展，传播学在国家建设和社会发展中的地位越来越重要。在这种情况下，加强传播学基础理论体系的建设作为一个迫切任务摆在我们面前，这一切都必须从科学地界定传播学的研究对象和基本问题入手。

一、如何把握传播的概念

探讨传播学的对象之际，一个不可避免的问题是如何理解“传播”这个基本概念，因为正如不少学者指出的，传播学，顾名思义是研究传播的学问。尽管我们不能停止在“顾名思义”的层次上，但探讨传播学的研究对象却不能不从考察传播的概念做起。解决了这个问题，也就找到了界定传播学研究对象的一把钥匙。

许多理论用语都是由日常用语演变而来的，“传播”一词也是如此。我们知道，传播学中“传播”一词，是英语 communication 的对译词。据考证，这个词起源于拉丁语的 communicatio 和 communis，14 世纪在英语中写作 comynycacion，15 世纪以后逐渐演变成现代词形，其含义不下十几种，包括“通信”、“会话”、“交流”、“交往”、“交通”、“参与”等。19 世纪末，这个词已经成了日常用语。通过这些日常用语，我们基本上可以了解，传播一词主要指的是人类传递或交流消息、观点、感情或与此有关的交往活动。

但是，日常用语或普通词典中的说明只不过是对各种传播活动或现象的罗列，尚没有对传播的本质属性做出概括，这个问题只有在传播成为科学研究的对象时才能得到解决。

“传播”一词最早何时作为理论语言开始使用尚待进一步的考证，不过根据现有文献我们可以判断，至晚在 20 世纪初，一些学者已经自觉地将“传播”作为学术考察的对象。例如，美国社会学家库利在 1909 年出版的《社会组织》中设了《传播》一章专门加以论述，并为传播下了这样一个广为人知的定义：“传播指的是人与人的关系赖以成立和发展的机制——包括一切精神象征及其在空间中得到传递，在时间上得到保存的手段。它包括表情、态度和动作、声调、语言、文章、印刷品、铁路、电报、电话以及人类征服空间和时间的其他任何最新成果。”① 从这个定义可以看出，作为社会互动理论创始人的库利突出强调了传播的社会关系性，把传播看做是人与人的关系得以成立和发展的基础。值得一提的是，库利把“铁路”也视为重要的传播手段。在他看来，铁路交通是人和物的流通，这种流通也必然伴随着人与人的交往或以物为中介的精神交流和社会互动关系。

大约与此同时，另一位美国学者皮尔士也在 1911 年出版的《思想的法则》中设了一个题为《传播》的短章，其中有这样一段论述：“直接传播某种观念的唯一手段是像（icon）。即使传播最简单的观念也必须使用像。因此，一切观点都必须包含像或像的集合，或者说是由表明意义的符号构成的。”②

与库利相比，皮尔士并没有为传播下一个明确的定义，但很显然，皮尔士认为传播即观念或意义（精神内容）的传递过程，而观念或意义只有通过“像”或者符号才能得到传达。作为符号学的创始人，皮尔士更强调符号作为精神内容的载体在传播中所起的特殊作用。

---

① Charles Horton Cooley，*Social Organization：A Study of the Larger Mind*，Charles Scribner's Sons，New York，1929，p.45.

② Charles Sanders Peirce，*The Law of the Mind*，*Collected Papers of Charles Sanders Peirce*，Vol.3，Harvard University Press，Cambridge，1933，p.396.

库利和皮尔士对传播的描述开创了界定传播概念的两个传统，一个是社会学的传统，一个是符号学或语义学的传统。后来，这两个传统逐渐发生了融合，例如，有的学者将传播定义为“通过符号或象征手段而进行的社会互动”，有的学者则认为传播即“通过社会互动而共享意义”。

这些概念，使我们对传播的实质有了进一步的理解：所谓传播，实质上是一种社会互动行为，人们通过传播保持着相互影响、相互作用的关系。然而，上述定义仍然使我们有些迷惑：这种社会互动，究竟是意义引起的还是符号引起的？因为如上所述，有些定义强调的是符号，而另一些定义强调的则是意义。这个问题，直到信息科学出现才得到解决。

信息科学对传播学的一个重要贡献就是提出了信息的概念。信息科学告诉我们，人与人之间的社会互动行为的介质既不单单是意义，也不单单是符号，而是作为意义和符号、精神内容和物质载体之统一体的信息，因为意义离开符号便不能得到表达，而符号离开意义只不过是一些莫名其妙的物质，两者都不能单独引起社会互动行为。

有了信息的概念，传播概念的阐述就更为简洁和确切了。事实上，从20世纪40年代信息科学诞生以后，许多传播学家在界定传播概念之际都突出强调传播的信息属性。例如，著名传播学家施拉姆在《传播是怎样运行的》一文中写道：当我们从事传播的时候，也就是在试图与其他人共享信息——某个观点或某个态度……传播至少有三个要素：信源、讯息和信宿。[①]另一位传播学者阿耶尔则更明确地指出：传播在广义上指的是信息的传递，它不仅包括接触新闻，而且包括表达感情、期待、命令、愿望或其他任何什么。[②]

应该指出，信息科学对传播学的贡献并不仅仅是提供了一个信息概念，更重要的是它扩大了传播学的视野。因为从信息科学的观点来看，传播并不是人类社会特有的现象，而是自然界和社会的普遍现象，它作为一种客观的机制在维持物质的运动和系统的运行方面起着极为重要的作用。这个观点，使我们能够在更广阔的背景中考察人类社会的传播现象。

二、传播与信息

从信息科学的立场出发，传播无非是信息的传递或信息系统的运行。那么，究竟什么是信息？传播学中的信息概念指的又是什么？

信息科学认为，信息是物质的普遍属性，是一种客观存在的物质运动形式。信息既不是物质，也不是能量，它在物质运动过程中所起的作用是表述它所属的物质系统，在同其他任何物质系统相互作用（或联系）的过程中，以质、能波动的形式所呈现的结构、状态和历史。

这是广义的信息概念。在这个概念下，一切“表述”（或反映）事物的内部或外部互动状态或关系的东西都是信息。自然界的刮风下雨、电闪雷鸣，生物界的扬花授粉、鸡叫蛙鸣，人类社会的语言交流、书信往来，都属于信息传播的范畴。根据信息系统和作用机

① See Wilbur Schramm, *How Communication Works*, *The Process and Effects of Mass Communication*, University of Illinois Press, Urbana, 1954.

② See Alfred J. Ayer, *What is Communication*? *Studies in Communication*, Martin Secker and Warburg, London, 1955.

制的不同，有的学者把信息分为两大类，即非人类信息和人类信息；也有的学者将其分成三类，即物理信息、生物信息和社会信息。这里的社会信息，指的是除人的生物和生理信息以外的，与人类的社会活动有关的一切信息。

很显然，物理信息和生物信息并不是传播学考察的主要对象。尽管传播学也不断汲取物理信息和生物信息科学的研究成果，但它作为一门社会科学所关注的始终都是人类的社会信息及其传播活动。社会信息与自然界的其他信息既有联系，又有区别。

社会信息，指的是人类社会在生产和交往活动中所交流或交换的信息。作为信息的一种类型，社会信息也是以质、能、波动的形式表现出来的。这就是说，精神内容的载体，无论是语言、文字、图片、影像，还是声调、表情、动作（广义上的符号）等，都表现为一定的物质讯号，这些讯号以可视、可听、可感的形式作用于人的感觉系统，经神经系统传递到大脑得到处理并引起反馈。因此我们说，社会信息也具有物质属性（至少就精神内容与载体的不可分离性而言），这是社会信息与其他信息的共同点。

然而，社会信息及其传播又有其他信息所不具备的特殊性质，这就是它伴随着人的精神活动。我们知道，自然信息的传播通常表现为一定的物理或生物条件的作用和反作用，满足了一定的条件，必然会引起相应的反应，而社会信息则不同。第一，它并不单纯地表现为人的生理层次上的作用和反作用，而且伴随着人复杂的精神和心理活动，伴随着人的态度、感情、价值和意识形态；第二，即便是作为社会信息的物质载体——符号系统本身，也是与物质劳动密切相关的精神劳动的创造物，人对符号意义的赋予和解读，与人的社会属性是分不开的。在这个意义上，我们把社会信息看做是物质载体和精神内容的统一，主体和客体的统一，符号和意义的统一。社会信息的传播，具有与其他自然信息不同的特殊规律。

德国哲学家克劳斯指出："纯粹从物理学角度而言，信息就是按一定方式排列的信号序列，但仅此一点尚不足以构成一个定义。毋宁说，信息必须有一定的意义。……由此可见，信息是由物理载体和意义构成的统一整体。"① 这段话可以说概括了社会信息的本质。

前面我们提到，传播学与信息科学是相互影响和相互渗透的。信息科学对传播学的巨大贡献，一是把信息概念引进了传播学领域，提高了传播学理论表述的科学性和严谨性；二是拓宽了传播学的视野，使它能够把人类社会的传播活动放在更大的系统和环境中加以考察，这有助于探索人类社会传播的一般规律和特殊规律。

三、传播的定义和特点

经过以上分析，将社会学视点和信息科学视点加以结合，我们可以为传播学中的传播概念下一个基本定义了，这就是：所谓传播，即社会信息的传递或社会信息系统的运行。这样一个定义，有助于我们更客观地认识和把握人类社会传播的客观规律。综合许多传播学者的见解，我们认为把握这个定义时还应注意以下几个方面，这些方面同时也是人类社会传播的基本特点。

第一，社会传播是一种信息共享活动。也就是说，它是一个将单个人或少数人所独有的信息化为两个人或更多人所共有的过程。这里的共享概念意味着社会信息的传播具有交

---

① ［德］克劳斯：《从哲学看控制论》，68～69 页，北京，中国社会科学出版社，1981。

流、交换和扩散的性质。

第二，社会传播是在一定社会关系中进行的，又是一定社会关系的体现。施拉姆说："传播一词和社区（community）一词有共同的词根，这并非偶然。没有传播，就不会有社区；没有社区，也不会有传播。"① 所谓社区也就是由地缘关系和社会关系构成的共同体。传播产生于一定的社会关系，这种关系可能是纵向的，也可能是横向的；它又是社会关系的体现，传受双方表述的内容和采取的姿态、措辞等，无不反映着各自的社会角色和地位。社会关系是人类传播的一个本质属性，通过传播，人们保持、改变既有的社会关系并建立新的社会关系。

第三，从传播的社会关系性而言，它又是一种双向的社会互动行为。这就是说，信息的传递总是在传播者和传播对象之间进行的。在传播过程中，传播行为的发起人——传播者通常处于主动地位，但传播对象也不是单纯的被动角色，他可以通过信息反馈来影响传播者。双向性有强弱之分，但任何一种传播——无论其参与者是个人、群体还是组织——都必然是一种通过信息的传受和反馈而展开的社会互动行为。

第四，传播成立的重要前提之一，是传受双方必须要有共通的意义空间。信息的传播要经过符号的中介，这意味着传播也是一个符号化和符号解读的过程。符号化即人们在进行传播之际，将自己要表达的意思（意义）转换成语言、音声、文字或其他形式的符号；而符号解读指的是信息接收者对传来的符号加以阐释、理解其意义的活动。反馈也包括在符号解读基础上的再次符号化活动。共通的意义空间，意味着传受双方必须对符号意义拥有共通的理解，否则传播过程本身就不能成立，或传而不通，或导致误解。在广义上，共通的意义空间还包括人们大体一致或接近的生活经验和文化背景。

第五，传播是一种行为，是一种过程，也是一种系统。行为、过程、系统是人们解释传播时的三个常用概念，它们从不同角度概括了传播的另一些重要属性。当我们将传播理解为"行为"的时候，我们把社会传播看做是以人为主体的活动，在此基础上考察人的传播行为与其他社会行为的关系；当我们把传播解释为"过程"的时候，着眼于传播的动态和运动机制，考察从信源到信宿的一系列环节和因素的相互作用和相互影响关系；当我们把传播视为"系统"的时候，我们是在更加综合的层面上考虑问题，这就是把社会传播看做是一个复杂的"过程的集合体"，不但考察某种具体的传播过程，而且考察各种传播过程的相互作用及其所引起的总体发展变化。由于这个问题涉及传播学的研究对象和基本问题，我们将在第二节中对此做进一步阐述。

第二节　传播学是研究社会信息系统及其运行规律的科学

一门相对独立的学科，必须要有相对独立的研究对象。交叉学科由于与多种学科有着千丝万缕的联系，更有必要明确规定自己的对象。规定一门学科的对象应该遵循的原则

① ［美］威尔伯·施拉姆等：《传播学概论》，3页，北京，新华出版社，1984。本书由中国人民大学出版社于2010年再版。

是，必须概括学科的实质，体现学科的基本理论框架，显示与相邻学科的联系与区别，简明扼要地为学习这门学问的人提供一个观察和思考问题的出发点。

传播学的研究对象究竟是什么？关于这个问题，我国学界有多种表述，概括起来主要有以下三种。

第一种表述是："传播学是研究人类信息传播活动的学科。"① 这是一种非常通俗的表述，但过于模糊和宽泛。人类的信息传播活动是错综复杂、包罗万象的，研究传播应该从何处着手？显然，上面的表述并没有为考察传播现象提供一个具体的切入点。

第二种表述是对施拉姆一段话的引用："我们研究传播时，我们也研究人——研究人与人的关系以及与他们所属的集团、组织和社会的关系；研究他们怎样相互影响、受影响，告知他人和被告知，教别人和受别人教，娱乐别人和受到娱乐。要了解人类传播，我们必须了解人是怎样相互建立联系的。"② 的确，施拉姆的这段话指出了传播学关注的许多问题，也指出了传播学作为社会科学的性质。但是，且不说这种表述过于冗长，至少我们从中看不出传播学与社会学、社会心理学有什么区别。

第三种表述是："传播学的研究对象应该是'传播过程'。"③ 这个表述非常简洁。但是，传播过程指的是什么？对"过程"的研究是否可以涵盖传播学的整个领域？如果按照一些学者的说明，传播过程是传播活动由"准备"到"实施"再到"作用于受众心理"的逻辑程序。很显然，这里指的是各个单一的、具体的传播过程。然而我们必须指出，对具体传播过程的研究是传播学的一个重要内容，但并不是它的全部。传播学不仅要考察各个具体的传播过程，而且还要考察过程与过程的相互联系，考察传播活动得以进行的社会环境，以及与环境的相互作用及其结果。因此，把狭义的传播过程作为传播学的研究对象，是包容不了传播学的现有理论体系的，或者说，这种理解会给我们带来只见树木不见森林的结果。

那么，怎样才能确切地概括传播学的研究对象呢？著名科学家钱学森指出："把极其复杂的研究对象称为系统，即由相互作用和相互依赖的若干组成部分结合成具有特定功能的有机整体，而且这个系统本身又是它们从属的更大的系统的组成部分。"④ 钱学森的这段话给了我们重要的启发，这就是：传播学的研究对象不是别的，正是社会信息系统本身，传播学是研究社会信息系统及其运行规律的科学。

一、社会传播的系统性

系统科学认为，世界上一切事物无不处于一定的系统之中。所谓系统，"指的是由相互联系相互制约的若干部分结合在一起并且具有特定功能的有机整体。"⑤ 从这个定义而言，人类社会的传播也具有普遍的系统性。

传播学通常把社会传播区分为五种基本类型，即人内传播、人际传播、群体传播、组

---

① 张隆栋：《大众传播学总论》，1页，北京，中国人民大学出版社，1993。
② ［美］威尔伯·施拉姆等：《传播学概论》，4页。
③ 林之达：《传播学基础理论研究》，182页，成都，西南交通大学出版社，1994。
④ 钱学森等：《组织管理的技术——系统工程》，载《文汇报》，1978－09－27。
⑤ 王雨田：《控制论、信息论、系统科学与哲学》，1版，401页，北京，中国人民大学出版社，1986。

织传播和大众传播。这五种不同的传播类型实际上也是五种不同的传播系统。传播系统，也称为信息系统。

人内传播是个人接受外部信息并在人体内部进行处理的活动。人内传播具有典型的系统性，这主要表现在人体本身就是一个完整的信息系统，它既有接收装置（感官系统），又有传递装置（神经系统）；既有处理装置（记忆、思维系统），又有输出装置（语言、动作、表情等）。人内传播正是由相互联系、相互制约的各组成部分所构成，执行个人信息处理功能的有机整体。

如果我们把人内传播看做是个体信息系统，那么人际传播（个人与个人之间的信息传递）便是由两个个体系统的相互连结所形成的新的信息系统。在这个系统里，人类的个体通过信息的授受，保持着相互影响、相互作用的关系。

群体传播（这里主要指自然发生的社会群体，如家庭、亲友、社交圈、阶层、世代等）则是更大的系统，这里不仅存在着许多个体系统的活动，这些个体系统的有机结合还产生了新的输出物——群体意识、群体规范和群体价值。群体传播的一个重要功能就是帮助个人实现社会化。不仅如此，在社会化过程基本完成之后，它依然对个人的社会态度和社会行为发挥着重要的制约作用。

与自然发生的群体相比，组织是一个结构秩序更为严密的社会集合体。组织的特点是具有明确的组织目标，其结构和分工都是为有效地实现这一目标而设置的，因此组织本身就是一个执行特定功能的系统。以现代组织的典型形态——企业为例，企业的基本目标是从事生产，而生产是一种综合的活动，是人力、物力和财力的有机结合。企业活动需要进行管理，管理正是企业信息系统的功能，对内协调企业组织内部的分工与合作关系，对外则从事与市场和社会的沟通，不断提供、收集信息和得到反馈，由此来调节企业的生产行为，以适应不断变化的外部环境。企业传播的系统性是显而易见的。

现代社会是一个以报刊、广播、电视为代表的大众传播事业高度发达的社会。大众传播是伴随着近现代印刷、电子传播技术的发展而产生的一种特殊的社会信息系统。说其特殊，是因为它具有其他社会信息系统所不具有的特点，这主要体现在：（1）大众传播是专业传播机构从事的有组织的传播活动；（2）传播对象是广泛而分散的、不定量多数的一般社会成员；（3）采用现代化技术手段大量生产、复制和传播信息；（4）传播内容是公开的，有别于私下或内部传播活动；（5）大众传播也有反馈机制（如读者来信或视听众热线电话、短信参与等），但这种反馈一般是滞后的，受众对传播过程缺乏即时的干预能力。大众传播信息系统的这些特点，使它拥有广泛而巨大的社会影响力。在现代社会，大众传播是人们获得外界信息的主要来源，是实现国家和社会目标的重要手段，是社会上各利益集团争取和维护自身利益的工具，又是社会文化和娱乐的提供者。在这个意义上，大众传播既是社会互动系统，也是极其重要的社会管理和社会控制系统。

综上所述，任何传播活动都是在一定的信息系统中进行的，传播的系统性是普遍存在的。20 世纪末出现并迅速发展的跨国卫星电视和互联网，已经形成一种新的全球信息系统。关于新的全球信息系统的特点，我们在后面还要进一步论述。

二、社会信息系统的特点

人类社会本身就是一个极为复杂的系统，社会学家将之称为社会系统。社会系统的功能，在于它保证社会结构的整合性，通过与外部环境的交换（互动）来实现自我调节，以适应环境变化，维持社会的运行和发展。一般社会系统理论的著名学者布克里指出，社会的环境适应过程需要五种要素：(1) 要有不断向社会系统内引进“复杂性”（多样性）的源泉；(2) 要有既保持系统内的“紧张”状态又不断满足社会成员需求的机制；(3) 要有将社会系统的各组成部分适当连结的双向传播网络；(4) 要有面对外部环境和内部状况的变化而进行自主决策的系统；(5) 要有保存并普及意义、象征和价值体系的有效机制。①

不难看出，这五种要素或曰五个条件，离开了社会信息系统都是不能得到满足的。因此我们说，社会信息系统是社会的一个基本系统。

那么，社会信息系统具有什么特点呢？作为一种系统，社会信息系统既有其他一般系统所具有的共性，又有一般系统所不具有的特殊性。其特点是：

(1) 社会信息系统是一个开放性系统。我们知道，社会信息系统的主要功能是保持社会内部的联系与协调，收集、整理和传达系统内部和外部环境变化的信息，由此保证社会的正常运行和发展。因此，它必须对内形成有效的传播渠道，对外伸出普遍的触角。开放性是社会信息系统执行其功能的一个重要前提。

(2) 社会信息系统是由各种子系统相互连结、相互交织而构成的整体。子系统如果根据信息类型加以分类，可分为经济信息系统、政治信息系统、文化信息系统等。如果根据传播形态分类，则有个人信息系统、人际信息系统、群体信息系统、组织信息系统、大众信息系统等。每个子系统既具有相对独立的结构和功能，与其他子系统互为环境，又与其他子系统相互交织、相互作用，其总体运动形成了社会信息系统的大运行。著名传播学者拉扎斯菲尔德和卡兹在他们的经典研究成果《个人影响》中发现，大众传播过程中存在着人际传播的影响，大众传播的效果必须通过人际传播才能实现。这可以说是社会信息系统交织性的一个例证。

(3) 社会信息系统是一个具有双重偶然性（double contingency）的系统。双重偶然性是德国社会传播学家鲁曼提出的概念，指的是传播的双方都存在着不确定性，因此，通过传播所做出的选择有受到拒绝的可能性。双重偶然性是人类社会信息系统所特有的属性，这与它是以人为主体的活动有关。之所以这样说，是因为在自然界系统中，系统各部分、系统与系统间的联系和相互作用都是依据既定的条件进行的，满足了既定的物理、化学或生物的条件，便会引起预期的反应。而人类社会则不同，人类的活动不仅受到生物运动规律的制约，而且受到精神和心理的运动规律的制约。这样，影响社会信息系统运动及其结果的变量就更多、更复杂。例如，假设 A、B 两个人（或群体）构成传播的双方，他们之间存在着 ac、ad、bc、bd 四种选择的可能性，如果 A 选择 ac、B 选择 bd，那么 A 与 B 之间就会潜在着对立与矛盾。双重偶然性的存在说明，社会信息系统是一个多变量的系统，

---

① See Walter Buckley, *Sociology and Modern System Theory*, PrenticeHall, Englewood Cliffs, New Jersy, 1967, pp. 167 - 171.

这些变量如果处理不当，便会引起传播障碍和传播隔阂。

（4）社会信息系统是一个自我创造、自我完善的系统。我国社会学家李强指出："社会系统是一个具有主动性、创造性和改造能力的活的机体。社会的主体——人，能够主动地发现社会自身以及社会与自然之间的不平衡，并主动地进行调整使之实现平衡。"① 作为社会系统之组成部分的社会信息系统也具有相同的性质。日本学者太田敏诚认为，社会信息系统的运行是一种以人为主体的"不断生产、传达、加工和储存信息的活动……而人的认知、记忆、学习、传播、推理都是具有可塑性的"②。有了这种可塑性和创造性，人类就能不断发现和克服社会信息系统的障碍因素和传播隔阂，使之不断走向完善。

三、社会信息系统的运行与社会发展

社会发展是建立在社会系统正常运行的基础之上的。政治系统的障碍会给社会带来政治动荡，经济系统的失调会引起经济危机，文化系统的紊乱会造成社会成员的思想、价值、规范和行为准则的混乱，影响正常的社会秩序，这些都是妨碍社会发展的因素。社会信息系统与上述系统重合、交织在一起，它的运行除了受到其他系统的影响和制约之外，其本身的状况如何也对其他系统乃至整个社会产生重大的影响。

前面我们已经提到，社会信息系统是一个存在着众多可变因素的系统，参与系统活动的个体或群体是伴随着丰富的精神和心理活动的主体。这个特点决定了社会信息系统比一般物理或生物信息系统更复杂，更具有不确定性，也更容易产生传播障碍和传播隔阂。

传播障碍包括结构与功能障碍，如传播制度是否合理、传播渠道是否畅通、信息系统的各部分的功能是否正常等；传播隔阂则包括个人之间的隔阂，个人与群体的隔阂，成员与组织的隔阂，群体与群体、组织与组织、世代与世代、文化与文化之间的隔阂等。由于社会信息系统的参与者——无论是个人、群体还是组织——都是具有特定利益、价值、意识形态和文化背景的主体，这里的传播隔阂，既包括无意的误解，也包括有意的曲解。

传播障碍和传播隔阂的存在会造成社会成员的认知、判断、决策和行动的混乱，带来一系列的社会问题，这些问题如果不及时妥善地解决，必会影响社会的和谐和正常发展，严重的甚至造成社会混乱和国家解体。在这个方面，苏联应该是一个令人深思的例子。我们并不把苏联解体的原因完全归结于传播方面的问题，但传播系统的严重紊乱无疑加速了这个过程。

然而，传播障碍和传播隔阂的存在是社会信息系统的一个必然现象。换言之，社会信息系统与其他社会系统一样，永远处于平衡与不平衡、矛盾产生与克服的辩证运动的过程当中。问题的关键在于，人类应该如何科学地认识和把握这些矛盾，不断找到解决矛盾的有效方法，把人类社会的发展推向更高的阶段。

传播学把社会信息系统及其运行规律作为自己的研究对象，也就给自己确定了这样的任务：它必须通过对该系统及其各部分的结构、功能、过程以及互动关系的考察，探索、发现克服传播障碍和传播隔阂的科学方法，找到社会信息系统良性运行的机制，由此来推

---

① 转引自郑杭生主编：《社会学概论新编》，69页，北京，中国人民大学出版社，1987。

② ［日］太田敏诚：《社会信息系统学序说》，1版，12页，东京，富士通书籍，1996。

动社会的健全发展。这一点决定了传播学作为社会科学和应用科学的性质。

作为社会科学，传播学研究的焦点始终是人，以及人在社会信息系统中的主体活动。传播学也探讨信息技术，但它并不从事纯粹的技术开发，技术开发属于信息工学的领域。传播学所关注的是信息技术发展的社会影响问题，例如，新媒体、新技术的出现和普及对社会的政治、经济和文化的推动作用，以及与人的观念、价值、生活方式变化之间的关系等。

作为应用科学，传播学应该为发现和解决社会传播实践中的问题提供科学合理的方法。在这个方面，传播学的价值就在于它引导人们从信息系统的角度考虑问题，例如：当人际关系中出现传播隔阂之际，传播学可以帮助我们分析这种隔阂产生的根源在于自己还是在于对方，是传播内容有问题、还是传播渠道有障碍或传播方法不当？当企业组织的经营出现困难之际，传播学则把我们的视线引向企业信息系统：内部管理的各个环节是否健全？市场把握是否存在误区？是对消费者需求了解不够，还是公关和广告投入不足、定位不准确？当社会价值、道德观念、行为准则发生普遍混乱和失衡之际，传播学在将社会环境的其他因素考虑在内的同时，更多地关注大众信息系统的问题：我们的新闻报道和宣传是否存在着失误和偏差？舆论导向上是否出现了问题？传播媒介在形成积极、健康的社会共识方面应该如何发挥其应有的功能？因为在这个方面，大众传播具有特殊的重要影响和作用。

如此等等。从微观到宏观，传播学研究对社会实践和社会发展都具有极其重要的意义。

第三节　精神交往理论与马克思主义传播观

在前面两节中，我们从传播的定义出发，考察了传播学的研究对象并论述了传播学研究的意义。在本节中，我们将探讨如何才能学好传播学的问题。这里的一个重要前提，是必须从辩证唯物论和历史唯物论的立场出发，树立科学的传播观。

解决这个问题，是基于几种现实需要。第一，在我国，传播学是从西方国家，主要是从美国引进的。正如我们在后文中将要看到的，美国的传播学研究对传播学的创立做出了重要的贡献，其中不乏值得借鉴的精华。但是，由于对行为主义和实证主义方法的崇尚，美国的传播学在许多场合把传播仅仅作为孤立的精神或心理现象加以考察，导致了他们的传播理论中也有不少学术视野的局限性。为了使传播学成为一门真正的科学，我们必须从唯物史观出发重新建构传播学理论体系。第二，我们前面已经提到，传播学是以社会信息系统及其运行（即传播）为研究对象的学科，它属于一门社会科学。任何一门社会科学都离不开哲学世界观的指导，考察人类的传播活动，同样必须从科学的传播观出发。第三，我们研究传播学的重要目的之一，是为了探索社会信息系统良性运行的规律，理顺我国社会的传播结构和传播关系，为社会主义物质文明、精神文明和和谐社会建设服务。这也要求我们必须将辩证唯物论和历史唯物论作为传播学研究的指导思想。

那么，从辩证唯物论和历史唯物论出发，应该如何看待人类社会的传播活动呢？对此，马克思和恩格斯的精神交往理论为我们提出了几条重要原则。

一、在人类交往活动的大系统中把握传播

在确立唯物史观的第一部著作《德意志意识形态》中，马克思和恩格斯在分析市民社会的成立和发展之际，使用了一个引人注目的概念："交往"（Verkehr）。

什么是"交往"？对这个概念，马克思和恩格斯在文中并没有明确做出一个总体定义。不过从他们的论述中我们不难看出：第一，如"在生产力发展的一定阶段上的一切物质交往"等表述所体现的，它指的是以物为媒介的人与人的交往关系；第二，如"观念、思维、人的精神交往"等表述所体现的，它同时也指以"语言"为媒介的人与人的精神交往关系。可以说，交往是一个体现人的总体活动之关系性的概括性范畴。马克思和恩格斯写道："各民族之间的相互关系取决于每一个民族的生产力、分工和内部交往的发展程度。这个原理是公认的。然而不仅一个民族与其他民族的关系，而且这个民族本身的整个内部结构也取决于自己的生产以及自己内部和外部的交往的发展程度。"①

从这段论述中我们看到，马克思、恩格斯是把交往作为与生产力和分工同等重要的范畴来看待的。他们认为："这种生产第一次是随着人口的增长而开始的。而生产本身又是以个人彼此之间的交往［Verkehr］为前提的。这种交往的形式又是由生产决定的。"② 这就是说，交往与生产，从人类诞生那一天起就存在着密不可分的关系，没有生产，就不会有交往；没有交往，也就不会有生产。分工产生于生产的需要，而交往则是实现生产和分工的保障。生产力、分工和交往的发展程度，不但决定着一个社会或民族的内部结构，而且制约着它们的外部关系。

在马克思和恩格斯那里，生产和交往是有机的成对概念。他们在《德意志意识形态》中指出，人类的生产活动可以分为两类：一类是物质生产，即生产必需的物质生活资料的生产，与此相应的是人与人之间的物质交往活动；一类是精神生产，即表现在某一民族的政治、法律、道德、宗教、形而上学等的语言中的生产，与此相应的则是人与人之间的精神交往。物质生产和精神生产构成了人类生产活动的总体，而物质交往和精神交往则构成了人类交往活动的总体。物质交往与精神交往既相互区别，又相互联系，两者的辩证运动推动着人类交往活动的总体发展。我们可以用图 1—1 对马克思和恩格斯的交往理论做一个简要概括：

马克思和恩格斯关于物质交往和精神交往的理论为确立科学的唯物主义传播观提供了重要的出发点。之所以这样说，是基于以下四点理由：

第一，在马克思和恩格斯的"精神交往"概念与现代的"传播"概念之间，存在着密切的联系。如前所述，在马克思和恩格斯那里，精神交往指的是以"语言"为媒介的人与人的社会关系，而在现代传播学当中，传播指的是以"信息"（广义上的语言）为媒介的人与人的社会关系，两者涉及的对象和范畴并没有多大差异。日本学者秋元春朝在《现代大众传播学批判：精神交往论笔记》③ 中，较系统地论述了两者之间的联系。我国学者陈力丹在考察了马克思和恩格斯的原著后也指出：事实上，他们在论述精神交往之际，同时

---

①② 《马克思恩格斯选集》，2 版，第 1 卷，68 页，北京，人民出版社，1995。

③ ［日］秋元春朝：《现代大众传播学批判：精神交往论笔记》，京都，世界思想社，1981。

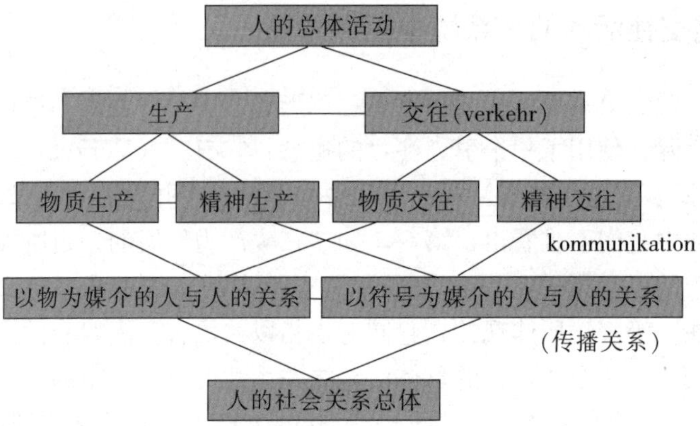

图 1—1　马克思和恩格斯的交往理论示意图

也大量使用了现代传播学的基本概念 communication，这个词在德文原文中写作 kommunikation。[①] 交往理论是马克思主义理论体系的一个重要部分，它与现代传播学有着密切的联系，这是一个不可否认的客观事实。

第二，以马克思和恩格斯的精神交往理论作为理解人类传播现象的基本出发点，可以克服既往传播学研究，特别是行为主义传播学研究视野的局限性。在行为主义传播学那里，传播基本上是被作为孤立的精神或心理现象来看待的，他们往往单纯地就信息研究信息、就传播研究传播，而马克思主义精神交往理论则不同，它要求把精神交往放在人类社会交往的大系统中加以考察，不但要研究人的精神活动本身，而且要研究精神活动与物质活动的关系、物质生产和物质交往的关系，这有助于我们从更广阔的视野来观察人类社会的传播活动和传播关系。

第三，马克思、恩格斯认为，精神交往是与精神生产相联系的，离开了精神生产，也就谈不上精神交往。精神生产既然属于一种生产，必然也存在着生产力和生产关系的辩证运动。因此，精神交往关系也是与一定阶段的精神生产力发展水平以及精神生产资料的占有方式密切相关的。从这个观点出发来观察人类的传播活动，我们首先不能不考察精神生产力的水平对社会传播发达程度的制约；其次，我们也不能不考察人们在精神生产过程中的地位，以及精神生产资料的占有方式对传播关系的制约作用。行为主义传播学有意无意地回避这些重大问题，因而不能从根本上揭示人与人之间的传播关系的本质。对这一点，欧洲的批判学者、日本的“大众传播总过程理论”的学者都已经进行了大量分析，我们以后还要详细论及。

第四，从马克思主义观点来看，精神生产既然是一种生产，就必然有它的产品。精神生产的产品在现代社会更多地表述为信息，从事精神产品生产的行业叫做信息产业、文化产业或内容产业。信息既然是产品，也必然凝结着人的劳动，有其价值和使用价值，这是信息产品和其他物质产品的共性。但是，信息又有与物质产品不同的个性，这就是一般物质产品消费的是其本身，而信息消费的则是其精神内容（意义）。物质产品的消费大多是

---

① 参见陈力丹：《精神交往论：马克思恩格斯的传播观》，1 版，2～4 页，北京，开明出版社，1993。

一次性的，而信息产品的消费则一般是多次性的。精神内容的生产与一定的思想、观念、意识、道德、政治、法律、宗教和意识形态相联系，这是马克思主义的一个基本观点。美国行为主义传播学虽然不否认信息中包含着思想、观念和价值倾向，然而却不想从信息的生产过程和生产结构中去寻找这些倾向产生的原因。

综上所述，我们不能孤立地考察传播，而应该把它放在人类生产和交往活动的总体（社会大系统）中加以考察；我们也不能抽象地考察人与人之间的信息互动，而应该把它放在具体条件下，放在与其他社会因素的普遍联系和相互作用关系中加以考察，这是马克思、恩格斯的精神交往理论给予我们的重要启发，也是我们考察社会信息系统及其运行规律的基本出发点。

二、从物质交往和精神交往的辩证关系中把握传播

马克思、恩格斯在论述精神生产和物质生产的关系时指出："要研究精神生产和物质生产之间的联系，首先必须把这种物质生产本身不是当做一般范畴来考察，而是从**一定的历史的**形式来考察。例如，与资本主义生产方式相适应的精神生产，就和与中世纪生产方式相适应的精神生产不同。如果物质生产本身不从它的**特殊的历史**的形式来看，那就不可能理解与它相适应的精神生产的特征以及这两种生产的相互作用。"①

马克思和恩格斯是辩证地看待两者之间的关系的。同样，这个辩证关系也是我们理解现代的信息生产和信息传播，乃至现代信息社会的一把钥匙。

一定的精神生产和精神交往与一定的物质生产和物质交往相适应，这是唯物史观的一个重要前提。这里包含了以下几个要点：

（1）人类的精神生产和精神交往起源于物质生产和物质交往活动。正像马克思和恩格斯指出的："一当人开始**生产**自己的生活资料的时候，这一步是由他们的肉体组织所决定的，人本身就开始把自己和动物区别开来。"② 物质生产劳动既然创造了人本身，那么作为人的重要属性的精神活动也不外乎是物质生产劳动的产物。用这个观点来考察人类社会的信息活动，我们同样可以看到，信息生产和信息传播是建立在物质生产和物质交往的基础上的，信息生产和信息传播起源于人类的物质生产和物质交往的需要。不这样看问题，我们就容易陷入唯心论或本能论传播观的困境。

（2）物质生产力的发展水平对精神生产和精神交往起着重要的制约作用。这就是说，精神生产和精神交往的发展是以物质生产力的发展为基础的，没有物质生产的发展，也就不会有精神生产的发展。马克思和恩格斯把城乡的分离看做是物质劳动和精神劳动的"最大的一次分工"，而这种分工是物质生产力达到一定水平（物质生活资料有了一定节余）的结果。如我们把近代工农业的分离看做是"第二次分工"，把信息产业的出现看做是"第三次分工"，那么我们就会发现，这些分工也都是建立在物质生产力发展的基础之上的。美国著名未来学家丹尼尔·贝尔对"后工业社会"（信息社会）所做的分析、阿尔文·托夫勒对"信息时代"到来的预言，都未敢低估第一产业（农业）、第二产业（工业）

---

① 《马克思恩格斯全集》，中文1版，第26卷，第1册，296页，北京，人民出版社，1972。

② 《马克思恩格斯选集》，2版，第1卷，67页，北京，人民出版社，1995。

发展的作用。因为信息社会并不是空中楼阁，它必须建立在农业社会和工业社会充分发展的基础之上，而人类也毕竟不能靠“吃”信息维持生存，我们首先必须解决温饱问题。信息社会，只能是人类社会物质生产力高度发达的产物。

（3）精神生产和精神交往关系反映着物质生产和物质交往关系。马克思和恩格斯认为，个人的真正的精神财富完全取决于他的现实关系的财富，而人们在精神生产和精神交往中的地位和作用也是他们在物质生产和物质交往中的地位和作用的体现。他们在论述阶级社会中的精神生产时明确指出：“统治阶级的思想在每一时代都是占统治地位的思想。这就是说，一个阶级是社会上占统治地位的**物质**力量，同时也是社会上占统治地位的**精神**力量。支配着物质生产资料的阶级，同时也支配着精神生产资料，因此，那些没有精神生产资料的人的思想，一般地是隶属于这个阶级的。”①

马克思和恩格斯的这段论述，阐述了一个历史的真实。它提醒我们，研究现代信息社会，绝不能忽视精神生产资料的占有方式和社会制度对信息生产和信息传播的制约作用。这是一个非常重要的问题，忽略了这一点，我们就不能认识为什么在不同性质社会制度下，信息生产和信息传播活动会存在本质的区别。

一定的精神生产和精神交往与一定的物质生产和物质交往相适应，这只是历史唯物论的传播观的一个方面。马克思和恩格斯的精神交往理论还告诉我们，上述两者并不是简单的物质决定精神的关系，而是一种辩证的相互作用关系。辩证的相互作用，意味着精神生产和精神交往除了受到物质生产和物质交往制约的一面以外，还有其独立性和能动性的一面。这主要表现在：

（1）精神生产和精神交往的发展，反过来也推动着物质生产和物质交往的发展。按照马克思和恩格斯的观点，精神劳动和物质劳动的分工程度，是社会发展的重要标志之一。分工的程度越高，精神生产和精神交往的独立性越强，对社会整体发展的推动作用也就越大。

（2）在物质生产达到一定的发达程度之际，精神生产的状态如何将会成为制约社会发展的主要矛盾。现代信息社会的进程充分证明了这一点。在信息社会中，信息成为主要的资源，这并不排斥物质生产的重要性，而是说不发展信息产业或文化产业，物质生产和整个社会就不能得到进一步的发展。因此在信息社会，信息的生产与传播将是制约社会发展的主要因素。信息社会的到来、精神和文化产业重要性的提升并不是对唯物史观的否定，相反，这体现了唯物史观对社会发展进程的科学预见。

（3）精神生产和精神交往既然与物质生产和物质交往相区别，就意味着它具有与物质生产和物质交往不同的特殊规律。恩格斯说，当我们考察“我们自己的精神活动的时候，首先呈现在我们眼前的，是一幅由种种联系和相互作用无穷无尽地交织起来的画面”。② 这里给我们的启发是，我们在考察现代社会的信息生产和传播之际，在考虑到其与物质生产和物质交往的关系的同时，也必须重视其作为人类精神和心理活动的复杂性和特殊性，而后者，也正是传播学主要关注的领域。

---

① 《马克思恩格斯选集》，2 版，第 1 卷，98 页，北京，人民出版社，1995。
② 《马克思恩格斯全集》，中文 1 版，第 20 卷，23 页，北京，人民出版社，1971。

马克思主义的精神交往理论并不能取代传播学，但它为传播学提供了科学的传播观。这种传播观就是，我们既不能忽视物质生产和物质交往的基础作用，也不能无视作为精神生产和精神交往的信息生产与传播的特殊规律。仅强调前者，会导致一种简单的“经济基础还原论”；仅强调后者，也只能使传播学成为一种“头重脚轻”的理论，这也是欧洲政治经济学派以及文化研究的一些学者面临的困境。只有从普遍联系和相互作用的系统观点出发，我们才能对人类社会的信息生产与传播做出科学的阐释。

三、学习传播学，为国家建设和社会发展服务

传播学是在 20 世纪 70 年代末开始进入中国的，此前尽管个别学者也留意到了西方传播学，但学术意识还是很模糊的（如 1957 年复旦大学出版的《新闻学译丛》曾有文章把“大众传播”翻译为“群众思想交通”）。直到 1978 年日本东京大学新闻研究所内川芳美教授访华后，传播学才在我国学界得到较多的学术关注和译介。1982 年，作为传播学科创始人的施拉姆的访华和学术演讲大大推动了我国传播学教学与研究的开展，同年召开的第一届传播学研讨会意味着我国传播学研究正式起步。1997 年，传播学正式成为国家二级学科，并与新闻学一起构成国家一级学科，标志着它的学科地位的正式确立。

传播学进入中国已有 30 多年的历史。30 多年来，我国的传播学从引进、介绍、消化到与国情相结合的自主应用研究，从陌生的舶来品到与社会各行各业密切关注的热门显学，其发展可以说是迅速的。但是，我们也应该看到，我们的传播学基础理论体系依然是不成熟的，在传播学已经取得飞速发展的今天，我们依然面临着建设有中国特色的社会主义传播学理论体系的根本任务。

建设有中国特色的社会主义传播学并不是一句简单的口号，而是一项需要我国学者付出大量辛勤劳动的工作。这个任务，要比翻译和引进艰巨得多。概括起来说，完成这项任务，需要我们坚持以下几项原则：第一，正确处理“批判”和“借鉴”的关系；第二，实现传播学的本土化和中国化；第三，研究传播学，要从为我国社会主义物质文明、精神文明与和谐社会建设服务这一基本宗旨出发。

正确处理“批判”和“借鉴”的关系，这是一句老话。在传播学进入中国已经 30 多年的今天，我们还要强调这句老话，是因为在现实当中依然存在着两种倾向。一种倾向是，一部分人依然对传播学抱有戒心，认为它是在西方资本主义国家诞生的，属于资产阶级货色，因而采取拒不承认的态度。随着改革开放的发展，随着传播学的科学性和它对社会发展的理论与实践意义为各界所广泛承认，持这种态度的人已经越来越少。另一种倾向是对西方传播学不加分析、全盘接受的态度。无疑，后一种倾向正是目前我们建设有中国特色的社会主义传播学体系的主要障碍。我们必须明白，西方的传播理论，无论是“管理”学派还是“批判”学派，其诞生的环境和考察的对象都是资本主义制度下的传播活动，其结论并不能原封不动照搬到中国社会。换句话说，以资本主义社会为研究对象的西方传播学，并没有为我们提供一套能够分析、考察和解决处于社会主义市场经济体制下中国社会中的传播问题的现成理论。我们的立场是，对西方传播学理论必须进行全面、系统、客观的分析，既不能全盘接受，也不能全盘否认；既要汲取其中具有科学价值的精华，也要对一些意识形态的偏见和唯心主义的糟粕保持清醒的头脑。把批判和借鉴有机地

结合起来，才是我们对西方传播学唯一可取的态度。

建设有中国特色的社会主义传播学，需要实现传播学的本土化或中国化，这是中国学者多年为之奋斗的目标，令人高兴的是，这项工作在传播文化和传播史研究领域取得了重要的进展。例如，在已经出版的许多传播学著作中，编著者都或多或少地对中国传统文化中的传播思想进行了发掘。1990 年，沙莲香主编的《传播学》一书最早设了一个专章论述“中国的传统传播方式及其特点”；1997 年，孙旭培主编的《华夏传播论》对中国传统文化中的传播进行了较为全面的分析和探索；2008 年，白润生主编的《中国少数民族新闻传播通史》填补了该领域中的一项空白。但是，除了这个领域之外，我们不能不说传播学在本土化、中国化方面还没有实现重大突破，特别是在建构传播学基本理论体系的领域，中国特色、中国风格、中国气派的原创研究依然十分少见，若干年前李彬教授批评的那种“每言及西方总是口若悬河，滔滔不绝，而一言及本土则顿时张口结舌、语无伦次”的状况，可以说依然没有根本性改变。究其原因，还是因为西方传播学理论在许多情况下并不能解决我国社会主义制度下的传播实践问题，生搬硬套必然会引起逻辑和思想的混乱。

要使传播学成为对中国社会的发展具有普遍意义的学科，我们必须把传播学研究与中国国情、中国现实密切结合起来。为国家建设和社会发展服务，是我国传播学学科和传播学研究的宗旨，也是其动力和价值所在。简言之，我们应该把中国特色社会主义市场经济制度下的社会信息系统及其运行状况作为主要考察对象，探索中国社会信息传播活动中的各种理论和实践课题，包括通过科学创新我国政治的、经济的、文化的传播体制，理顺社会的、群体的、组织的、人际的现实传播关系，来推动社会主义物质文明、精神文明与和谐社会建设。建设有中国特色的社会主义传播学是一项长期而艰巨的任务，需要中国学者为此付出不懈的努力才能完成。

思考题

第一节

1. 为什么说“信息是物理载体和意义构成的统一整体”？
2. 什么是传播？它的基本特点是什么？
3. 传播是在一定社会关系中进行的，又是一定社会关系的体现。如何理解这个观点？

第二节

1. 如何理解社会传播的系统性？
2. 社会信息系统的特点是什么？
3. 如何理解社会信息系统中的“双重偶然性”？
4. 什么是“传播隔阂”？

第三节

1. 为什么说马克思和恩格斯的“交往”理论是唯物论传播观的出发点？
2. 试述精神生产和精神交往与物质生产和物质交往的辩证关系。
3. 马克思主义精神交往理论与行为主义传播学的本质区别是什么？

第二章 人类传播的历史与发展

CHAPTER 2

信息传播是自然界和人类社会的普遍现象，凡是有物种和生命存在的地方都会有传播。人类传播是自然界和人类社会长期发展的产物，它是在动物传播的基础上发展而来的，但与动物传播有着本质的不同。人类传播与人类自身的产生和发展有着同样悠久的历史。认识人类传播的发展过程，也就是认识人类社会的发展过程本身。从辩证唯物论和历史唯物论的观点来看，人类传播的发展过程，不外乎是一部人类在生产劳动和社会实践中不断扩展自身的传播能力、不断发现和创造新的传播媒介、不断使社会信息传播系统走向发达和完善的历史。

第一节　从动物传播到人类传播

在宇宙间万事万物中，唯有人类具有无穷无尽的创造力。恩格斯在《自然辩证法》中指出："人类社会区别于猿群的特征在我们看来又是什么呢？是**劳动**。"[①] "动物仅仅**利用**外部自然界，简单地通过自身的存在在自然界中引起变化；而人则通过他所作出的改变来使自然界为自己的目的服务，来**支配**自然界。"[②]

在漫长的历史发展中，人类通过劳动不仅改造了自然界，也改造了人本身，改造了人类社会的传播，使它具备了其他动物界传播所不具备的能动性和创造性。只要我们对动物界的传播做一个粗略的观察就会发现，唯有这种能动性和创造性，才是人类传播区别于

① 《马克思恩格斯选集》，2版，第4卷，378页，北京，人民出版社，1995。
② 《马克思恩格斯选集》，2版，第4卷，383页。

动物传播的本质特征。

一、动物社会的传播现象

从信息传递和沟通的角度而言，传播并不是人类的特有现象，而是自然界和人类社会的共有现象。这一点，已经为生物学和动物学研究的大量事实所证明。

早在1923年，奥地利动物学家卡尔·冯·弗里施就发现蜜蜂群体中有一种奇异的“8字舞”现象。根据他的多年观察，外出觅食的蜜蜂一旦发现了可供采集花粉的花丛，就会飞回蜂巢，将花丛的位置通知给其他蜜蜂。当花丛位于朝着太阳的方向时，飞行的直进动作是向上的；而当花丛位于太阳的反方向时，飞行的直进动作是向下的。在其他场合，直飞的方向总是与蜂巢的垂直面成一定角度。花丛的距离是用“8”字的大小和行进时间的长短来表示的，即花丛的距离较近时“8”字较小，行进时间较短；距离较远时则“8”字较大，行进时间亦较长。这样，通过“8字舞”，其他蜜蜂就知道了花丛的位置，并飞集到这个地方。弗里施和他的学生们用食糖等材料在不同条件下进行了多次实验，都得出了相同的结果。显然，“8字舞”是蜜蜂群体传递信息的重要手段。后来的研究进一步证明，飞行动作并不是蜂群交流信息的唯一手段，蜂王的分泌物对整个蜂群的组织和分工也起着重要的作用。20世纪50年代中期，美国物理学家H. 艾什在巴西发现，有一种当地的热带蜂居然能够使用莫尔斯信号（有规律的单音长短信号）来传达食物场所的远近。①

动物世界的信息传播现象是丰富多彩的。可以说，每一种动物的个体和群体都有独自的信息系统，其传递和接收信息的方式和手段也是多种多样的。根据已知的研究成果，动物社会传递信息的常见信号有以下几种：

（1）气味。许多昆虫和动物能够分泌带有特定气味的荷尔蒙物质，借助气味来沟通信息，寻找和选择食物，区分个体和群体，划定领地范围，识别同类和天敌。这是一种化学方式的信息传播，一般草食和肉食动物都普遍具有这种能力。

（2）发光。萤火虫在夏夜发光是人们熟悉的现象。发光是雌雄求偶的重要信号，对萤火虫繁衍后代有着重要的意义。根据昆虫学家的观察，萤火虫的发光间隔时间是非常精确的。日本北海道有一种萤火虫的发光时间间隔是58秒，在雄性每次发光后2秒，雌性都能准确地发出回应。每种萤火虫都有独自的发光间隔规律，因此，萤火虫虽然种类繁多，却不会发生种群的混乱。

（3）超声波。哈佛大学动物学家格里芬和古兰巴斯发现，蝙蝠能够在漆黑的岩洞里快速飞行而不至于撞上岩壁，在黑暗的夜空中准确地捕捉昆虫，这靠的是它们能够发出一种振动频率极高的超声波，通过声波的反馈来确定物体的位置。这个原理，同人类使用的水中声纳探测器的原理完全相同。

（4）动作。在动物社会中，动作也是传递信息的重要信号，能够传达丰富的含义。据奥地利生物学家孔拉德·罗伦兹的观测，灰雁在从事某种行动之前，总是发出特定类型的动作信号，这些信号可以表示戒备、威吓、攻击、防御、亲近、求偶等不同的含义（见图

---

① 参见［日］坂上昭一：《蜜蜂的世界》，1版，1～32页，东京，岩波新书，1983。

2—1）。前面提到的蜜蜂的“8 字舞”，也是利用飞行动作传递食物信息的一例。

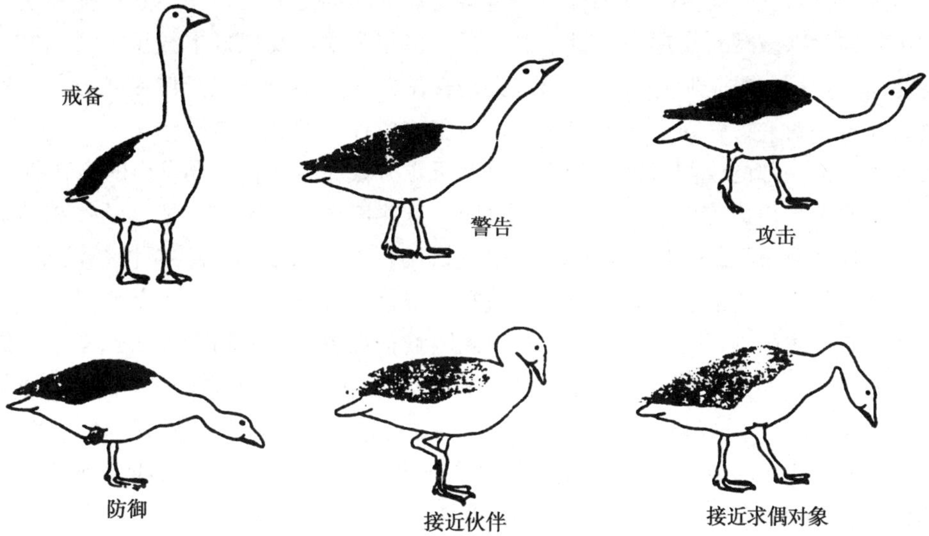

图 2—1　灰雁的不同动作信号①

（5）声音。汉语中有“鸟语花香”的成语。鸟的啼鸣是与伙伴交流信息的手段，这已经成为一个常识。剑桥大学教授 W. H. 索尔普对黄雀进行的实验，以及鸟类学家 N. G. 史密斯对栖息在加拿大北部的四种海鸥进行的观测，都证明鸟的“语言”与动作相结合，能够表达复杂的含义。一些学者认为，鸟类之所以频繁地利用啼鸣来传递信息，与它们的飞行空间大，且生活在视觉障碍物较多的丛林环境中有着密切的关系。

动物世界传递信息的信号是多种多样的，上面提到的只不过是最常见的几种，动物学家将它们称为动物社会的“语言”。每种动物、动物中的每个群体和个体都有独自的信息传递、接收和反馈系统，这些信息系统在维持动物社会的生存和进化方面具有至关重要的意义。换句话说，在“物竞天择，适者生存”的自然规律面前，只有那些具备相对发达的信息系统，能够有效适应环境变化的种群才能生存到今天。

二、动物传播的局限性

尽管动物有着复杂的信息传播系统，但是动物传播与人类传播是不能同日而语的，两者之间有着本质的区别。这种区别表现在：第一，动物的信息传播行为是一种先天的本能行为，其能力更多地取决于体内的信息功能和遗传基因，而不是后天的系统学习；第二，动物传递和接收信息的过程是基于条件反射原理的过程，而不伴随复杂的精神和思维活动。一句话，动物传播只是对自然界的一种被动的适应，而不能成为对自然界和自身进行能动的、创造性改造的因素。

为了说明人类传播与动物传播的本质区别，在这里，我们以在进化阶段上与人类最接近的灵长类动物——猿猴群体中的传播现象为例，做一个简略的观察。

① 引自［日］永野为武：《动物“语言”的秘密》，1 版，36 页，东京，旺文社，1970。

猿猴是社会性动物，群体中有着严格的等级秩序和长幼尊卑之别，其社会结构与人类社会有很大的类似性。同样，猿猴群体中也有比其他动物更为发达的信息传播系统。京都大学的伊谷纯一郎教授对高尾山的日本猴进行了多年观察，发现日本猴至少可以使用三种方式传递信息：第一类是听觉方式，第二类是视觉方式，第三类是身体接触方式。猴群中同样也存在着一对一、一对多、多对一和多对多等各种类型的传播活动。

根据伊谷纯一郎的观测记录和分析，仅就听觉方式而言，日本猴发出的声音就多达37种（另一研究人员川边美寿子记录了50余种），这些声音与体态、表情、动作相结合，能够传达上百种“意义”，其中包括呼唤、回答、问候、迎接、亲昵、喜悦、满足、炫耀、示威、服从、献媚、不满、愤怒、敌视、威吓、报警、恐惧、乞怜、悲哀等。①

猿猴也有初步的学习和模仿能力。马戏团的猴子和黑猩猩的精彩表演经常给人们留下深刻的印象。不仅如此，黑猩猩在学习“语言”方面也表现出很高的“才能”。据研究文献记载，1966年，一对姓格德纳的夫妇收养了一只名叫“瓦肖”的黑猩猩，并对它进行手语训练，一年零十个月后，瓦肖学会了34句手语。1979年，另一对叫兰博的夫妇训练一只四岁的黑猩猩“萨拉”通过敲击电脑键盘来传达自己的意愿，而“萨拉”最终也学会了用英文字母打出“给我食物”、“给我饮料”等简单语句来向主人提出要求。1978年京都大学灵长类研究所也进行了类似实验，训练方法是先给黑猩猩显示苹果、香蕉一类的实物，然后训练其敲击与实物相对应的图画和汉字键盘。据说，作为实验对象的一只三岁黑猩猩成功地理解了键盘上所有符号的意思，并能使用键盘与人进行一定程度的“沟通”。②

但是，与人类相比，黑猩猩的“语言”能力依然处于很低的发展阶段。许多实验结果证明，黑猩猩的“语言”还只是一种本能行为或对条件刺激做出的反应，它们只能理解具体的和眼前的事物，无法表达抽象的、过去的和未来的事物；而且，即使受过训练的黑猩猩能够使用某种“语言”与它的训练师进行“沟通”，但对它的伙伴却无法使用，更不能将这种“语言”传授给其他黑猩猩。这意味着黑猩猩的传播能力与人类的传播能力有着天壤之别。

三、劳动创造了人类的语言

人类传播无疑是在动物传播的基础上进化和发展而来的。那么，究竟是什么推动了从动物传播到人类传播的巨大变革呢？

考古学发现告诉我们，人类是由一种高度社会化的动物——类人猿——进化而来的。森林古猿生活在大约2 300万年到1 800万年以前，恩格斯认为它们处于从猿到人的第一个阶段，即“攀树的猿群”；腊玛古猿生活在距今1 400万年到800万年之间，已经能够初步直立行走，恩格斯将它们称为“正在形成中的人”；直立猿人出现在约300万年以前，恩格斯将他们称为“完全形成了的人”。我国发现的元谋猿人、蓝田猿人和北京猿人，大约生存在距今50万年至200万年之间。据考证，北京猿人过着洞穴群居的生活，以狩猎为生，已经能够制造石器和骨器，并已经学会了火的使用和管理。

---

① 参见［日］永野为武：《动物“语言”的秘密》，162～163页。

② 参见［日］船津卫：《传播学入门》，1版，16～17页，东京，有斐阁，1997。

从猿到人的转变，同时也就意味着从动物传播到人类传播的转变。从传播学的角度来说，语言的产生，是完成从动物传播到人类传播之巨大飞跃的根本标志。

在语言产生之前，人类的祖先经历了漫长的原始传播时代，传播史学者将之称为前语言传播时代。在这个时代，人类传播与动物传播还没有本质的区别，我们的祖先只能靠动作、表情、吼叫或其他简单的音节来传递信息，协调采集和狩猎活动，或表达喜怒哀乐的感情。语言的产生是人类传播摆脱动物状态的决定性的一步。语言作为人类最基本的和最重要的传播手段，又是怎样产生的呢？

音声语言是一种转瞬即逝的事物，世界上并不存在语言的“化石”，因此，准确地判断语言出现于什么时代是困难的。尽管如此，语言学家或文化人类学家还是对语言的起源做了各种各样的推测。例如，威尔伯·施拉姆在《传播学概论》中列举了好几种猜测：一种是“汪汪”理论，认为语言是通过模仿自然声音（如狗叫、雷鸣或波涛）而形成的；一种是“感叹”理论，认为讲话是由偶然地表达感觉或感情所产生；还有一种“唱歌”理论，认为语言是从传播感情或欢庆事件的原始歌声中演化而来的；此外还有“吆—嗨—嗬”理论，认为语言是从用力时发出的呼噜声演变的，如此等等。[①] 上述推测或许都有一定的道理，但我们无从去证实它们。

考察人类语言具体起源于什么固然重要，但更重要的是了解语言产生的动力。换句话说，究竟是什么力量推动着人类掌握了这种灵活有效的传播手段？马克思主义唯物史观告诉我们，语言产生的根本动力，来自于人类最基本的创造性活动——劳动。

日本岐阜大学前校长今西锦司博士曾对灵长类动物的“人化”过程进行过系统的分析。他发现，在“淀粉食”、“肉食”、“采集”、“狩猎”等18种要素当中，“直立行走”、“制造工具”和“分节化语言”这三种要素的欠缺，犹如三道屏障，使得黑猩猩一类的灵长类动物最终未能进化成人类。[②] 这三种要素，都是人类特有的劳动的产物。

早在19世纪70年代，恩格斯就在《自然辩证法》中详细地论述了劳动在从猿到人的转变过程中的作用。他指出，人类的早期祖先在与大自然的斗争中，由于环境和生活方式等因素的影响，手和脚产生了分工，渐渐习惯了直立行走。直立行走是完成从猿到人转变的决定性的一步，它的意义就在于，手变得自由了，并且在劳动中不断获得新的技能。恩格斯写道：“只是由于劳动，由于总是要去适应新的动作，由于这样所引起的肌肉、韧带以及经过更长的时间引起的骨骼的特殊发育遗传下来，而且由于这些遗传下来的灵巧性不断以新的方式应用于新的越来越复杂的动作，人的手才达到这样高度的完善，以致像施魔法一样造就了拉斐尔的绘画、托瓦森的雕刻和帕格尼尼的音乐。”[③] 恩格斯的这段话给我们的启示是，人类的手不仅是制造工具、创造物质财富的重要器官，而且是创造精神财富和进行传播活动的重要器官，手和脚的分工在人类传播史和精神生产史上同样具有重要的意义。

与此同时，作为人类最基本传播手段的语言，也是从劳动中产生出来的。“劳动的发展必然促使社会成员更紧密地互相结合起来，因为它使互相支持和共同协作的场合增多

① 参见［美］威尔伯·施拉姆等：《传播学概论》，8～9页。
② 参见［日］今西锦司：《人类的诞生》，1版，105页，东京，河出书房新社，1968。
③ 《马克思恩格斯选集》，2版，第4卷，375页。

了，并且使每个人都清楚地意识到这种共同协作的好处。一句话，这些正在生成的人，已经达到彼此间**不得不说些什么**的地步了。”①恩格斯认为，劳动中的相互协作对语言的需要促进了早期人类发音器官的进化，经过漫长的进化和发展，终于出现了分音节的语言。而在这个过程中，脑髓和感觉器官也不断趋于发达。脑和为它服务的器官、越来越清楚的意识以及抽象能力和推理能力的发展，又反作用于劳动和语言，为这二者的进一步发育不断提供新的推动力。人类社会及其以语言为核心的信息传播系统，正是在这种永不枯竭的动力的推动下，不断走向更新更高的发展阶段的。

四、人类语言的能动性和创造性

语言的产生，标志着从动物传播到人类传播的重大飞跃。日本著名生物学家永野为武曾经对人类的语言与动物发出的声音信号进行过详细的比较，并在此基础上指出了人类语言的五个特点：

（1）人类语言是一种具有音节区分的声音符号体系；

（2）与本能相关的声音较少，发音和语句在结构上具有逻辑性；

（3）具有自由模仿其他声音的能力；

（4）在没有外部刺激的情况下也能自主发声；

（5）能够自主地赏娱音声的节奏和韵律。②

然而，上述特点还只能说是从外部现象上所做的描述。从本质上，我们还可以对人类语言的特性做出进一步的概括，这就是：

（1）人类语言具有超越历史时间和空间的能力，它不仅能够表述现在，而且能够表述过去和未来；不仅能够表述眼前的事物，而且能够表述在遥远空间的事物。

（2）人类语言具有无限的灵活性，可以表达任何具体的、抽象的甚至虚构的事物，在表达内容上几乎没有任何限制。

（3）人类语言具有发音的经济性，以有限的几十种元音和辅音，配之以声调变化，能够组合成数十万以上的语音单词。这说明，人类能够以最小的体能消耗来最大限度地发挥自己的音声传播能力。

（4）人类语言具有巨大的能动性和创造性。生物学和动物学的研究成果表明，从新生代以来，动物界几乎没有增加发声类型，它们只能靠有限的声音和特定的化学或物理信号进行传播。而人类则不同，人类在使用语言的过程中表现出无穷的创造力。人类不断创造出新词语、新概念、新含义和新的表达方法，并且能够将声音语言转换成文字或其他符号体系加以记录和保存。人类不仅创造了自己的生活语言，而且创造出了科学语言、艺术语言以及以手语、计算机语言为代表的各种人工语言。语言的历史，同时也是人类创造活动的历史。

综上所述，能动性和创造性是人类语言区别于动物界信号系统最根本的特征。人类的语言活动不仅是人类对自然界和社会进行能动改造这一总体活动的有机组成部分，而且它

---

① 《马克思恩格斯选集》，2版，第4卷，376页。

② 参见［日］永野为武：《动物“语言”的秘密》，203～204页。

还不断创造和发展着自身，不断开创着崭新的语义世界。

从生物信息系统进化的角度而言，人类以语言为核心的信息传播系统的形成，也是一个体内信息功能体外化和社会化的过程。这就是说，生物或动物主要是依靠体内遗传信息的变化或变异来适应环境的，它们必须把那些与环境变化相适应的信息转化为体内生物遗传信息才能传给它们的后代，这是一个缓慢的、低效率的和充满选择错误的过程。在人类诞生后的漫长年代里，有数以百万计的生物物种灭绝和消失了，说明这种基于遗传机制的信息系统在千变万化的环境面前是多么脆弱。相反，人类主要不是靠遗传信息，而是靠体外化、社会化的信息系统来适应环境和改造环境的。换句话说，人类能够将对自然和环境的认识作为经验、知识和文化，利用以文字为代表的各种体外化媒介加以记录、保存和累积，并通过教育和学习传授给后代，这是一种效率极高的信息传播方式。恩格斯说，人是一切动物中最社会化的动物。这种高度的社会化，同样也体现在人类的信息传播系统中。

第二节　人类传播的发展进程

语言的产生是真正意义上的人类传播的开端。从语言产生到今天的信息社会，人类传播本身也经历了一个漫长的发展过程。传播是通过一定的媒介、手段或工具来进行的。根据媒介产生和发展的历史脉络，我们可以把迄今为止的人类传播活动区分为以下几个发展阶段：(1) 口语传播时代；(2) 文字传播时代；(3) 印刷传播时代；(4) 电子传播时代。不过，这个历史进程并不是各种媒介依次取代的过程，而是一个依次叠加的进程（见图2—2）。

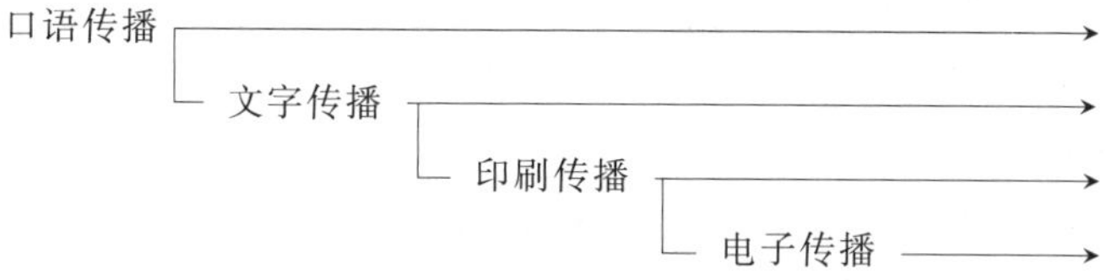

图 2—2　人类传播发展的历史进程

这个过程，是人类使用的传播媒介不断丰富的历史，也是社会信息系统不断发达、不断趋于复杂化的历史。

一、口语传播时代

口语传播是人类传播活动的第一个发展阶段，这一阶段大致从人类摆脱“与狼共舞”的野蛮状态，组成原始社会开始，一直到文字的出现结束。简言之，就是从人类开口说话到用手写字这一漫长时期。

前面我们已经讲到，语言是在人类劳动和社会协作活动中产生的，其本身也经历了一个长期发展的过程。音韵史研究中有一种观点认为，口语最早是用不同的声音为周围事物“命名”开始的。例如，我们把自己的同类称为“人”，把会飞的动物称为“鸟”，把常年生的木本植物称为“树”，等等。这种命名活动在早期可能是幼稚的，但它具有革命性的意义：原来混沌一片的世界在我们眼前变得清晰了，变得有条理了，我们可以根据这些名称对世界上的万事万物进行归纳和分类，从中把握它们的性质和规律。不管这个过程是从具体到一般，还是从一般到具体，它都意味着语言的发展伴随着人类对周围世界的认识的深化。

德国著名释义学家伽达默尔认为，语言本身就是一种世界观，人因为有了语言，所以有了一个“世界”，同“世界”有了一种“关系”，对世界有了一种特殊的“态度”。“无论我们用什么语言，我们获得的只是一个更为扩大的方面，一种世界观。”① 换句话说，人类驾驭了语言，也就拥有了一个其他动物所没有的丰富的“语义世界”。

由此而知，口语最初仅仅是一种将声音与周围事物或环境联系起来的符号，在人类认识世界和改造世界的社会实践中，逐渐提高了它的抽象能力，成了一种能够表达复杂含义的音声符号系统。与此同时，口语也大大促进了人类思维能力的发展。美国传播学家德弗勒认为，语言与思维是不可分割地联系在一起的，思维的规则与说话的规则相同，思维也就是内向操作语言。

总之，口语的产生无疑大大加速了人类社会进化和发展的进程，直到今天，口语依然是人类最基本、最常用和最灵活的传播手段。但是，作为音声符号的口语是有其局限性的。第一，口语是靠人体的发声功能传递信息的，由于人体能量的限制，口语只能在很近的距离内传递和交流。第二，口语使用的音声符号是一种转瞬即逝的事物，记录性较差，口语信息的保存和积累只能依赖于人脑的记忆力。因此，口语受到空间和时间的巨大限制，在没有诸如电话等口语媒介的情况下，它只能适用于较小规模的近距离社会群体或部落内的信息传播。

事实上，即使在以口语传播为主的时代，口语也并不是唯一的传播手段。为了适应越来越复杂的社会生活和越来越大的环境空间，人类不断地发明和采用了一些早期的体外化媒介，如用约定的实物来传递和交流信息，利用结绳或图形符号来记录重要的事件或生产和交易情况，利用擂鼓或燃放烟火以及这些信号的接力传送等保持远距离联络等。这些原始媒介的传播功能已经接近于文字，它们把信息传得更加广远，更加长久。更重要的是，这些媒介的采用，意味着人类传播开始进入一个新的阶段：人类不再单纯地依赖体内信息系统来传播信息，而开始向一个功能更强、效率更高的体外化信息系统进军了。

二、文字传播时代

文字是人类传播发展史上第二座重大里程碑。如果说语言的产生使人类彻底摆脱了动物状态，那么文字的出现就使人类进入了一个更高的文明发展阶段。

文字是在结绳符号、原始图画的基础上发展而来的。我国《易经·系词下》中有“上古结绳而治，后世圣人易之以书契”的记载，日本历史上曾经有过“绳文时代”。在文字产生以前，世界上许多国家和民族都经历过结绳记事的时代。据考证，印加古国曾经发明了一套相当系统的结绳方法。当时，印加帝国的大小城镇都设有专职的结绳官，他们掌握着复杂的结绳规则和技巧，日复一日地将重要的事情用结绳符号记录下来，并根据需要向人们发布和解释有关的信息。

① 张汝伦：《意义的探究》，1版，214页，沈阳，辽宁人民出版社，1986。

中国有种古老的说法叫做“书画同源”，这说明早期图形符号同样是文字的重要源泉。根据考古学的发现，人类用图形或绘画来传递信息从旧石器时代晚期就开始了，那时人们将对自然界和自身的认识绘成简单的图画，刻在岩壁或各种石器上。到了新石器和铜石并用时代，这些早期绘画已经发展成了一种图画文字。

象征性图形的使用标志着图画文字由具象到抽象的飞跃，它们与真正意义上的文字越来越接近了。

关于文字产生的时间，多数学者推定在公元前3 000年左右。我国的汉字，如果从仰韶文化晚期刻绘在陶器上的几何图形或符号算起，其形成与发展至少已有 5 000 年的历史。据考察，殷商时代的甲骨文中不仅包括记号字、指事字、象形字、会意字，而且还包括了既照顾到词义理解、又考虑到发音记录的较高级的形声字。这标志着我国的文字符号体系已经初步形成。

英国历史学家巴勒克拉夫在《泰晤士世界历史地图集》中指出，公元前3 000年左右的文字发明，是文明发展中的根本性的重大事件。它使人们能够把行政文献保存下来，把消息传递到遥远的地方，也就使中央政府能够把大量的人口组织起来，它还提供了记载知识并使之世代相传的手段。

巴勒克拉夫的这段话概括了文字发明的重要意义。第一，文字克服了音声语言的转瞬即逝性，它能够把信息长久保存下来，使人类的知识与经验的积累和储存不再单纯地依赖人脑的有限记忆力；第二，文字能够把信息传递到遥远的地方，打破了音声语言的距离限制，扩展了人类的交流和社会活动的空间；第三，文字的出现使人类文化的传承不再依赖容易变形的神话或传说，而有了确切可靠的资料和文献依据。一句话，文字的产生使人类传播在时间和空间两个领域都发生了重大变革。

文字作为人类掌握的第一套体外化符号系统，它的产生也大大加速了人类利用体外化媒介系统的进程。以我国汉字的载体而论，从早期的石壁、石器、陶器、青铜器，到甲骨、竹简和木简，再到后来的纸张，书写材料不断趋于轻便化，文字信息的传递越来越容易。道路的开拓，驿站、邮政设施的建立，也使得文字信息能够在越来越广大的区域内进行传播。以文字为核心的体外化信息系统的形成和扩展，大大地推进了各地区的经济、政治和文化的交流与融合。秦始皇统一中国的一项重要措施就是实行“书同文、车同轨”的制度，可见汉字在统一中华民族和中国文化的形成和发展过程中发挥了多么巨大的作用。

三、印刷传播时代

文字出现以后，人类经历了一个很长的手抄传播阶段。手抄传播效率低、规模小、成本高。一部书籍，如果要抄写多册，不但耗费时日，而且需要投入大量的人工劳动。据考证，在 13 世纪的法国，如果要抄写一部小书作为对公主生日的献礼，其成本相当于现在的 3 000 美元。在这种情况下，文字信息的生产规模还很小，加上教育的普及程度低，文字传播基本上还属于政府、官吏以及统治阶层的特权。这种情况，直到印刷时代到来之后才有了改变。

印刷时代的到来是建立在纸张和印刷术发明的基础之上的，这是中华民族为世界文明做出的两大贡献。早在公元 105 年，中国东汉时代的蔡伦就在前人经验的基础上，利用破布、麻头、旧渔网、树皮等原料制造出了结实耐磨的植物纤维纸。在公元7世纪的唐代，中国已经出现了雕版印刷。1045年前后，宋代的毕昇发明了胶泥活字印刷术。中国学者闵大洪认为，毕昇的方法虽然还很简单，“但已包括了活字印刷的三个主要步骤：制活字、排版、印刷，与近现代的铅字排印基本原理完全相同。”① 到了元代和明代，中国又先后出现了木活字和锡、铜、铅活字。中国的造纸术和印刷术广泛流传到东亚和西方各国，为推动世界文明和人类传播的发展做出了重大贡献。

印刷术的发明标志着人类已经掌握了复制文字信息的技术原理，有了对信息进行批量生产的观念。但是在中国，由于封建社会的政治、经济和文化条件的制约，中国的印刷事业长期停滞在小作坊手工作业和人力劳动的水平上。直到15世纪40年代，德国工匠古登堡在中国活字印刷和油墨技术的基础上创造了金属活字排版印刷，并把造酒用的压榨机改装成印刷机，才使文字信息的机械化生产和大量复制成为可能。

古登堡的印刷术标志着印刷时代的新纪元。经过欧洲工业革命的推动，印刷技术不断革新，迅速跨越了人力生产而进入机械动力和电力生产的阶段。印刷机的出现迎来了近代报刊的诞生，伴随着读写能力的普及，印刷媒介开始在社会变革和社会生活中扮演越来越重要的角色。施拉姆指出：“书籍和报刊同18世纪欧洲启蒙运动是联系在一起的。报纸和政治小册子参与了17世纪和18世纪所有的政治运动和人民革命。正当人们越来越渴求知识的时候，教科书使得举办大规模的公共教育成为可能。正当人们对权利分配普遍感到不满的时候，先是报纸，后来是电子媒介使普通平民有可能了解政治和参与政府。”② 施拉姆的这段话高度概括了印刷媒介的发展在社会政治、文化和教育领域中带来的巨大影响。应该补充的一点是，印刷事业的发展对经济的发展同样起到了巨大的推动作用，不仅如此，它本身也日益成长为一种规模宏大的产业，并成为现代信息经济和文化产业的重要组成部分。

20世纪80年代以后，新的电子信息技术开始推动一场新的印刷传播革命。电子排版、电脑编辑、网络传输等新的出版技术不断应用于印刷媒介，使人类告别了熔金铸字的“铅与火”时代，迎来了全新的数字印刷传播时代。在21世纪的今天，数字印刷技术已经全面取代了传统印刷，极大地提高了书刊、报纸、杂志等印刷媒介的出版效率，使出版传播在现代社会政治、经济、文化和社会生活的各个领域发挥着更为活跃、更加广泛和日益重要的作用。

四、电子传播时代

如果说印刷传播实现了文字信息的大量生产和大量复制，那么电子传播最重要的贡献之一就是实现了信息的远距离快速传输。1837年，美国人塞缪尔·莫尔斯发明了第一台实用电报机。1844年，当美国第一条电报线路开通，莫尔斯从华盛顿向巴尔的摩发出了世界上第一封电报时，他的电报内容是《圣经》中的一句话：“上帝，你究竟创造了什么！”

---

① 闵大洪：《传播科技纵横》，11页，北京，警官教育出版社，1998。
② ［美］威尔伯·施拉姆等：《传播学概论》，18页。

当然，这个奇迹并不是上帝创造的，而是科学技术发展的结果。尽管如此，人们仍然不能不为这一“时空的超越者”和“闪电般的”通信工具发出由衷的赞叹。在电报出现以前，信息的流通与物资的流通、人的流通是等速度的，换句话说，信息的传递也是通过交通工具进行的，书籍、报刊、信件的运输并不比人流和物流的速度更快。但是，电子通信工具的出现使得远隔万里、重洋阻绝不再成为人类沟通信息的严重障碍。1858 年，当横跨大西洋海底电缆宣告竣工时，接近于实时速度的远距离信息传递已经成为现实。

电子传播的媒介，可以分为有线和无线两种系统。有线系统起源于莫尔斯发明的有线电报和贝尔等人在 19 世纪 70 年代研制的电话系统，后来发展到有线广播、有线电视和今天的计算机通信和有线互联网。无线系统的出现以意大利人马可尼 1895 年的无线电通信实验获得成功为标志，其后发展为无线电报、无线广播、无线电视以及今天的移动电话和无线互联网络。无线电通信是通过电波的发射和接收来进行的，其传输方式可分为地上波传输和卫星传输两种。地上波传输需要建立多处中转发射和接收台来克服高大建筑物或高山、地球体弧度的障碍，远距离传输需要较多的环节。1957 年，苏联发射了第一颗人造地球卫星，标志着人类开始进入卫星传播的时代。地球同步卫星位于地球赤道上空约 36 000公里的高度，与地球的自转保持同步运转，这样的卫星只要有 3 颗，即可实现对整个地球的电波覆盖。卫星通信技术、卫星广播电视和互联网的飞速发展和普及，使大面积、远距离的实时跨国传播和全球传播成为现实。

电子传播是通过电子信号的传输实现的。20 世纪中期以后，电子信号的传输开始了由模拟信号向数字信号的进军。在模拟（analogue）方式下，电子信号是以与时间相对应的、连续的电压或电流的变化来表示的；而在数字（digital）方式下，信号是以电压的有或无（即 0 或 1）来表示的。前者在传输途中较易受到噪音的干扰，信息容易产生衰变；后者不但信息保真度高，而且能够通过数字压缩技术，使相同的同轴电缆、光缆或无线电波频道传输更多的信息。

数字技术首先在计算机通信领域得到应用，并快速地推动了互联网传播的发展。20 世纪八九十年代，出版、广播电视开始向数字化进军。在媒介高度融合的今天，传统的报纸媒介也正在面临全面数字化转型的变革。数字技术的革命意义并不仅限于通信和媒介领域，正如麻省理工学院媒介实验室创办人尼葛洛庞帝所指出的，它通过全面改造创新人类社会的信息传播系统，使我们社会生活的全部，包括工作、生活、教育、娱乐，都进入了一个“数字化生存”的时代。

电子媒介为人类传播带来的变革并不仅仅是空间和速度上的突破。从人类社会信息系统发展的角度来看，电子媒介还在另外三个方面具有里程碑的意义：

第一，它形成了人类体外化的声音信息系统和体外化的影像信息系统。过去，无论是声音还是影像，其本身都不具备复制性和记录性，以至于考古学家无法找到它们的“化石”。电子媒介出现以后就不同了，随着摄影、录音和录像技术的进步，人类不但实现了声音和影像信息的大量复制和大量传播，而且实现了它们的历史保存。我们今天考察古代社会时，只能根据文字记录或考古发现进行想象和推测，而当千百年后的人们研究我们这个时代时，则可以直接聆听和观察到我们的音容笑貌。这两个体外化信息系统的形成，使人类文化的传承内容更加丰富，感觉更加直观，依据更加可靠。一句话，它们使人类知识经验的积累和文化传承的效率和质量产生了新的飞跃。

第二，电子技术的发展推动了计算机的诞生，电脑开始执行人脑的部分功能。电脑兼有信息处理、记忆和传输功能，其信息处理的速度快、精度高，记忆也比人脑更加牢靠和准确。电脑的出现，意味着人的大脑这一信息处理中枢也开始了体外化的进程，这个革命性变革为人类传播所开创的可能性是无限的，其意义怎么评价都不过分。

第三，电子技术的发展特别是数字技术的发展，开创了人类传播媒介大融合的时代。过去，无论是报纸、书籍、电话还是传统广播电视，其功能都是单一的，相互之间缺少兼容和联接。数字技术则把分散发展的文字、音声、画面、影像媒介都整合到一个有机互联的传播系统中，迎来了多媒体传播的新时代。

电子传播技术的发展，使人类进入了一个前所未有的信息社会；在模拟电子技术基础上发展起来的数字技术，则进一步推动着人类迈入了高度信息化社会的崭新阶段。

第三节　信息社会与信息传播

我们的时代是一个信息时代，我们已经进入一个全新的信息社会。所谓信息社会，指的是“信息成为与物质和能源同等重要甚至比之更加重要的资源，整个社会的政治、经济和文化以信息为核心价值而得到发展的社会”①。

那么，信息社会是如何发展而来的？它的到来对我们究竟意味着什么？

一、传播媒介的进化与社会发展

在本章第一、二节中，我们对人类传播活动发生和发展的历史过程进行了概观。这个过程告诉我们，人类传播活动的发展史，就是人类从自然赋予的传播能力出发，在生产劳动和社会实践的动力推动下不断发现和创造新的传播媒介，不断使社会信息系统走向发达和完善的历史。

图 2—3 是美国传播学家 A. 哈特就传播媒介的发展史所绘制的概略图。从该图可以看出，哈特把有史以来的传播媒介分为三类：

（1）示现的媒介系统。即人们面对面传递信息的媒介，主要指人类的口语，也包括表情、动作、眼神等非语言符号，它们是由人体的感官或器官本身来执行功能的媒介系统。

（2）再现的媒介系统。包括绘画、文字、印刷和摄影等。在这一类系统中，对信息的生产和传播者来说需要使用物质工具或机器，但对信息接收者来说则不需要。

（3）机器媒介系统。包括电信、电话、唱片、电影、广播、电视、计算机通信等。这些媒介，不但传播一方需要使用机器，接收一方也必须使用机器。

正如哈特的概略图所显示的，这三类媒介是按照先后顺序依次累积出现的。从不依赖任何机器手段的“示现媒介”到部分依靠机器的“再现媒介”，再到完全依靠机器的“机器媒介”，这是一个人类传播的媒介手段日趋丰富的过程，也是人体的信息功能日益向外

① ［日］《朝日现代用语》，245 页，东京，朝日新闻社，1992。

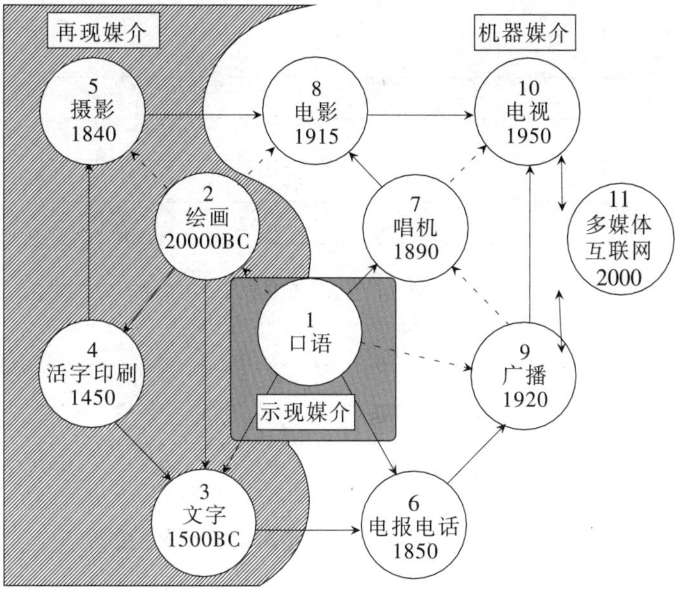

图 2—3　传播媒介发展史概略图（本书作者根据后来发展略有修改）①

扩展，体外化信息系统逐渐获得相对独立性的过程。

传播媒介的进化对社会的发展具有重要的意义。加拿大传播学家 M. 麦克卢汉曾经提出一个著名的观点：媒介即讯息。这个观点的核心思想是，从人类社会的漫长发展过程来看，真正有价值的讯息不是各个时代的具体传播内容，而是这个时代所使用的传播工具的性质及其开创的可能性。因此，媒介是社会发展的基本动力，每一种新的媒介的产生都开创了人类交往和社会生活的新方式。如果我们把媒介和媒介技术理解为社会生产力的重要内容，那么媒介的进步对社会变革的巨大影响是无可否认的。

媒介的极大丰富和体外化信息系统的发达，进一步增加了信息和信息传播在社会发展中的重要性。信息社会，正是在这个基础上产生的。

二、信息爆炸与信息社会

媒介发达带来的最为直观的社会结果是信息的绝对量的增加。美国学者 H. H. 弗莱德里克曾经做过这样一个推算：如果以公元元年人类掌握的信息量为单位 1，那么信息量的第一次倍增，花费了 1 500 年；第二次倍增，花费了 250 年；第三次倍增，花费了 150 年；进入 20 世纪后的第四次信息量倍增，所需时间进一步缩短为 50 年。其后，倍增速度骤然加快，在 20 世纪 50 年代，10 年内就实现了倍增；接着在 20 世纪 60 年代和 70 年代，时间周期进一步缩短为 7 年和 5 年。根据现在的推算，人类社会的信息量倍增的时间仅仅需要 18 个月至 5 年的时间（见图 2—4）。

这是一个惊人的速度。即使以 5 年为周期来计算，也意味着，在今后不到 70 年的时

① See A. Hart, *Understanding the Media*, Routledge, 1991, p. 5.

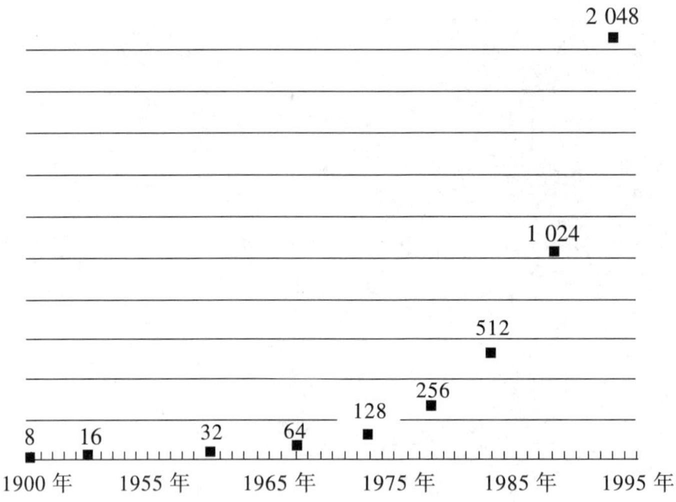

图 2—4　以指数函数的速度急剧增加的信息量①

间内，人类积累的信息量将达到我们今天信息量的 100 万倍。信息量正在以指数函数的速度急剧增加，信息爆炸所产生的信息洪流以前所未有的力量冲击着社会的政治、经济和文化，改变着人类社会的结构和形态，并迎来了一个全新的社会——信息社会。

信息社会这个概念，是 20 世纪 60 年代末 70 年代初在日本、美国等发达国家最早提出来的。从 20 世纪 60 年代中期开始，日本一些学者就着眼于报刊、广播、电视等大众传播媒介以及计算机技术的飞速发展，开始探讨和论述信息社会问题，如梅棹中夫的《信息社会的社会学》（发表于 1964 年）、米田增二的《信息化社会入门》（1968 年出版）、林雄二郎的《信息化社会》（1969 年出版），以及日本经企厅经济审议会的报告书《日本的信息化社会：视点与课题》（1969 年出版）等。不过，使“信息社会”这个概念在全球范围内产生普遍影响的是美国社会学和未来学家 D. 贝尔的《后工业社会的到来》（1973 年出版）以及 A. 托夫勒的《第三次浪潮》（1980 年出版）这两部著作的出版。这两部著作都是从社会发展和社会结构变化出发来分析信息社会到来的必然性。在《后工业社会的到来》这部书中，贝尔把人类社会的发展进程分为“前工业社会”（农业社会）、“工业社会”和“后工业社会”三大阶段，并做了这样的分析：“在**前工业社会**里，……占压倒多数劳动力从事包括农业、林业、渔业、矿业在内的采集作业，生活主要是对自然的挑战。……**工业社会**是生产商品的社会，生活是对加工的自然的挑战。在这个时代，技术化、合理化得到了推进。……**后工业社会**是以服务业为基础的社会。因此，最重要的因素不是体力劳动或能源，而是信息。”②

托夫勒的观点与贝尔大致相同，不过他在描述由工业社会向信息社会的巨大变革时，使用了“第三次浪潮”的形象比喻。他认为，到目前人类社会的发展已经历了两次巨大浪

---

① Howard H. Frederick, *Global Communication & International Relations*, Shohakusha, Tokyo, 1996, p. 11.

② Daniel Bell, *The Coming Postindustrial Society*, Basic Books, New York, 1973, pp. 126 - 127.（黑体字为原作者所加）

潮的冲击：第一次是从原始的渔猎采集社会向农业社会的变革，第二次是由农业社会向工业社会的变革。目前人类社会正在迎来以信息革命为代表的第三次浪潮，电子传播科技、遗传工程、太阳能等新的高科技的发展，必然会极大地改变现存的社会结构和社会生活，创造出一种新的人类文明。

实际上，信息社会的到来并不仅仅存在于学者们的分析中，现实的社会发展也呈现出了明显的趋向。例如，1977 年美国商务部的报告就已经证明了这种变化：美国的经济现在以信息为基础。在 1967 年，美国 GNP 的 25%来自于信息商品和信息服务的生产、处理和分配；另有 GNP 的 21%来自于由公私机构从事的、纯粹属于国际用途的信息生产和服务。到 1970 年，美国劳动力的近半数属于信息产业的从业者。根据经济合作与开发组织的调查，到了 1982 年，几乎在所有的发达国家，信息产业的劳动力都达到了总劳动力的三分之一以上。①

信息社会尽管是在农业社会和工业社会的基础上发展而来的，但在经济结构上与前两者有明显的不同。一般认为，信息社会具有以下几个特点：（1）社会经济的主体由制造业转向以高新科技为核心的第三产业，即信息和知识产业占据主导地位；（2）劳动力主体不再是机械的操作者，而是信息的生产者和传播者；（3）交易结算不再主要依靠现金，而是主要依靠信用；（4）贸易不再主要局限于国内，跨国贸易和全球贸易将成为主流。②

经过 20 世纪 80 年代和 90 年代的发展，到了 21 世纪，这些特点已经逐渐变成我们面临的社会现实。

三、高度信息化社会的到来

信息社会并不是凭空出现的，而是在农业社会和工业社会高度发展的基础上产生的。马克思主义理论认为，社会的物质生产和精神生产始终处于辩证的相互作用关系之中，当物质生产和物质交往发展到一定历史阶段时，精神生产和精神交往的状况如何也会成为制约社会发展的主要因素。信息社会的到来，证明了马克思主义对社会发展进程的科学预见。

在信息社会中，社会的核心资源是信息。信息生产和信息传播不仅是经济发展的关键，而且对政治和文化产生重要的影响，甚至关系到国家和民族的生存。法国数据处理与自由委员会的报告指出："信息就是力量，经济信息就是经济力量。信息具有经济价值。拥有储存和处理某种数据的能力，也意味着对别国的政治、技术上的优越地位。"③ 这个观点，已经成了当今世界的共识。

信息社会的发展有一个过程。从媒介普及的角度，我们可以把第二次世界大战后的社会信息化进程分为两个阶段，即初级信息化阶段和高度信息化阶段。初级信息化阶段是从 20 世纪 50 年代到 80 年代中期，在这个阶段，报刊、广播、电视等大众传播媒介得到了高度普及，个人用的媒介也日趋多样化，如电话、录音、录像、摄影、传真等都达到了相当

---

① See UNESCO, *World Communication Report*, UNESCO, Paris, 1989, 79.

② See Howard H. Frederick, *Global Communication & International Relations*, p. 77.

③ Sol Glasner, *Multinational Corporation and National Sovereignty* , *Toward a Law of Global Communication Networks*, Longman, New York, 1986, pp. 43 - 44.

高的普及程度。这个阶段，与 20 世纪 50 年代以后人类社会的信息量倍增速度的骤然加快是相对应的。第二个阶段即“高度信息化”阶段，从 20 世纪 80 年代末直到今天。这个阶段的特点是：(1) 大众传播媒介进一步发达，广播电视进入数字化多频道和卫星跨国传播时代；(2) 微型电脑普及到家庭，并迅速成为个人进行综合信息处理的媒介；(3) 以计算机、互联网络和多媒体为代表的新传播的发展，使不同媒介的功能出现了融合的新趋势。

20 世纪 90 年代以后，世界各国都加大了建设信息社会的力度。1993 年，美国率先提出了“全国信息高速公路”（即 NII，全国信息基础设施）设想，计划在 10 年至 15 年内在全国铺设高速度、大容量的光缆网络，建成集广播、电视、电话、传真、电子邮政、电子商务、电子出版、计算机通信等各种信息媒介于一体，对音声、影像、文字、数据等进行综合处理和传输的多媒体双向信息系统。美国政府把这个计划看做是“保障美国在信息时代的国际领导地位”的重大举措，并在 1995 年进一步提出了“全球信息高速公路”（GII）设想。继美国之后，英、法、德、日、新加坡等国都提出了各自的“信息高速公路”规划。进入 21 世纪，这些设想在数字技术和互联网技术的推动下基本上已经得到了实现。

改革开放以来，我国在信息化建设方面迈出的步伐也是巨大的。1986 年，我国成立了国家经济信息管理领导小组。1993 年，我国开始实施以“三金”（金桥、金卡、金关）工程为代表的一系列重大信息系统工程。1997 年，我国又进一步提出了国家信息化建设的指导方针：统筹规划，国家主导；统一标准，联合建设；互相连通。我国信息化建设的两步目标是：第一步，在 2000 年以前，初步形成一定规模和比较完善的国家信息化体系；第二步，在 2010 年以前，建立起健全的、具有相当规模的、先进的国家信息化体系。1998 年，我国政府提出发展知识经济和科教兴国的战略，2001 年重新组建国家信息化领导小组后，我国信息化基础设施建设进一步加速，为迎接高度信息化社会的到来提供了软件和硬件的保障。根据中国互联网信息中心发布的数据，截至 2010 年 6 月，中国互联网人口普及率已达 31.8%，用户规模已达到 4.2 亿人，我国已经成了名副其实的互联网大国。

本章对人类传播的发展史做了粗略的概观。从社会发展的历史长河来看，人类传播的发展史就是一个人类在生产和交往活动中不断创造和使用新的传播媒介，使社会信息系统不断走向发达和完善的历史。语言符号系统的产生标志着人类彻底摆脱了动物传播状态。文字、印刷、电子媒介等体外化信息系统的形成，意味着人类传播的能力不断扩展和效率的不断提高，这个过程也是社会信息系统的相对自立性不断增强、对人类社会发展的推动和制约作用不断增大的过程，信息社会的发展趋势就充分说明了这一点。

体外化信息系统的发展经历了功能分化和多样化的过程，如视觉系统、听觉系统、保存和记忆系统、处理和传输系统、私人信息系统和公共信息系统等；从媒介而言，则有信件、书籍、报刊、电话、广播、电视、传真、计算机、人造卫星等。20 世纪 50 年代以后，这些分散的媒介系统在各自的领域都得到了充分的发展，功能也越来越强。20 世纪 90 年代以来一个最明显的变化，就是各种不同的媒介功能出现了融合的趋势。换句话说，过去由分散的媒介系统所执行的不同功能，今后将会统合到数字这一综合的信息传播系统当中。可以说，人类的社会信息系统已经超越了高度分化和多元发展阶段，迎来了重新统合的时代。这是社会信息系统演化中的一大飞跃，同时也意味着这个系统的规模更加巨大，结构更加复杂。

加拿大传播学家M. 麦克卢汉曾经有过一个著名的观点：媒介是人的延伸。不同的传播媒介也就是人的不同感官和器官向外部世界的“延伸”，这个过程不断扩大了人类征服自然和改造世界的能力。不过从另一个角度来看，媒介从人体“延伸”出去的过程，也是媒介不断获得独立性和自主性的过程。任何一种媒介对我们来说都是外在化的客观事物，它们会拥有自己的运动规律，以自己的独特方式反过来制约和影响人类社会的发展，带来社会结构的变化，改变人类的观念和生活方式。以媒介为核心的社会信息系统越巨大化，结构越复杂化，人类对它的控制就越间接、越需要在更大范围内的合作。例如，在信息传播局限在一国之内的时代，本国公众、政府和公共机构尚能对社会信息系统实行有效的管理，但在互联网将世界连为一体、跨国卫星充塞太空的今天，对全球性信息系统的管理和运作就需要各国政府和国际组织广泛而密切的合作了。

思考题

第一节

1. 为什么说劳动创造了语言？
2. 人类语言具有哪5个特点？
3. 人类语言区别于动物界信号系统的根本特性是什么？

第二节

1. 人类传播经历了哪些发展阶段？
2. 人类传播的第一套体外化符号系统是什么？其产生有什么意义？
3. 试论述中国的印刷术的发明对印刷传播发展的贡献和古登堡印刷术的意义。
4. 试论述电子传播的发展在人类传播史上的里程碑意义。

第三节

1. 如何理解媒介的进化与社会的发展之间的关系？
2. 试述传播学家哈特对媒介系统的分类。
3. 什么是信息社会？它具有哪些特点？
4. 体外化信息系统经历了功能分化和多样化的过程，正在迎来一个重新统合的时代。如何理解这个观点？

第三章 人类传播的符号和意义

CHAPTER 3

人类传播是一种交流和交换信息并由此发生社会联系和社会互动的行为。在本书第一章我们已经讲到，在人类的社会传播活动中，信息是符号和意义的统一体，符号是信息的外在形式或物质载体，而意义则是信息的精神内容。在社会传播中，符号与意义是密不可分的共生体。因此，考察符号与意义的性质和作用，对把握人类信息传播行为的特性具有重要意义。

第一节　符号在人类传播中的作用

信息传播离不开符号。那么，什么是符号？符号在人类信息传播活动中发挥着什么功能和作用？

一、符号的定义

符号的概念在不同领域有不同的含义。例如，在数学中，我们一般把“1，2，3，4”等称为数字，把“a，b，c，d”等称为字母，把“+，−，×，÷”等称为运算符号，即表示运算关系和运算规则符号。在这里，符号的含义是十分狭窄的。

在传播学中，符号具有极为广泛的含义。日本学者永井成男认为，只要在事物 X 和事物 Y 之间存在着某种指代或表述关系，“X 能够指代或表述 Y”，那么事物 X 便是事物 Y 的符号，Y 便是 X 指代的事物或表述的意义。[①]

① 参见［日］永井成男：《符号学》，1 版，74 页，东京，北树出版社，1989。

这个关系，结构主义语言学奠基人索绪尔在他的《普通语言学教程》中界定为能指（signifier）和所指（signified）。所谓能指也叫做意符，通常表现为声音或图像，能够引发人们对特定对象事物的概念联想；所指也称为意指，即意符所指代或表述的对象事物的概念（意义）。举例来说，一个国家的国歌是由歌词和乐曲组成的，歌词和乐曲构成了国歌的能指（意符），而它们所代表的国家历史和民族精神，则构成了国歌的概念意义（意指）。

对符号及其相关要素做了最全面概括的是英国学者特伦斯·霍克斯。他认为："任何事物只要它独立存在，并和另一事物有联系，而且可以被'解释'，那么它的功能就是符号。"[①] 在这里，符号及其相关要素主要体现为三个特征：一是代表事物的形式，二是被符号指涉的对象，三是对符号的意义解释，也可以说成媒介关联物、对象关联物和解释关联物，即：

符号——形式——媒介关联物

对象——指称——对象关联物

解释——意义——解释关联物

上述定义说明了三点：第一，符号是在一定的指代和表述关系中产生的，没有这种关系，也就不会有符号；第二，符号可以在形式上独立存在，它虽然和指称的对象事物或意义密不可分，但毕竟又是不同的两个事物，这从学者们有关"事物 X"和"事物 Y"、"一种事物与另一种事物"的表述中也可以看出来；第三，人们以符号为介质从事信息传播，其目的是达到意义的交流和互动，而这种交流互动只有通过传受双方的对符号意义的"解释"才能够获得。在传播过程中，传播者通过符号化活动来"建构"意义，而受传者则通过符号解读来理解意义。

符号与意义既密切联系，又相互区别，需要分别予以阐述。因此在本节中，我们在涉及符号概念时，更多地阐述意符（能指）的功能和作用，而对于其所表述的意义，则在第二节中给予专门考察。

在现实世界中，符号的形态是多种多样的。我们在日常生活中能够感觉到的声音、动作、形状、颜色、气味甚至物体，只要它们能够指代特定事物或表述特定意义，都属于符号的范畴。没有符号，我们便感知不到事物的存在，也不可能进而认识和理解它们。符号是信息意义的外在形式或物化载体，是事物表述和传播中不可缺少的一种基本要素。其功能，便是携带和传达意义。

人类是通过符号或符号体系来传递信息的，但符号却不是人类社会的独有现象。从广义上来说，自然界和人类社会的符号现象是普遍的。以动物界而论，蜜蜂的"8 字舞"，就是一种传达食物所在方位的动作图形符号；兽类动物利用粪便、尿液及其他分泌物来做记号、"划地盘"等现象，也是一种符号行为。不过，动物的符号行为是基于先天的、本能的机制进行的。奥地利动物学家罗仑兹认为，动物的符号是一种"释放因"，他把发出释放因的个体称为"作用者"，而把对之做出反应的个体称为"反作用者"。因此，动物界的符号连同其"意义"以及对符号的反应，都还不能超出条件反射原理的范畴。这种符号

① ［英］特伦斯·霍克斯：《结构主义与符号学》，132 页，上海，上海译文出版社，1987。

行为，与人类的能动的符号行为是不能同日而语的。

我们在论述人类信息传播活动的发展过程之际已经提到，声音语言是人类掌握的第一套完整的听觉符号体系，有了语言，人类的信息交流才彻底摆脱了动物传播状态而进入了一个自由的境界；文字是人类创造的第一套完整的视觉符号体系，有了文字，人类的信息活动实现了体外化的记录、保存和传播。文字是声音语言的再现和延伸，所以我们也可以将它们并称为语言符号体系。语言是人类传播的基本符号体系，但并不是唯一的体系。动作、表情、体态、音声、图形、图片、影像等，同样是信息的重要载体，都可以起到符号的作用。

二、信号与象征符

符号现象是丰富多彩的，列举起来几乎不可穷尽。为了将纷纭复杂的符号世界加以整理，学者们提出了许多分类方法。美国符号学的创始人皮尔士曾把符号分为 10 大类 66 种，对不同种类的符号的性质、结构和功能进行了详细的分析。为了避免繁琐，本书采用一种常见的、简要的二分法，即把符号（sign）分为信号（signal）和象征符（symbol）两大类。

如何区分信号和象征符呢？德国学者 E. 卡西尔认为："信号具有物理性质，而象征符则具人类语义性质"。S. K. 兰格尔认为："信号是对象事物的代替物，而象征符是对象事物之表象的载体。"[①]

简单地说，信号具有以下特点：（1）信号与其表示的对象事物之间具有自然的因果性，从这个意义上说，一切自然符号都是信号。例如，冒烟是着火的信号，乌云压顶是大雨来临的信号，发烧是得了某种疾病的信号，青年人长出胡须是发育成熟的信号，等等。这种对应关系是客观的、具有因果性的联系。（2）信号与其表示的事物之间通常具有一对一的固定对应关系。在自然符号中这种对应关系是明显的，如萤火虫的发光是一种求偶行为等。在人工符号中也有许多一一对应关系的符号，如狼烟、交通信号、旗语、电报讯号等。严格地说，各种各样的计算机编程语言，在将它们转换成一般人能理解的语言、文字或图像之前，也是根据一定语法规则相互对应的电子信号体系。

与信号相比，象征符则具有不同的性质：（1）象征符必须是人工符号，是人类社会的创造物；（2）象征符不仅能够表示具体的事物，而且能够表达观念、思想等抽象的事物；（3）象征符不是遗传的，而是通过传统、通过学习来继承的；（4）象征符是可以自由创造的，这就是说象征符在与其指代的对象事物之间不需要有必然的联系，它们的关系具有随意性。

语言就是一种典型的象征符体系。特伦斯·霍克斯曾举例论述道："我可以指着或看着一片树叶，说这是树的标志；也可以说是我关于树的图画、图形或是树的图像。但是，如果我说出'树'这个词，它就是树的象征，因为在这个能指（即指示符——引者）中，没有固定的、必然的'像树一样'的性质，它和现实的树的关系从本质上说是武断的。"[②]

---

① ［日］林进：《传播论》，1 版，14、15 页，东京，有斐阁，1994。
② ［英］特伦斯·霍克斯：《结构主义和符号学》，83 页。

这里所说的“武断”，指的是“树”这个词的语音或文字符号与现实的树之间没有必然的联系，但它能够指代具体的树，甚至包含着人们对树的认识和价值判断。例如，我们在说到或看到“树”这个词时，我们的大脑中不但会出现各种各样的树的形象，而且还会意识到它们是人类的宝贵资源，是保证地球生态平衡的重要因素，等等。这就是说，象征符的作用已经超出了知觉的层次，且具有表象和概念的功能。兰格尔认为象征符是“对象事物之表象的载体”，C. W. 莫里斯认为象征符是“符号的符号”，其理由也在于此。

象征符具有自由性和随意性，还在于一种对象事物可以用多种象征符表示，而一种象征符也可以表达多种事物。例如，“和平”这个概念既可以用音声符号，也可以用文字符号，甚至用白鸽来表述和象征。此外，象征符是一种社会文化现象，同一个象征符在不同社会里会有不同的解释；即便在同一个社会里，随着时代的变迁也会发生意义的变化。比如，绿军装和红卫兵袖标在“文化大革命”中曾是“革命小将”的象征，而在“文化大革命”受到彻底否定的今天，它们成了幼稚、狂热、打砸抢的年轻人的形象，其价值也由肯定变成了否定。

根据符号在信息传播中的功能和作用机制的不同，象征符又可以分为“示现型象征符”、“论述型象征符”、“认知型象征符”和“价值型象征符”等。象征符是人类特有的符号，唯有人类才能创造和使用象征符。人类通过驾驭象征符体系形成不同的社会文化，考察人类如何通过象征符的传播实现社会互动，是传播学研究的重点。

三、语言符号与非语言符号

人类拥有最完整的符号体系。人类的符号体系中既包括信号，也包括象征符。由于语言（包括再现语言的文字）是人类最基本的符号体系。因此，传播学一般也将人类使用的符号分为语言符号和非语言符号两大类。关于语言的特点及作用，我们在第二章第一节中已经论及，在此主要考察一下非语言符号。

非语言符号大致可分为以下几种类型。第一类是语言符号的伴生符，如声音的高低、大小，速度的快慢，文字的字体、大小、粗细、工整或潦草等，都是声音语言或文字的伴生物，也称为副语言。副语言不仅仅对语言起着辅助作用，它们本身也具有自己的意义。一般来说，一个人说话的声音大小、速度快慢等，印刷成文字都是一样的，体现不出区别。但是，声调的高低大小、语气的和蔼生硬等，都具有特定的意义，起着加强语言符号的作用或传递着语言符号以外的信息，甚至文字的笔迹也可以反映出传播者的许多背景材料，如书写人的个性、教育程度、修养以及写字时的心情等。

第二类非语言符号是体态符号（gesture），如动作、手势、表情、视线、姿势等。由于它们也能像语言那样传递信息，有人也称之为“体态语言”。一般来说，体态符号既可以独立使用，也可以与语言并用，它们在形成语境（传播情境）方面起着重要的作用。

第三类非语言符号是物化、活动化、程式化、仪式化的符号。如果说上述两类符号大多还是语言符号的辅助物，那么第三类符号更具有独立性和能动性。日本传播学者林进有这样一段论述：“在人的中枢神经系统中，处于比感觉——运动更高的层次并代表高度表象活动（即象征性活动）的，无疑是语言。但是，语言并不是唯一的继承性的观念体系。各种非语言的象征符体系如仪式和习惯、徽章和旗帜、服装和饮食、音乐和舞蹈、美术和建筑、手艺和技能、住宅和庭园、城市和消费方式等，都包括在其中。这些象征符体系在人类生活的各个领域都可以找到。”①

不难看出，上面举出的各例都属于物化、活动化和程式化符号的范畴。这些符号有的以个体的、有的以组合的方式出现，但总的来说，象征性和体系性是这一类符号的特点。就拿一枚徽章、一面旗帜来说，上面都少不了形状、图案、颜色等符号或符号元素的设计和搭配，由此来构成该符号所表达的象征性意义系统。

四、符号的基本功能

符号是人类传播的介质，人类只有通过符号才能相互沟通信息。概括起来说，符号的基本功能有三个方面：一是表述和理解功能；二是传达功能；三是思考功能。

符号的第一项基本功能是表述和说明。人与人之间传播的目的是交流意义，换句话说即交流精神内容。但是，精神内容本身是无形的，传播者只有借助于某种可感知的物质形式，借助于符号才能表现出来，而传播对象也只有凭借这些符号才能理解意义。因此，人与人之间的传播活动首先表现为符号化（encoding）和符号解读（decoding）的过程。所谓符号化，即传播者将自己要传递的讯息或意义转换为语言、音声、文字或其他符号的活动；符号解读则是传播对象对接收到的符号加以阐释和理解，读取其意义的活动。不仅如此，传播对象对传来的信息做出反应——反馈的过程也伴随着在符号解读基础上的再次符号化活动。

符号的第二项基本功能是传达。这就是说，作为精神内容的意义如果不转换为具有一定物质形式的符号，是不可能在时间和空间中得到传播和保存的。孔子是一个伟大的思想家，但如果没有《论语》这部记录他的言行的文字著作，我们可能就无从接触到他的精神世界。

符号的第三项基本功能是思考，即引发思维活动。思考是人脑与外部信息相联系的内在意识活动，是内在的信息处理过程。人在思考之际，首先要有思考的对象和关于对象事物的知识，而这些都是以形象、表象或概念等符号形式存在于人脑之中的，因此，思考本身也就是一个操作符号并在各种符号之间建立联系的过程。例如，我们在就现代交通工具——飞机进行思考之际，脑子里必然会有飞机的形象以及有关飞机的功能和用途的各种概念，没有这种形象和概念，我们就不能就飞机进行思考。概念是反映事物的内涵和外延的思维形式，它并不能独立存在，而是作为符号与语言相共存。思维离不开语言，也就离不开符号。

第二节　人类传播中的意义交流

在人类的社会传播中，任何符号都与一定的意义相联系，换句话说，人类传播在现象上表现为符号的交流，而实质上是交流精神内容，即意义（meaning）。

---

① ［日］林进：《传播论》，18页。

一、什么是意义

意义是什么？它是如何产生的？围绕这个问题存在着种种不同的观点。在柏拉图以来的形而上学理论中，意义一直被看做是“超自然的、独立的、不变的实体”，是“绝对精神”的产物，这是典型的唯心主义观点。历史唯物论认为，意义并不是什么神秘的、虚无飘渺的东西，相反，它是人的社会存在和社会实践的产物。“意义体现了人与社会、自然、他人、自己的种种复杂交错的文化关系、历史关系、心理关系和实践关系。”①

意义是一个非常抽象的概念，在不同的学科领域有不同的定义，在日常生活中也有多种多样的理解。为了避免繁琐，我们在这里从社会传播的角度对意义做出如下界定：所谓意义，就是人对自然事物或社会事物的认识，是人为对象事物赋予的含义，是人类以符号形式传递和交流的精神内容。

这是一个极为广义的概念，在这里，人类在传播活动中交流的一切精神内容，包括意向、意思、意图、认识、知识、价值、观念等，都包括在意义的范畴之中。在人类的社会生活中，意义是普遍存在的。“大到历史事件、自然现象、科学理论、文化产品，小到一句话、一个动作、一个表情甚至一个眼神，无不具有一定的意义。……我们无法想象一个没有意义的社会。”②

意义活动属于人的精神活动的范畴，但它与人的社会存在和社会实践密切相关。在与自然和社会打交道的过程中，人不断地认识和把握对象事物的性质和规律，并从中抽象出意义。例如，太阳的升起和落下是一种自然现象，人类在生活中不但认识了太阳的东升西落这一自然规律，而且将对这个规律的认识应用到对人生意义的思索，于是便有了“朝阳一般的年轻人”的比喻，也有了“夕阳无限好，只是近黄昏”的人生感叹。意义在人类的社会生活中起着重要的作用，人与人之间的社会传播，实质上也就是意义的交流。意义活动，是人类最基本的活动之一。

意义本身是抽象的和无形的，但可以通过语言以及其他符号得到表达和传递。因此，符号是意义的载体和表现形态。

二、符号意义的分类

符号是意义的携带者，任何一种符号都有其特定的意义，我们也可以将之称为符号的意义。符号的意义可以区分为若干类型，这些分类有助于我们从不同侧面来把握意义的特征。

（1）明示性意义（denotation）与暗示性意义（connotation）。这是诗学和语义学中的一种分类，前者是符号的字面意义，属于意义的核心部分；后者是符号的引申意义，属于意义的外围部分。例如，“北极熊”一词原指生活在北极地带的一种凶猛的哺乳纲大型食肉动物，但在20世纪冷战时期，它成了当时某个推行霸权主义的北方大国的代名词；前者是明示性意义，后者是暗示性意义。一般说来，明示性意义具有相对稳定性，暗示性意

---

①② 张汝伦：《意义的探究》，1版，2、3页，沈阳，辽宁人民出版社，1986。

义较容易发生变化。明示性意义是某种文化环境中多数社会成员共同使用和有着共同理解的意义，暗示性意义中既有多数成员共同使用的，也有特定个人或少数人基于自己的联想而在小范围内使用的，因此，对它的理解也未必一致。

（2）外延意义（denotation）与内涵意义（connotation）。这是逻辑学中的分类。在逻辑学中，符号一般称为概念符号，而概念的意义区分为外延和内涵。外延是概念符号所指示的事物的集合，例如，“人”这个概念的外延可以列举出男人、女人、中国人、外国人、青年人、老年人等，它的范围包括了古今中外的一切人。与此相比，内涵则是对所指示事物的特征和本质属性的概括，如“人”的内涵是“能够制造和使用工具，具有抽象思维能力”，这是对人的本质属性的界定。确定外延和内涵，是为事物的概念下定义的两种基本方法。

（3）指示性意义（referential meaning）和区别性意义（deferential meaning）。这是符号学中的分类方法之一。指示性意义是将符号与现实世界的事物联系起来进行思考的意义。比如，我们在说到“植物”这个词时，它的意义是通过现实中的各种植物来表现的，换言之，即“植物”这个语言符号的意义就是我们关于自然界中的植物的表象或映象。另一方面，区别性意义是表示两个符号的含义之异同的意义。例如，汉语中的“植物”和“动物”，这两个词中各有一个“物”字，表示指示的对象属于生物；而“植”和“动”二字则分别表示前者是草本或木本的生物群，后者是鸟兽类有运动和感觉能力的生物群。区别性意义是通过分析符号间的关系来显示的，与意义区分无关的因素一般不包括在内。所以，在这种分类法中暗示性意义、比喻、引申等并不包含在其中。

三、符号意义的暧昧性

符号是人们交流意义的基本手段，但是，符号所传达的意义并不总是很清晰的，有时甚至很模糊。就拿最常用的语言符号的意义来说，在很多场合是很难做出明确判断的。语言符号的暧昧性主要体现在以下两个方面：

（1）语言符号本身意义的模糊。例如，“水果”一词，从典型的水果到不太典型的水果，其包容范围很大。西红柿、黄瓜等属于“水果”还是属于“蔬菜”，一般人是不容易分清的。一些新出现的词语和流行语的意义也具有这种暧昧性，例如，现在媒体上大量流行的“潇洒”一词，人们对它的理解就不同，有的将“潇洒”解释为现代人健全的、洒脱的生活态度和行为方式，有的则用不负责任的放荡不羁或一掷千金的挥霍享乐来注解“潇洒”，甚至往歌星脖子上挂钱串、“傍大款”等似乎也成了“潇洒”的内容。“潇洒”一词，具有社会规范和价值意义上的暧昧性，以至于我们很难确定对“潇洒”应该持褒扬还是抨击的态度。

（2）语言符号的多义性。多义性指一种符号具有两种以上的意义，有时我们判断不准应该属于哪一种。语言符号的多义性是常见的，一个单词或词组、一个句子都可能具有多种意义。例如，“老张的画很珍贵”这句话就有两种意义：一是老张收藏的画很珍贵；二是老张是个画家，他画的画很珍贵。仅从上面的语言符号中，我们是无法判断这句话的意义的。除此之外，同音异义词汇的存在，也是造成语言符号之多义性的一个重要原因。

语言符号具有暧昧性和多义性，这种暧昧性和多义性有时会成为人们之间沟通意义的障碍，但这种障碍不是难以克服的，人们可以借助传播过程中的其他条件或情境来消除语言符号的暧昧性和多义性。不仅如此，人类还能积极地利用这种暧昧性和多义性来创造和表达新的意义。例如，民间常说的“罗锅上山——前（钱）紧”、“老虎驾辕——谁赶（敢）”等谐音歇后语，就是巧妙地利用同音异义来进行的生动活泼的意义交流。

总之，意义是从社会生活中产生的。正如社会生活纷纭复杂、千姿百态一样，人类的意义活动也是丰富多彩、不可穷尽的。上面所谈的只不过是人类传播中复杂意义活动的若干侧面。

四、传播过程中的意义

在上面的论述中，我们探讨的是符号（主要是语言符号）本身的意义。然而，在具体的社会传播活动当中，参与或介入进来的并不仅仅是符号本身的意义，还有传播者的意义、受传者的意义以及传播情境所形成的意义等。

（1）传播者的意义。在传播行为中，传播者通过符号来传达他所要表达的意义，亦即从事符号化操作。然而，传播者的意义并不总是能够得到正确的传达，作为符号化过程的结果而形成的符号系统（文本）未必能完全代表传播者的本意。我们常常会为自己不能准确完整地表达自己的想法而感到苦恼，或者为自己说出的话而后悔，这说明我们发出的符号有时并没有正确传达我们的意图。在这里，符号本体的意义与传播者的意义未必是一回事，这是很明显的。

（2）受传者的意义。对同一个或同一组符号构成的文本，不同时代的人有不同的理解，同一时代的不同个人也会有不同的理解或解释，这说明符号本身的意义与受传者接收到的意义同样也未必是一回事。产生这种差异的原因，一是符号本身的意义会随时代的发展而产生变化，二是由于每个受传者都是根据自己的经验、经历以及与对象事物的利益关系等社会背景来理解和解释符号的意义的，这些因素不同，每个人从同一文本中得到的意义也就会存在差异。

此外，还有这样一种情况。中国有句老话，告诉人们读书要从“字里行间”去理解。在这里，“字里”就是字面的意义，亦即文字符号本身的意义；“行间”即字面符号以外的意义或含义，读取“行间”的意义是需要读书者进行联想和推测的，在这个过程中，读书者完全有可能接收到作者意图以外的意义。这种情况也说明，受传者的意义既不等于传播者的意义，也不等于符号本身的意义。

（3）情境意义。著名语言学家罗曼·雅各布森曾经指出，语言符号不提供也不可能提供传播活动的全部意义，交流的所得，有相当一部分来自于语境。[①] 所谓语境，在传播学中叫做传播情境。传播情境指的是对特定的传播行为直接或间接产生影响的外部事物、条件或因素的总称，它包括具体的传播活动（如二人对话）进行的场景，如什么时间、什么地点、有无他人在场等；在广义上，传播情境也包括传播行为的参与人所处的群体、组织、制度、规范、语言、文化等较大的环境。在很多情况下，传播情境会形成符号文本自身所不具有的新意义，并对符号文本的意义产生制约。

---

① 参见［英］特伦斯·霍克斯：《结构主义和符号学》，83页。

总之，符号本身是具有意义的，但意义并不仅仅存在于符号本身，而是存在于人类传播的全部过程和环节当中。这里需要解决的一个思维矛盾是，我们在前面讲到符号和意义是有机的统一体，意义不能脱离符号而存在，那么在这里为什么又说符号本身之外还有意义呢？解决这个矛盾的答案就是：

第一，不能以明确的符号形式表达出来的意义不是清晰的意义，只能说是模糊的意义或意义的胚芽。例如，我们头脑中有了一个想法，但这个想法一时还找不到适当语言来表达的时候，那么这个想法本身还处于模糊的状态。

第二，符号与意义的关系是形式与内容的关系，形式具有相对稳定性，而与丰富的社会生活实际相联系的意义具有多变性。这一点，我们完全可以通过比较改革开放 30 多年来我国社会生活的变化速率和汉语符号体系的变化速率得到理解。普通语义学家认为，语言是静态的，实际是动态的；语言是有限的，而实际是无限的；语言是高度抽象的，而实际则是丰富多彩的具体事物。① 这三个观点对我们具有启发性。

第三，人类整体驾驭符号表述和解读意义的能力是无限的，而作为个人，这种能力是有限的，因此我们在日常传播活动中往往会出现“词不达意”的情况或由于对意义的解读有误而发生传播隔阂。在传播学中，驾驭符号表述意义和解读意义的能力是人的基本传播能力，也是现代人的媒介素养的重要组成部分。

第四，至于情境意义，也可以说是由一系列情境符号及其相互组合所形成的意义。情境是由参与传播的时间、地点、人物、场景、氛围等附随性情境要素构成的，这些要素我们也可以把它们理解为情境符号，它们所携带的意义会对符号文本系统的意义产生影响，并对传播效果形成制约。

因此，意义并不仅仅存在于符号本身这个观点，不仅与符号和意义的有机统一这个命题不矛盾，相反，它正说明了人类的符号和意义活动的多样性和复杂性。

第三节　象征性社会互动

人类传播是一个以信息为媒介的社会互动过程。社会信息是由符号和意义构成的，而人类区别于动物信息活动的一个重要特点，就是人类能够使用象征符来传达象征意义，因此，人类的信息传播活动也可以作为象征性社会互动活动来把握。考察人类的象征性社会互动，能够帮助我们更深刻地理解人类传播的特质。

一、人类的象征行为

象征能力是人类独有的能力。象征行为，指的是用具体事物来表示某种抽象概念或思想感情的行为。在文学中，作家们经常通过某种具体形象来表现与之相似或相近的观念和思想，或寄托某种特定的情感，采用的就是象征手法。这种象征行为，是通过使用象征符来传达象征意义实现的。

---

① 参见［美］沃纳丁·赛弗林：《传播学的起源、研究与应用》，1 版，55～57 页，福州，福建人民出版社，1985。

我们知道，象征符是具有双层意义的符号，第一层是符号的字面意义，第二层则是符号的类比或联想意义。例如，“五星红旗”的字面意义是“绘有五颗星星的红色旗帜”，而它的类比或联想意义则是“中华人民共和国”，象征着我们伟大的祖国。

象征行为的特点，就是使象征符的第一层意义向第二层意义发生转化，这种转化取决于两者之间的类比关系，即它们之间必须要有某种类似性。这种类似性并不是直接的和绝对的，而是基于社会生活的联想或想象。

象征行为具有智慧性，需要在某一事物和另一事物之间巧妙地建立联想关系。象征行为总是一定社会实践和社会文化的产物，并且需要得到较多社会成员的认同，具有鲜明的社会性和约定性。在许多场合，象征行为包含了人们对“真善美”和“假恶丑”的判断，包含着肯定或否定、称颂或批判的成分，因而同时也具有价值性、动机性和行为取向性。

象征能力是人类特有的基本能力，通过这种能力，人类能够发现宇宙和社会万事万物的象征关系，并从个别事物和眼前事物、从包罗万象的具体性和千变万化的多样性的束缚中把自己解放出来，进入一个自由的传播境界。人类创造出了最完整的象征符体系，利用这种体系，人类能够保存和传达自己的智慧和经验，协调和控制社会行为，创造和继承社会文化。从这个意义上来说，象征活动是推动人类社会进化、发展和变革的重要机制。

关于人的象征行为和象征能力的考察有着悠久的历史，特别是在诗学和文学创作领域，这种探讨可以追溯到很久以前。但是，关于象征与现实社会生活、象征与人类传播的关系的研究，却是在进入 20 世纪以后才开始的，这些研究与象征性互动理论的出现有着密切的联系。

象征性互动理论（symbolic interaction theory）的创始人是 20 世纪初的美国社会心理学家 G. H. 米德，他去世后出版的论文和讲稿集《精神、社会与自我》（1934）对这一理论的形成产生了重要影响。20 世纪 60 年代以后，美国学者 H. G. 布鲁默、T. 西布塔尼、R. H. 特纳等学者进一步发展了这一理论。象征性互动理论把人看做是具有象征行为的社会动物，把人类的象征活动看做是一个积极的、创造性的过程，是人类创造出广泛的文化的一种活力，认为研究象征行为不仅对揭示人的本质，而且对理解现实的社会生活都具有重要的意义。

根据布鲁默的说明，象征性互动理论的核心问题是考察以象征符（尤其是语言）为媒介的人与人之间的互动关系，它有三个基本前提：（1）人是根据“意义”（关于对象事物的认识）来从事行动的；（2）意义是在“社会互动”的过程中产生的；（3）意义是由人来“解释”的。因此，意义、社会互动、解释，是象征性互动理论的三个主要概念。同样，这三个概念对于考察社会传播和人与人之间的信息交流也具有重要的意义。

二、象征性社会互动与传播

象征性社会互动，指的是人与人之间通过传递象征符和意义而相互作用和相互影响的过程。由于象征符与意义是一个统一体，所以有的学者将象征性社会互动称为符号互动，也有的学者称为意义互动，这两者说的都是一回事。象征性互动是揭示传播这一社会过程的一个基本概念。

象征性社会互动，首先是一个互动双方通过象征符来交流或交换意义的活动。被交流或交换的意义，对传播者而言是其为发出的符号赋予的含义和对符号可能引起的反应的预想（意图）；对受传者而言是他对传来的符号的理解、解释和反应。因此，传播过程中的意义，在本质上只有通过交换才能成立，才能产生社会互动的效应。

例如，张某向李某发出了一封信，劝说李某接受某个主张，在这里，信中使用的文字是张某发出的符号，而文字所表达的内容以及这些内容所体现的意图便构成了张某的意义。另一方面，李某收到信后要阅读信的内容，他不但要理解信中的字面意义，还要推测张某为什么提出这个建议，以及接受这个建议对自己是否有利、自己所处的状况允许不允许接受这个建议等，所有这些构成了李某的意义活动。在这个过程中，张某与李某的意义活动产生交流或碰撞，作为互动的结果，张某的建议或者被接受，或者被拒绝。因此，象征性社会互动通常具有赋予行为动机和确定行为取向的功能。

意义的交换有一个前提，即交换的双方必须要有共通的意义空间。共通的意义空间有两层含义：一是对传播中所使用的语言、文字等符号含义的共通的理解；二是大体一致或接近的生活经验和文化背景。由于社会生活的多样性，每个社会成员的意义空间是不可能完全相同的，但意义的交换或互动只能通过共通的部分来进行。这个关系可以用下图表示（见图 3—1）：

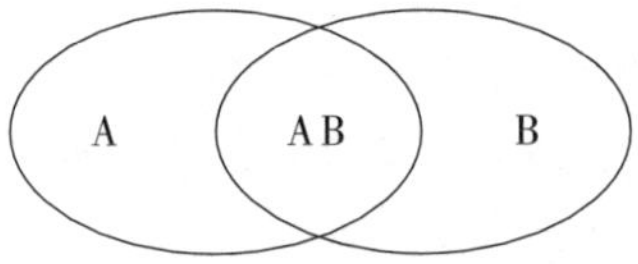

图 3—1 传播双方的意义空间

在图 3—1 中，A 表示传播者的意义空间，B 表示受传者的意义空间，AB 表示双方共有的意义空间。A、B 不可能完全重合，双方的意义交换只能通过 AB 进行；随着意义交换的活跃化和持续进行，AB 有不断扩大的趋势。因此我们说，作为社会互动过程的传播，其重要功能之一就是扩大传播双方共通的意义空间，加深双方的相互理解。

意义交换作为互动性传播活动，在社会生活中起着重要的作用。库利认为它是人与人关系赖以成立和发展的机制，米德认为它是个人与社会之间相互作用的纽带。根据米德的观点，人的“自我”意识就是伴随着意义的传播活动而形成的。他认为，自我是“主我”（I）和“客我”（me）的统一，前者是个人的主体意识，后者是从周围观察到的他人对自己的态度、评价和角色期待。“客我”意识只有通过与他人的意义交换（即传播）才能得到，“客我”和“主我”的对话和互动形成统一的社会自我。自我的形成是个人的社会化过程，即个人适应社会的过程，但形成后的自我反过来也会积极地作用于社会。换句话说，即“个人一旦参加了保障社会秩序和社会整合的协作性社会关系，就可以作为能动的主体参与新的社会秩序和社会关系的创造”。① 个人必须适应社会，同时个人又是参与社会创造的主体，这一点体现了个人与社会的相互制约关系。

从唯物主义观点来看，象征性社会互动虽然交换的是精神内容，但它是建立在人类丰富的社会实践基础之上的。没有生产劳动，没有体现在社会的政治、经济、文化等各个领

① ［日］林进：《传播论》，8 页。

域中的社会实践，人们也就无从抽象出意义，更谈不上意义互动。意义互动是在社会关系中产生的，它既是社会关系形成的纽带，又反过来体现了社会关系。我们的诗人、文学家们可以从大自然中抽象出各种各样的象征性意义来寄托情感，但对他们的作品做出反应的却不是自然界中的山山水水，而只能是人。从这个意义上说，以大自然为对象的象征活动，归根到底也是一种人与人之间的社会互动，这是我们理解人类象征活动的基本出发点。

三、象征性文化与现代社会

"文化"一词，在不同的学科领域有不同的解释。在社会学和文化人类学中，"文化"也可以作为符号体系尤其是象征性符号体系来把握。美国文化人类学家 C. 吉尔兹曾经下过这样一个定义：所谓文化，即"人类为了传达关于生活的知识和态度，使之得到传承和发展而使用的、以象征符形式来表现的继承性的观念体系"①。这个定义，强调的是文化的符号性和象征性。

人类在生产劳动和社会生活实践中自由地创造出了以语言为代表的象征符体系，从而摆脱了自然和生物学意义上的束缚，极大地提高了人类的精神生产力和传播效率。然而，这些象征符体系一旦形成，也会具有相对独立性，作为能动的力量作用于社会。换句话说，由于象征符体系是作为"继承性的观念体系"来确立的，它通过形成文化秩序也会反过来制约社会生活和人的行为。

例如，语言是人类创造的，但语言同时也为社会成员形成规范，制约人的行为。人是通过习得和掌握语言完成社会化过程而成为社会人的，尽管我们很难意识到，但语言的确是我们认识世界、把握环境，从中汲取价值和意义的重要工具，同时也是我们的行动和思维的基本框架。不仅是语言，非语言象征符体系也是为社会所共有和继承的，也同样具有规范性。也就是说，文化符号体系的内容和含义是以社会合约的方式形成的，而它们一旦具有了这种共同性和统一性，也就会对社会成员的行为产生约束作用，这种约束有时甚至是强制性的。

另一方面，正如文化本身不间断地发展到今天一样，作为文化之表现形式的象征符体系也并不是固定不变的。"受到符号强制的人，有时会激进地有时会渐进地改变旧的符号和创造新的符号"，这种变化"体现为对旧体系的部分乖离和改造"②，现代文化的剧烈变动正说明了这一点。

在传统的社会里，由于人们绝大部分的体力和精力必须用于物质生产，所以对文化的符号性和象征性的感触并不是那么明显，但是在已经进入信息时代的今天，情况就大不一样了。我们的生活环境中到处充满了象征符，包括街头的、路边的、建筑物上的、交通工具上的、报刊、广播、电视以及互联网络中的，等等，无论你走到哪里，都会处于这些视觉的、听觉的甚至触觉的符号的包围之中。现代人正在把各种各样的事物作为符号加以利用，为其赋予某种象征意义，与他人交换这种意义，并通过意义的交换来实现自己的目

① ［美］C. 吉尔兹：《文化的解释学》，日译本 1 版，251 页，东京，岩波书店，1987。
② ［日］林进：《传播论》，22 页。

的。我们的生活空间正在成为一个符号空间或意义空间。

以消费文化为例，正如法国学者J. 鲍德里亚指出的，现代社会的消费实际上已经超出实际需求的满足，变成了符号化的物品、符号化的服务中所蕴含的"意义"的消费。[①]说得通俗一些，即由物质的消费变成了精神的消费。人们购买某种商品或服务主要不是为了它的实用价值，而是为了寻找某种"感觉"，体验某种"意境"，追求某种"意义"。鲍德里亚认为，由于消费的符号化和象征化，现代社会的消费传播正在越来越体现出"差异化"的特点，即追求个性和与众不同，所谓"风格传播"的特点越来越突出。在这种消费结构下，商品和服务的流行性越来越强，而流行周期则越来越短。

鲍德里亚的观点可以说抓住了现代消费文化的实质。只要我们对周围社会特别是城市这个巨大的消费环境略做观察就会发现，我们的确处在各种各样的象征符或意义的包围之中。大众传播不断创造出新的流行语和流行话题，意义充斥着城市而且激烈地变化。各种各样的广告、公关和营销活动也不断策划出新的符号和新的意义，把提供新的"概念"（即消费意境）作为打开商品市场的主要手段，饮食、居住、服装、休闲无不和令人憧憬的某种格调、身份、地位发生联系。消费的符号化和象征化的确成了我们这个时代的一大特色。

文化的象征化并不仅局限于消费领域，现代社会的政治领域、经济领域以及生活与娱乐领域也都充满了新的象征符以及新的象征意义。产生这种现象的原因可以从两个方面去寻找。第一，追求新事物、新意义是人类的一种基本价值。"新"意味着"创造性"、"时代性"和"个性化"，而这些永远是人们追求的价值和目标。第二，现代传播媒介和信息技术的普及为众多的人参与象征符创造和传播提供了条件和手段。在传统社会里，社会的精神生产主体只是少数特权群体，而在现代信息社会中，特别是在互联网飞速普及的今天，几乎所有的群体和个人都有了从事这种生产和传播的能力和机会。新技术的发展同样催生了各种与之共生的象征符，没有网络，类似于"：)"、"：（"、"OTL"之类的表情动作符号（emoticon）也就不会普遍使用；同样，各种各样具有象征意义的网络"雷语"也就不可能成为社会流行语言。

越来越多社会成员参与信息的生产和传播，其结果必然会带来象征符创造活动的活跃化和象征体系的多元化、多样化。象征符的不断创造和更新体现了社会的进步与活力，但另一方面我们也应该认识到，象征符的过滥提供和过频变动也会造成意义、价值和规范的流动化和无序化，使社会成员的认知、判断和行动产生混乱。日本传播学者林进认为，象征体系的改造以渐进的方式为宜，过激的变动或完全的更新会导致"传播过程的断裂"，引起各种各样的社会问题。这个观点是值得现代人深思的。

思考题

第一节

1. 简述符号的定义。
2. 象征符具有哪些特性？

---

① 参见［法］J. 鲍德里亚：《消费社会的神话与结构》，日译本1版，107页，东京，伊纪国屋书店，1979。

3. 非语言符号有哪些类型?
4. 符号的基本功能是什么?

第二节

1. 什么是意义? 意义是如何产生的?
2. 符号的意义有哪些分类?
3. 如何理解语言符号的暧昧性和多义性?
4. 情境意义指的是什么? 在传播过程中，除符号本身的意义之外还有哪些意义在起作用?

第三节

1. 什么是象征行为? 它有哪些特性?
2. 为什么说象征能力是人类特有的基本能力?
3. 共通的意义空间在传播中的作用是什么?
4. 简述米德的“主我”(I) 和“客我”(me) 理论。
5. 谈谈现代文化的象征性。

第四章 人类传播的过程与系统结构

CHAPTER 4

人类社会的信息传播具有明显的过程性和系统性。当我们说传播是一个过程时，主要指的是传播具有动态性、序列性和结构性；当我们说传播是一个系统时，是在更加综合的层面上考虑问题，把传播看做是一个由相互联系、相互作用的各个部分（或过程）构成并执行特定功能的有机整体，这个系统的运行不仅受到它的内部结构的制约，而且受到外部环境的影响，与环境保持着互动的关系。过程性与系统性，是理解人类传播活动的运动性质与普遍联系、相互作用性质的两个核心概念。

第一节　传播的基本过程

研究传播过程有多种多样的视角，最常见的有两种：一种是历时性考察，即按照时间序列考察传播活动发生和发展的历史演化；另一种是共时性考察，即对传播活动的结构、环节和要素进行解剖和分析。前者属于纵向过程研究，后者属于横向过程研究。本节主要从第二种视角出发，首先对传播的基本过程及其特点做一个简述。

一、传播过程的构成要素

传播的基本过程，指的是具备传播活动得以成立的基本要素的过程。这些基本要素都是什么呢？我们先来看一个简单的例子。

小张对小李说：“明天放假，我们去春游吧？”小李点头答应了。

这是一个日常生活中常见的面对面协商性传播事例。在这个事例中，我们可以观察到三个明显的要素：一是传播者（小张），二是讯息（协商内容），三是受传者（小李）。这三个要素是传播过程得以成立的重要前提条件。施拉姆认为，传播至少要有三个要素：信源、讯息和信宿。但是，仅有上述三个要素尚不足以构成一个现实的传播过程，也就是说，还必须有使这三个要素相互连接起来的纽带或渠道，即媒介。在上面的例子中，由于谈话是在面对面的情况下进行的，一般不容易意识到媒介的存在。但即便在面对面的传播当中，媒介也是存在的，只不过它属于自然的声波或光波，我们平时意识不到它罢了。如果换成打电话，媒介的必要性就十分明显了，如果没有电话机和电话线路，双方是无法交流的。

有了上述四个要素以后，一个物理学意义上的传播过程基本上具备了成立的条件，但对考察人的社会互动行为的传播学来说，这个过程仍然不算完整。以上面的例子而言，小张说的话如果没有得到小李的反应和反馈，这个过程仍然是残缺的，只有作用而没有反作用。换句话说，在传播学中，一个完整的传播过程，应该把受传者的反应和反馈包括在内。

综上所述，一个基本的传播过程，是由以下要素构成的：

（1）传播者。又称信源，指的是传播行为的引发者，即以发出讯息的方式主动作用于他人的人。在社会传播中，传播者既可以是个人，也可以是群体或组织。

（2）受传者。又称信宿，即讯息的接收者和反应者，传播者的作用对象。作用对象一词并不意味着受传者是一种完全被动的存在，相反，他可以通过反馈活动来影响传播者。受传者同样可以是个人，也可以是群体或组织。

受传者和传播者并不是固定不变的角色，在一般传播过程中，这两者能够发生角色的转换或交替。一个人在发出讯息时是传播者，而在接收讯息时则又在扮演受传者的角色。

（3）讯息。讯息指的是由一组相互关联的有意义的符号组成，能够表达某种完整意义的信息。讯息是传播者和受传者之间社会互动的介质，通过讯息，两者之间发生意义的交换，达到互动的目的。

讯息（message）一词，在中文里也译成“消息”、“文告”等，这是一个与信息（information）意思相近又有微妙区别的概念。一般来说，信息的外延更广，它包括讯息在内。讯息也是一种信息，其特点是能表达完整的意义。例如，甲向乙发电报希望乙马上回来，由于差错在电文中只写了一个“速”字。这个“速”字可以是一个信息，但不是讯息，只有“速归”才能构成一条讯息。在传播过程研究中，学者们通常使用“讯息”的概念，是为了强调社会传播的互动是意义完整的互动。

（4）媒介。又称传播渠道、信道、手段或工具。媒介是讯息的搬运者，也是将传播过程中的各种因素相互连接起来的纽带。现实生活中的媒介是多种多样的，邮政系统、大众传播系统、互联网络系统、有线和无线电话系统都是现代人常用的媒介。

（5）反馈。指受传者对接收到的讯息的反应或回应，也是受传者对传播者的反作用。获得反馈讯息是传播者的意图和目的，发出反馈讯息是受传者能动性的体现。反馈是体现社会传播的双向性和互动性的重要机制，其速度和质量因媒介渠道的性质而有不同，但它总是传播过程中不可或缺的要素。

当然，构成与影响传播过程的因素是复杂多样的，绝不仅是以上几种。即便是在上述五种要素中，不少要素还可以做进一步分解，如讯息可以分解为“符号”与“意义”，传播者可以分解为“发信者”和“符号化者”，受传者可以分解为“收信者”和“符号解读者”等。

这种分解在电子通信中是十分必要的，因为被分解的要素及其功能一般是由不同的机器来扮演和执行的；而在人与人的社会传播中，它们一般是作为统一体而存在的，我们也可以把它们作为一种要素来看待。这五种要素是传播过程得以成立的基本条件，在任何一种人类传播活动中，它们都是缺一不可的。

二、几种主要的传播过程模式

在传播学研究史上，不少学者采用建构模式的方法，对传播过程的结构和性质做了各种各样的说明。所谓模式，是科学研究中以图形或程式的方式阐释对象事物的一种方法。这种方法具有双重性质：（1）模式与现实事物具有对应关系，但又不是对现实事物的单纯描述，而具有某种程度的抽象化和定理化性质；（2）模式与一定的理论相对应，又不等于理论本身，而是对理论的一种解释或素描，因此，一种理论可以有多种模式与之相对应。模式虽然具有不完全性，但它是人们理解事物、探讨理论的一种有效方法。正因为如此，在传播学研究中，模式的使用也是很普遍的。

（一）传播过程的直线模式

在传播学史上，第一位提出传播过程模式的是美国学者 H. 拉斯韦尔。1948 年，他在一篇题为《传播在社会中的结构与功能》的论文中，首次提出了构成传播过程的五种基本要素，并按照一定结构顺序将它们排列，形成了后来人们称之为“5W”模式[1]或“拉斯韦尔程式”的过程模式。这 5 个 W 分别是英语中 5 个疑问代词的第一个字母，即：

Who（谁）

Says what（说了什么）

In which channel（通过什么渠道）

To whom（向谁说）

With what effect（有什么效果）

后来，英国传播学家麦奎尔等将这个模式做了如下图 4—1 所示：

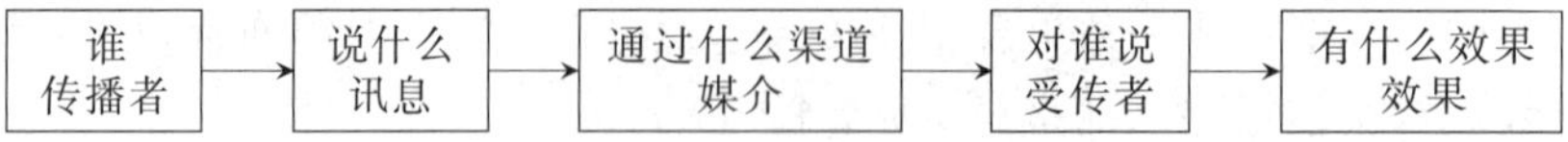

图 4—1　拉斯韦尔的传播过程模式[2]

拉斯韦尔“5W”模式的提出在传播学史上具有重要意义，这个模式第一次将人们每天从事却又阐述不清的传播活动明确表述为由五个环节和要素构成的过程，为人们理解传

① See H. D. Lasswell, *The Structure and Function of Communication in Society*, *The Communication of Ideas*, Harper and Brothers, New York, 1948.

② D. McQuail & S. Windahl, *Communication Models*, Longman, London & New York, 1981, p. 10.

播过程的结构和特性提供了具体的出发点。实际上，后来大众传播学研究的五大领域即“控制研究”、“内容分析”、“媒介分析”、“受众分析”和“效果分析”，就是沿着“5W”模式的这条思路形成的。当然，作为早期的过程模式，这个模式还是不完全的，这主要表现在它属于一个单向直线模式。拉斯韦尔虽然考虑到了受传者的反应（效果），却没有提供一条反馈渠道，因而，这个模式没有揭示人类社会传播的双向和互动性质。

大约与拉斯韦尔同时，美国的两位信息学者 C. 香农和 W. 韦弗在《传播的数学理论》（1949）一文中也提出了一个过程模式，称为传播过程的数学模式或香农—韦弗模式。这个模式如下图 4—2 所示：

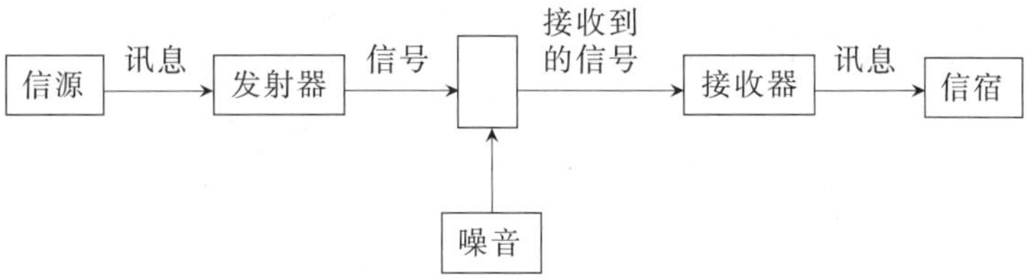

图 4—2　香农—韦弗模式①

香农—韦弗模式是描述电子通信过程的。它的第一个环节是信源，由信源发出讯息，再由发射器将讯息转为可以传送的信号，经过传输，由接收器把接收到的信号还原为讯息，将之传递给信宿。在这个过程中，讯息可能受到噪音的干扰，产生某些衰减或失真。

香农—韦弗模式为传播过程研究进一步提供了重要的启发。这个模式导入了噪音的概念，表明了传播不是在封闭的真空中进行的，过程内外的各种障碍因素会形成对讯息的干扰，这对于社会传播过程来说也是一个不可忽略的重要因素。此外，香农—韦弗模式对一些技术和设备环节的分析，提高了传播学者对信息科技在传播过程中的作用的认识，这种作用在现代信息社会中越来越明显了。这个模式为以文理结合的方法考察传播过程打下了基础。应该指出的是，由于香农—韦弗模式描述的是电子通信过程，而且是一个直线单向过程，缺少反馈的环节，如果把这个模式完全应用于人类的社会传播是不行的。作为电子通信的过程，这个模式并没有什么不妥。这是因为：第一，单向过程在电子通信中是存在的，如电视台的发射器和我们家庭中的电视机之间的电子信号的传输和接收就是一个单向过程；第二，即使在双向电子通信过程中，信息的传达和反馈一般也是通过同一条通道（或同性质的媒介）进行的，如电话机和电话线路等。在这里，由于传达的机理和反馈的机理是一致的，在制定电子通信过程模式时，本着简要和经济的原则，将反馈部分加以省略也是允许的。但是，在考察人类的社会传播之际，反馈的因素和环节却不容许省略。这是因为在社会传播中，传播的双方都是具有能动性的主体，互动是社会传播的本质特征，离开了反馈便不能说明这种互动性。

（二）传播过程的循环和互动模式

如上所述，直线模式在阐述人类的社会传播过程之际具有明显的缺陷：（1）它容易把传播者和受传者的角色、关系和作用固定化，一方只能是传播者，另一方只能是受传者，

---

① D. McQuail & S. Windahl, *Communication Models*, p. 10.

不能发生角色的转换；而在人类的传播活动中，这种转换是常见的，现实生活中的我们每个人都既是传播者，又是受传者。（2）直线模式缺乏反馈的要素或环节，不能体现人类传播的互动性质。

认识到直线模式的这些局限性，一些传播学者又开发出了其他类型的过程模式。

1954 年，施拉姆在《传播是怎样运行的》一文中，在 C. E. 奥斯古德的观点启发的基础上，提出了一个新的过程模式，称为“循环模式”（见图 4—3）。

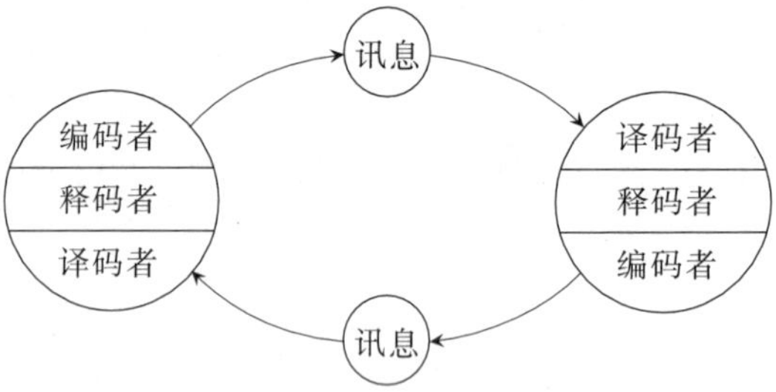

图 4—3 奥斯古德和施拉姆的循环模式①

从图 4—3 可以看出，该模式与直线模式有明显的不同：（1）这里没有传播者和受传者的概念，传播双方都作为传播行为的主体，通过讯息的授受处于你来我往的相互作用之中。（2）该模式的重点不在于分析传播渠道中的各种环节，而在于解析传播双方的角色功能；参加传播过程的每一方在不同阶段都依次扮演着译码者（执行接收和符号解读功能）、解释者（执行解释意义功能）和编码者（执行符号化和传达功能）的角色，并相互交替着这些角色。

奥斯古德和施拉姆的循环模式强调了社会传播的互动性，并把传播双方都看做是传播行为的主体，这无疑是正确的。但是，这个模式也有其本身的缺陷。首先，它把传播双方放在完全对等或平等的关系中（至少从模式本身看来是如此），则与社会传播的现实情况有不符之处。在现实社会中，由于传播双方在政治、经济和文化地位、传播资源以及传播能力等方面通常存在着差异，这种完全对等或平等的传播关系与其说具有普遍性，不如说是极少见的。其次，这个模式能够体现人际传播特别是面对面传播的特点，却不能适用于大众传播的过程。施拉姆本人也意识到了这些问题，于是在同一篇文章中又另外提出了一个大众传播过程模式（见图 4—4）。

如图 4—4 所示，这个模式充分体现了大众传播的特点。构成传播过程的双方分别是大众传媒与受众，这两者之间存在着传达与反馈的关系。作为传播者的大众传媒与一定的信源相连接，又通过大量复制的讯息与作为传播对象的受众相联系。受众是个人的集合体，这些个人又分属于各自的社会群体；个人与个人、个人与群体之间都保持着特定的传播关系。施拉姆的这个模式在一定程度上揭示了社会传播过程的相互连结性和交织性，已经初步具有了系统模式的特点。除施拉姆之外，较全面地提出传播过程互动模式的还有美国传播学家德弗勒。

德弗勒的互动过程模式（见图 4—5）是在香农—韦弗模式的基础上发展而来的，它克

① D. McQuail & S. Windahl, *Communication Models*, p. 14.

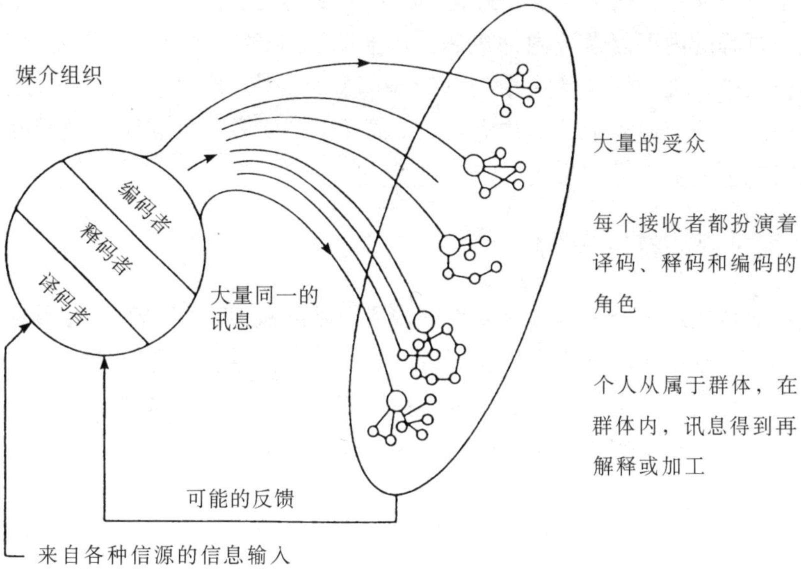

图 4—4　施拉姆的大众传播过程模式①

服了前者单向直线的缺点，明确补充了反馈的要素、环节和渠道，使传播过程更符合人类传播互动的特点。与此同时，这个模式还拓展了噪音的概念，认为噪音不仅对讯息，而且对传达和反馈过程中的任何一个环节或要素都会发生影响，这一点加深了我们对噪音所起的作用的认识。不仅如此，这个模式的适用范围也比较普遍，包括大众传播在内的各种类型的社会传播过程，都可以通过这个模式得到一定程度的说明。

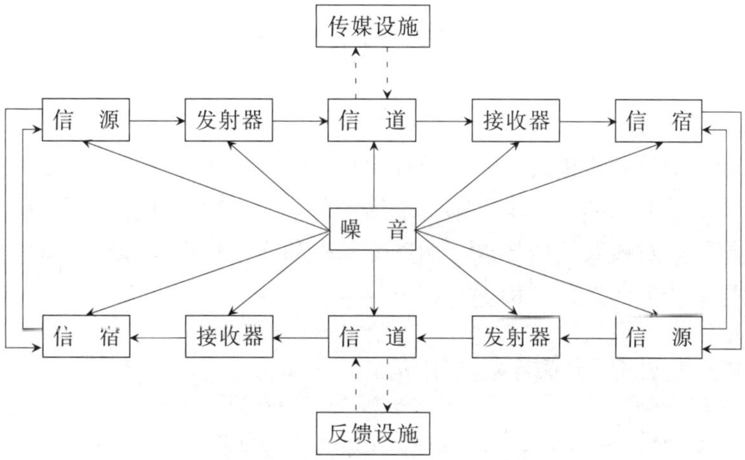

图 4—5　德弗勒的互动过程模式②

当然，德弗勒的互动过程模式也并不是十全十美的，严格地说起来，这个模式也没有

① D. McQuail & S. Windahl, *Communication Models*, p. 13.
② D. McQuail & S. Windahl, *Communication Models*, p. 14.

超出从过程本身或从过程内部来说明过程的范畴。从辩证法的观点来看，事物的运动过程不仅仅取决于过程的内部因素或内部机制，还会受到外部条件或外部环境的制约和影响。在德弗勒的模式中，唯一提到的一个外部影响因素是“噪音”，但是，影响传播过程的外部条件和环境因素的全部复杂性，并不是一个简单的“噪音”概念所能说明的。关于这个问题，我们将在下一节中详细论述。

三、传播过程的特点

以上我们对传播过程的基本构成要素进行了简单的概述，并对若干有影响的过程模式进行了分析。从这些描述和分析中，我们可以观察到传播过程具有以下特征：

(1) 传播过程具有动态性。其运动特点在形式上体现为有意义的符号组合（讯息）在特定渠道中的流动，在实质上则是传播者与受传者的意义或精神内容的双向互动，即作用与反作用。

(2) 传播过程具有序列性。这种序列性表现为传播过程中各环节和因素的作用各有先后次序，按照讯息的流向依次执行功能。我们不能设想传播双方同时向对方发送讯息的情况，一环扣一环的链式连结是传播过程序列性的体现。

(3) 传播过程具有结构性。传播过程的结构即该过程中各要素、各环节之间的相互关系的总体。时间上的先后次序、形态上的链式连结也是这个过程的结构特点。除了总体结构以外，传播过程中的各环节或要素本身还有各自的深层结构，如传播的传受双方都是译码者、释码者和编码者的统一体，讯息则是符号和意义的统一体等。

把握传播过程的这些特点，有利于我们探索人类传播活动的规律性。

第二节　社会传播的系统结构

考察传播过程是理解人类社会传播的一个重要途径，但仅仅从过程本身或过程内部考虑问题，还不能揭示社会传播的全貌。只有用普遍联系和相互作用的系统观看问题，才能科学地把握传播活动的总体。在本书第一章第二节中，我们把社会传播作为一个系统即社会信息系统来把握，对该系统的特点、功能等基本问题已经做了概述。本节的目的是结合传播过程，对社会传播的系统结构进行若干分析。

一、传播过程研究与传播系统研究

在一般认识论和科学方法论中，过程（process）与系统（system）是两个相近的概念。之所以这样说，是因为过程本身就具有系统性，而系统本身也必然是一个过程。过程具有运动性、序列性和结构性，这也正是系统的特点；研究过程需要分析和综合两种方法的有机结合，这也正是研究系统的基本方法。那么，我们为什么还要分别使用过程与系统的概念呢？之所以有这种必要，与传播学研究中对这两个概念的使用习惯或倾向有一定的联系。

正如我们在本章第一节的分析中所看到的，除施拉姆的大众传播过程模式之外，迄今为止的大多数过程研究通常有两个特点：第一，它们考察的是微观的、单一的传播过程，而不是宏观的、综合的传播过程；第二，正因为如此，这种研究的主要目的是揭示传播过程的内部机制，并不重视对过程以外因素的考察。这种倾向非常明显，以至于我们只要提到传播过程，脑海中便会出现拉斯韦尔、香农等人的那些链式连结的要素图。

考察微观、单一的传播过程是必要的，但仅有这种考察并不能揭示社会传播的总体面貌。任何一个单一的过程都不是在真空中进行的，其性质和结果也并不仅仅取决于过程的内部机制，相反，许许多多的外部因素和条件都会对过程本身产生重要的影响。单一的过程也并不是孤立的，必然与其他过程保持着相互连接、相互交织和相互影响的关系。这说明，对传播过程不仅要进行微观的考察，而且必须进行中观的和宏观的综合考察。只有这样，才能对社会传播做出全面的把握。

认识到进行综合研究的必要性，不少学者开始运用系统论的原理和方法来考察社会传播。为了与传统的微观、单一的过程研究相区别，这种研究一般被称为系统研究或传播总过程研究。

二、系统模式下的社会传播结构

运用普遍联系和相互作用的系统观看问题，社会传播会呈现出什么样的结构呢？首先让我们来观察几个系统模式。

（一）赖利夫妇的传播系统模式

1959 年，美国一对从事社会学研究的夫妇 J. W. 赖利和 M. W. 赖利在《大众传播与社会系统》一文中，提出了一个引人注目的传播系统模式（见图 4—6）。

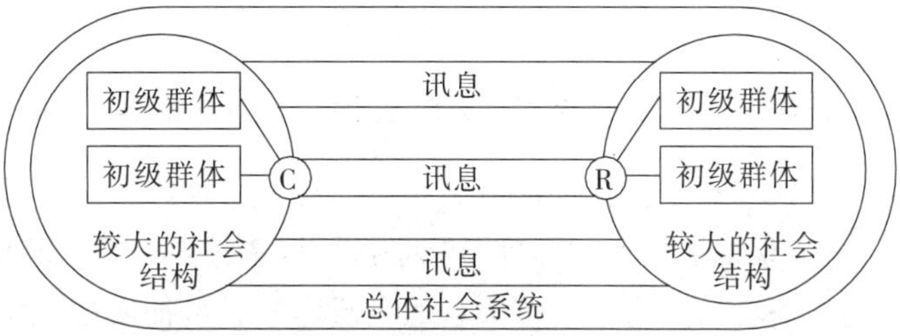

C=传播者　R=受传者

图 4—6　赖利夫妇的传播系统模式①

这个模式告诉我们，任何一种传播过程都表现为一定的系统的活动，而多重结构是社会传播系统的本质特点：（1）从事传播的双方即传播者和受传者都可以被看做是一个个体系统，这些个体系统各有自己的内在活动，即人内传播；（2）个体系统与其他个体系统相互连接，形成人际传播；（3）个体系统不是孤立的，而是分属于不同的群体系统，形成群体传播；（4）群体系统的运行又是在更大的社会结构和总体社会系统中进行的，与社会的政治、经济、文化、意识形态的大环境保持着相互作用的关系。赖利夫妇认为，以报刊、

① D. McQuail & S. Windahl, *Communication Models*, p. 40.

广播、电视为代表的大众传播，也不外是现代社会各种传播系统中的一种。

从这个模式中我们可以看到，社会传播系统的各种类型，包括微观的、中观的和宏观的系统，每个系统既具有相对的独立性，又与其他系统处于普遍联系和相互作用之中。每一种传播活动，每一个传播过程，除了受到其内部机制的制约之外，还受到外部环境和条件的广泛影响。这种结构的多重性和联系的广泛性体现了社会传播是一个复杂而有机的综合系统。

（二）马莱兹克的系统模式

赖利夫妇的传播系统模式揭示出传播是一个复杂的社会互动过程。然而，这种互动并不仅仅是有形的社会作用力之间的互动，而且也是无形的社会作用力—社会心理因素之间的互动。德国学者马莱兹克于 1963 年在《大众传播心理学》一书中提出的系统模式，就充分说明了这一点（见图 4—7）。

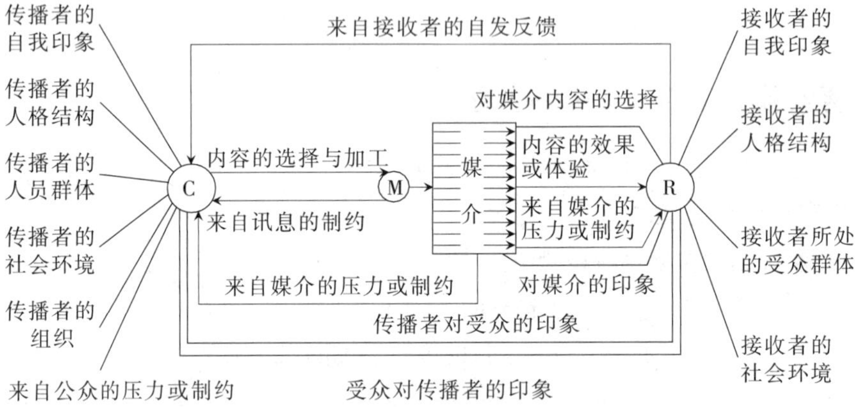

图 4—7　马莱兹克关于大众传播过程的系统模式①

在这个模式中，马莱兹克把大众传播看做是包括社会心理因素在内的各种社会影响力交互作用的“场”，这个系统的每个主要环节都是这些因素或影响力的集结点，其中包括：

（1）影响和制约传播者的因素——传播者的自我印象、传播者的人格结构、传播者的人员群体、传播者的社会环境、传播者所处的组织、媒介内容的公共性所产生的约束力、受众的自发反馈所产生的约束力、来自讯息本身以及媒介性质的压力或约束力等。

（2）影响和制约受传者的因素——受传者的自我印象、受传者的人格结构、作为群体一员的受传者（受众群体对个人的影响）、受传者所处的社会环境、讯息内容的效果或影响、来自媒介的约束力等。

（3）影响和制约媒介与讯息的因素——主要来自两个方面：一方面是传播者对讯息内容的选择和加工，这种选择和加工也可以说是传播者背后的许多因素起作用的结果；另一方面是受传者对媒介内容的接触选择，这种选择当然也是基于受传者本身的社会背景和社会需求做出的。此外，制约媒介的一个重要因素是受传者对媒介的印象，而这种印象是基

① D. McQuail & S. Windahl, *Communication Models*, p. 40.

于平时的媒介接触经验形成的。

综上所述，马莱兹克的系统模式说明，社会传播是一个极其复杂的过程，评价任何一种传播活动，解释任何一个传播过程即便是单一过程的结果，都不能简单地下结论，而必须对涉及该活动或过程的各种因素或影响力进行全面的、系统的分析。

关于社会传播的系统模式还有许多，这些模式虽然着眼点各有不同，但思路基本一致，它们为我们提供了有益的启发，但我们也应该看到，目前传播学中的系统研究还处于起步阶段，这主要表现在理论模式较多，而应用模式的开发较少。即便是理论模式也还有各种各样的缺陷，比如，马莱兹克的模式虽然列举了各种各样的影响因素，但并没有对这些因素的作用强度或影响力的大小差异进行分析。社会常识告诉我们，大众传播者和受传者个人对媒体内容都有影响，但两者影响的性质和大小是截然不同的。不对这些情况加以区别，我们在考察大众传播过程时就很难抓住主要矛盾。这说明，关于社会传播的系统研究还有待于进一步深化和完善。

三、社会传播的总过程理论

科学地考察人类的社会传播过程离不开唯物史观和辩证法的指导。在本书第一章中，我们已经对马克思和恩格斯的传播观——精神交往理论做了初步介绍。在这里，我们对基于马克思主义传播观的宏观过程研究，即“社会传播的总过程”研究及其理论视野、基本观点以及在现代信息社会中的意义进行一次探讨。

（一）日本学者的传播总过程研究

社会传播的总过程研究最早起源于日本，它是在对美国的主流传播学进行反思和批判的基础上形成的。第二次世界大战后，美国的传播学理论迅速进入日本并在学界占据了主流地位。但与此同时，不少学者发现，美国的传播学考察的只是狭义的传播过程（其代表是拉斯韦尔的“5W”模式），这种研究虽然是必要的，但在这种框架下，许多有重大意义的传播学课题，如传播与社会变革，传播与社会结构、社会制度的关系等，很难得到说明。要考察这些重大问题，必须摆脱美国的狭义过程研究的框架出来，另行开辟新的研究视角。

第二次世界大战后初期也是马克思主义研究在日本比较兴盛的时期。从20世纪50年代开始，以东京大学新闻研究所教授日高六郎为代表的一批学者，把马克思和恩格斯的交往理论与传播学研究结合起来，写出了不少基于唯物史观的论著，其中包括日高六郎的《大众传播概论》（1955）、鹤见俊辅的《马克思主义传播论》（1957）、稻叶三千男的《马克思主义大众传播论》（1960）、高木教典的《大众传播产业论》（1960）、中野收的《传播总过程分析的理论框架》（1962）和《马克思主义符号论笔记》（1963）、左藤毅的《现代资本主义与大众传播的功能》（1973）、秋元春朝的《现代大众传播学批判——精神交往论笔记》（1981）等。这些研究把传播看做是一个与社会交往形态密切相关的重要范畴，从这个观点出发，他们在对人类社会传播的总的历史发展过程进行分析的同时，也把现代社会中的传播特别是大众传播过程与宏观的社会结构结合起来进行考察，因而被称为“社会传播的总过程”研究。

“总过程”研究的理论框架，通过田中义久在 1970 年提出的“大众传播过程图式”（见图 4—8）可以略见一斑。

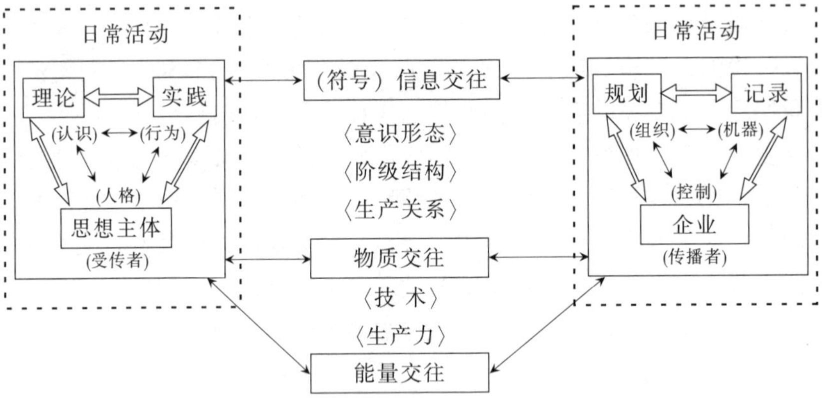

图 4—8 田中义久的大众传播过程图式①

从图 4—8 可以看出，田中义久从马克思和恩格斯的“交往”概念出发，把人类的交往分为三种类型：一种是与人的体能（生物学、物理学意义上的能量，包括作为人的体能之延伸的热能和电能）有关的“能量交往”；一种是与人类社会的物质生产相联系的“物质交往”；一种是与精神生产相联系的精神交往，即“符号（信息）交往”。符号（信息）交往过程也就是传播过程，它是建立在前两种交往的基础之上的，与社会的生产力、科学技术、生产关系和意识形态保持着普遍联系和相互作用的关系。在阶级社会中，社会传播还是一定的阶级结构的体现。

另一方面，作为特定传播过程的双方，如果属于人际传播，那么他们都作为有独立人格的思想主体从事着社会认识和社会实践活动，传播则是他们的精神交往纽带；如果属于大众传播，那么传播者便是作为组织的媒介企业，而受传者便是具有一定自我能动性的个人。传播的双方都有着一定的日常社会条件或环境的背景，而每一方传播活动都受到条件或环境的制约。田中义久的这个图式提出了传播学研究中的许多重大理论课题，尽管它还不完备，但可以说它是第一个基于唯物史观的系统模式。

从这个模式出发，日本学者将资本主义社会的大众传播总过程看做是信息的生产、流通和消费过程，对资本主义大众传播的本质进行了深刻的分析。例如，稻叶三千男在《大众传播的生产过程》等论文中认为，资本主义大众传播是一种“总体充满矛盾的运动”，这个运动过程中不仅内含着资本主义生产的一般矛盾，而且具有大众传播产业的特殊矛盾。稻叶特别分析了物质劳动与精神劳动的异同，指出了记者、编辑等精神劳动者在“脑”与“手”的分离过程中所处的矛盾状态。也就是说，精神劳动者作为“有头脑”的个人应该是认识和传播的主体，但是他们受雇佣的地位却使他们的“手”不能按照自己的主体意愿去生产和传播信息，他们的劳动只能无条件地服从于媒介资本的需要。稻叶认为，这是资本主义制度下精神劳动者的“异化”过程。②

① ［日］田中义久：《大众传播的现实课题》，载《新闻学评论》，东京，日本新闻学会，1970（19）。
② 参见［日］山田宗睦：《传播社会学》，1 版，118 页，东京，有斐阁，1963。

日本学者认为，现代大众传播与资本制度是密切结合在一起的，传播媒介在从事营利活动的同时，与权力相融合，在维护资本主义制度和意识形态方面发挥着重要的影响；大众传播新闻报道的闹剧化和娱乐内容的大量提供，客观上起着一种“麻痹神经”的作用。他们研究大众传播的目的，在于唤起现代受众的觉醒，使其超越被动和麻木的“大众”状态而成为“能动的传播主体”，成为有批判能力的“理性市民”。这样，日本学者的“传播总过程”研究就远远突破了行为主义的框架，而把传播研究与整个社会结构、与改革社会的目标结合起来。

（二）唯物史观下的社会传播总过程

那么，从历史唯物主义和辩证唯物主义立场看问题，社会传播的总过程会呈现出什么样的形态和结构呢？根据马克思和恩格斯在《德意志意识形态》和《资本论》等重要著作中的论述并结合现代社会的实际，我们可以从以下几个方面加以理解。

（1）信息传播属于与人类的精神生产相对应的精神交往活动的范畴。唯物史观认为，生产劳动是人类的基本活动，在生产活动中，人们互相交往并发生一定的社会关系。生产可以分为两类：一类是满足社会物质生活需求的物质生产，人们围绕这种生产所发生的社会关系称为物质交往关系，它具体表现为一个社会中的生产关系；另一类是满足社会精神生活需求或信息需求的精神生产，围绕这种生产所发生的社会关系称为精神交往关系。社会成员之间的精神交往关系，也就是我们所说的传播关系。

（2）信息传播既然属于与精神生产密切相关的范畴，那么，要考察信息传播，就不能不考察社会的精神生产。精神生产是人类特有的两种生产活动之一，它建立在物质生产的基础之上，并与物质生产保持着互动关系。精神生产，用马克思的话来说，是表现在某一民族的政治、法律、道德、宗教、形而上学等的语言中的生产，是社会意识的生产；用现代传播学的术语而言，也就是社会信息的生产，或者叫象征符、意义及其体系的生产。如果说物质生产属于一个社会的经济基础的生产和再生产，那么精神生产则属于上层建筑的生产和再生产，它在受到社会经济基础运动规律制约的同时，受上层建筑规律的制约更为直接。

（3）精神生产既然是一种生产，也必然会存在着生产力和生产关系的辩证运动。精神生产的生产力是参与社会精神生产过程的一切信息资源、工具、技术和人力要素的总和。精神生产的生产关系，也就是我们前面讲到的精神交往关系或传播关系。按照马克思主义关于生产关系构成要素的原则，精神生产关系同样也由三个方面构成：精神生产资料的占有方式，即所有制关系；人们在精神生产中的地位和交换关系；精神产品的分配以及消费关系。一个社会中的精神生产的性质，取决于这个社会的精神生产力的水平和精神生产关系的状态。

（4）传播学既然把考察人与人之间的传播关系作为自己的首要宗旨，那么就不能单纯地考察狭义的信息“交流”，而必须与宏观的社会精神生产和精神交往联系起来加以考察，否则便不能揭示这种关系的实质。马克思曾把物质生产关系分为生产、分配、交换和消费四个环节，并认为它们构成了一个总体的各个环节、一个统一体内部的差别。作为精神生产关系的传播关系中同样存在着这四个环节，这些环节相互联系、相互作用构成了社会传播这个“总体”过程的运动。这个观点，实际上也是辩证唯物论关于社会传播过程的系统观。

综上所述，唯物史观是在与宏观社会结构的普遍联系上来把握社会传播过程的，社会传播过程是人类社会总过程的一部分，传播的结构体现了人类社会的结构。这些观点不但丰富了既有的传播学理论，把美国的主流传播学有意无意回避的一些重大课题，如传播与精神生产结构的关系、传播与社会结构和社会制度的关系等提上传播学研究的日程，开阔了我们的视野，而且为我们观察和分析现代社会提供了科学的方法。日本学者基于这些观点，从信息的“生产过程”、“流通过程”和“消费过程”三个方面对资本主义社会中的信息传播结构及其内部机制进行了尖锐的分析，揭示了资本主义制度下精神生产过程的固有矛盾以及由此造成的传播结构和传播关系的不平等，这些分析有助于我们认识资本主义社会的本质。

研究中国特色社会主义制度下的传播同样也离不开唯物论和辩证法的指导。我国正处于向市场经济和高度信息化社会的过渡之中，在这种情况下，更有必要从信息的生产、分配、交换和消费等环节入手，对我国的信息传播的结构进行全面的分析和研究，这对于提高我国社会精神生产力水平，理顺我国社会的精神生产关系和社会传播关系，建立合理的、功能健全的社会传播系统，对推动和谐社会建设和国家科学发展都具有重要的意义。

思考题

第一节

1. 传播过程有哪些基本构成要素？
2. 拉斯韦尔的“5W”模式的意义是什么？它有什么缺陷？
3. 简述奥斯古德和施拉姆的循环模式。
4. 简述传播过程的特点。

第二节

1. 简评赖利夫妇的传播系统模式。
2. 什么是社会传播的总过程理论？
3. 田中义久的“大众传播过程图式”有什么特点？
4. 用唯物史观看问题，应该如何把握社会传播的总过程？

第五章 人内传播与人际传播

CHAPTER 5

人类传播是一个综合的系统，这个系统是由各种不同类型的传播活动组成的，每种类型的传播同时也是社会传播这个总系统内的一个子系统。传播也是一种社会实践活动。社会实践是丰富多彩的，传播的类型也是多种多样的。从本章开始，我们将对人类传播的一些基本类型进行分析和论述。这些类型既相互区别，具有独自的形态、结构和功能特点，又作为社会传播总系统的有机组成部分相互衔接和交织，其总体运动构成了社会传播系统的大运行。我们将要论述的主要传播类型包括人内传播、人际传播、群体传播、组织传播和大众传播。

第一节　人内传播

人内传播（intra-personal communication），也称内向传播、内在传播或自我传播，指的是个人接受外部信息并在人体内部进行信息处理的活动。如果我们把个人看做是社会传播系统中的个体系统，那么人内传播便是个体系统内的传播。社会是由作为意识和行为主体的个人组成的，从这个意义上，作为个体系统之活动的人内传播也是一切社会传播活动的基础。

一、人内传播的过程与结构

人内传播属于人体内部的传播，但它仍然能够通过人的活动表现出来。施拉姆在阐释人的传播行为时，曾引用了温德尔·约翰逊对二人对话的前后过程的一段描述：

（1）一个事件发生了……

（2）这一事件刺激了 A 先生的眼、耳朵或其他感觉器官，造成……

（3）神经搏动到达 A 先生的大脑，又到他的肌肉和腺线，这样就产生了紧张，未有语言之前的“感觉”等；

（4）然后，A 先生开始按照他惯用的语言表达方式把这些感觉变成字句，而且从“他考虑到的”所有语句中，

（5）他“选择”或者抽象出某些字句，他以某种方式安排这些字句，然后

（6）通过声波和光波，A 先生对 B 先生讲话，

（7）B 先生的眼和耳朵分别受到声波和光波的刺激，结果

（8）神经搏动到达 B 先生的大脑，又从大脑到他的肌肉和腺线，产生紧张（张力）、未讲话前的“感觉”等；

（9）接着 B 先生开始按照他惯用的语言表达方式把这些感觉变成字句，并且从他“考虑过的”所有字句中。

（10）他“选择”或抽象出某些词，他以某种方式安排这些词，然后 B 先生相应地讲话，或做出行动，从而刺激了 A 先生——或其他某人——这样，传播过程就继续进行下去……①

从这段描述中我们看到了什么呢？我们看到，在二人对话的前后，存在着两个人内传播的过程，一个是 A 先生的，一个是 B 先生的。这两个过程大致相同：A 先生或 B 先生通过他们的感官接收外部世界的信息，在体内尤其是通过大脑来处理这些信息，并把处理的结果转化为信息输出前的预备状态——这些内在的信息活动，就是我们所说的人内传播。

人之所以能够进行人内传播，首先与人体的生理机制分不开。温德尔举的例子说明，人内传播一般是由感受刺激、神经传导、大脑活动和肌体反应等若干环节和要素构成的，而这些环节和要素同时也是人的身体所固有的功能。这意味着，人体本身就是一个完整的信息传播系统。

人的身体具有一般信息传播系统的特点：人体既有信息接收装置（感官系统），又有信息传输装置（神经系统）；既有记忆和处理装置（人的大脑），又有输出装置（发声等表达器官及控制这些器官的肌肉神经）；人的身体既是一个独立的有机体，又与自然和社会外部环境保持着普遍联系。日本学者渡边一央等人提出的人的视听觉信息处理模式充分地反映了人内传播的系统性（见图 5—1）：

渡边等人的模式图非常详细地解析了人内传播的过程和结构，表明人体内的信息处理是一个复杂而有机的系统。不过，这个模式从总体上来说还是从生理学过程的角度来描述人内传播的，我们还需要从人的能动的意识和思维活动以及从社会心理的角度对人内传播做一番考察。

---

① 参见［美］威尔伯·施拉姆等：《传播学概论》，55 页。

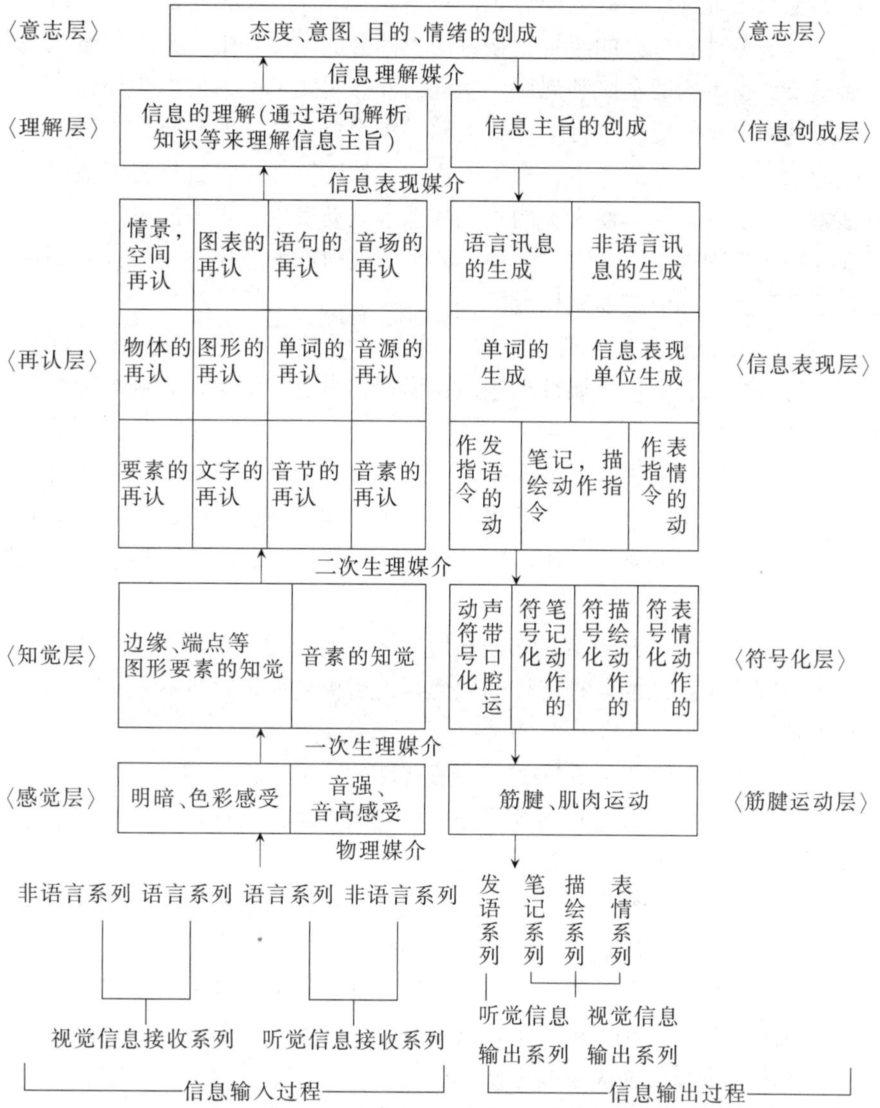

图 5—1　人的视听觉信息处理模式①

二、作为能动的意识和思维活动的人内传播

温德尔举的例子也可以说明，人内传播一般都是作为对外界事物的反应而发生的，但是，这种反应并不单纯是生理层面上的刺激和反应关系，相反，能动的意识和思维活动才是人内传播区别于其他动物体内传播的根本特点。

辩证唯物主义认为，自然界从自身的发展中产生出能够思维的人，经历了一个漫长的历史过程，这个过程中有三个决定性环节：（1）由一切物质所具有的反应特性到低级生物的刺激感应性；（2）由低级生物的刺激感应的反应形式到高级动物的感觉和心理；（3）由

① ［日］立川敬二等：《传播的结构》，1 版，197 页，东京，NTT 出版公司，1993。

一般的动物感觉和心理到能动的人的意识的产生。[①] 同时，人的意识不仅是自然界长期发展的产物，而且是劳动和社会的产物。在劳动和社会协作过程中，人不仅要认识事物的表面现象，而且要认识事物的本质和规律，反复的社会实践，使人的意识超越了一般动物感觉和心理而达到的更高的境界。劳动不仅推动了作为意识之物质基础的人脑的发达，而且推动了思维的工具——语言的产生。有了语言，人就能够使用语言符号来概括各种感觉材料，进行抽象思维活动，这就使人类的意识和思维活动发生了更大的飞跃。

从辩证唯物主义观点来看，人内传播不外乎个人内部的意识、思维或心理活动，这个过程是由以下几个主要环节或要素构成的：

（1）感觉——分为视觉、听觉、嗅觉、味觉、触觉等。感觉是人通过眼、耳、鼻、舌、身等感官对事物的个别信息属性如颜色、形状、声音、气味、软硬、凉热等做出的反映，是人内传播的出发点。

（2）知觉——即感觉的集合，或在感觉的基础上对事物的分散的个别信息属性进行的综合。知觉的过程，就是对事物整体的感性信息进行综合把握的过程。例如，我们关于西瓜这种水果的知觉，就是对西瓜的形状、颜色、味道等各种单一的感性信息属性的综合认知。

（3）表象——记忆中保存的感觉和知觉信息在头脑中的再现。例如，我们过去接触过西瓜，头脑中留有关于西瓜的各种特性的记忆，以后提到西瓜时，我们头脑中也会出现西瓜的形象或映象。

（4）概念——对同类事物的共同的、一般属性的认识。概念包括外延和内涵，前者是同类事物的范围或集合，后者是对同类事物特征和本质属性的认识。概念是思维的细胞和工具，有了概念，人类才能进行抽象思维。

应该指出的是，表象和概念在人内传播的过程中通常是作为有意义的形象符号和语言符号出现的，因此，人脑中的信息处理过程，同样是一个驾驭和操作符号的过程。

（5）判断——对事物之间的联系或关系进行定性的思维活动，它是在驾驭表象和概念进行分析的基础上产生的。在传播学中，判断意味着对思考的对象事物有所断定和做出结论，这是人们决定态度和行为决策的基础。

（6）推理——从已知的事物属性和关系中推导出未知的属性和关系的思维活动。推理是在判断的基础上进行的，在若干个判断之间建立或发现合乎逻辑、合乎规律的关系，得出新的判断和结论，就是推理的过程。因此，推理也是“从已知中发现未知”的创造性思维活动。

除此之外，人内传播还伴随着人的感情和复杂的心理活动，它们在很多情况下对人内传播的过程和结果产生重要的影响。但是，感情和各种各样的心理定势也并不是生来就有的，而是在迄今为止的社会实践中，通过对事物的实际体验或社会学习而形成的。

结合以上分析和论述，我们可以从以下几个方面理解人内传播：

（1）人内传播虽然是人体内部的信息处理过程，但这个过程不是孤立的，它的两端都与外部过程保持着衔接关系；作为一个个体系统，它的输入源泉是外部环境，输出的对象

① 参见李秀林等：《辩证唯物主义和历史唯物主义原理》，2版，68页，北京，中国人民大学出版社，1984。

也是外部环境。这里的环境，既包括自然的，也包括社会的。

（2）人内传播虽然与人的生理机制密切相关，但它在本质上是对社会实践活动的反映，具有鲜明的社会性和实践性。离开了人的社会实践，人内传播与其他动物的体内传播就没有本质区别。

（3）人内传播不是对外部世界的消极、被动的反应，而是积极能动的反映。这种能动性表现在人的意识和思维活动具有生产性和创造性，它不是对已有的知识、观念、思想进行简单"复制"，而是通过积极的精神劳动，在已知的基础上不断发现未知，创造新知识、新观念和新思想的活动。人内传播伴随着创造性思维成果，它也是推动人类文明发展的巨大力量。

（4）人内传播是其他一切传播活动的基础，任何一种其他类型的传播，如人际传播、群体传播、大众传播等，都必然伴随着人内传播的环节，而人内传播的性质和结果，也必然会对其他类型的传播产生重要的影响。

三、作为社会心理过程的人内传播

我们在本书第一章探讨传播概念时，曾经提出过这样一个观点：任何一种社会传播都必然具有双向互动性。那么，人内传播是否具有双向互动性呢？有些学者认为人内传播不属于社会传播，因而不具有互动性，这是一种容易产生误导的观点。只要我们对人内传播的内部过程略做观察，我们就会发现，人内传播不但具有鲜明的社会性，而且具有明确的互动机制。

人内传播是个人体内的信息传播活动，因此，不少人也将之称为"自我"传播。这说明，人内传播是个人的主体意识——自我意识主导下的传播活动。因此，考察人的自我意识的活动，应该是揭示人内传播之社会性和互动性的一把钥匙。

关于人的自我的看法是不同的。唯心论者认为，人的自我是绝对精神的体现，是一种孤立的事物，其代表性的观点是笛卡尔的"我思故我在"。在这种观点下，自我完全是一种超社会的、个人主义和利己主义的东西，他人的存在受到无视和否定。但是，近现代社会学和社会心理学的研究成果表明，人的自我并不是封闭的和孤立的，相反，它是在与他人的社会联系中形成的，自我具有鲜明的社会性和互动性，而自我的社会性和互动性也体现了人内传播的社会性和互动性。

（一）米德的"主我与客我"理论

最早从传播的角度对人的自我意识及其形成过程进行了系统研究的是美国社会心理学家 G. H. 米德[①]。米德在研究人的内省活动时发现，自我意识对人的行为决策有着重要的影响。自我可以分解成相互联系、相互作用的两个方面：一方是作为意愿和行为主体的"主我"（I），它通过个人围绕对象事物从事的行为和反应具体体现出来；另一方是作为他人的社会评价和社会期待之代表的"客我"（me），它是自我意识的社会关系性的体现。换句话说，人的自我是在"主我"和"客我"的互动中形成的，又是这种互动关系的体

---

① G. H. 米德（1863—1931），美国社会心理学家，象征互动理论的创始人，从传播和社会互动的角度考察人的自我意识的形成过程。其主要论著收于逝世后出版的《心灵、自我与社会》（1934）一书中。

现。例如，李先生是一位教师，又是一个丈夫和父亲，在社会生活中扮演着各种各样的角色。他非常喜欢人体健美，并想当一个业余模特。但是，在他就此事做出某种决定之前，他要经过一番考虑：当模特是否符合一个教师、丈夫和父亲的形象？同事、妻子、孩子、朋友对此事会如何评价？他们对我的角色期待是什么？如此等等。经过这些考虑，李先生最终做出了决定：当模特或者放弃这种想法。不管这种决定的性质如何，这个决定都是李先生自己做出的，它表现了“主我”的作用，然而，这个“主我”并不是一意孤行的，相反，它是对各种社会关系之体现的“客我”的反映。

米德认为，人的自我意识就是在这种“主我”和“客我”的辩证互动的过程中形成、发展和变化的。“主我”是形式（由行为反应表现出来），“客我”是内容（体现了社会关系的方方面面的影响）。“客我”可以促使“主我”发生新的变化，而“主我”反过来也可以改变“客我”，两者的互动不断形成新的自我。

由此看来，作为自我传播的人内传播的社会性、双向性和互动性也就显而易见了。人内传播是一个“主我”和“客我”之间双向互动的社会过程，互动的介质同样是信息，用米德的话来说即“有意义的象征符”。这个过程我们可以用下图表示（见图 5—2）：

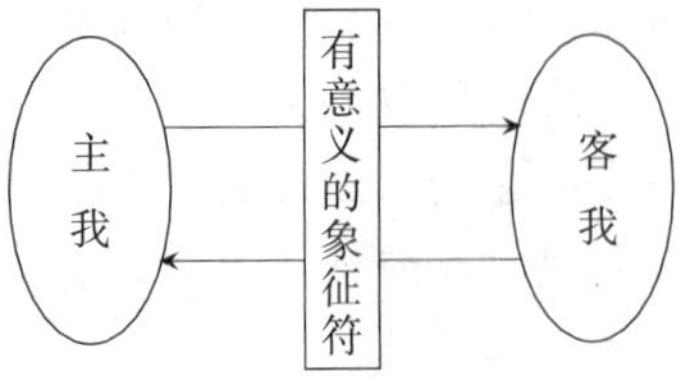

图 5—2 人内传播的双向互动性

在这里，“有意义的象征符”（significant symbol）可以是音声的，也可以是形象的。米德认为，“有意义的象征符”不但能够引起他人的反应，而且能够引起使用者自己的反应，作为人内传播的思考活动，就是通过“有意义的象征符”来进行的。

（二）布鲁默的“自我互动”理论

现代象征互动理论的集大成者 H. 布鲁默[①]的“自我互动”理论也是对人内传播的社会性和互动性的一个很好说明。布鲁默在 1969 年出版的《象征互动论》一书中提出了这样一个观点：人能够与自身进行互动——自我互动（self interaction）。他认为，人是拥有自我的社会存在，人在将外界事物和他人作为认识对象的同时，也把自己本身作为认识的对象。在这个过程中，人能够认识自己，拥有自己的观念，与自己进行沟通或传播，并能够对自己采取行动。

布鲁默指出，这种与自身的互动——“自我互动”在本质上来说是与他人的社会互动的内在化，也就是与他人的社会联系或社会关系在个人头脑中的反映。不过，自我互动并不是与他人的社会互动在头脑中的简单再现，而是具有独自的特点。换句话说，在自我互动过程中，人脑中会出现关于他人期待（如妻子期待自己是个好丈夫，子女期待自己是个

① H. 布鲁默（1900—1987），美国社会心理学家，象征互动理论的集大成者，代表性著作有《象征互动论》（1969）等。

好父亲、上司期待自己是个好部下等）的印象，这些期待具有一定的意义，个人会考虑这些期待对自己意味着什么。但是，个人又不是原封不动地接受这些期待的，在人内传播的过程中，个人会沿着自己的立场或行为方向对他人期待的意义进行能动的理解、解释、选择、修改、加工，并在此基础上重新加以组合。经过这个过程的他人期待已不是原来意义上的他人期待，它所形成的自我也已不是原来意义上的自我，而是一个新的行为主体。

布鲁默的“自我互动”理论有助于我们理解社会传播与个人的自我的关系。它告诉我们，人不但与社会上的他人进行传播，而且与自己本身进行传播，即自我传播。自我传播同样具有社会性，它是与他人的社会传播关系在个人头脑中的反映。自我传播对个人具有重要的意义，通过自我传播，人能够在与社会、他人的联系上认识自己、改造自己，不断实现自我的发展和完善。

（三）内省式思考——人内传播的一种形式

内省是人对自己的一种反思活动，也是一种重要的人内传播形式。内省可以分为两种，一种是日常的、长期的自我反思活动，它以完善个人的品德和行为为目的，具有明显的长期目标性和连贯性。在我国的儒家思想中，内省主要指的是人的自我修养，曾子的“吾日三省吾身”、孔子的“内省不疚，夫何忧何惧”等论述，都是这个意思。另一种是短期的、以解决现实问题为目的的自我反思活动，称为“内省式思考”（reflective thinking）。在这里，我们主要考察后者，并由此来探讨人内传播在社会实践中所起的作用。

根据米德的研究，内省式思考并不是在日常生活的每时每刻都发生的，只有在一个人遇到困难、障碍等新的问题状况（problematic situation），既有的行为方式是否适用难以做出判断之际，才会活跃起来。在面临新问题的情况下，由于个人不知道过去的习惯做法是否合适，所以通常不会立即做出行为反应。在反应滞后、行为停止期间，内省式思考就会活跃起来，通过人内传播来做出如何解决新问题、适应新情况的决策。①

内省式思考的过程并不是封闭的，而是与周围的社会环境、与周围的他人有着密切的联系。这就是说，在内省过程中，人的头脑中会出现他人的形象，个人会分析和推测别人是如何考虑的，别人对这个问题会采取什么态度等，只有在与他人的联系上才能形成个人自己的态度轮廓，考虑自己应该怎么做。这个过程，也是一个重新构筑自我与他人关系的过程，因此，内省式思考的过程也是一个社会过程。

米德认为，内省式思考不仅是一个横向的社会过程，而且是一个将过去和未来联系起来的、纵向发展和创造的过程。换句话说，也就是在这种活动中，个人会把迄今为止有关该问题的社会经验和知识积累（作为有意义的象征符而保存在头脑中的记忆信息）全部调动起来，对它们的意义重新进行解释、选择、修改和加工，在此基础上创造出与新的状况相适应的新的意义和行为。由此而言，内省式思考也是超越既有意义开创新意义、超越既有行为方式开创新的行为方式，与人的未来发展密切相关的一种活动。

内省式思考的这些特点同时也是人内传播的特点。它充分说明，人内传播并不是孤立、封闭和绝对的“主观精神”的活动，而是一个与人的社会实践相联系的活动，人内传播在本质上是人的社会关系和社会实践的反映；与此同时，这种反映又不是对社会关系或

---

① See G. H. Mead, “Mind, The Social Self,” *Journal of Philosophy*, 1913 (10), pp. 374 - 380.

实践的消极、简单的“复制”，而是一种具有独自的特殊规律的能动的、创造性的活动，人内传播反过来会对现实的社会关系和社会实践产生巨大的影响。因此，人内传播也是一种推动社会发展的强大动力。

四、个人信息处理的基模理论

古往今来，每个人都需要快速有效地处理信息，特别是在信息爆炸的当今时代，这种必要性更为突出。但是，我们也发现，尽管海量信息扑面而来，但我们每个人在应对和处理上却能做到有条不紊，从容不迫。那么，究竟是什么机制在发挥作用呢？对此，认知心理学提供了一种说明：我们之所以能够快速有效地认知、分析和判断新信息或新事物，是因为在我们的大脑中有一种被称为“认知基模”（cognitive schema）的东西在起作用。

（一）基模的概念及其特点

基模的英文原词是 schema（我国亦有学者译为“图式”），是瑞士心理学家皮亚杰在研究儿童成长和认知发展过程之际提出的一个概念，后来被广泛应用到教育学、信息处理和传播学研究当中。所谓基模，指的是人的认知行为的基本模式，或者叫心智结构、认知结构或者认知导引结构。日本学者稻叶哲郎称之为人们在处理新信息或认知判断新事物之际所使用“知识的集束”。[①] 换言之，当我们接触到一个新信息或新事物、遇到一个新事件或者进入一个新的场所的时候，我们过去相关的经验和知识会导引我们迅速地对新的状况做出认识、推理和判断，并及时地做出态度或行为反应。

例如，我们在看到一个电视画面时，会启动与“电视节目”相关的基模处理信息，如果这个画面是新闻，我们会首先排除它属于文艺、体育节目或其他节目，而会启动新闻的认知结构来处理这个信息；如果这个新闻是报道一个家庭暴力事件，我们则进一步会排除它属于政治、经济新闻，而启动社会新闻或家庭道德的相关基模来评价和判断这个画面，并决定我们对它的态度和反应（见图 5—3）。

总体而言，基模具有以下特点：

（1）基模是人与生俱来的行为模式之一，但是随着人的成长可以发展和改造。按照皮亚杰的观点，利用基模认识事物或适应环境是人生来就有一种能力，当个人遇到新的状况时，往往会启动相关基模来进行核对和处理，而每次处理的结果，则会使原有基模发生改变。因此，每个人的基模会随着年龄增长而变化，不同的社会化环境和文化背景也会形成基模的差异。

（2）基模是一种知识分类体系，呈层化结构，类似于一个树形图。一般来说，基模并不是以某个具体事例为对象，而是具有某种程度的一般化和抽象化的性质，并有从较抽象向较具体分层的结构特点。举例来说，宿舍里住进来一位广东籍的大二学生，周围同学则可能使用“广东人”、“大学生”、“90 后”这样一些较为抽象的概念基模来认识和评价他。

（3）基模是知识的集束或有机的联合。基模中包含着知识、经验以及对各种事物之间的关系的认识，也包含着价值甚至情感倾向。它们并不是零乱地、互不相关地保存在记忆

---

① 参见田崎笃郎等编：《大众传播效果研究的展开》，1 版，69 页，东京，北树出版，1992。

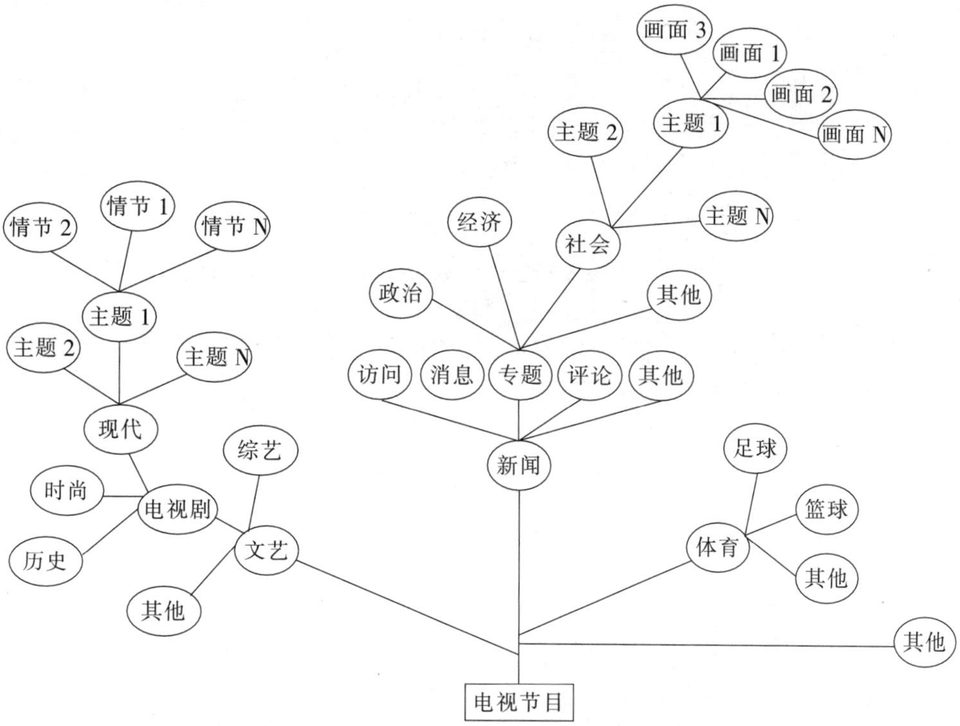

图 5—3　电视节目的认知基模示意图

中的，而是按照一定的关联性，以有机的结构预存在我们的大脑中的。

（4）基模的功能是在我们遇到新的信息时，通过动员和组织原有的知识和经验、补足新的要素来进行处理、对新信息的性质做出判定，预测其结果，以确定我们对新信息的反应。因此，一般也认为基模具有预测和决策控制功能。

基模有各种各样的分类，最常见的类型有涉及个体人物的人物基模（person schemas）、涉及事件程式的事件基模（event schemas），有涉及社会角色的角色基模（role schemas）等。不同类型的基模帮助我们处理不同类型的信息，基模的应用在个人层面上尽管是一个自动的、无意识的过程，但它确实对我们的认识、判断和行为反应起着重要的制约作用。

（二）罗伯特·阿克塞尔罗德基于基模理论的信息处理过程模式

基模作为我们的大脑中预存的认知结构，影响我们每个人信息处理的全过程及其结果。1973 年，美国学者罗伯特·阿克塞尔罗德在他的《认知与信息处理过程的基模理论》一文中，提出了一个信息处理过程模式（图 5—4）。

我们可以对该模式图做出如下理解：

（1）当我们接触到一个新的事件或者信息时，我们头脑中的相关基模就会被激活，参与到信息处理的每个环节当中。

（2）当新信息的各项特征与我们认知基模相吻合的时候，我们倾向于按照原有的解释和态度来对它。

（3）当新信息与我们的认知基模有不吻合之处时，我们会对新旧信息的各特征进行比

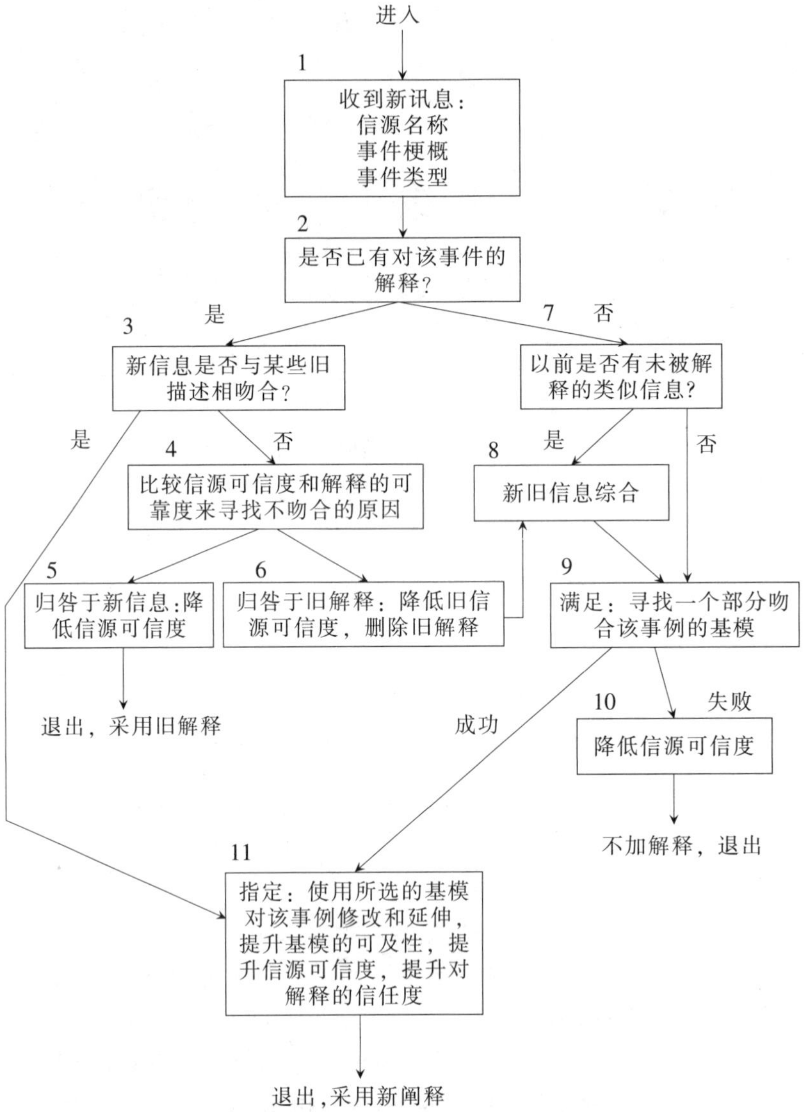

图5—4 阿克塞尔罗德的信息处理过程模式

较，补足新的信息，确定新的解释和态度。

（4）新信息的处理结果对认知基模会产生两种影响：如果处理结果与原有基模相吻合，会起到强化原有基模的作用；如果有矛盾之处，则会修改原有基模，形成新的认知基模。

（5）作为每次信息处理的结果，无论是被强化的原有基模，还是被改变形成的新基模，都会作为分析、推理或判断的依据参与到下一个信息处理过程中。

应该指出，这是一个描述基模在个人信息处理中的“核对”作用的一般过程模式。但是，由于每个信息的性质不同，信息与我们的关系不同，我们对信息的重视程度和参与程度不同，我们对原有基模的自信程度不同，所以我们的信息处理过程也是富于多样性的，有的是单纯依赖基模处理的简单过程，有的则可能更富于创新性和深度思考，甚至是有意对自己的原有基模提出挑战的批判性过程。

社会心理学家理查德·佩蒂等在研究说服性信息传播之际，提出了一种称为“详尽分析可能性”的理论①。这个理论认为，每个人都会以两种不同方式处理信息，一种是以详尽的方式，用严谨的思考来处理信息，另一种是以较为简单粗略的方式来处理信息；前者是沿“核心路径”（central route）处理信息，后者则是沿“边缘路径”（peripheral route）处理信息。详尽分析发生的概率与当事人的动机和能力相关，也就是说，当个人与信息涉及的问题关系密切、有较强烈的认知需求、或较强的责任感，并且具备相应认知能力之际，人们会沿“核心路径”对该信息进行详尽处理，反之则沿“边缘路径”进行一般处理。例如，一个非数学专业的在校大学生对有关“就业”的新闻可能会采用详尽分析的信息处理，而对“哥德巴赫猜想”之类的问题通常会止于一般知识兴趣。在同一信息处理的过程中，上述两个路径也许是同时存在的。如果对信息的某些特征、环节、某个细节我们比较关注，我们会沿“核心路径”加以处理；对另一些特征、环节或细节没有兴趣或参与动机，我们则会转入沿“边缘路径”加以处理。一般认为，由“核心路径”的详尽信息处理所引起认知结构或基模的变化更深刻。

基模和个人信息处理过程研究的相关成果也应用到传播效果研究的领域。关于这个问题，我们还会在有关传播效果的章节中加以讨论。

第二节　人际传播

人际传播是个人与个人之间的信息传播活动，也是由两个个体系统相互连接组成的新的信息传播系统。人际传播与人内传播紧密相连，但又与人内传播不同，这表现在人内传播是一个行为主体（个人）内部的信息活动，而人际传播则是两个行为主体之间的信息活动。人际传播是一种最典型的社会传播活动，也是人与人社会关系的直接体现。

一、人际传播的动机

人际传播（personal communication）是社会生活中最直观、最常见、最丰富的传播现象。二人对面谈话、书信往来、打电话、互送电子信件、一对一网络聊天等，都属于人际传播的范畴。人际传播的场面也是丰富多彩的：有的是严肃认真的讨论，有的是剑拔弩张的争吵；有的是语重心长的教诲，有的是轻松愉快的玩笑；有情深意切的绵绵情话，也有倾诉衷肠的促膝交谈；有关怀备至的叮咛嘱托，也有虚于应付的逢场作戏。人际传播就像一个万花筒，它的多样性反映了社会生活的多样性。

那么，个人为什么要与他人进行传播？换言之，人际传播的动机是什么？这个问题的答案，首先要从人的生存和发展需求中去寻找。个人生活在自然环境和社会环境当中，要保证个人的生存和发展，就必须及时了解环境的变化，并据此不断调节自己的行为以适应

---

① R. E. Petty & J. Cacioppo: *Communication and Persuasion: Central and Peripheral Routes to Attitude Change*, New York: Springer Verlag, 1986, pp. 95-116.

新的变化。因此，人际传播的首要动机和目的就是获得信息。这里所说的信息是狭义上的，即关于生产、生活和社会的有用情报。在人际传播中，这种信息交流有正式的，如个人之间的咨询和解答；也有非正式的，如聊天、闲谈等，甚至在争吵当中也可以获得有用的信息。在社会生活中，有关环境变化的大量信息，都是通过非正式的人际交流得到的。

其次，建立与他人的社会协作关系，也是人际传播的一个基本动机。人是社会动物，个人离开了他人、离开了与他人的社会交往和协作，同样不能生存。社会协作是广泛的，既包括一般意义上的角色分担，也包括各种活动中的行动协调。世界上没有纯粹属于一个人从事的活动，许多看起来似乎是个人独立完成的工作，实际上都是建立在二人以上的多人合作和配合的基础之上的。要谋求与他人合作，就必须积极进行说明、解释、协商等各种各样的人际传播或沟通活动。

再次，个人要与他人建立有效的社会协作关系，一个基本前提是既要了解自己，又要了解他人，还要让他人也了解自己。所以，我们说人际传播的第三个基本动机是自我认知和相互认知。

客观的自我认知是使个人能力得到恰当发挥的前提。对自己评价过高、过于自信，在很多情况下会遭受挫折；而对自己评价过低、缺乏自信，也不能使自己的能力得到充分施展。一个人社会成就的高低，在很大程度上受到他的自我意识的影响，而自我意识是在与他人的社会交往和传播中形成的——我们在本章中介绍米德和布鲁默等人的理论时已经对这个问题做了阐述。在这里，我们与人际传播的动机相联系，再补充介绍一下美国社会学家 C. H・库利[①]的“镜中我”（the looking-glass self）概念。

库利是在 1902 年出版的《人类本性与社会秩序》一书中提出“镜中我”概念的。他认为，人的行为在很大程度上取决于对自我的认识，而这种认识主要是通过与他人的社会互动形成的，他人对自己的评价、态度等，是反映自我的一面“镜子”，个人透过这面“镜子”认识和把握自己。因此，人的自我是在与他人的联系中形成的，这种联系包括三个方面：

（1）关于他人如何“认识”自己的想象。

（2）关于他人如何“评价”自己的想象。

（3）自己对他人的这些“认识”或“评价”的情感。

在这其中，前两项只有在与别人的接触中、透过别人的态度才能够获得。库利认为，“镜中我”也是“社会我”，传播特别是初级群体中的人际传播，是形成“镜中我”的主要机制。一般来说，这种以“镜中我”为核心的自我认知状况取决于与他人传播的程度，传播活动越活跃，越是多方面的，个人的“镜中我”也就越清晰，对自我的把握也就越客观、越准确。

除自我认知以外，相互认知也是确立有效的社会协作关系的重要条件。自己的协作伙伴具有什么样的人品和性格，是否值得信赖，其能力和实力如何，与对方合作可以到什么程度，如此等等，都是合作双方希望了解的问题。只有在相互了解和信任的基础上，社会协作才能顺利进行，而这一切都离不开大量的人际传播。

---

① C. H. 库利（1864—1929），美国社会学家，对传播与人的社会化问题进行了深研究，并提出了“初级群体”和“镜中我”概念。主要著作有《人类本性与社会秩序》（1902）、《社会组织》（1909）等。

另外，满足基于人的社会性的精神和心理需求，也是个人从事人际传播活动的一个基本动机。这里包括建立和谐的人际关系，拥有自己的社交圈子和娱乐伙伴等。与周围的他人保持融洽的关系，能够使人心情愉快，保持良好的精神状态，有利于人的身心健康。社会心理学的研究成果表明，调节个人的心理状态是人际传播的一个重要功能，它能够帮助人们摆脱个人独处所产生的孤独感、逃避日常生活中的烦恼，寻求心理压抑的释放渠道等。

综上所述，寻求关于生产、生活和社会的有用信息从而进行环境适应决策、建立社会协作关系、自我认知和相互认知以及满足人的精神和心理需求，是个人从事人际传播的基本动机。当然，正如社会生活是复杂多样的，人际传播的动机也是复杂的（甚至会有各种异常动机），决不是仅有以上几种。我们在这里所归纳的，只不过是作为健全的、有理性的人际传播的一些基本动机。

二、人际传播的特点和社会功能

从以上论述中我们可以看到，人际传播包括了各方面的内容，既包括交流关于环境变化的有用信息，也包括交换有关特定问题的看法和意见，还包括沟通人与人之间的感情。人际传播虽然内容丰富、形式多样，但大致可分为两种，一种是面对面的传播，另一种是借助某种有形的物质媒介（如信件、电话、电报等）的传播。人际传播，特别是面对面的人际传播具有以下几个重要特点：

（1）人际传播传递和接收信息的渠道多，方法灵活。换句话说，传播者不仅可以使用语言，而且能够运用表情、眼神、动作等多种渠道或手段来传达信息；同样，受传者也可以通过多种渠道来接收信息。

（2）人际传播的信息的意义更为丰富和复杂。这个特点和第一个特点密切相关，也就是说在面对面的情况下，多种渠道和多种手段的配合，会形成特殊的传播情境，这种特殊的情境会产生新的意义。例如“我很难同意你的意见”这句话如果写成文字，其意义是很单一的，但如果换成面对面的谈话，配以柔和的语调和微笑的表情，它的意义就丰富多了。

（3）人际传播双向性强，反馈及时，互动频度高。双方的信息授受以一来一往的形式进行，传播者与受传者不断相互交换角色，每一方都可以随时根据对方的反应把握自己的传播效果，并相应地修改、补充传播内容或改变传播方法。因此，人际传播是一种高质量的传播活动，尤其在说服和沟通感情方面，其效果要好于其他形式的传播。

（4）与组织传播和大众传播相比，人际传播属于一种非制度化的传播。我们说它是非制度化的，并不是说它不受任何制度化因素的影响。相反，人际传播也是社会关系的体现，参与的双方虽然都是拥有独立意志的主体，但他们都是由一定的社会关系，如夫妻关系、父子关系、长幼关系、上下级关系、朋友关系、同事关系等相连接的；人际传播的内容，双方使用的言辞、语气、态度等，无一不是这些关系的反映。这里所说的非制度化，主要指传播关系的成立上具有自发性、自主性和非强制性，人际传播主要是建立在自愿和合意基础上的活动。在人际传播中，双方都没有强制对方的权利，也没有接受强制的义务，这意味着人际传播是一种相对自由和平等的传播活动。

人际传播是社会传播的一个重要组成部分，对个人和社会都具有重要的意义。人际传播的社会功能是多方面的，它是社会成员交流信息的重要渠道，是实现社会协作的重要纽带，也是传承社会文化的重要工具。对个人来说，人际传播也是完善和发展自我的重要途径。人际传播的状态如何，是社会物质文明和精神文明的重要体现。

到目前为止，传播学对人际传播社会功能的研究主要集中在两个领域：一是人际传播在个人社会化过程中的作用；二是人际传播对大众传播效果的影响。所谓社会化，指的是一个人出生后由一个“自然人”成长为“社会人”的过程。从个人角度来说，它指的是个人学习语言、知识、技能、行为准则等以适应社会环境的过程；从社会角度而言，它指的是社会成员形成大体一致的观念、价值和社会规范体系，从而使社会秩序维持、社会发展的连续性得到保证的过程。个人的观念社会化包括两个方面：一是自我观念的形成；二是社会观念的形成（包括对他人和社会的基本看法、社会价值和行为规范的接受等）。无论在哪一个方面，人际传播特别是初级群体中的人际传播都起着重要的作用，对人格的形成发挥着重要的作用。我们前面提到的库利的“镜中我”理论、米德的“主我与客我”理论，以及我们以后要论述到的法国社会心理学家 G. 塔尔德的“社会模仿”理论等，都是揭示人际传播在个人社会化过程中的重要作用的研究成果。

传播学中关于人际传播的社会功能的另一个重要领域，是人际传播对大众传播过程与效果的影响，主要研究成果有“意见领袖”与“两级传播”理论、“创新—普及”理论等。关于这些问题，我们将在有关大众传播效果的章节中详细探讨。

三、人际传播与自我表达

个人从事人际传播的重要动机之一是自我认知和相互认知。相互认知的一个重要方面是希望对方能够充分地了解、理解和评价自己。然而，对方能不能做到这一点，在很大程度上取决于自己的自我表达是否充分。人际传播，对双方来说都是一种自我表达活动。所谓自我表达，即传播者“将自己的心情、意志、感情、意见、态度、考虑以及地位、身份等等向他人加以表达的活动”[①]。自我表达是否准确，表达方式是否合适，直接影响人际传播的效果。

（一）人际传播是真正意义上的“多媒体”传播

人际传播在本质上来说是个人之间相互交换精神内容（意义）的活动，精神内容交换的质量如何，在很大程度上取决于它的媒体（符号载体）。在这里，媒体也可以理解为任何能够传递信息的手段和渠道。我们在前面讲到人际传播是一种高质量的传播活动时，提出的一个重要理由就是它的传播手段多、渠道广、方法灵活。人际传播，是真正意义上的多媒体传播。

人际传播的核心媒体无疑是语言。语言又分为声音语言和书写语言。声音语言是人际传播也是自我表达的最基础的媒体。语言的功能并不仅仅在于传递讯息内容的本义，它还通过声调、速度、音量、节奏等传递着与说话者相关的背景信息。因此，即便是同一条讯

---

① ［日］船津卫：《传播学入门》，1版，58页，东京，有斐阁，1997。

息内容，用词的粗俗与礼貌、声音的有力与无力、语气的坚定或犹疑，声调的高低、节奏的快慢、韵律的有无等，都会引起听话者的不同反应。

另一方面，书写语言是在文字发明的基础上产生的，在不能或不便使用声音语言的场合，书写语言便成为人际传播的最常用的沟通工具。书写语言的功能也不仅仅是做文章，它同时也是自我表达的重要手段。在手写的文字中，字的大小、笔画的粗细、工整与潦草等，都在传递着与传播者的个性、素养等相关的重要信息。

语言是自我表达的基础媒体，但不是唯一的媒体。体态、表情、眼神、身体接触以及服装、发型等，都是自我表达的重要媒体（见图 5—5）。美国社会学家 E. 戈夫曼指出："在若干人相聚的场合，人的身体并不仅仅是物理意义上的工具，而是能够作为传播媒体发挥作用。"①

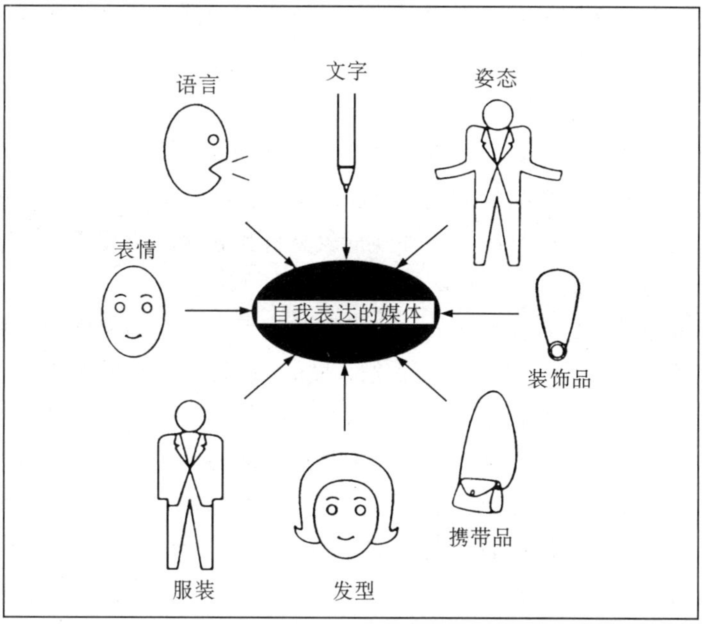

图 5—5 自我表达的媒体

（二）姿态的传播功能

自我表达的有效媒体之一是姿态（gesture）。姿态在狭义上指手势和身体的各种活动姿势，在广义上也把面部器官活动构成的表情、神色等包括在内。行为心理学的研究证明，人的很多姿态，如打哈欠、交臂胸前或改换坐立姿势等，是为满足生理需求而进行的，有些姿态则是人的内部心理的无意识流露。但是在许多情况下，姿态也是人积极地进行自我表达的重要手段。日本学者船津卫认为，在传播和自我表达活动中，体态至少有以下五种功能：

（1）强调语言。例如，讲话中配合挥手、握拳、上身前倾等动作，以加强语言的力量。

① ［美］E. 戈夫曼：《聚集现象的结构》，日译本 1 版，108 页，东京，诚信书房，1980。

（2）补充语言。在语言表达不充分的时候，起到补足语言的作用。例如，话说了一半，而后半部分用摆手、点头、摇头等加以补充。

（3）代替语言。在使用语言困难或不便明说等情况下，利用动作来传达意义。例如，用耸肩来表示无可奈何，用撇嘴表示蔑视或用眼神传达其他较为隐秘的含义等。

（4）控制语言。这就是说，体态可以利用它们所形成的情境对语言的效果加以限制和制约，眼神、表情以及动作都可以起到这种作用。例如，一个人嘴里说着“我很高兴”却板着面孔，那么这句话的效果是要大打折扣的。

（5）表达超语言的意义。在许多场合，体态或动作比语言本身更具有雄辩力。高兴的时候开怀大笑，悲痛的时候失声痛哭，都比表述性的语言更能传达当事人的心情。当对别人说的话表示理解和同意的时候，深深的点头可能比直接的语言表达效果更好。①

总之，单纯的语言表达是有一定限度的，将手势、表情、眼神、动作等体态与语言有机地加以结合，能够表达更丰富的意义，也能传达一个更丰富的自我。

（三）外观形象与自我表达

每个人都有自己的外观形象。外观既包括身高、体形、脸型、发型等身体特征，也包括通过服装、饰物、随身携带品的使用等形成的氛围特征。自古以来，人就非常重视自己的外观，现代人尤其如此。这是因为，外观形象是自我表达的重要手段，它所传达的信息形成人际传播中的第一印象。

任何一种外观特征都具有其特定的意义。服装不仅具有遮体御寒等实用功能，也是一个人的性别、年龄、职业、地位、文化的象征。统一的校服意味着个人是学生集体中的一员，白色的护士装意味着穿着者是一个医护人员，一件到处缝满口袋的土黄布马夹，可能意味着穿着者是一个导演或摄影师。在工作之外，不同的装束也体现了人的不同个性。

发型也是如此。在中国历史上曾经有过“留头不留发，留发不留头”的时代，也有过给人剃“阴阳头”的时代，发型曾经与人的性命联系在一起。在改革开放的现代社会里，发型已经与沉重的政治脱离了关系，选择什么发型完全属于个人的自由权利。发型的象征意义也更加丰富，它可以显示一个人的风度、个性、教养、素质等，简言之，发型也是人们表露自己的内在精神世界的一种手段。

不仅是服装和发型，各种各样的化妆品和随身携带品等，也都可以起到自我表达的作用。对个人来说，现代社会是一个风格传播和个性传播的时代，利用外观形象来展现与众不同的风格和个性，可以说是现代时尚大潮的主流。

（四）自我表达与社会价值规范

个人进行自我表达活动的目的，是为了使他人能够充分认识和评价自己，不进行自我表达，便不可能得到这种认识和评价。但是，自我表达是以他人为对象和在特定的社会、文化环境里进行的，如果不顾及他人和社会价值与规范，一味以自我为中心，那么这种表达不但不会收到好的效果，相反会招致误解和造成个人的社会孤立。

在一个讲究礼貌的社会里，任何粗鲁的语言、低俗的动作都不会得到他人的认同；在

---

① 参见［日］船津卫：《传播学入门》，1版，63～64页。

一个以谦虚为美德的社会里，任何傲慢的态度和无视他人的行为都得不到别人的尊重；在一个以诚信为做人基本准则的社会里，任何不着边际的大话、假话和空话也都终究不会得到好的效果。展示个性是自我表达的一个重要方面，但这种展示如果超出普遍认可的社会准则和价值规范的范畴而达到伤风败俗的程度，同样会受到他人的蔑视而陷于社会孤立。

因此，自我表达并不是个人的孤立的活动，而是与他人和一定的社会价值或行为规范相联系的，应该符合一个社会普遍认可的真善美价值尺度。不是单纯通过刻意修饰，而是通过展示真实的自我而使人格的感染力得到充分发挥，才能够真正得到周围人的高度评价。

思考题

第一节

1. 什么是人内传播？如何理解人内传播的性质和特点？
2. 试述人内传播过程的主要环节或要素。
3. 简述米德的“主我与客我”理论。
4. 简述布鲁默的“自我互动”理论。
5. 为什么说“内省式思考”的过程也是一个社会过程？
6. 什么是基模或认知基模？它有哪些特点？
7. 简述阿克塞尔罗德基于基模理论的信息处理过程模式。
8. 简述理查德·佩蒂的“详尽分析可能性”理论的内容。什么是信息处理的“核心路径”和“边缘路径”？

第二节

1. 什么是人际传播？它有哪些特点？
2. 人际传播的基本动机有哪些？
3. 从哪些方面理解人际传播的社会功能？
4. 简述库利的“镜中我”理论。
5. 为什么说人际传播是“真正意义上的多媒体传播”？
6. 试述姿态的传播功能。
7. 谈谈社会价值规范对自我表达的制约。

第六章 群体传播、集合行为、组织传播

CHAPTER 6

社会信息系统的形态是多种多样的。如果把社会信息系统大致分成微观、中观和宏观系统，那么人内传播和人际传播属于微观系统，群体传播和组织传播则属于中观系统的范畴。群体传播和组织传播体现了社会的中观结构，它们具有独自的特点、机制和功能，在社会传播中起着独自的重要作用。

第一节 群体传播

物以类聚，人以群分。人以群体的形式进行活动，是人的社会性的体现。我们每一个人都生活在一定的群体之中，是群体传播的参与者。要考察群体传播的性质和特点，首先必须对群体本身做一些探讨。

一、群体的概念及其类型

群体的含义是十分广泛的。日本社会学家岩原勉认为，所谓群体，指的是“具有特定的共同目标和共同归属感、存在着互动关系的复数个人的集合体”①。在这个定义下，群体是个广义的概念，它不仅包括家庭、朋友、近邻街坊、娱乐伙伴等初级群体，也包括具有某种共同社会属性的间接社会集合体（次级群体），如性别、年龄层、职业、阶层等；既包括联系松散、自发形成的社会群体，也包括存在着制度化的严密分工和严格纪律的职能群体（组织），如

① ［日］见田宗介等：《社会学事典》，1版，439页，东京，弘文堂，1988。

政党、军队、团体、企业等。

岩原勉认为，群体的本质特征有两个：(1) 目标取向具有共同性。这就是说，参与群体活动的个人都是带着某种共同的目的——共同的利益、关注点、兴趣等而集合到一起的。(2) 具有以“我们”意识为代表的主体共同性，如日常生活中经常听到的“我们消费者”、“我们青年人”、“我们工薪阶层”等，“我们”体现了一种主体共同性。这两个特征意味着任何一个群体都具有互动机制和使共同性得到保障的机制，这种机制称为群体的组织性。

但是，现实中的群体是千差万别的。有的群体具有鲜明的共同目标，有的群体则以聚集本身为目的；有的归属感很强，有强烈的“我们”感情或“我们”意识，有的这种意识并不明显。群体内的互动程度也是各种各样的，有的组织性强，有的组织性弱；有的是临时的，有的则是长期的。这说明，要考察群体，还必须对群体做一个大致的分类。

不同学者对群体的分类是不同的。美国社会学家库利根据群体在个人社会化过程中所起作用的直接和间接程度，将群体分为初级群体（primary group）和次级群体（secondary group）。德国社会学家 M. 韦伯将群体中是否存在管理主体或机构作为分类标准，把拥有管理组织系统的群体称为“团体”（verband），其他则属于一般群体。另一位德国社会学家 L. 威瑟也依据组织性的强弱，将群体分成两类，一类是组织群体（organization），另一类是非组织群体。

无论初级群体还是次级群体或者是组织群体，都是社会生活中较为稳定的群体。在研究现实社会现象之际，我们还必须注意到另一种群体的存在，这就是由临时的集合行为（collective behavior）所产生的聚集的人群，法国社会心理学家勒朋称之为“乌合之众”（crowd）。集合行为所产生的人群，与我们通常所讲的一般社会群体或组织群体有不同的性质，需要作为一种独特的群体现象加以考察。

将群体区分为以上三种类型是十分必要的，这是因为三种群体的结构、功能和传播机制都有明显的不同。本节先以初级群体和次级群体等一般意义上的群体为对象做一番考察，然后在第二节考察集合行为及其特殊的传播机制，在第三节中考察组织传播问题。

二、群体的社会功能和意义

群体具有重要的社会功能，这种功能，简言之即群体是将个人与社会相联结的桥梁和中间纽带。群体是社会的中观系统，是社会的组成部分，或者说是“局部社会”。个人在参与社会活动之际，首先是作为局部社会——群体的一员出现的，一个人不能做一个合格的群体成员，同样也做不了合格的社会成员。群体帮助个人完成社会化过程，训练和分配社会角色，形成社会规范和准则，调节和控制个人的行为。因此，群体对社会的一个主要贡献，就是它有助于社会秩序的维持，使社会秩序的连续性得到保证。不仅如此，群体还通过社会分工与协作，将分散的个人力量集结起来，能够完成个人所不能完成的社会工作和事业。因此，群体同样是推动社会发展的重要力量。另一方面，群体对个人成员也具有十分重要的意义，这主要表现在以下几个方面：

(1) 群体是满足个人需求的重要手段。人的许多社会需求和愿望仅凭个人力量或条件是得不到满足的，只有加入到一定的群体中，通过与他人的合作，依靠集体的力量才能得到实现。这些需求和愿望既包括物质的，也包括精神的。例如，某人是一个环保人士，作为单纯的个人，他的能力和影响是有限的，但如果作为环保团体的一员活动的时候，他的力量就远远超过了作为个人所拥有的力量。群体的能力大于参与群体的单纯个人能力的简单相加，群体也能够使成员个人的能力得到增强，这种能力使得他能够实现作为个人所实现不了的目标，这是个人参加群体的基本动机之一。

（2）群体是个人的信息来源和社会安全感的提供者。个人离开了群体就会处于消息闭塞和孤立无援的状态，在面对来自自然界或社会的威胁之际，缺乏有效的自我保护措施。而在群体之中，不但可以及时获得关于外界变化的信息，减少因对环境的不确定性而产生的恐惧和忧虑，而且能够通过与其他成员的协作，以集体的力量克服困难和危机。心理学研究表明，个人在遇到某些突发性和威胁性事件时尤其应积极参加群体传播活动，这样做的目的，是寻求有关事件的信息，弄清事件与自身的关系，以便及时采取应对措施。一些社会心理学家认为，提供安全的行为方式范例，也是群体的重要功能之一。将自己归属于一定的社会群体，并按照该群体的行为准则约束自己的行动，是防止个人发生社会偏离和陷于社会孤立的有效方法。

（3）群体是个人表现和实现自我的场所与手段。每个人都有自己的理想或成就目标，通过个人和群体的一体化，通过与有着共同关注点的其他成员交流信息和经验，个人可以最大限度地丰富自己，可以促进自己的理想和目标的实现。同时，一个人的才能和成就只有在得到群体承认的情况下才会有实际意义，孤芳自赏不会伴随任何充实的成就感和满足感。在这个意义上，我们说群体是表现和实现个人价值的重要场所，它既是谋求成就的动机，又是实现成就目标的手段。

综上所述，群体无论对社会还是对个人都具有极为重要的意义。当然，群体的社会功能并不都是正面的，某些群体为实现一己目的而拒绝承担正当的社会分工，给社会秩序和社会生活带来混乱的情况也是常见的。对个人来说，群体在为个人带来利益的同时，又具有束缚和压抑个性的负面作用。研究群体传播，同样也必须对这些问题给予充分的关注。

三、群体传播与群体意识

群体的成立、生存和发展需要一些条件，其中最基础的条件有三项：（1）共同的目标和关心事项，这是群体凝聚力的核心；（2）成员之间的协作意愿，也就是个人参加群体并愿意为之做出贡献的动机；（3）群体与成员、成员与成员间的传播互动机制，即群体传播。岩原勉认为："群体传播就是将共同目标和协作意愿加以连接和实现的过程。"①

群体过程形成群体意识和群体结构，而这种意识和结构一旦形成，又反过来成为群体活动的框架，对个人成员的态度和行为产生制约，以保障群体的共同性。因此，群体传播是群体生存和发展的一条基本的生命线。

群体传播在群体意识的形成中起着重要的作用。所谓群体意识，就是参加群体的成员所共有的意识。它包括以下几个方面的内容：（1）关于群体目标和群体规范的合意；

① ［日］见田宗介等：《社会学事典》，1版，440页，东京，弘文堂，1988。

(2) 群体感情，这里不仅指由各成员的密切接触和协作而产生的成员间的个人感情，更指群体成员主观境界的融合（精神上的一体化）所产生的“我们”感情；(3) 群体归属意识，即群体成员因从群体活动得到某种程度的需求满足而对群体所产生的认同感。这几个要素越具备，群体意识就越强，越欠缺则群体意识越薄弱。

群体意识无疑是在群体信息传播和互动过程中形成的。任何一个群体都具有自己的传播结构，这个结构可以从信息的流量与流向两个方面来理解。一般来说，信息的流量大，意味着信息覆盖面广，群体成员间互动和交流频度高，群体意识中的合意基础好。另一方面，信息的流向是单向的还是双向的，传播者是特定的少数人还是一般成员，是否都拥有传播的机会等，对群体意识的形成也是至关重要的。双向性强意味着群体传播中民主讨论成分多，在此基础上形成的关于群体目标和群体规范的合意更统一、群体感情和群体归属意识更稳固。一句话，群体的凝聚力更强。

群体传播形成群体意识，这种意识一旦形成，也会对群体传播产生重要的影响。群体意识的影响主要体现在对成员个人的态度和行为的制约作用上。法国社会学家 E. 迪尔凯姆[①]认为，群体意识虽然可以通过社会化过程为个人所吸收，但总体上仍然属于一种集合意识，是相对于个人意识的一种外在的、约束性的思维、感情和行为方式。

四、群体规范在群体传播中的作用

群体意识的核心内容是群体规范。群体规范指的是成员个人在群体活动中必须遵守的规则，在广义上也包括群体价值，即群体成员关于是非好坏的判断标准。一般认为，群体规范的功能包括以下几项：(1) 协调成员的活动、规定成员角色和职责以促进群体目标的达成；(2) 通过规范的共有来保证群体的整体合作；(3) 通过指示共同的行为方式以维持群体的自我同一性（identity）；(4) 为成员个人提供安全的决策依据。

在群体传播中，群体规范的主要作用在于排除偏离性的意见，将群体内的意见分歧和争论限制在一定范围之内，以保证群体决策和群体活动的效率。每个群体都有一般成员承认并且拥护的规范体系，成员个人的群体归属意识越强，也就越倾向于积极维护群体规范。群体规范的维持通过群体内的奖惩机制来保证。在成员个人对群体做出了贡献的时候，可以得到群体的奖励，包括获得其他成员的赞扬和在群体内角色地位的上升等；当从事了不利于群体或违背群体规范的行为之际，个人成员将会受到群体的制裁，包括受到其他成员的冷遇而陷于孤立状态、各种不同程度的处分直至被排除于群体之外。因此，当个人的态度和行为与群体规范发生冲突时，他所面临的群体压力是巨大的。

群体规范不仅对群体内的传播活动起着制约作用，而且对来自群体外的信息或宣传活动的效果具有重要的影响。对这个问题的一项著名实证研究，是美国两位传播心理学家 H. H. 凯利和 E. H. 沃卡尔特在 1952 年进行的一次实验。[②] 这次实验是以美国中学生的课外团体——“童子军”为对象进行的。实验方法和步骤如下：

---

① E. 迪尔凯姆（1858—1917），又译涂尔干，法国社会学家。主要著作有《社会分工论》（1893）、《社会学方法的基准》（1895）和《社会学与哲学》（1924）等。

② See H. H. Kelley & E. H. Vokart, “The Resistance to Change of Groupanchored Attitudes”, *American Sociology Review*, No. 17, 1952.

第一步，实施问卷调查，根据每个成员对团体的评价将他们的群体归属意识（成员意识）由弱到强分为五个等级；在此基础上，围绕该团体的一项主要活动——野外登山锻炼进行态度测验，了解这些成员对活动的赞成与支持程度（应该说明的是，该团体是把野外登山作为积极健康的活动来进行的，因此，“野外登山是有益的”这个判断，应该是该团体的群体规范）。

第二步，实验人派出一位“局外人”对群体成员进行“反规范”宣传，即说服他们应该停止“危险的”野外登山，更多地在市内开展其他有益活动。

第三步，在“反规范”说服实验之后再次就野外登山实施态度测验，以比较态度的前后变化。

这次实验的结果表明，群体归属意识的强弱对反规范宣传的说服效果具有明显的影响（见表6—1）。也就是说，成员意识较弱的少年对反规范宣传的抵抗力较弱，其态度向说服者意图的方向发生了变化（虽然变化不大）；而成员意识较强的少年则对这种宣传表现了顽强抵制，不但没有接受对立观点的说服，相反对其展开了激烈的批判和反驳（出现逆反效果）。根据这一结果，凯利和沃卡尔特得出了下述结论：成员的群体归属意识越强，对群体的忠诚度就会越高，因而对与群体规范不相容的宣传也就越能表现出较强的抵制态度。

表6—1　　群体归属意识强弱与“反规范”说服效果

成员意识弱	12%
成员意识较弱	0
成员意识中	8%
成员意识较强	—39%
成员意识强	—56%

注：表中负值表示与说服者意图相反的态度变化。

凯利等人后来对宗教规范的研究也得出了相同的结果。这些研究证明，群体规范对来自外部的说服活动效果的影响主要表现在两个方面：（1）在说服的观点与群体规范一致的场合，群体规范可以推动成员对观点的接受，起到加强和扩大说服效果的作用；（2）在说服的观点与群体规范不相容的场合，后者则阻碍成员接受对立观点，使说服效果发生衰减。不仅如此，在群体归属意识较强的成员那里，它还会唤起一种“自卫”行为，使对立观点的说服活动出现逆反效果。

五、群体压力与趋同心理

在群体内部，传播活动经常是在“一对多”或“多对一”、“少数对多数”或“多数对少数”的场合下进行的。在这种情况下，无论是传播者还是受传者都会感受到某种程度的群体压力。所谓群体压力，即群体中的多数意见对成员中的个人意见或少数意见所产生的压力。在面临群体压力的情况下，个人和少数意见一般会对多数意见采取服从态度。

“个人服从集体、少数服从多数”是群体活动的一个基本原则。它不仅是群体保持协调统一的前提，也是人的社会合作性的体现。德国传播学者伊丽莎白·诺尔-诺依曼认为，能否顺应多数意见，是对一个人的道德规范和基本价值与社会是否相容的一种“检验”。[①]这就是说，人为了进行有效的社会合作，需要对多数人的意见做出一定程度的妥协和让步，极端个人主义是不符合社会道德的。然而，对多数意见的服从决定并不是在任何情况下都是基于理性判断做出的。在不少场合，群体压力也会带来错误的判断，形成对多数意见的盲目服从。美国心理学家所罗门·阿什在 20 世纪 50 年代进行的小群体内趋同行为实验充分证明了这一点。

阿什的实验很简单。他准备了甲乙两种卡片，卡片甲画有 1 条标准线段，卡片乙画有 3 条线段，其中 1 条与标准线段长度相等（见图 6—1）。

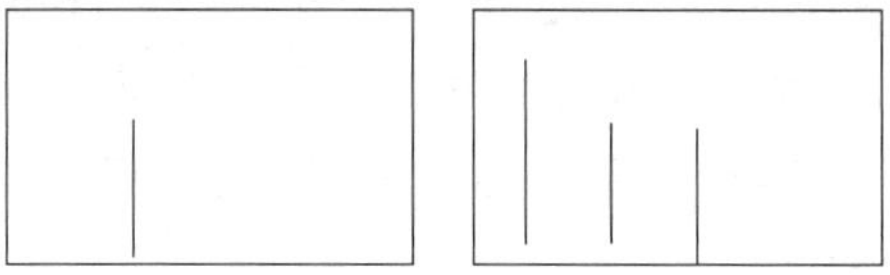

卡片甲　标准线段　　卡片乙　比较线段

图 6—1　阿什关于小群体内群体压力实验使用的材料

实验内容是要求被验人指出卡片乙中的哪条线段与标准线段等长。阿什设计了没有群体压力（个人独立判断）和有群体压力（与他人一起判断）的两种实验环境。在第一种条件下，对 11 组卡片的判断结果是：参加实验的 37 个人中有 35 人选择全部正确，只有 2 人发生了 1 至 2 次的错误，其错误率仅有 0.7%。但在第二种实验条件下，结果大不相同。在这里，阿什组织了 8 人一组的实验对象小组，其中 7 人为知情者，他们按照阿什指定的错误选择回答问题，小组中真正的被试只有 1 位，而实验的目的正在于观察该人在面临群体压力的条件下会做出什么样的反应。实验结果是：在 123 个被试中，有 76%的人在多数意见的影响下至少做了 1 次错误选择，而全部答案的错误率为 36.8%。

为什么会出现这种情况？一般认为其原因有两个：一是信息压力，二是趋同心理。所谓信息压力，指的是一般人在通常情况下会认为多数人提供的信息，其正确性概率要大于少数人，基于这种信念，个人对多数意见会持较信任的态度。趋同心理，也叫做遵从性，指的是个人希望与群体中多数意见保持一致，避免因孤立而遭受群体制裁的心理。在很多情况下，个人被迫接受多数意见，正是出于这种担忧。

当然，多数意见的支配地位并非在任何场合都是绝对的。另一位心理学家 S. 莫斯考维西的同类实验也证明，群体中少数意见的中坚人物（hard core）的作用也是不可忽视的。当这些中坚人物显示出意志的坚定性、主张的一贯性和态度表明的强烈性之际，可以对多数派产生有力的影响，甚至可以改变群体已有的合意并形成新的合意。[②] 这说明在群体传播活动中，还有另一种并不基于群体压力和趋同心理的合意形成机制。

---

① See Elizabeth Noelle-Neumann, *The Spiral of Silence*, Chicago & London, The University of Chicago Press, 1984, p. 72.

② 参见［日］小关八重子：《少数派的影响过程》，见《社会心理学视点》，东京，诚信书房，1988。

第二节 集合行为及其传播机制

在一个社会当中，有常态的群体行为，也有非常态的群体行为，集合行为就是一种非常态的群体行为。近年来，随着风险社会的到来，集合行为的发生概率也在不断增加。研究集合行为及其特殊的传播机制，对提高一个社会的传播理性，对建设和谐社会都具有非常重要的意义。

一、集合行为的定义和发生条件

集合行为（collective behavior），指的是在某种刺激条件下发生的非常态社会聚集现象。例如火灾、地震后的群众骚乱，出于某种原因的自发集会、游行、种族冲突，物价上涨的流言引起的抢购风潮等。集合行为多以群集、恐慌、流言、骚动的形态出现，往往会造成对正常的社会秩序的干扰和破坏。

关于集合行为是否属于群体行为，在学界有各种不同的观点。有的学者认为群体至少应具有某种程度的组织性，而集合行为完全是自发的和无组织的，因而否认它是群体行为。也有的学者认为，集合行为是以一种非常态的群体——群集（crowd）的形式进行的，群集虽然与一般社会群体有着明显不同，但就其内部存在着参加者个人之间、参加者个人与人群全体之间的互动关系而言，群集也应该属于广义的群体的范畴。我们在这里取后一种观点，即把集合行为看做一种非常态的群体行为，把集合行为中的传播看做非常态的群体传播。

集合行为虽然是一种自发的反常现象，但它的产生是有条件的。一般认为，集合现象的发生需要三个基本条件：

（1）结构性压力。例如，在自然灾害、经济萧条、失业、物价不稳、社会不公、政治动荡、种族关系恶化达到临界点等危机状况下，社会上普遍存在着不安、不满、焦虑和紧张情绪，这些结构性因素是集合行为发生的温床。

（2）触发性事件。集合行为一般都是由某些突发事件或突然的信息刺激引起的。例如，在人们普遍对经济萧条感到担忧的社会气氛中，一条“某某银行可能要倒闭”的消息便可能引起普遍的挤兑风潮，而一条“今晚可能地震”的流言，也会引发大量居民露宿街头的避难行为。近年来频发的网络“人肉搜索”等网民集合行为，也多是由刺激性的网帖信息所引发的。

（3）正常的社会传播系统功能减弱，非常态的传播机制活跃化。例如，在大众传媒公信力丧失、政府信息封锁严重或公开度极低的状况下，人们与其相信报纸、电视等大众传媒的新闻报道和主渠道发布的正式信息，更倾向于相信来路不明的流言等。

由上可以看出，在集合行为发生的三个条件中，至少有两个条件与信息传播有直接的关系。即便是第一个条件，即人们感受到社会的危机状况和结构性压力，也是社会传播的结果。因此，信息传播贯穿于集合行为的始终。集合行为容易引发破坏性的社会后果，治理集合行为的根本，在于消除它产生的温床或发生的条件。

二、集合行为中的特殊传播机制

我们上面提到，信息传播贯穿于集合行为的全过程。但是，集合行为中的信息传播，与正常的社会传播有很大的不同，它受到一些特殊传播机制的制约。说它特殊，主要指它与人类正常的、有理性的传播行为相比，更具有非理性的特点。这些特殊的传播机制主要有以下几种。

1. 群体暗示与群体感染

集合行为中的传播可以分为两个方面，一是信息本身的传播，二是与此相伴随的情绪或感情的传播，这两种传播都摆脱不了暗示与感染机制的支配。暗示指的是一种传播方式，即不是通过直接的说服或强制，而是通过间接的示意使人接受某种观点或从事某种行为。

暗示在人际传播当中也是常见的，但在这里，接不接受暗示通常基于受传者的理性判断。而集合行为中的暗示则不同，它更接近于临床医学中的催眠暗示。也就是说，集合行为通常是大量人群聚集于狭小的物理空间，人们保持着高密度的接触，参加者通常处于亢奋、激动的精神状态，这样一些情境状态容易使他对周围的信息失去理智的分析批判能力，表现为一味的盲信和盲从。法国社会心理学家勒朋①认为，处于激动的人群中的个人具有很强的"被暗示性"，周围人的话语、表情、动作乃至现场的氛围，对他都成为有力的暗示刺激，使他的信念、思维和行为方式迅速与现场的人群融为一体。

与群体暗示相联系的另一种机制是群体感染。在集合行为中，群体感染指的是某种观念、情绪或行为在暗示机制的作用下以异常的速度在人群中蔓延开来的过程。其传播的速度快，主要原因还是由于在现场亢奋的氛围中，成员失去理性的自控能力，而对来自外部的刺激表现出一种本能的反应，如一人大哭，全场便跟着大哭；一人大笑，全场跟着大笑等。经过这种群体感染过程，一种情绪、一种观点会迅速支配整个人群，并迅速引发整个人群的激烈行动。

集合行为中的信息和情绪的传播，主要受到暗示和感染机制的制约。在这种机制下形成的集合行为，往往会对正常的社会秩序造成破坏性的后果。例如，1998 年法国世界杯足球大赛中的球迷暴动、印度尼西亚发生的迫害华人事件，就是其典型事例。

2. 群体模仿与"匿名性"

群体模仿是解释集合行为中的传播机制的另一种理论。模仿是法国社会心理学家塔尔德②提出的概念，他在 1890 年出版的《模仿律》一书中认为，社会上的一切事物不是发明就是模仿，而"模仿是最基本的社会现象"。模仿又分为无意识模仿和有意识模仿，前者是个人在不自觉状态下对他人行为的反射性仿效，而后者则是基于一定动机或目的的自觉仿效。人在社会化过程中的各种学习，也可以说是一种自觉的模仿或有意识模仿。

但是，在集合行为特别是高密度聚集的人群中的模仿，与作为学习过程的模仿是完全

---

① 勒朋（1841—1931），法国社会心理学家，以研究集合心理著名。主要著作有《群众心理》(1895) 等。

② J. G. 塔尔德（1843—1904），法国社会心理学家，"公众"概念的提出者，主要著作有《模仿律》(1890)、《舆论与群众》(1901) 等。

不同的。简言之，集合行为中的模仿更多地表现为无意识的、条件反射性的模仿。这是因为，在人们面临突然或灾难性事件时，用常规方法很难应付局面，反应一般基于本能进行，而最简单省力的反应莫过于直接模仿周围人的行为，于是便出现了相互模仿。心理学认为，这种模仿与人的安全（或防卫）本能有着密切的关系，在具有高度不确定性的突发事件中，每个人都希望与在场的多数人保持一致，把它作为最有效的安全选择。但是，这种失去理性的相互模仿所带来的结果又可能是最不安全的。例如，在电影院失火的场合，一个人向出口跑去，全体观众跟着蜂拥而上造成出口堵塞，所带来的危险要比冷静应对大得多。

在其他类型的集合行为中，这种非理性模仿的发生则基于另一些原理，其中之一是"匿名性"原理。研究人员在对一些街头破坏性骚乱中的越轨者进行调查时发现，他们并不都是劣迹斑斑的"打砸抢"分子，相反，其中不少人是平时循规蹈矩的常人。他们之所以做出了越轨行为，是因为集合行为使他淹没在人群中，没有人能够知道他的姓名和身份，处于一种没有社会约束力的"匿名"状态中，这种状态使他失去社会责任感和自我控制能力，在一种"法不责众"心理的支配下，做出种种宣泄原始的本能冲动的行为。

三、流言传播与集合行为中的"信息流"

流言（rumor）是自古以来社会生活中常见的信息传播现象，也是人们在价值判断上有着分歧和争议的一种现象。一方面，人们把流言看做正式渠道信息的补充，而现实生活中，流言或小道消息最后证实为事实的事例并不少见。另一方面，流言由于其暧昧性和不可靠性，不容易与别有用心的谣言相区别，同时又常常引起不良社会后果，故而人们对流言的评价一般是负面的。

1. 流言的定义及其特点

美国心理学家奥尔波特与波斯特曼曾经为流言下过这样一个定义：所谓流言，是"一种通常以口头形式在人们中间流传，涉及人们信念而目前没有可靠证明标准的一种特殊的陈述或话题"①。

这里包含了流言的几个特点：(1) 流言总是以"传播真相"的形式出现的，其目的是让人们"确信"或"相信"所传播的言论或消息是"事实"；(2) 流言传播的渠道主要是人际的口头传播；(3) 流言的内容往往涉及一些特殊的事件或敏感的话题，这些事件或话题容易唤起一般人的重视、关心或兴趣；(4) 流言是一些没有确切证据的信息，或者说至少在其流行期间缺少可靠的证据。

上述定义揭示了流言的一些典型特征。但是，随着媒体变化及传播技术发展，流言也出现了新的形态。例如，在传统社会，流言渠道主要是私下的人际关系口头传播，而在媒介竞争白热化的今天，有些媒体为极度迎合受众兴趣而有意制造假新闻，或者道听途说、捕风捉影地报道事件，使得"媒介流言"也成了引人注目的现象。在网络技术日益普及的情况下，流言传播的形态、渠道和特征也都有很大变化：网络言论主体多样化以及匿名性特点，使人们更难判断信息的可靠性；数字化电子传播使得流言传播速度达到实时程度；

---

① 参见奥尔波特、波斯特曼等：《谣言心理学》，序，第 2 页，沈阳，辽宁教育出版社，2003。这里根据原文略有改译，另对该中译本将"rumor"译为"谣言"持保留意见。

同时，网络论坛、博客、跟帖等发布平台的媒介性，也改变了过去的主要经由人际渠道传播的特点，使流言有了同时大面积传播的可能。在考察当代社会流言传播之际，我们必须把这些变化考虑在内。

2. 流言发生和传播的条件

流言是一种信源不明、无法得到确认的消息或言论，那么，它通常在什么状况下发生呢？在一个社会中，流言的发生与传播受到哪些条件的制约？

对此，奥尔波特首先提出了一个著名的流言流通量公式，他认为，在一个社会中，“流言的流通量，与问题的重要性（importance）和涉及该问题的证据暧昧性（ambiguity）之乘积成正比”[①]。这句话改写成公式即：

R＝I×A（流言流通量＝问题的重要性×证据的暧昧性）

奥尔波特的这个公式指出了流言发生的两个特点：第一，流言通常是围绕人们关心的问题、涉及切身利益的重要问题发生的；第二，来自正式渠道的有证据的信息（如大众传播媒介的报道、权威部门的信息发布等）不足、状况的暧昧性、不确定性增加，会推动人们去通过流言渠道寻求信息。换句话说，涉及的问题越重要，真相越是含糊不清，流言传播活跃的几率越大。

在后来的研究中，研究人员发现上述两个变量还不足以更精准地阐释流言传播的条件，又对该公式做了进一步的修正。如印度心理学家巴萨德早在1934年对地震流言的研究中就发现“不安感”（anxiety）是流言发生和传播的重要推动力，而美国学者苏姗·安索尼1973年对高中生的试验结果也证明了“不安程度高的人更倾向于传播流言”的结论，并且得到了其他学者同类研究的肯定。另外，奥尔波特公式的另外两个变量——“重要性”（importance）和“暧昧性”（ambiguity），也为“关联度”（involvement）和“不确定性”（uncertainty）所代替。[②]

因此，目前考察流言的发生与传播通常采用下述公式：

R＝I×A×U（流言流通量＝与问题的关联度×社会成员的不安感×环境的不确定性）

在这里，“关联度”指的是社会成员与流言信息所涉及问题的关联程度，人们与该问题关系越密切，越有卷入流言传播的可能，而且在通常情况下，流言是从关系最密切的群体中滋生和蔓延开来的。“不安感”强调的是流言发生和传播的心理条件，其中包含对事件未来发展的解释或忧惧。“不确定性”既是指环境的不稳定状态，也是指由于权威信息渠道不畅通或公信力缺失所导致的信息紊乱。

总之，流言总是在一定的社会环境条件、心理条件和信息传播条件下发生和蔓延的，治理流言的根本，在于消除这些流言所产生的各种条件。

3. 集合行为中的“信息流”

流言是集合行为中的主要信息形态。流言可分为非紧急事态下的流言和紧急事态下的流言，集合行为中的流言则属于紧急事态下的流言。在集合行为中，信息的流动也呈现出

① G. W. Allport, *The Psychology of Rumor*, New York, Henry Holt, 1947, pp. 133-135.
② 参见蔡静：《流言：阴影中的社会传播》，20～24页，北京，中国广播电视出版社，2008。

一种异常状态，在这里，要辨认谁是信源、谁是信宿是十分困难的，几乎每个人都是消息的发布者，同时也是消息的接受者。美国社会学家 H. 布鲁默认为，集合行为的初步形态是“循环反应”。所谓循环反应，即一方的刺激成为另一方的反应，而另一方的反应又反过来成为这一方的刺激的循环往复过程。

集合行为中的“信息流”有如下几个特异点：

（1）流言信息的快速增殖。常态下的流言（小道消息等）通常是通过私下的人际渠道传播的，其流传速度比较慢。而在集合状态下，流言的散布大多以“演讲”的形式进行，即一个人面对几个人、数十人乃至数百人进行传播，这就会使流言信息连同它携带的情绪以异常速度弥漫到人群当中。

（2）流言信息的变形和奇异回流现象。在集合行为中，人们不必为信息的正确性或准确性负责，每个人都可以根据自己的意愿对流言内容进行改造和变形。同时，人们也不必确认信息的来源，这就导致了一种奇特的回流现象：同一个流言在经过若干人的传递之后，又重新传回它的发布者那里，而这时由于流言已经增添了许多新的内容，连发布人也很难辨认它的原貌，于是往往会把它作为新的信息加以接受。集合状态下的流言传播，往往伴随着这样一种恶性循环机制。

（3）流言中伴随着大量的谣言。谣言（lie）不同于流言（rumor）。流言有自然发生的，也有人为制造的，但大多与一定的事实背景相联系；而谣言则是有意凭空捏造的消息或信息。在集合行为中，总会有一些别有用心的煽动者和利用者，他们往往会利用人群的亢奋情绪和巨大能量来达到某些特定的目的，而散布谣言则是操纵人群的有效方法，因为在集合状态下，人们不再具备识别谣言的能力，而谣言则能随着流言快速扩散，不断把人群的行为引向极端，直至造成破坏性的后果。

综上所述，集合行为（我们在这里主要指的是作为社会骚动的集合行为）中的信息传播是受到许多异常的、非合理的机制制约的。集合行为作为一种给正常的社会秩序和社会规范带来破坏性结果的行为，是影响社会的安定团结和健全发展的重要因素。作为社会科学的传播学，不但要研究常态的传播现象，同样也应该探索非常态传播现象，只有这样，传播学才能为社会发展及和谐社会建设做出较全面的贡献。

第三节　组织传播

组织是人类社会协作的群体形态之一，它与非组织群体一样，同属于社会系统的中观系统。与非组织群体不同的是，组织是一个结构秩序更为严密的社会结合体，有着更为明确的目标、制度、纪律，有着严格的分工和统一的指挥管理体系，因此，组织是人们为了高效率地完成分散的个人或松散的群体所不能承担的生产或社会活动而结成的协作体。作为组织的基本属性之一的组织传播，同样体现了它的这些特点。现代社会是高度组织化的社会，也是组织传播高度发达的社会。

一、组织与组织传播

组织是个含义很广的概念，因此，在论述组织传播之前，我们仍有必要对这个概念做些界定，这些探讨能够进一步加深我们对组织传播的理解。

（一）组织的概念与结构特点

什么是组织？从广义上来说，任何由若干不同功能的要素按照一定的原理或秩序相组合而形成的统一整体，都可以称为组织，如细胞组织、肌肉组织、人体组织等。在狭义上，组织指的是“人们为实现共同目标而各自承担不同的角色分工，在统一的意志之下从事协作行为的持续性体系”①。

从这个定义而言，组织既是社会群体的一种，又与一般的松散群体有明显的不同。这种区别是多方面的，一般来说，辨认一个群体是否属于组织，主要看这个群体中是否有一个统一的指挥或管理系统，用马克斯·韦伯的话来说，即是否存在着一个“管理主体”。在这个分类标准下，凡是具有中枢指挥或管理系统的群体，如政党、军队、政府机构、企业、社团等，都属于组织的范畴。

组织都是为了实现一定的组织目标而设置或成立的。与一般社会群体的目标相比，组织目标更明确、更系统，它的实现需要严格的制度化措施的保证。这一点决定了组织具有以下结构特点：

第一，专业化的部门分工。组织目标大多是复杂的系统工程，需要执行不同功能的专业化部门的协同作业。组织的部门，一般可分成决策部门、管理部门和职能部门等。

第二，职务分工和岗位责任制。职务是按照组织目标的需要而设定并由成员个人承担的角色位置，通常称为岗位。职务或岗位伴随着一定的权限和责任，其内容并不因担任职务的人的变动而改变，具有固定性和形式性。

第三，组织系统的阶层制或等级制。阶层制是为保障组织的统一目标、统一意志得到贯彻和实施而设立的指挥管理制度。例如，部门有上级部门、同级部门和下级部门，而职务也有上司、同僚和部下之分。

现代社会中的常规组织一般都有上述三个特点。这三个特点说明，与一般的群体不同，大多数组织都是在一定的组织目标下，按照结构功能的合理性原则和效率性原则建立起来的，人们通常将组织比作一部结构复杂而运行有序的机器。组织并不是个人的简单集合，也不是有着一定随意性的松散群体，而是一个有着统一意志的严密整体。正因为如此，组织才比个人和松散群体更有力量，才能完成个人和一般群体所不能胜任的大型复杂作业。

以上所讲的是组织作为一个有机整体的正式结构，也就是由组织制度所保障的结构。此外我们还应该看到，任何秩序井然的组织都是由组织成员——人构成的，而人在组织中所扮演的绝不只是机器零部件的角色。这一点意味着，在组织中，除了正式结构以外，还有一个由人与人的关系相互连接的非正式结构。人有着丰富的感情和能动的精神活动，人的状态如何也是决定组织状态的一个重要因素。

（二）组织传播及其功能

组织传播指的是组织所从事的信息活动。它包括两个方面，一是组织内传播，二是组

---

① ［日］见田宗介等：《社会学事典》，1版，556页，东京，弘文堂，1988。

织外传播。这两个方面都是组织生存和发展必不可少的保障。

组织传播究竟是一种什么性质的传播？不少学者对这个问题的回答都是比较模糊的。美国人戈德哈伯曾经为它下过一个定义："组织传播系由各种相互依赖关系结成的网络，为应付环境的不确定性而创造和交流信息的活动。"① 其实，这个定义也并没有体现组织传播的特点。就其使用的几个关键词而言，"相互依赖关系"在人际传播中也是存在的，由这些关系结成的"网络"也是群体传播的属性，至于后半句则更是一般传播定义的照搬。看了这个定义，我们依然不明白组织传播与其他类型的传播有什么区别。

实际上，试图为组织传播下一个公认的定义是做不到的，也是不必要的。简单的解答反而有助于人们的理解。这个简单的解答就是：所谓组织传播，就是以组织为主体的信息传播活动。组织传播既然是人类传播的一种类型，就必然会有与其他类型传播相通的共性；而它又是以组织为主体的传播，这就决定了它具有与其他类型所不同的特点。美国学者凯瑟琳·米勒在《组织传播》一书中也指出："组织传播涉及两个复杂的概念的结合——组织和传播，两者都有多种多样的界定和多种视角的考察，因此很明显，没有唯一正确的定义。"② 她认为，迄今为止的组织研究和传播研究，都为理解组织传播提供了重要的线索。

因此，理解组织传播必须首先理解组织，在理解组织的基础上，才能进一步理解组织传播的特性。

组织传播的功能也是如此。概括起来说，组织传播的总体功能，就是通过信息传递将组织的各部分联结成一个有机整体，以保障组织目标的实现和组织的生存与发展。它既是保障组织内部正常运行的信息纽带，也是组织作为一个整体与外部环境保持互动的信息桥梁。

从传播学的角度而言，组织本身就是一个信息系统，因为组织的任何活动都与一定的信息活动相联系。具体来说，组织传播的功能可分为以下几个方面：

其一，内部协调。组织中的各部门、各岗位都由一定的信息渠道相连接，每个部门和岗位同时也都执行着一定的信息处理职能，是组织传播的一个环节。这些环节通过信息的传达和反馈相互衔接，使各部门和岗位成为既各司其职，又在统一目标下协同作业的整体。

其二，指挥管理。组织目标和组织任务的实施需要进行指挥管理。在一个组织中，从具体任务指令的下达、实施、监督、检查、总结，到组织活动规章制度的贯彻和日常管理，都体现为一定的信息活动，都是在一定的信息互动的机制下进行的。

其三，决策应变。组织是一个永远处于运动和变化之中的有机体，它不断面临组织内部和外部出现的新情况和新问题。适应新情况、解决新问题的过程就是决策应变的过程，这个过程本身就是建立在信息的收集、整理、分析、判断的基础之上的。

其四，达成共识。一个组织要保持高度的凝聚力和战斗力，必须围绕一系列重要问题，如组织目标和宗旨、组织规则、组织方针和政策等，在组织成员中达成普遍的共识。

---

① 范东生、张雅宾：《传播学原理》，1版，256页，北京，北京出版社，1990。

② K. Miller, *Organizational Communication: Approaches and Processes*, Third Edition, Wadsworth, 2003, p. 1.

共识的形成本身就是一个组织内的传播互动过程，必然伴随着围绕特定问题的信息传达、说明、解释、讨论等各种形式的传播活动。

综上所述，传播是组织的一个基本属性。组织的任何活动都伴随着信息传播，以至于我们很难说出一种与传播无关的组织活动。考察组织传播，也就是考察组织本身。

二、组织内传播的过程与机制

组织传播的一个重要方面，是组织内传播。组织内传播的过程，也是组织维持其内部统一、实现整体协调和整体运作的过程。这个过程的结构，取决于组织本身的结构。我们在前面讲到，组织结构包括正式结构和非正式结构两个方面，组织内传播同样也体现了这个特点。

（一）组织内传播的正式渠道

组织内传播的正式渠道，指的是信息沿着一定组织关系（部门、职务、岗位及其隶属或平行关系）环节在组织内流通的过程。其传播形式可分为两种，即横向传播和纵向传播。一般来说，横向传播双向性强，互动渠道畅通；纵向传播则有单向流动的性质，因而，根据信息的流向，纵向传播又区分为下行传播和上行传播。

1. 下行传播

下行传播即有关组织目标、任务、方针、政策的信息，自上而下得到传达贯彻的过程。以企业组织而论，日本学者川浦康治认为，企业组织最常见的下行传播主要有五个方面的内容：（1）关于工作任务和内容的指示或说明；（2）关于组织成员权利和义务的信息（如工资、劳保和各种福利待遇等）；（3）关于部门和岗位的职责、权限及其相互关系的信息；（4）工作单位上司对部下工作的评价和奖惩信息；（5）关于组织的目的、理念以及社会作用或贡献的信息。① 下行传播的作用，包括使组织成员适应组织环境，了解工作内容，熟悉自己的职责、权利和义务，培养成员对组织的一体感等，它是一种以指示、教育、说服和灌输为主的传播活动。

2. 上行传播

上行传播指的是下级部门向上级部门或部下向上司汇报情况，提出建议、愿望与要求的信息传达活动。这个过程很重要，它有三个方面的意义：第一，上行传播是中枢指挥管理部门获得信息反馈的重要渠道。通过这个渠道，指挥管理者可以了解组织目标或任务在第一线的贯彻落实情况，并据此对既定决策进行修改，使之更符合实际。第二，基层部门或第一线人员是组织的窗口，他们对外部环境的变化往往握有第一手信息，这些新的信息反映上去，能够成为组织进行新的应变决策的重要依据。第三，上行传播是把握组织成员的精神状态的重要渠道，指挥管理者可根据下面反映的情况及时采取措施，把成员的情绪和士气调整到组织所需要的理想状态。

上行传播和下行传播是组织内传播的两个基本渠道，这两个渠道是否畅通，关系到组织的统一性和运作效率。一般来说，影响这两个渠道畅通的主要因素是组织的层次和环

---

① 参见［日］立川敬二等：《传播的结构》，98页。

节，因为它们都是逐级进行的。层次和环节过多会产生两个问题，一是信息传达速度慢，二是容易造成信息的变形和失真。因此，现代组织一般都把减少环节和层次作为疏通纵向传播渠道的主要措施。

3. 横向传播

横向传播指的是组织内同级部门或成员之间互通情况、交流信息的活动，其目的是为了相互之间的协调和配合。在横向传播中，传播双方不具有上下级隶属关系，平等的协商与联络是传播的主要形式。横向传播是否活跃，对组织具有重要的意义。如果横向渠道不畅，轻则会带来各部门、岗位之间的相互推诿、互不合作，严重影响组织的办事效率；重则会造成各部门、各成员之间各自为政，形成种种隔阂、矛盾、冲突，甚至形成独立王国，破坏组织的有机统一。因此，在一个组织内，横向传播也必须得到制度的保证。

（二）组织内传播的非正式渠道

非正式渠道，指的是制度性组织关系以外的信息传播渠道。非正式渠道中的传播主要有两种形式：一是组织内的人际传播，如组织成员工作之余的交谈、单位内外的各种私人交往等；二是非正式的小群体传播，如各种自发的革新小组、兴趣小组或联谊会中的信息交流等。

非正式渠道中的传播是一种摆脱了组织的制度性结构压力的传播活动，因此，它具有以下几个特点：（1）交流的信息广泛。其内容不仅涉及组织或工作任务本身，而且包括个人私事、兴趣、时事等广泛的自由话题。（2）交流的双向平等性。在非正式渠道的传播中，上司和部下都作为普通一员参加，没有地位高低。交流大都以面对面的方式进行，每个人都有机会阐述自己的观点。（3）本意交流和感情交流的成分多。由于非正式渠道的传播具有自由性和平等性，人们更倾向于说真话，许多在正式渠道不便表明的观点和态度，都能够以某种方式表达出来；同时，非正式传播渠道中有大量充满人情味的内容，是组织成员相互沟通感情的重要纽带。

总之，正式渠道中的传播体现了组织成员作为“组织人”的特点，而非正式渠道中的传播则体现了他们作为“社会人”的特点。对一个组织来说，能否充分发挥非正式传播渠道的作用具有重要的意义。传统的组成管理理论往往只关注机构分工、职权划分、规章制度的作用，在这种理论指导下，人往往被“异化”为组织这部机器上的一个零部件。与此相比，自“霍桑实验”[①] 以来的现代组织管理学则强调组织成员的“社会人”性质，认为人的积极性是制约组织效率的一个重要因素，而人的积极性不仅受到物质条件的影响，而且受到社会和心理条件、感情、情绪或士气的影响。在这个方面，非正式渠道恰恰能弥补正式渠道的缺陷和不足。加强和疏通非正式传播渠道，在组织内部营造一个积极、健康、活跃的人文环境，能够增进成员的一体感和向心力，使他们在组织中的行为更加建立在自觉自愿的基础上，而每个成员的良好精神状态和积极性的发挥，也必将对组织目标的实现产生巨大的推动作用。

---

① 霍桑实验：1924 年至 1932 年美国在芝加哥西方电器公司的霍桑工厂进行的企业管理改革实验，以 1927 年哈佛大学教授梅奥主持的心理学实验最为有名，该研究强调了心理和社会因素对劳动态度和生产效率的影响。

（三）组织内传播的媒体形式

组织内传播也是通过多种多样的媒体或形式进行的，各种媒体都有自己不同的功能特点。这些媒体主要包括：

1. 书面媒体

书面媒体指以文字形式书写的文件、报告、信件等。书面媒体的好处是信息保真性强，可以防止因传递环节过多而发生变形和转义现象，也可以防止解释的随意性。因此，组织内的重要信息如规章制度、正式决议等，通常都采用书面形式，但是，书面材料的形成需要花费时间，传递速度慢，如果事无巨细都要求采用书面媒体，势必带来形式主义和文牍主义的危害。

2. 会议

会议是复数的个人聚集在同一场所进行议事的一种传播形式。组织中的会议，包括布置工作、收集反应、讨论协商等各种类型，一般都有明确的议题。会议是组织传播的常见形式，其优点是传播面积大、面对面的会场气氛能使与会者集中精力关注特定的问题。但是，会议要讲究质量和效果，过多过滥和议而不决的拖沓会风同样会影响组织的工作效率。

3. 电话

现代组织的各部门、各岗位之间，一般都由电话系统相互连接（包括有线和移动电话）。电话是一种简单、灵活、快捷而且具有双向互动性的媒介，可以用于多种传播目的。但是，电话仅仅传递声音信息，具有一定的局限性。同时，电话传播的是口头信息，如果传播环节过多，容易造成信息的变形和失真。东京大学新闻研究所的调查发现，即使非常严肃的重大信息，在电话传播中也有失真的可能。例如，日本静冈县大地震以后，灾害对策本部通过组织系统利用电话发出了“今后可能有 6 级左右的余震”的预报，这个预报在电话传播过程中不断变形，最后打到某私立学校后，校内广播竟播出了这样的内容：“2 小时以内有 6 级地震，请大家立即放学。”

4. 组织内公共媒体

如一些大企业的社内报、闭路电视系统等。这些媒体以组织全员为对象，信息内容广泛，从组织目标、宗旨、规章制度的宣传到组织内外的动态新闻；从有关组织活动的论文、建议到个人的诗歌、散文创作；从组织成员的趣闻逸事到丰富多彩的娱乐活动，几乎无所不包。组织内公共媒体除具有工作上的指导意义外，更重要的功能是在组织中创造出一种浓郁的人文氛围，活跃组织成员生活，增强成员对组织的感情和向心力。不过，创办这些媒体需要一定的资金、人力和物力，所以一般中小型组织多采用简报或通讯刊物形式。

5. 计算机通信系统及互联网

近年来，对组织传播产生了巨大影响的媒体，要数计算机通信系统和网络。这个系统不仅与外部连接，执行着涉外信息传播的功能，而且是组织内传播的综合性基础设施。计算机通信系统和互联网的特点是：（1）信息处理量大、速度快、效率高；（2）集多媒体功能于一身，能够处理文字、图形、声音、静止画面、动画、影像等多种形式的信息；（3）信息处理的准确性高，能够避免人的记忆错误或主观倾向造成的信息变形或失真；

（4）实时传播性强，一般处于 24 小时运行状态，随时监控组织内外发生的新情况；（5）双向互动渠道畅通，传受双方都可以根据自己的需要能动地进行各种信息收集、整理和传输活动。计算机通信系统的发展使组织传播正在发生革命性的变革。以企业组织而论，它不仅帮助企业实现了现代化精密生产，而且帮助企业实现了现代化科学管理。数字化多媒体技术和电子邮件等网络技术的进步，使组织内无纸化办公成为可能，使原来基于模拟技术的闭路电视会议更具有了现场效果；它所提供的双向互动性使组织内跨级别、跨部门以及其他各种形式的信息交流更普遍、更活跃。计算机通信系统正在成为现代组织传播中的主导性媒介。

组织传播中使用的媒体还有许多，如电传、复印设备等，我们以上只不过介绍了几种主要的媒体。应该指出的是，无论媒体传播多么发达，它们仍然取代不了面对面的人际传播的作用。在媒体传播越来越发达而人际接触逐渐趋于荒芜的现代社会里，强调这一点是有其特殊意义的。

三、组织外传播及其形态

组织传播的另一个重要方面是组织外传播。组织外传播的过程，是组织与其外部环境进行信息互动的过程，它包括信息输入与信息输出两个方面。以下我们以企业组织为例，对组织外传播及其主要形态进行若干探讨。

（一）组织的信息输入活动

信息输入，是组织为进行目标管理和环境应变决策而从外部广泛收集和处理信息的活动。以企业组织为例，企业的目标是从事生产，生产的产品是否为消费者所需要、能否在市场上销售出去，直接关系到生产活动的成败；同时，消费者需求和外部市场是不断变化的，能不能及时把握这些变化并根据变化的情况来调整生产活动，同样会对企业的生存和发展产生重大影响。因此，企业组织必须建立有效的信息输入渠道。

企业组织的信息输入渠道是多方面的，凡是与外部保持联系的部门和员工，可以说都是企业组织伸出的信息触角，都担负着一定的信息收集功能，报刊、广播、电视等大众传媒以及互联网络等也是重要的信息来源。在现代企业组织中，一般都设有专门从事信息收集和分析活动的部门，如调查室、计划部、市场调查部或营销部等。这些部门除了担负日常的基础信息的收集和处理任务以外，还对涉及生产和经营的一些综合课题或专项课题进行系统的调研活动。在企业自身的信息采集和处理能力不足或进行一些重大决策之际，企业组织往往还会聘用外部专家参与决策，或委托独立咨询机构或大学科研机构进行可行性论证。

现代社会已经进入信息时代，在市场竞争激烈、环境瞬息万变的条件下，能否拥有一个迅捷可靠的信息系统，是制约企业生存和发展的关键。近年来，许多先进企业意识到这一点，正在大力开发或采用将组织智能与计算机智能相结合的新型信息系统，如 DSS（决策支援系统）、MIS（战略信息系统）、POS（销售数据系统）等。在这里，我们从企业组织信息收集与处理的角度对 POS 系统做一个简介。

POS 系统是英文 point of sales 或 point of service 的简称。这个系统出现于 20 世纪 80

年代的西方发达国家，最初只是一些大型商店用来统计商品销售数据的简单系统，现在已经发展为商家和厂家联合使用的综合系统。其原理并不复杂，即在商场或超市的收款处安装具有 POS 功能的电脑终端，通过输入商品的条形码和购买者的有关资料，来把握商品销售和市场需求的变化。这个系统非常精确，它可以准确无误地提供“什么人”、“什么时候”、在“什么地方”、以“什么价格”、购买了“什么商品”、该商品是“什么品牌”以及购买了“多少”等各种宝贵的数据资料。不仅如此，POS 系统还能够通过加盟店形成地区或全国网络，实现对广域市场的综合实时监控。

POS 系统的价值是多方面的。首先，它提供的是准确的实际数据，其可信性远远高于概率性的问卷调查或市场评估的结果；其次，它提供的是最新数据和实时信息，最能反映市场的现况及其变化。商家可以据此进行科学的商品管理和顾客管理，对滞销或畅销商品随时作出调整，减少因进货判断失误造成的损失；厂家也可以据此来把握市场动向和消费者需求的变化，及时调整产品计划，降低生产的盲目性。不仅如此，POS 数据还有更多的用途，如产品定位或产品周期分析以及流行趋势分析等。

总之，建设具有快速反应机制的高性能信息采集和处理系统，是传播技术的发展和社会的信息化对包括企业在内的一切组织提出的时代要求，不能满足这个要求的组织体，最终是不能获得成功的。

（二）组织的信息输出活动

组织的信息输出活动也是多方面的。从广义上来说，组织任何与外部有关的活动及其结果都带有信息输出的性质，例如，企业组织生产和销售的产品，员工的形象、精神面貌甚至公司的建筑物等，都携带并输出着丰富的信息。在这里，我们主要介绍一下组织体有目的、有计划地开展的信息输出活动，即组织的宣传活动。就现代组织而言，这种宣传活动大致可分为三种类型：公关宣传、广告宣传和企业标识系统（CIS）宣传。

1. 公关宣传

“公关”是公共关系的简称，是英语 public relations 的对译词，通常缩写为 PR。公共关系，指的是社会组织与周围社会环境中的其他组织、机构、团体以及公众的关系和联系；公关宣传，则是指组织为了与其所处的社会环境建立和保持和谐关系而进行的各种宣传活动。其形式多种多样，例如，捐助社会公益事业，举行形式多样的地方联谊、交流或对外服务性活动，设立“开放日”供外界参观访问、发行宣传刊物等。举办大型公共活动以引起大众传媒的注意和报道、主办新闻发布会等为传媒提供报道材料，是现代公关活动的重要手段之一。

公关宣传是组织对外传播的一种重要形式，其作用包括使外界公众了解组织的宗旨、目的和社会意义，树立良好组织形象以及防止和解决组织与周围公众发生的矛盾和冲突等。

2. 广告宣传

广告是一种以付费形式利用各种媒体进行的大面积宣传活动，也是社会组织尤其是企业组织广泛采用的一种信息输出方式。现代组织从事的广告活动大致可分成两类，一类是非商业广告，如公益广告、意见广告以及通过媒体发布的各种公告等；另一类是商业广告，以企业组织为主体。商业广告依其目的可分为企业形象广告和促销广告两种；以媒体而论，则可进一步分为报刊广告、影视广告、音声广告、现场促销广告（即POP，Point of Purchase的缩写）、屋外广告、交通广告、邮寄广告等等。

在现代市场经济条件下，广告是企业组织参与激烈的市场竞争的主要手段。广告不仅可以提高企业和商品的知名度，扩大企业影响，而且具有直接的促销效果。因此，现代企业都非常重视广告宣传，一般大中型企业都设有专门的广告部，系统地制定广告战略，并为此投入大量资金。

3. 企业标识系统宣传

企业标识系统是英语corporate identity system的对译词，简称CIS，有时也译为"企业表征系统"。CIS活动指的是企业组织使用统一的象征符号系统来塑造、保持或更新企业形象的活动，所采用的象征符号一般为具有特色的视觉图案（包括社名、社色等），它可以印制在社旗、社徽、制服、办公用具和各类产品及其包装上，以保持企业的视觉形象统一。社歌则是一种听觉标识。一般来说，一家企业经营的范围越广、提供的商品或服务种类越多，越有建立统一标识系统的必要；而一家企业如果要改变经营内容或改换企业形象，也可以通过改变标识系统达到宣传的目的。

企业标识系统一般由三个要素构成：一是企业理念与价值标识；二是行为规范标识；三是视觉或听觉形象标识。CIS活动是组织内传播和组织外传播的统一。一方面，创建企业标识系统需要经过企业内部人员的广泛参与和讨论，围绕它的三个要素达成普遍的共识和合意；另一方面，需要向外界大力宣传这些标识，使之得到社会的认知和理解。CIS宣传，主要是利用普遍接触和重复记忆机制来系统塑造企业形象的宣传活动，其效果非常显著。在现代社会里，除了企业以外，其他机构、团体等社会组织也都普遍开展了CIS宣传活动。

组织传播中还有多种多样的信息输出活动，公关、广告和CIS是三种主要形式，它们已经成为传播学研究中的重要分支学科和领域。

思考题

第一节

1. 试述群体的社会功能。
2. 什么是群体意识？它是如何形成的？
3. 群体规范在群体传播中具有什么功能？
4. 群体压力对群体成员的意见表明会产生什么影响？

第二节

1. 什么是集合行为？集合现象的发生的三个基本条件是什么？
2. 什么是群体暗示和群体感染？
3. 什么是群体模仿？
4. 匿名性原理在集合行为中会起什么作用？
5. 简述流言的定义和特点。
6. 简述奥尔波特的流言流通量公式及其后来的修改变化。

7. 简述集合行为中流言传播的几个特异点。

第三节

1. 试述组织传播及其功能。
2. 组织内传播过程具有什么样的结构特点？
3. 谈谈组织内非正式传播渠道的作用。
4. 试述组织的信息输入活动的作用和意义。
5. 企业组织的信息输出活动主要有哪些类型？各有什么作用？

大众传播

第七章

CHAPTER 7

我们的时代是一个大众传播的时代。书籍、报刊、广播、电视等大众传媒的信息传播活动不仅普及到社会的每一个角落，而且渗透到社会生活的各个方面。在现代社会里，大众传播是人们获得外界信息的主要渠道，是实现国家和社会目标的重要手段，是社会上各利益集团争取和维护自身利益的工具，又是社会文化和娱乐的提供者。大众传播的影响之普遍、作用之强大，使得它成为现代社会中最重要的信息系统。

第一节　大众传播的定义、特点与社会功能

大众传播是一个特殊的社会信息系统，说它特殊，是因为它具有其他类型的传播所不具有的性质和特点。理解这些性质和特点，是我们把握大众传播的本质的出发点。

一、大众传播的定义

什么是大众传播？这个问题看起来似乎很容易回答：报纸、杂志、广播、电视等传播媒介从事的信息传播活动就是大众传播，我们每天读书、看报、听广播、看电视，就是在接触大众传播。不过，这种简单的理解并不能帮助我们把握大众传播的实质。换句话说，要把大众传播作为社会科学考察的对象，我们还必须为它下一个较为严谨的定义。

关于什么是大众传播，学者们有各种各样的定义。这里试举

几例：

大众传播是“人类社会信息交流的方式之一，职业工作者（记者、编辑）通过机械媒介（印刷媒介、电子媒介）向社会公众公开地、定期传播各种信息的一种社会性信息交流活动”①。

大众传播“指特定的社会集团通过文字（报纸、杂志、书籍）、电波（广播、电视）、电影等大众传播媒介，以图像、符号等形式，向不特定的多数人表达和传递信息的过程”②。

“大众传播即现代印刷和广播、电视等影像和声音媒介组织运用法人资金，借助高科技和产业化手段，在国家调控（state-regulated）的范围内向未知的受众提供信息和娱乐产品的实践活动。”③

从以上三个定义可以看出，学者们为这个概念所做的定义既有类似之处，又有明显的区别。例如，就大众传播活动的主体而言，第一个定义将它表述为“职业工作者（记者、编辑）”，第二个定义表述为“特定的社会集团”，第三个定义则表述为“媒介组织”。我们认为，将大众传播看做职业工作者（记者、编辑）的信息活动过于狭窄，也不能反映大众传播的本质，而把它看做社会集团的活动又过于宽泛。相比较而言，澳大利亚学者苏利文提出的第三个定义将大众传播的主体表述为“媒介组织”更为确切。

实际上，由于大众传播是一种极为复杂的社会现象，任何一个简短的定义都不可能概括它的全部特征。在这里，我们结合本教材的宗旨，对这一概念做出如下界定：所谓大众传播，就是专业化的媒介组织运用先进的传播技术和产业化手段，以社会上一般大众为对象而进行的大规模的信息生产和传播活动。

二、大众传播的特点

从以上定义出发，与其他类型的传播活动相比，大众传播具有哪些重要特点呢？这个问题，我们可以从下述几个方面来把握：

其一，大众传播中的传播者是从事信息生产和传播的专业化媒介组织。这些媒介组织包括报社、出版社、广播台、电视台，以新闻、娱乐、休闲、广告等各种信息内容服务为主业的互联网门户网站，以及以大量发行为目的的各种音乐影像制作公司和网络出版公司。在西方国家，媒介组织以公共法人和企业法人形态为主；在我国，则以采取企业化经营方式的公有制事业机构为主、企业法人为辅的形态。这个特点说明，大众传播是有组织的传播活动，是在特定的组织目标和方针指导下的传播活动。

其二，大众传播是运用先进的传播技术和产业化手段大量生产、复制和传播信息的活动。大众传播的出现和发展，离不开印刷技术以及电子传播技术的进步。高速轮转机的发明使报刊等印刷物的大量出版成为现实，电子通信技术使广播、电视成为远距离大量传输信息的媒介。现在，激光排版、电脑编辑、卫星通信、数字化多媒体和网络技术等更进一

---

① 刘建明主编：《宣传舆论学大辞典》，1版，290页，北京，经济日报出版社，1993。

② 沙莲香：《传播学：以人为主体的图象世界之谜》，1版，145页，北京，中国人民大学出版社，1990。

③ T. O'Sullivan, *Key Concepts in Communication*, New York, Methuen & Co., 1985, p. 130.

步扩大和提高了大众传播的规模、速度和效率，并使它成为现代信息产业和文化产业的主要部分。

其三，大众传播的对象是社会上的一般大众，用传播学术语来说即“受众”。受众是一个模糊的集合概念，它并不特指社会的某个阶层或群体，而是指社会上所有的“一般人”。任何人无论其性别、年龄、社会地位、职业、文化层次如何，只要他接触大众传播的信息，便是受众的一员。受众的广泛性，意味着大众传播是以满足社会上大多数人的信息需求为目的的大面积传播活动，也意味着它具有跨阶层、跨群体的广泛社会影响。

其四，大众传播的信息既具有商品属性，又具有文化属性。大众传播作为生产信息产品的产业，其产品价值是通过市场得到实现的，人们无论从印刷媒介还是从电子媒介获得信息，都要支付一定的费用，说明大众传播的信息产品本身就是一种商品。但是另一方面，信息产品又与满足人的生理需求的一般物质产品不同，人们对它的消费主要是精神内容即意义的消费。意义是一定的社会文化的产物，具有鲜明的文化属性。这里的文化是一个广义的概念，它包括了社会的思想、观念、科学、道德、政治、法律、宗教、价值标准和行为规范等广泛的内容。信息与上述这些内容是分不开的。

其五，从传播过程的性质来看，大众传播特别是以报刊、广播、电视为代表的传统大众传播，属于单向性很强的传播活动。说它单向性强，并不是说大众传播没有任何互动机制，而是说这种机制较弱。例如，受众可以通过读者来信、热线电话等形式对媒介信息进行反馈，但这种反馈大多是事后的，缺乏即时性和直接性。大众传播的单向性主要表现在两个方面：一是传媒组织单方面提供信息，受众只能在提供的范围内进行选择和接触，具有一定的被动性；二是没有灵活有效的反馈渠道，受众对媒介组织的活动缺乏直接的反作用能力。大众传播过程的单向作用性质为它赋予了强大的社会影响力，这种影响，既包括正面的，也包括负面的。

其六，大众传播是一种制度化的社会传播。这个特点是由以上五个特点所决定的。换句话说，由于大众传播是从事信息的大量生产和大量传播的信息产业，由于它的内容与社会观念、价值和行为规范具有直接关系，由于传播过程的特殊性赋予它的巨大社会影响力，无论哪个国家都会把它纳入社会制度的轨道。英国学者 J. 科纳等指出，大众传播“是通过大型组织的工业生产活动产生出来的，这种生产组织的政策和职业规范存在于社会的政治、经济和法律的结构之中”①；澳大利亚学者苏利文认为，大众传播是在“国家调控的范围内”（见前面第三个定义）进行的。这些观点都强调了大众传播与社会制度的关系。实际上，每个国家的大众传播都有各自的传播制度和政策体系，这些制度和政策，都是在维护特定社会制度的方向上起作用的。

理解上述特点具有重要意义，它们是认识和把握大众传播这一复杂社会现象的重要的钥匙，也是我们理解本书以后各章内容的基本线索。

三、大众传播的社会功能

从以上对大众传播基本特征的分析中可以看到，在现代社会里，大众传播执行着极为

---

① 刘建明主编：《宣传舆论学大辞典》，1版，290页，北京，经济日报出版社，1993。

重要的社会功能。那么，我们应该从哪些方面来理解大众传播的社会功能呢？让我们来介绍一些有代表性的理论观点。

（一）拉斯韦尔的“三功能说”

在传播学研究史上，最早对传播的社会功能做出较全面分析的是 H. 拉斯韦尔。他在 1948 年发表的《传播在社会中的结构与功能》一文中，将传播的基本社会功能概括为以下三个方面：①

1. 环境监视功能（surveillance of the environment）

自然与社会环境是不断变化的，只有及时监控、了解、把握并适应内外环境的变化，人类社会才能保证自己的生存和发展。在这个意义上，传播对社会起着一种“瞭望哨”的作用。

2. 社会联系与协调功能（correlation of the parts of society）

社会由各不同部分组成，是一个建立在分工合作基础上的有机体，只有实现了社会各组成部分之间的联络、协调和统一，才能有效地适应环境的变化。传播正是执行联络、沟通和协调社会关系功能的重要社会系统。

3. 社会遗产传承功能（transmission of social heritage）

人类社会的发展是建立在继承和创新的基础之上的，只有将前人的经验、智慧、知识加以记录、积累、保存并传给后代，后人才能在前人的基础上做进一步的完善、发展和创造。传播是保证社会遗产代代相传的重要机制。

拉斯韦尔的上述观点被称为传播的“三功能说”。这三项功能是包括人际传播、群体传播、组织传播在内的一切社会传播活动的基本功能，大众传播不仅具备这些功能，而且起着突出重要的作用。

（二）赖特的“四功能说”②

美国学者 C. R. 赖特在《大众传播：功能的探讨》（1959）中，继承了拉斯韦尔“三功能说”，并在此基础上围绕大众传播的社会功能问题提出了“四功能说”：

1. 环境监视

大众传播在特定社会的内部和外部收集和传达信息的活动。这里包括两个方面：一是警戒外来威胁，二是满足社会的常规性活动（政治、经济、生活）的信息需要。在这里，大众传媒的新闻报道起着尤其重要的作用。

2. 解释与规定

大众传播并不是单纯的“告知”活动，它所传达的信息中通常伴随着对事件的解释，并提示人们应该采取什么样的行为反应。新闻信息的选择、解释和评价将人们的视线集中于某些特定的事件，社论或评论也都是有明确意图的说服或动员活动。“解释与规定”的目的是为了向特定方向引导和协调社会成员的行为，其含义与拉斯韦尔的“社会协调”是一致的。

---

① See H. Lasswell, “*The Structure and Function of Communication in Society*”, in Lyman Bryson (Eds.), *The Communication of Ideas*, New York, Cooper Square, 1964, p. 38.

② ［美］威尔伯·施拉姆等：《传播学概论》，32 页。

3. 社会化功能

大众传播在传播知识、价值以及行为规范方面具有重要的作用。现代人的社会化过程既是在家庭、学校等群体中进行的，也是在特定的大众传播环境中进行的。这个功能，与拉斯韦尔的“社会遗产传承”功能是相对应的，也有一些学者将之称为大众传播的教育功能。

4. 提供娱乐

大众传播中的内容并不都是务实的，其中相当一部分是为了满足人们的精神生活的需要，如文学的、艺术的、消遣性、游戏性的内容等。大众传播的一项重要功能是提供娱乐，尤其在电视媒体中，娱乐性内容占其传播的信息总量的一半以上。

（三）施拉姆对大众传播社会功能的概括

对拉斯韦尔和赖特的观点，施拉姆曾在 1982 年出版的《男人、女人、讯息和媒介》（中译本名为《传播学概论》）一书中，从政治功能、经济功能和一般社会功能三个方面进行了总结（见表 7—1）。

表 7—1　　大众传播的社会功能

传播起什么作用		
政治功能	经济功能	一般社会功能
监视（收集情报）	关于资源以及买和卖的机会的信息	关于社会规范、作用等的信息；接受或拒绝它们
协调（解释情报；制定、传播和执行政策）	解释这种信息；制定经济政策；活跃和管理市场	协调公众的了解和意愿；行使社会控制
社会遗产、法律和习俗的传递	开创经济行为	向社会的新成员传递社会规范和作用的规定
		娱乐（消遣活动，摆脱工作和现实问题，附带地学习和社会化）

从表 7—1 可以看出，施拉姆把环境监视、社会联系协调和遗产传承归入政治功能的范畴，而把社会控制、规范传递、娱乐等归入一般社会功能的范畴。这种划分并没有明确的标准，也不见得十分确切。施拉姆分类法的重要贡献是明确地提出了传播的经济功能，指出了大众传播通过经济信息的收集、提供和解释，能够开创经济行为。施拉姆认为：“采用机械的媒介，尤其是电子媒介所成就的一件事，就是在世界上参与建立了史无前例的宏大的知识产业。”① 这就是说，大众传播的经济功能并不仅仅限于为其他产业提供信息服务，它本身就是知识产业的重要组成部分，在整个社会经济中占有重要的地位。施拉姆的这个观点，已经为当代信息社会、知识经济和文化产业的发展所证实。

（四）拉扎斯菲尔德和默顿的功能观

关于大众传播的社会功能，还有一些学者从其他角度提出了另一些观点。例如，与拉

① ［美］威尔伯·施拉姆等：《传播学概论》，155 页。

斯韦尔同时，拉扎斯菲尔德和默顿在1948年发表的《大众传播、通俗口味和有组织的社会行动》一文中，特别强调了大众传播的下述三种功能：①

1. 社会地位赋予功能（status conferral）

任何一种问题、意见、商品、团体乃至人物或社会活动，只要得到大众传媒的广泛报道，都会成为社会瞩目的焦点，获得很高的知名度和社会地位。拉扎斯菲尔德和默顿认为，这种地位赋予功能，会给大众传媒支持的事物带来一种正统化的效果。

2. 社会规范强制功能（enforcement of social norms）

大众传媒通过将偏离社会规范和公共道德的行为公之于世，能够唤起普遍的社会谴责，将违反者置于强大的社会压力之下，从而起到强制遵守社会规范的作用。拉扎斯菲尔德和默顿指出，大众传播的这项功能主要来自它的公开性。他们认为，在通常情况下，即使人们对违反规范的行为有所知晓，也不会发生有组织的社会制裁行动。但当大众传媒将问题公开化以后情况则不同，一般公众就会感受到维护社会规范的“制度性压力”，积极加入到舆论制裁的行列中去。

3. 作为负面功能的“麻醉作用”（narcotizing dysfunction）

拉扎斯菲尔德和默顿认为，现代大众传播具有明显的负面功能。它将现代人淹没在表层信息和通俗娱乐的滔滔洪水当中，人们每天在接触媒介上花费大量的时间和精力，降低了积极参与社会实践的热情：他们在读、在听、在看、在思考，但是，他们却把这些活动当做行动的代替物。他们有知识、有兴趣，也有关于今后的各种打算，但是，当他们吃完晚饭、听完广播、读完晚报以后，也就到了睡觉的时间了。拉扎斯菲尔德和默顿把这种现象称为大众传播的“麻醉作用”，认为过度沉溺于媒介提供的表层信息和通俗娱乐中，就会不知不觉地失去社会行动力，而满足于“被动的知识积累”。

从上述内容可以看出，拉扎斯菲尔德和默顿的功能视角与拉斯韦尔及施拉姆等人是不同的。如果说，拉斯韦尔等人的功能观强调的是传播对人类社会的重要性和必要性，那么拉扎斯菲尔德则更重视现实的大众传播活动可能产生的影响、效果或客观结果。在研究当代大众传播活动之际，显然后者的观点更具有批判性和现实意义。

总之，大众传播作为现代社会中具有普遍影响的社会信息系统，任何一种分类都不可能概括它所有的功能。大众传播既有积极的社会功能，也有消极的、负面的社会功能。传播学研究的任务，正在于找到正确发挥大众传播积极功能的机制和规律，而最大限度地防止其消极功能可能对社会造成的危害。

第二节　大众传播的产生与发展过程

大众传播诞生于什么时代？它的标志是什么？关于这个问题，学术界有不同的看法。根据施拉姆的观点，大众传播诞生于15世纪40—50年代，其标志是德国工匠古登堡使用印刷机和金属活字技术，成功地印刷出了第一批油印的《圣经》，施拉姆把这个日子称为

---

① See P. Lazarsfeld & R. K. Marton, “Mass Communication, Popular Taste and Organizational Action”, in Lyman Bryson (Eds.), *The Communication of Ideas*, New York, Cooper Square, 1964.

"庆祝大众传播开始的日子"①。我们认为，这个观点并不确切，因为古登堡的印刷术虽然具有重要意义，但真正意义上的大众传播（即我们在定义中所界定的大众传播）的诞生，却是近400年以后的事情，确切地说，近代大众传播的起点，应该以19世纪30年代大众报刊的出现为标志。

一、大众报刊与大众传播

大众传播的产生是人类传播技术和社会发展的结果。我们知道，在大众传播诞生以前，人类经过了以口语和手抄文字传播为主的漫长时代。手抄传播效率低、规模小、成本高。中国雕版和活字印刷术使信息的生产和传播带有了"批量"性质，但长期停滞在小作坊手工作业的水平上。15世纪40年代，古登堡在中国印刷术的基础上发明的金属活字和印刷机，使信息的机械化生产成为可能，其意义是不可低估的。

毫无疑问，在19世纪30年代以前，印刷媒介尤其是报纸已经在社会变革和社会生活中扮演了重要角色，并产生了广泛的影响。但是，据此断定当时的报刊已经成了大众传播媒介，显然理由并不充分。我们知道，报刊诞生以后经历过政党或政论报刊时期，这些报刊的内容以政论为主，其发行对象主要是政治组织的成员和受其影响的部分群众，且发行量大都在数千份以下，因此还不能称为真正意义上的大众传媒。就订阅费而言，据记载，当时此类报刊的年订费在5美元至10美元，而一般工人的周工资只有8美元，这个负担也不是一般大众所承受的。②

报刊成为大众传播媒介是19世纪30年代的事情，其代表性的事件是"人人都看的报纸"——廉价"便士报"的出现（以19世纪30年代《纽约太阳报》和《先驱报》的创刊为标志）。廉价报纸也称为大众报纸，除了价格低廉外，还具有以下几个特点：（1）内容以新闻、信息、社会事件报道和娱乐为主，贴近普通大众的生活。（2）发行量大，一般为几万乃至几十万份。（3）读者不限于特定的阶层或群体，而是面向"分散的、异质的、不定量多数的一般大众"。（4）广告收入成了报纸经营的主要财源。这种大众报纸在19世纪后半叶和20世纪初得到迅速的发展和普及，以美国为例，1900年日报总发行量达到1 510万份，平均每户订报量接近1份；1910年总发行量达到2 421万份，平均每户1.36份，达到饱和点。③

在这个过程中，可以说报纸完成了两个转变：一是由"观点纸"向"新闻纸"的转变，二是由政党经费运营向市场化运营和企业化经营的转变。换句话说，只有到了这个时期，报纸才成了"以报道新闻、传播知识、提供娱乐"为宗旨的信息产业，才成了真正意义上的大众传播媒介。

二、电报、电影、广播与大众传播

我们之所以把大众传播时代的起点确定在19世纪30年代以后，还有一个重要的理

---

① [美] 威尔伯·施拉姆等：《传播学概论》，15页。
② 参见 [美] 埃德温·埃默里等：《美国新闻史》，1版，143页，北京，新华出版社，1982。
③ 参见 [美] M. 德弗勒等：《大众传播诸论》，1版，68页，北京，新华出版社，1990。

由，这就是电子媒介的出现。1837 年，塞缪尔·莫尔斯发明了第一台实用电报机；1844 年，美国开设了第一条电报线路。此后，这种“闪电式的传播线路”迅速发展，形成了巨大的通信网络。电报本身并不是大众传媒，但它为大众传播提供了快速有效的通信手段，而作为现代重要传播媒介的通讯社，也是在电报技术发明之后才出现和发展起来的。

与电报不同，电影一开始就是作为传播大众文化的媒介登上历史舞台的。电影的发展非常迅速，自 1895 年巴黎出现第一家电影院以后，在不到 20 年的时间里，就由“一个新奇的玩意”进化成了一种主要的大众娱乐形式。据统计，在 1911 年，纽约的电影院已经有 400 家，每周观众人数达到 150 万人，其中工人阶层所占的比例为 72%。[①] 早期的电影内容良莠不齐，但到第二次世界大战结束后，电影很快发展成为包括生产、发行和放映在内的大规模产业，成了艺术、娱乐、大商业和现代技术的融合。

电影虽然创造了新的大众文化，但它并没有进入一般人的家庭。人类历史上第一次进入家庭的大众电子媒介是广播。广播是在无线电通信的基础上发展起来的，由于军事通信和电波管理的需要，广播事业一开始就处于各国政府的严格控制之下。1920 年 11 月，美国威斯汀豪斯公司获得了从事标准广播的第一张正式营业执照，开始播放新闻、音乐、讲话，转播体育比赛实况等节目，这标志着商业广播的开始。到了 40 年代，美国的家庭收音机的普及率已经超过 80%。第二次世界大战以后，随着半导体技术的发展，收音机越来越趋于小型化、便携化，价格越来越低廉，成为现代人获得信息和娱乐的便利媒介。

三、电视媒介与当代大众传播

20 世纪最重大的事件之一，是电视媒介的出现和发展。早在 20 世纪 60 年代中期，德国社会学家 W. 林格斯就把电视与原子能、宇宙空间技术的发明并称为“人类历史上具有划时代意义的三大事件”，认为电视是“震撼现代社会的三大力量之一”[②]。就电视在现代社会中所发挥的重要作用而言，林格斯的这个评价并不过分。

电视是在 20 世纪 20 年代进入实验播放阶段的。1928 年，美国通用电器公司的 WGY 台播出了第一部电视剧；1938 年，在美国已有 17 座实验台播出电视节目；1941 年，NBC、CBS 开始商业电视广播。虽然第二次世界大战使电视机和电视设备的生产一度停顿，但战后的大发展使得电视迅速成长为我们这个时代最主要的大众传媒。

美国新闻史学家埃默里曾经这样描述电视所带来的宏大的社会景观：“电视的经济力量是惊人的，它对公共事件的报道也是如此。从 50 年代起，电视由于报道新闻事件而拥有大量观众。1953 年艾森豪威尔总统就职时，约摸有6 000万人看到了他。……1962 年，约翰·格伦的第一次环绕地球轨道飞行吸引了 1 亿3 500万人凑近电视观看。1963 年当肯尼迪总统被刺的消息传来时，纽约市电视观众从该市人口的 30%激增到 70%，而在全国为之默哀的葬礼举行的几分钟里，观众达到了 93%。1969 年人类第一次在月球上行走，实况转播被发回到地球时，有 1 亿 2 500 万人收看了这一登峰造极的广播，而据估计，由

① 参见［美］D. J. 切特罗姆：《传播媒介与美国人的思想》，45～51 页，北京，中国广播电视出版社，1991。

② ［德］W. 林格斯：《电视：第五面墙壁》，日译本 1 版，8 页，东京，创元社，1966。

卫星网带给全世界各地的观众有5亿。”①

埃默里列举的数字在当时是创纪录的，但在电视高度发达的今天，这些数字已经十分平凡。例如，1997年香港回归、1998年法国世界杯足球赛的实况转播以及中国的抗洪救灾报道、2008年的北京奥运会等，全世界数亿乃至数十亿人通过电视同时关注同一个重大事件的事例，在今天并不少见。

在电视出现以前，从来没有任何一种媒介拥有如此众多的受众和普遍的影响。电视的吸引力来自它的媒介特性：电视集视听觉手段于一体，通过影像、画面、声音、字幕以及特技等多方面地传递信息，给受众以强烈的现场感、目击感和冲击力；它不仅是人们获得外界新闻和信息的手段，而且是丰富多彩的文化生活和娱乐的主要提供者。电视的出现使人们每天的传媒接触时间由过去的几十分钟一下子提高到了几个小时，看电视成了人们的业余生活的主要内容。电视不仅大大改变了人们的生活，而且对现代社会的政治、经济和文化的各个方面都产生了广泛而深刻的影响。

第二次世界大战后到20世纪末，电视的发展经历了由黑白到彩色、由地上波传输到卫星传输、由信号模拟到数字化的变革过程，每一次发展都大大加强了电视媒介的影响力。在21世纪的今天，电视媒介的发展正在面临着一场新的革命，这主要体现在四个方面：（1）数字压缩技术的进步使电视进入多频道化时代，电视媒体的内容更丰富，选择性更强；（2）多媒体技术使电视的表现手段更多彩，传输的信息质量更高；（3）电脑和网络技术大大提高了电视传播的双向性和互动性；（4）卫星传输技术的普遍采用使电视传播进入了一个跨国传播和全球传播的时代。

四、互联网与大众传播的新革命

20世纪末，伴随着信息技术革命的发展，互联网也以磅礴的气势加入了大众传播的行列。互联网起源于1969年美国国防部建立的用于军事目的的“阿帕网”（ARPANET），1983年，“阿帕网”分为军网和民网，逐渐发展成后来的互联网。在美国提出“信息高速公路计划”后，互联网的发展骤然加速，到了21世纪的今天，它已经成了在政治、经济、文化和社会生活各个领域都拥有巨大影响力的全球信息系统。

互联网是一个非常复杂的信息传播平台，它既是个人信息处理的工具，也是人际传播、群体传播和组织传播的手段，而大众传播也是它的一个基本功能。随着网络的发展，它作为大众传播媒介的属性也越来越显著。这不仅指的是互联网上有着各种各样专业从事新闻传播和大众信息服务的网站和媒介组织，而且互联网的每一个页面都有“出版物”的性质，只要这个页面是提供给不定量多数的人点击观看的，那么它就有大众传播的性质。不仅如此，互联网提供的论坛、博客等信息发布与传播手段，还为个人作为传播主体参与大众传播提供了基本的技术条件，这一点，对传统的大众传播结构的变革有着极为深远的意义和影响。

互联网传播的特点，表现在以下几个方面：（1）传播速度的实时性——网络传播的介质是数字的“比特”而非物质的“原子”，其传输速率接近于实时。（2）信息内容的海量

① ［美］埃德温·埃默里等：《美国新闻史》，1版，525页。

性——互联网的容量空间巨大，不论是信息提供还是内容接触，都呈现出大容量的特点和优势。（3）信息形态的多媒体性——网络传播的信息形态包括了文字、图片、声音、影像、动画等几乎所有的符号形式，并且能够实现这些符号形式在同一文本中的融合。（4）信息检索的便利性——网络的数据库功能和超链接技术，使得单条信息不再是孤立的存在，我们在接触到特定信息时，可以很快捷地搜索到相关内容加以比照，利用多元化信息资源进行有效处理。（5）传播过程的交互性——网络的双向渠道性质，决定了传受双方的互动是网络传播的突出特点之一，这种互动是多方面的，不但表现为时间上的实时互动，而且表现为数量和空间上的大规模和大面积互动。（6）传播范围的全球性——互联网连着全世界。目前有200多个国家和地区有互联网连接，形成了真正的全球化传播空间，在互联网上，可以很简捷方便地接触到多样化的各国文化，实现跨文化传播与合作交流。

由于这样一些特点和优势，20世纪90年代末特别是进入21世纪以后，互联网的发展速度是惊人的。根据瑞典IT公司PINDOM发布的最新数据，截止到2009年年底，全球上网人数已经达到14亿人。中国互联网信息中心（CNNIC）2010年7月发布的调查报告则表明，我国上网人数规模目前已经达到4.2亿，普及率达31.8%。从网络使用动机来看，居我国网民使用目的排序前6位的分别是：网络音乐（82.5%）、网络新闻（78.5%）、搜索引擎（76.3%）、即时通信（72.4%）、网络游戏（70.5%）、网络视频（63.2%）。从这个结果来看，通过网络参与大众娱乐和获得新闻信息，依然是人们使用互联网的两种主要目的，而博客应用、BBS、电子邮件、网络购物、网络交友、电子商务等，虽然也是人们使用网络的普遍用途，但最重要的，依然是对网络的大众传播功能的利用。

互联网传播的革命意义，并不仅仅在于它创造了几乎“全能”的自身，还在于它正在推动传统大众传播的转型。过去，书籍、报刊、广播电视等大众传媒在各自领域的发展，可以说已经达到了极致的境界，但它们在互联网上述六个特点面前，都有着不可克服的缺陷。互联网的出现和发展给传统大众传媒带来了强大的挑战，也为它们未来变革和发展提供了新的生机，与互联网传播融合，实现自身全面的数字化转型，已经成了传统大众传媒亟待解决的课题。

第三节 大众传播的社会影响

我们生活在一个大众传播时代，报刊、广播、电视、书籍、互联网门户网站等传播媒介渗透到社会的各个阶层和各个角落，小到个人的衣食住行、工作、学习和娱乐，大到社会的政治、经济和文化，无一不和大众传播有着密切的关系。大众传播的信息像空气一样弥漫在我们的社会生活当中。这一切，对现代社会和现代人究竟意味着什么？

一、大众媒介与现代人的生活

现代人生活在一个大众媒介环境之中，接触大众传媒，是现代人的重要生活内容。施拉姆在《传播学概论》中曾经这样介绍美国人的生活与大众媒介的关系：美国人平均把醒着的几乎四分之一的时间用在这些媒介上，而且这个数字还在继续增长；98%的美国家庭有电视机，这些电视机平均每天有7个小时处于开机状态；美国成年人中有75%的人要看报，大约每天花费30分钟的时间；美国99%的家庭和90%的汽车上有收音机，每天用于收听广播的时间约有1.5亿小时；加上用在杂志、书籍和电影上的时间，美国人每天花在大众媒介上的时间数量之大，是很明显的。①

这种状况并不是美国的特殊现象，在世界上任何一个发达国家，甚至在发展中国家，接触大众传媒都是现代人生活的重要部分。表7—2是日本人和中国人的日平均媒介接触时间的调查统计数字。从表中可以看出，日本人每天的媒介接触时间为4.4小时，中国人为3.8小时，这只是直接接触五大传媒所需的时间，还不含观看电影和录像、听唱片等消费大众文化产品的时间，也不包括通过互联网络接触大众传媒的时间（根据CNNIC的数据，2010年我国网民每周上网时间平均为19.8小时，平均每天2.9小时）。

表7—2　日本人和中国人的日平均媒介接触时间　单位：分钟

	电视	报纸	广播	杂志	书籍	合计
日本人	199	24	26	7	9	265
中国人	100	42	30	23	33	228

注：日本数据引自电通总研编《信息媒介白皮书'97》，227页。

中国数据为中国人民大学舆论研究所在北京地区实施的调查得出，引自《新闻学论集》，第17辑，5页，北京，北京出版社，1998。

这并不是一个简单的数字。它意味着，如果以现代人的标准睡眠时间为8小时，工作或学习时间为8小时，余暇时间（包括家务劳动）为8小时来计算，那么接触大众传媒的时间占用了余暇时间的一半以上。

大众传播为什么在现代人的生活中占据如此重要的地位？任何一种关于受众媒介接触动机的调查大致都会给我们提供如下答案：

——大众传播为我们提供新闻、信息和知识，帮助我们了解外部世界的动向和变化；

——大众传播为我们提供关于生活的有用信息，帮助我们安排日常生活；

——大众传播为我们提供文化享受，能够丰富我们的精神世界；

——大众传播为我们提供娱乐，使我们能够从工作、学习和生活的紧张压力下解放出来，获得轻松和休息。

如此等等，这些都是人们通过接触大众传媒得到的实际感受，也体现了大众传播对现代人的"有用性"。但是，仅仅从"有用性"的层面上考察大众传播还是远远不够的。实际上，大众传播提供的并不仅仅是"服务"，它还作为一种改造的力量，对现代人的意识和行为产生着重要的影响。

二、关于大众传播社会影响的两种观点

大众传播作为近代以来的重大社会现象，它的产生和发展将对人类和社会带来什么性质的影响，很久以来一直是社会科学家们争论的焦点问题。围绕这个问题，西方早期大致有两种不同的观点：一种是"基于乐观主义期待"的肯定态度，另一种是"怀疑主义"的

① 参见［美］威尔伯·施拉姆等：《传播学概论》，248～249页。

忧虑态度。这两种态度一直延续到今天的传播学研究当中。[①]

早期的乐观主义观点以美国政治学家J. 布莱士为代表，在1889年出版的《美利坚民主国》一书中，他围绕报刊在舆论形成中的作用问题，探讨了大众传播与政治民主进程的关系。布莱士认为，舆论是民主政治的基础，舆论的发展和形成可以分为历史和现实两个过程。从历史过程来看，舆论经过了被动地忍受权威支配和统治的阶段，正在迎来舆论自身成为统治力量的时代。从现实过程来看，围绕社会公共事件的舆论的形成，大体要经历四个阶段：（1）基于情绪和期待的印象形成阶段；（2）单纯地交换或获取信息的消极传播阶段；（3）通过讨论和争论而使舆论得到组织化的积极传播阶段；（4）形成最终合意和付诸行动的阶段。因此，现实的舆论是一个由分散的、具有情绪性和偏颇性的个人印象或观点，经过传播而结晶为合理的公众意见（舆论）的过程，而在这个过程中，报刊作为核心的传播媒介起着重要的作用。

布莱士认为，报刊的三种重要功能，使它成为合理的、理性的舆论形成的最重要推动力，即：（1）作为事件的报道者和讲解员的功能；（2）作为政治主张的代言人的功能；（3）反映社会上读者一般意见的"测风标"功能。报刊通过发挥这三项功能，就能使舆论超越个人意见的简单相加，成为组织化的有机整体。唯有这种舆论，才能在民主政治中发挥主导作用。

在20世纪初，法国学者塔尔德同样注意到了报刊的社会和政治功能，在1901年出版的《舆论与群集》一书中，塔尔德认为报刊对社会的一个最主要的贡献，就是造就了现代舆论的主体——公众（public）。他分析道，在报刊出现以前，社会群体的活动形态"在本质上是保持着肉体接触的集群"，这种群体通常聚集于同一的物理空间之中，容易受到模仿、暗示和感染机制的制约，具有情绪性和激动性，往往形成非理智的群体行为。报纸的出现导致了公众的诞生，公众与作为物理人群的"集群"不同，他们是"纯粹的精神上的集合体"。公众由"有理性、有知识、有教养"的个人组成，他们各自坐在自己家中，阅读着同一份报纸，关注着同一个公共事件，并能够公正、冷静地进行思考。塔尔德认为，唯有作为公众意见的舆论才具有政治上的正当性和合理性，报刊则是将分散的公众连成一个有机整体的纽带；公众的规模将随着报刊的普及而无限扩大，而社会也将会由受"习惯和传统"支配的时代前进到以"流行和革新"为主流的时代。

另一位有影响的美国社会学家C. H. 库利也对大众传播寄予了厚望。库利在1909年出版的《社会组织》一书中写道，"印刷意味着民主"，而民主只有在舆论获得某种组织性之际才能够成为现实。在库利看来，舆论实质上是组织化的群体意识和公共意识，这些意识的成长"与电信、报纸和快速邮政等是直接相联系的"。库利认为，这些近代传播媒介的发达不仅扩大了人类的交流与沟通，而且促进了"各国、各民族和阶层间的共通的人性和道德的发展"。他虽然对大众报刊的营利主义感到不满，指出它有时候应该受到"极度谴责"，但认为在总体上"新的传播正在像曙光一样普照世界，促人觉醒，给人启发，并充满了新的希望"。

从以上几位学者的观点来看，在大众传播发展和普及的早期阶段，人们对它寄予的期

---

① 参见［日］儿岛和人：《大众传播受容理论的展开》，1版，8页，东京，东京大学出版会，1993。

待是非同凡响的，但是，历史的进程并没有按照这些学者的愿望发展。进入 20 世纪后，西方资本主义国家大众传播事业集中和垄断的加剧，使得大众传播不但没有成为一般公众参与政治的手段，反而越来越成为垄断资本和少数特权人物操作舆论的工具。第一次世界大战则使大众传播成了帝国主义列强进行大规模的宣传战和心理战的新型武器。在第二次世界大战期间，德、意、日侵略势力利用大众传播煽动民族仇恨，进行全民法西斯战争动员的触目惊心的事实，更进一步使人们认识到大众传播给社会带来的并不仅仅是光明，在某种意义上，它还是一种破坏性的、可怕的力量。基于这种认识，两次世界大战以后，对大众传播社会影响的评价逐渐带有了怀疑和否定的性质。例如，德国人 M. 皮卡德在《我们心中的希特勒》（1948）一书中，描述了德国人如何在纳粹宣传下变成了“受到广播彻底支配的收音机人”的过程，日本不少学者也对被纳入军国主义体制的大众传媒在法西斯战争中所起的恶劣作用进行了批判。

第二次世界大战后媒介内容的煽情化、浅薄化、低俗化倾向的加剧，进一步招致了不少学者对大众传媒的激烈批评。传播学奠基人之一拉扎斯菲尔德和著名社会学家默顿关于大众传播使现代人满足于肤浅的表层信息、具有“麻醉神经”的负功能的观点，也是在这个背景下提出的。日本学者清水几太郎认为，现代社会是一个由“信息的大量复制”所支配的社会，大众媒介一方面作为“营利企业”，另一方面作为“宣传机构”，将广大受众淹没在表层信息的“洪水”中，使他们丧失了对重要的公共事物的理性思考和判断的能力；大众传播对现代人来说类似于一种“心理暴力”。[①] 美国精神医学家 E. D. 格林在《电视与美国人的性格》（1956）一文中认为，电视的煽情性和刺激性，使许多美国人退化到了只会“边看电视边吸吮手指”的地步。

关于大众传播社会影响的上述两种观点，在当代传播学研究当中还有着根深蒂固的影响。例如，在目前关于网络媒体讨论中的“电子乌托邦”（teletopia）思想（认为网络可以解决人类社会的一切问题的倾向）和对网络犯罪、网瘾问题的激烈批判中，在对传统大众传媒的赞誉和抨击中，我们都可以看到它们的痕迹。我们认为，对任何一种传播媒介社会影响的性质都不能简单地做出结论。我们不能幼稚地认为大众传播必然会给人类带来民主和自由，同样也不能简单地断定它必然会导致法西斯专制或独裁；既不能断言它肯定会促进人性和道德的发展，也不能断言它只能导致人性的退化或堕落。归根到底，大众传播是伴随着传播科技的发展而出现的一种强有力的大型社会信息系统，这种信息系统发挥什么性质的影响，关键在于使用和管理它的人，以及它所处的社会制度和这些制度赋予它的使命。因此，脱离开具体的历史和社会条件，单纯地讨论大众传播的“善”与“恶”问题是没有意义的。

三、大众传播、信息环境与人的行为

在现代社会里，大众传播对人的行为和社会实践具有极为重要的影响，这是我们每个人都能感受到的事实。那么，大众传播的影响力究竟来自何处呢？回答这个问题，必须考察大众传播对人的行为的特殊作用机制，而要考察这种特殊机制，我们必须从人的行为与

---

① 参见［日］清水几太郎：《社会心理学》，1 版，104～126 页，东京，岩波书店，1951。

环境的关系谈起。

（一）人与环境互动过程的变化

我们知道，人的行为是在特定的自然环境和社会环境中进行的，从实质上来说，人的行为也就是调节自身与环境的关系的活动。“物竞天择，适者生存”，这无论在自然界还是在社会中都是一个不可抗拒的客观规律。人为了求得自身的生存和发展，必须及时了解环境的动向和变化，认识和把握环境，协调自己的行为，不断与变化的环境保持和谐和平衡的关系。因此，人与环境的关系包含着四个基本要素：一是客观环境本身，二是人对环境的认知，三是人的行为，四是人的行为对客观环境的反馈或影响。在这里，人的行为决策是建立在环境认知的基础上的，这是一个毋庸置疑的常识。

但是，对不同时代、不同社会发展阶段的人类来说，环境的规模不同，环境认知的方式也不同。在生产和社会交往的规模十分有限的传统社会里，环境的范围并不很大，也并不那么复杂。例如，在一个村落社会里，人们相互面识，对村里的事务也都保持着经验的接触。在这个阶段，人们对环境的认识和把握（环境认知）还是建立在“第一手信息”的基础之上的。我们可以用图来表示这个阶段的人与环境的互动关系（见图 7—1）。

图 7—1　传统社会中人与环境的互动关系

但是，近代以来的工业革命以及 19 世纪的“交往革命”的发生，迅速地改变了这个互动关系模式。大工业生产和全球贸易的发展，使整个世界变为一个巨大的市场；各种交往手段的发展无限地扩大了人们的活动空间。早在 1855 年，马克思就描述了这个巨大的变化：“电报已把整个欧洲变成了一个巨大的证券交易所，尽管铁路和轮船使得交通因而也使得交换扩大到了不可思议的地步。”① 随着大工业和交往手段的发达，人类的环境不但越来越巨大化，而且越来越复杂。

到了这个阶段，人对环境的认知活动发生了根本性的变化。如果说，在传统社会里人们还能够凭借“第一手信息”来认识环境，那么现代社会的巨大而复杂的环境则已经远远超出了人们的感性经验的范围，我们必须通过一种新的大型媒介系统才能去把握它。这种新的大型媒介系统，就是伴随着人类交往革命所诞生的大众传播。大众传播是以传达信息、提示外部环境变化为基本职能的社会信息系统，但由于这个系统的内部组织结构和活动规律的制约，它向人们提示的环境并不能简单地等同于客观环境本身，而是环境的再现，或者叫做信息环境。这样，在大众传播时代，人与环境的互动关系实际上就发生了如图 7—2 所示的重大变化：

这个变化是意味深长的，它给人的环境认知和环境协调活动带来了前所未有的新课题。

---

① 《马克思恩格斯全集》，中文 1 版，第 10 卷，643 页，北京，人民出版社，1962。

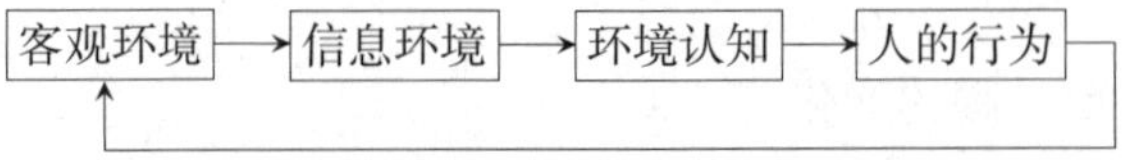

图 7—2　大众传播时代人与环境的互动关系

（二）大众传播与现代信息环境

由图 7—2 不难看出，在现代社会里，人与环境的互动过程中增加了一个重大的环节，这就是信息环境。那么，什么是信息环境？

所谓信息环境，指的是一个社会中由个人或群体接触可能的信息及其传播活动的总体构成的环境。日本学者后藤和彦曾经为它下过这样一个定义："信息环境，即在与自然环境相区别的社会环境中直接或间接地控制社会成员之行为方式的符号部分；并且，它主要是通过非人际关系向社会提示的环境。"①

由此我们不难理解：第一，构成信息环境的基本要素是具有特定含义的语言、文字、声音、图画、影像等信息符号；第二，一系列的信息符号按照一定的结构相互组合便构成具有完整意义的讯息，大部分讯息传达的并不仅仅是消息或知识，而且包含着特定的观念和价值，它们不仅仅是告知性的，而且是提示性或指示性的，因而对人的行为具有制约作用；第三，当某类信息的传播达到一定规模时，便形成该时期和该社会信息环境的特色和潮流。因此，信息环境具有社会控制的功能，是制约人的行为的重要因素。

信息环境在传统社会中也是存在的，不过在这个阶段，由于社会交往的空间相对比较狭小，信息环境与客观环境还处于重合状态，或者说重合程度较高，人们感受信息环境，也就是在感受客观环境本身。但是，在交往无限扩大的现代社会里，由于大众传播系统的发达，信息环境则与客观环境产生了分离，成了不同于环境本身的"二次环境"，具有了相对独立性，在人与环境的互动过程中也就具有了特殊重要的意义。

在现代社会中，大众传播是信息环境的主要营造者。后藤和彦认为它"主要是通过非人际关系向社会提示的环境"，也正是为了强调这一点。大众传播在形成信息环境方面的优势主要体现在两个方面：（1）大众传播通过信息的大量生产、复制和大面积传播，能够在短时间内将同类信息传遍整个社会，造成普遍的信息声势；（2）这种优势，还与它所传达的信息的特性密切相关。大众传播的信息的特性，简言之即公开性、权威性、显著性和直达性。它不同于人们的私下议论，而是可以公开发布，在社会上流通；信源是从事信息的生产和传播的专业媒介组织或机构，因而比来路不明的流言和小道消息更能得到人们的信赖；它能够通过各种表现手法凸显某类信息，使其成为社会瞩目的焦点；不仅如此，它又是一种直达性信息，不必通过社会组织或群体的中介而直接抵达受众个人。这些特点使得大众传播在信息环境形成的过程中，拥有其他类型的传播所不可比拟的强大力量。

（三）现代社会中"信息环境的环境化"现象

关于大众传播与信息环境的思考并不是今天才开始的。早在 20 世纪 20 年代，美国著名新闻工作者李普曼在他的《自由与新闻》（1920）、《舆论学》（1922）等论著中便提出了现代人"与客观信息的隔绝"的问题。他认为，现代社会越来越巨大化和复杂化，人们由

---

① ［日］内川芳美：《信息与社会》，1 版，155 页，东京，东京大学出版会，1974。

于实际活动范围、精力和注意力有限，不可能和与他们有关的整个外部环境和众多的事物都保持经验性接触，在超出自己亲身感知以外的事物，人们只能通过各种“新闻供给机构”去了解。这样，人的行为已经不再是对客观环境及其变化的反应，而成了对新闻机构提示的某种“拟态环境”（pseudo-environment）的反应。

所谓“拟态环境”就是我们所说的信息环境，也有学者称之为“似而非环境”。“拟态环境”并不是现实环境的镜子式的再现，而是传播媒介通过对象征性事件或信息进行选择和加工、重新加以结构化以后向人们提示的环境。然而，由于这种加工、选择和结构化活动是在一般人看不见的地方（媒介内部）进行的，所以人们通常意识不到这一点，而往往把“拟态环境”作为客观环境本身来看待。李普曼指出：“我们必须特别注意到一个共同的因素，这就是在人与他的环境之间插入了一个拟态环境，他的行为是对拟态环境的反应。但是，正因为这种反应是实际的行为，所以它的结果并不作用于刺激引发了行为的拟态环境，而是作用于行为实际发生的现实环境。”①

李普曼的这段话提出了一个重要的观点：大众传播形成的信息环境（拟态环境），不仅制约人的认知和行为，而且通过制约人的认识和行为来对客观的现实环境产生影响（参见图 7—2）。这样一种机制，不仅使得现代环境越来越信息化，而且信息环境也越来越环境化。也就是说，大众传播提示的信息环境，越来越有了演化为现实环境的趋势。

较早指出了“信息环境的环境化”趋势的传播学者是日本的藤竹晓。1968 年，他在李普曼的观点的基础上，明确提出了“拟态环境的环境化”问题。② 他指出，许许多多的“拟态事件”，包括语言、观念、价值、生活或行为方式等，最初并不见得有代表性或普遍性，但一旦进入了大众传播渠道，很快就会演化为社会流行现象，变成随处可见的社会现实。藤竹晓认为，大众传播虽然提示的是“拟态环境”，与现实环境之间有很大的距离，但由于人们是根据媒介提供的信息来认识环境和采取行动适应环境的，这些行动作用于现实环境，便使得现实环境越来越带有了“拟态环境”的特点，以至于现代人已经很难在两者之间做出明确的区分。

这些观点对我们理解大众传播与现代人行为之间的关系是有助益的。大众传播具有形成信息环境的力量，并通过人们的环境认知活动来制约人的行为，这是大众传播发挥其社会影响力的主要机制。大众传播是具有社会控制功能的信息系统，但这种控制的性质和方向并不完全取决于它自身，而在很大程度上还取决于其他更为复杂的社会机制和条件。

思考题

第一节

1. 简述大众传播的定义。
2. 大众传播有哪些特点？
3. 大众传播的基本社会功能是什么？

---

① W. Lippmann, *Public Opinion*, New York, Macmillan, 1956, p. 15.

② 参见［日］藤竹晓：《现代大众传播理论》，1 版，5～15 页，东京，放送出版社，1968。

4. 大众传播的“地位赋予功能”指的是什么？
5. 大众传播的“社会规范强制功能”指的是什么？
6. 如何理解大众传播的“麻醉功能”？

第二节

1. 大众报纸（廉价报纸）的特点是什么？
2. 你认为大众传播时代到来的标志是什么？
3. 电报、电影、广播在大众传播的发展中起到了什么作用？
4. 试析电视的媒介特性。
5. 谈谈互联网传播的特点和革命性意义。

第三节

1. 简述关于大众传播社会影响的两种观点。
2. 布莱士认为报刊在民主政治中有三种重要功能，它们分别是什么？
3. 如何理解塔尔德关于报刊与公众的观点？
4. “电子乌托邦”概念指的是一种什么倾向？
5. 试论大众传播时代人与环境的互动关系。
6. 什么是信息环境？理解这个概念应注意哪些方面？
7. 试论现代社会“信息环境的环境化”现象。

第八章 媒介技术与媒介组织

CHAPTER 8

媒介（media）是传播学的核心概念之一。但是，媒介一词具有多义性，在不同场合有不同的含义。例如，我们可以说语言、文字是传播媒介，可以说电话、电脑、报纸、书籍、电视等是传播媒介；同样，我们也可以说报社、出版社、电台、电视台是传播媒介。概括起来说，传播媒介大致有两种含义：第一，它指信息传递的载体、渠道、中介物、工具或技术手段；第二，它指从事信息的采集、加工制作和传播的社会组织，即传媒机构。这两种含义指示的对象和领域是不同的，但无论哪一种意义上的媒介，都是社会信息系统不可或缺的重要环节和要素。

第一节　媒介技术与社会发展

媒介作为信息传递、交流的工具和手段，在人类传播中起着极为重要的作用。没有语言和文字的中介，人类传播就不能摆脱原始的动物传播状态；没有机械印刷和电子传输等大量复制信息的科技手段的出现，就不可能有近现代的大众传播，也不可能有今天的信息社会。媒介技术发展与社会的演化变革密切结合在一起，同时，它在社会发展中的意义又是复杂的和多方面的。

一、技术的定义和本质

（一）技术与传播技术

什么是技术？美国学者伊曼努尔·梅赛尼曾经下过这样一个定义："技术即以达到实践目标为目的的知识体系，其中包括操作手段和工具。"[①] 我国学者高亮华认为：所谓技术，指的是"人类借以改造与控制自然使其满足生存与发展需要的，包括物质装置、技艺与知识在内的操作体系"[②]。

不难看出，上述两个定义的涵盖范围是十分广泛的，梅赛尼用包括操作手段和工具在内的"知识体系"来概括它，高亮华则用包括物质装置、技艺和知识在内的"操作体系"加以表述。

借鉴上述两位学者的观点，根据本书的宗旨，我们在这里为媒介技术做出如下通俗的界定：所谓媒介技术，也称传播技术，指的是人类为驾驭信息传播、不断提高信息的生产与传播效率所采用的工具、手段、知识和操作技艺的总称。

这个定义，包含了以下三个方面的含义：(1) 我们使用的符号体系、文本形式、制作工具、物理载体、采集手段、保存手段、传输手段、接收手段及其知识和操作技艺等，都在媒介技术的范畴之内；(2) 媒介技术发展的动因，来自人类社会驾驭信息传播、不断提高信息生产和传播效率的基本需求和不懈努力，是社会精神生产力的构成要素，同时也是一个社会或时代的精神生产力发展水平的标志；(3) 技术发展所要解决的主要是实践应用层面上的效率问题，从媒介技术的角度而言，就是解决如何以最方便、最灵活、最快捷、最经济、最有效的手段和方法提高信息生产与传播效率问题，它的内在逻辑是技术理性或工具理性。从历史上来看，技术的几乎每一次重大突破都会与传统意识形态和文化道德发生冲突，引发有关技术与人、技术理性与人文精神的大讨论。

(二) 三种不同的技术道德观

上面我们提到，技术的发展会产生重大的社会影响，引发人们对技术的本质及其后果的思考与争论，形成围绕技术的各种不同观点。梅赛尼在 1970 年出版的《技术与社会》一书中，对有关技术（包括当时已经出现的计算机技术和相当发达的广播电视等大众传播技术在内）的社会评价进行了全面的考察，总结了近现代出现的三种不同的技术观：[③]

1. 技术"善"论

其核心观点是认为技术是一切进步的原动力，技术能够解决人类生存与发展的根本问题，能够保证把人类带向一个理想的社会；科学的技术和方法是决定社会形态和人的命运的根本因素。这一派的主要代表是欧洲思想史上的合理主义和功利主义，如强调"知识就是力量"的培根、圣西门等人和 19 世纪的社会哲学以及美国人的实用主义信念。在现代，这种观点持有者主要集中在科学家、技术人员、军事领袖以及管理人员中。

2. 技术"恶"论

这是一种从本质上否定技术的观点，认为技术是万恶之源，技术夺走人的职业和饭碗、夺走人的隐私、剥夺人的政治民主权利，导致官僚制国家；技术助长物质主义和消费主义价值、降低人的自律、埋没个人和个性，最终甚至夺走人的尊严；最终，技术将污染自然资源，将人类和地球引向毁灭。这一派的主要代表是 18 世纪持"回归自然"的世界观的法国学者卢梭和对技术资本的剥削性进行分析批判的社会主义思想家。在现代，艺术

---

① E. G. Mesthene: *Technology and Social Change*, 1970.

② 高亮华：《人文主义视野中的技术》，北京，中国社会科学出版社，1996。

③ E. G. Mesthene: *Technology and Social Change*, 1970.

家、人文学者、大众社会的批判家以及环保主义者多持这种观点。

3. 技术“中性”论

认为技术本身无所谓善恶，它无非是中性的工具和手段；技术为人类的选择和行动提供新的可能性，但也使得对这些新的可能性的控制处于一种不确定状态。技术产生什么影响、服务于什么目的，不是技术本身所固有的，而取决于人用技术来做什么。梅赛尼本人就是技术“中性”论的代表，他的主要观点是：(1) 技术本身是工具和手段，不承载特殊的伦理和道义问题；(2) 使技术成为“善”和“恶”的，是创造和使用技术的人；(3) 技术可能带来社会问题，但技术也在解决社会问题，而人类拥有管理和控制技术的能力。

显然，无论是技术“善”论还是技术“恶”论，都只是片面强调了技术的社会影响的某个侧面，而技术“中性”论则是一种比较客观和有说服力的观点，是我们从社会价值上看待技术时应持有的立场和态度。

（三）技术与社会的相互关系

在当代社会，媒介技术的发展及其引起的巨大社会变化是最为引人注目的现象。那么，技术与社会到底是什么关系？是技术“控制”着人与社会，还是社会决定着技术发展？在考虑当代媒介技术或传播技术之际，这也是个不可回避的问题。根据梅赛尼和后来学者的研究，在这个问题上，同样存在着三种不同的观点或立场：

1. 技术决定论

在技术决定论者看来，技术是一种按自身逻辑发展的独立力量，它虽产生于人的需求，但它一旦成为气候，便很容易脱离人的控制而成为脱缰野马，因而，技术的后果内在于技术而不取决于人的意志。同时，技术塑造人类发展而不是服务于人类的目的，一种技术产生以后，人和社会在享受它提供的有限“自由”的同时，更多地是处处受到它的限制：人必须被动地适应技术条件或技术环境的制约，按照技术的逻辑改变自己的工作、生活方式，甚至是观念价值体系。一般来说，在技术道德判断上的技术“善”论者和技术“恶”论者，都是技术决定论的拥护者。在学界，其理论上的代表是法国的埃吕尔、加拿大的麦克卢汉、美国的L. 温纳等，在法兰克福学派对现代工业技术的批判与反思中，也可以找到技术决定论的影子。

2. 社会决定论

这种立场的核心观点是，技术起源于社会生活，产生于人的特定的价值的需求。没有人的社会需求，就不会有技术，这表明了人对技术的主体性：人是技术的主人而不是奴隶。同时，技术不仅仅是工具和手段，它们也是伦理、政治和文化价值的体现，而社会的政治、经济制度则对技术的产生和发展有着最终的决定作用。从社会决定论的立场来看，中国的四大发明终究没能发展成影响力巨大的工业技术，恰恰是社会制度决定技术的最好例证。社会决定论的代表学者是技术哲学家J. M. 斯塔迪梅尔等，他认为“脱离开人类背景，技术就不可能得到完整意义上的理解……设计、接受和维持技术的人的价值与世界观、倾向与既得利益必然将体现在技术身上”①。

---

① 转引自高亮华：《人文主义视野中的技术》，14～15页，北京，中国社会科学出版社，1996。

3. 技术与社会互动论

无论是技术决定论还是社会决定论，都有把一方的作用绝对化的倾向，在对技术与社会的关系的看法上，互动论更能够全面地反映这种关系的实质。互动论的代表学者是科学社会学的奠基人J. D. 贝尔纳、B. 巴伯以及梅赛尼等学者，他们都认为科学技术与社会政治是相互区分而又紧密联系的交互作用关系；科技作为生产力对社会政治具有推动和决定作用，而社会需要是技术的源泉与动力，政治和经济制度也反过来制约和决定技术。

从马克思主义辩证唯物论和历史唯物论的基本原理来观察技术发展与社会变革，我们也会发现二者处于辩证互动的关系之中。一方面，技术属于生产力的范畴，它通过推动经济成长改变社会利益关系和利益结构，掌握新技术的阶层属于新生产力的代表，随着其实力的上升，会与旧的制度发生矛盾，并要求实现社会变革。根据梅赛尼的研究，技术引发社会变革有两个途径：创造新机会和产生新问题。前者引发产业结构和社会结构的变化，后者推动新的制度转型。因此，技术发展引发社会变革是必然的，关键是建立一种通过技术发展来推动社会进步的良性机制，把技术的负面影响减少到最低限度。

另一方面，社会制度与社会形态对技术的发展也有重要的制约作用，这主要表现在：任何技术都有它产生和发展的社会根源，这里既包括社会需求，也包括文化价值的导向；社会制度和政策为技术的发展提供保障和约束，并在技术及它的社会结果之间起调节作用；新技术蕴含着各种各样的可能性，善用则善，恶用则恶，其可能性能否实现及实现程度，在很大程度上取决于它所存在的社会条件和制度环境。归根到底，技术是人类的主体活动的创造物，人如何利用和控制技术，社会占有结构、所有制关系如何，也反过来规定着技术的特点和性质。这个原理，同样适用于我们对媒介技术的考察。

二、麦克卢汉的媒介理论

关于媒介技术或手段在社会发展史上的地位和作用，许多学者从不同角度进行过考察。在这个领域，较有影响的是加拿大学者M. 麦克卢汉的学说。麦克卢汉生前先后出版了《机器新娘》(1951)、《古登堡群英》(1962)、《理解媒介：论人的延伸》(1964)以及《媒介即讯息》(1969)等著作，在他逝世后，他与人合著的《地球村》一书也于1980年出版。在这些著作中，他提出了三个著名的观点："媒介即讯息"、"媒介即人的延伸"以及"'热媒介'与'冷媒介'"，这三个观点构成了麦克卢汉媒介学说的主要内容。

(一) 媒介即讯息

这是麦克卢汉对传播媒介在人类社会发展中的地位和作用的一种高度概括，其含义是：媒介本身才是真正有意义的讯息。换个容易理解的说法，即人类有了某种媒介才有可能从事与之相适应的传播和其他社会活动，因此，从漫长的人类社会发展过程来看，真正有意义、有价值的"讯息"不是各个时代的传播内容，而是这个时代所使用的传播工具的性质、它所开创的可能性以及带来的社会变革。麦克卢汉说："正是传播媒介在形式上的特性——它在多种多样的物质条件下一再重现——而不是特定的讯息内容，构成了传播媒介的历史行为功效。”①

麦克卢汉的媒介概念是广义的，它不仅指语言、文字、印刷物、电信和广播电视，而且包括各种交通运输工具，甚至服装、住宅、货币等，任何能够延伸人体功能的事物，都在他的媒介范畴之内。麦克卢汉认为，媒介是社会发展的基本动力，每一种新的媒介的产生，都开创了人类感知和认识世界的方式，传播中的变革改变了人类的感觉，也改变了人与人之间的关系，并创造出新的社会行为类型。因此，媒介又是区分不同社会形态的标志。在麦克卢汉看来，人类由“部落社会”到“脱部落社会”再到“地球村”，无不归功于媒介及其技术的发展。

例如，在原始社会，口语是主要的传播媒介，由于听力的物理限制，人们必须生活在狭小空间的部落群体之中，相互保持着近距离的密切联系。文字和印刷媒介产生之后，人类由“耳朵的社会”转向了“眼睛的社会”，由于交往和传播不再以物理空间的接近性为前提，人类可以分散到广阔的地域，人与人的关系变得疏远，部落社会便发生了解体。电子媒介尤其是电视的普及再次改变了这种状况，它们以接近于实时的传播速度和强烈的现场感、目击感把遥远的世界拉得很近，人与人之间的感觉距离大大缩小，于是人类在更大的范围内重新部落化，整个世界变成了一个新的“地球村”。麦克卢汉的这个观点，可以用图 8—1 来表示。由该图不难看出，麦克卢汉是把媒介作为社会发展和社会形态变化的决定因素来看待的。

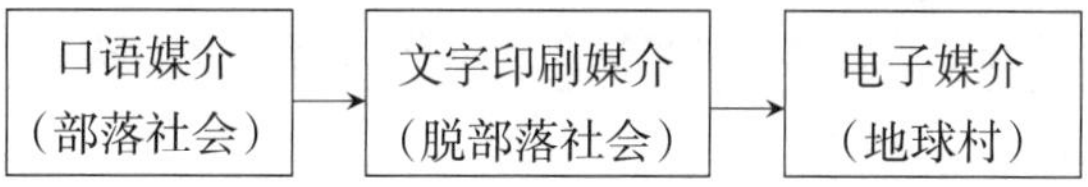

图 8—1　麦克卢汉关于媒介与社会形态的观点

（二）媒介：人的延伸

与“媒介即讯息”的观点相联系，麦克卢汉还提出了“媒介即人的延伸”的论断。他认为，任何媒介都不外乎是人的感觉和感官的扩展或延伸：文字和印刷媒介是人的视觉能力的延伸，广播是人的听觉能力的延伸，电视则是人的视觉、听觉和触觉能力的综合延伸。麦克卢汉的这个观点是为了说明传播媒介对人类感觉中枢的影响，因此，在他的眼里，媒介和社会的发展史同时也是人的感官能力由“统合”→“分化”→“再统合”的历史。换言之，麦克卢汉认为，史前人的听觉文化在感觉上是具有统合性的，在这个时代，虽然感觉主要由耳朵来把握，但同时却牵动着全部感觉的相互作用和相互影响，因此，部落人的感觉能力大体上是平衡的，他们的行为与他们所处的环境是浑然一体的。而文明人以文字和印刷媒介为主的视觉文化则不同，视觉文化的特点是集中于细节，并把细节从整体中分化抽象出来。眼睛孤立地起作用，观察的是一个单一的连续的世界，而每次只能偏重于一个局部，因此，从口语转向文字和印刷，实际上扩张的只是从人类感觉的集束中分离出的一种感觉。麦克卢汉认为，这种由感觉领域的分割造成的感觉分离，使人类对环境具有巨大的能动作用，因为它可以推动人们对事物的抽象的、深层的认识，但与此同时，

① 转引自［美］D. J. 切特罗姆：《传播媒介与美国人的思想》，185 页，北京，中央广播电视出版社，1991。

疏远其他感觉只重视视觉也会产生情感的分离，使人的总体感觉能力失衡或下降。不过，现代电子媒介尤其是电视正在改变文明人受视觉支配的状况，电视不仅扩张了人类的视觉和听觉，而且因其强烈的现场感和接触感而扩展了人类的触觉，因此，现代人正在找回长期失落的“感觉总体”，重新回到一种感觉平衡状态。

麦克卢汉的“媒介即人的延伸”的观点具有重要的启发意义，但它并不是严密的科学考察的结论，而是建立在“洞察”基础上的一种思辨性的推论。

（三）“热媒介”与“冷媒介”

“热媒介”与“冷媒介”是麦克卢汉就媒介分类提出的两个著名概念。对这两种媒介的分类标准，麦克卢汉本人未进行明确的界定，人们只能根据他的叙述进行推测。一种解释是：“热媒介”传递的信息比较清晰明确，接受者不需要动员更多的感官和联想活动就能够理解，它本身是“热”的，人们在进行信息处理之际不必进行“热身运动”；而“冷媒介”则相反，它传达的信息含量少而模糊，在理解时需要动员多种感官的配合和丰富的想象力。例如，一张照片是清晰的，一目了然；而一幅漫画中的形象比较模糊，需要人进行联想和思考。前者属于“热媒介”，后者属于“冷媒介”。麦克卢汉认为书籍、报刊、广播、无声电影、照片等是“热媒介”，因为它们都作用于一种感官而且不需要更多的联想；而漫画、有声电影、电视等属于“冷媒介”，因为它们作用于多种感官且需要丰富的联想和参与（见表8—1）。

表8—1　　麦克卢汉关于“热媒介”和“冷媒介”的分类

媒介类型	清晰度	信息量	参与度	举例
热媒介	高	大	低	照片、象形文字、无声电影、报刊等
冷媒介	低	小	高	漫画、拼音文字、有声电影、电视

但是，麦克卢汉的这种分类并没有一贯的标准，而且存在着逻辑上的矛盾。例如，就信息的清晰度和所需的想象力而言，无声电影显然比有声电影或电视更为模糊和需要联想；从信息含量而言，作用于多种感官的媒介传递的信息内容显然比作用于单一感官的媒介更为丰富。“热媒介”和“冷媒介”的分类本身并没有多少科学和实用价值，重要的是它给我们的启示：不同媒介作用于人的方式不同，引起的心理和行为反应也各具特点，研究媒介应该把这些因素考虑在内。

（四）麦克卢汉媒介理论的意义与局限性

麦克卢汉理论的意义在于，它开拓了从媒介技术出发观察人类社会发展的视角，并强调了媒介技术的社会历史作用。从唯物史观出发看问题，科学技术是第一生产力，媒介工具和技术作为生产力的重要组成部分，无疑具有推动社会前进和变革的巨大力量。这一点，已经为信息社会的发展所证实。此外，麦克卢汉关于“媒介即人的延伸”的观点对我们理解不同媒介的作用机制富有启迪意义，他的关于“地球村”的论断，也是符合当代世界的发展趋势的，特别是近年来数字媒介技术的发展，更是似乎在“印证”着麦克卢汉的预言的实现。

但是，麦克卢汉毕竟不是一位辩证唯物论者，而是一位技术自然主义者，因而他的理论带有极端性和片面性。这主要表现在：（1）麦克卢汉把媒介技术视为社会发展和变革的唯一决定因素，而忽略了生产关系和社会关系等各种复杂的社会因素的作用；（2）在麦克卢汉的理论中，我们看不到人的主体性和能动性，人似乎成了完全受到自己所发明的媒介技术或工具主宰的对象；（3）麦克卢汉理论的全部依据都集中在媒介工具对中枢感觉系统的影响上，并由此出发解释人类的全部行为也是片面的。感觉是重要的，但人并不是完全受感觉支配的低等动物，人之所以为人，更重要的是人具有人的理性活动，这种理性活动反过来会对感觉以及作为它们的延伸形式的媒介产生能动的制约作用。一句话，我们在麦克卢汉的理论中看不到从事着能动的社会实践的人，看不到人与人的社会关系。正如美国学者切特罗姆所指出的："他的技术自然主义强调媒介是人的生物性延伸，而不是人的社会性延伸。虽然他想通过传播媒介来追踪人类文化的发展，他的历史学却难以置信地缺乏真正的人民。"①

麦克卢汉的媒介理论于20世纪60年代至70年代初曾在西方国家引起轰动。施拉姆在谈到他在传播学研究史上的地位和作用时说，说不定正是由于麦克卢汉，才使得"媒介这个曾经主要是艺术家、细菌学家和大众传播学家才使用的词风靡一时"②。但是施拉姆同时又指出，麦克卢汉的理论缺乏逻辑性，含义隐晦，措辞不是让人震惊就是令人困惑；学术态度玄妙，就像古希腊的教士一样，观点具有"神喻"的性质。正是由于这种模糊性，麦克卢汉的媒介理论曾一度沉寂。20世纪80年代后期以来，随着媒介技术的发展成为社会瞩目的焦点，麦克卢汉学说又重新引起了学界的普遍关注。麦克卢汉学说对我们认识媒介工具的重要性是有启发意义的，但对其中的一些非科学的内容，我们应该保持清醒的认识。

三、媒介工具和技术的现实社会影响

对媒介工具与技术的作用和影响进行纵向的历史考察只是媒介研究的一个方面。传播学是一门社会科学，它必须关注媒介的现实社会影响问题。在这个方面，不少学者主要考察媒介内容的影响，如李普曼对"拟态环境"的分析以及藤竹晓关于"拟态环境的环境化"观点等；另一些学者则主要考察媒介的形式或工具特性的影响。以下我们主要介绍有关媒介形式所产生影响的若干研究。

（一）"电视人"和"容器人"

不少传播学者认为，媒介不仅通过它的内容影响人的认识、价值观和行为，一种媒介的出现、使用和普及以及它所形成的媒介工具环境本身，都会在很大程度上改变人的个性或人格。在这个方面，日本学者的观点很有代表性。例如，林雄二郎在《信息化社会：硬件社会向软件社会的转变》（1973）中，将印刷媒介环境和电视媒介环境中完成社会化过程的两代人加以比较，明确提出了"电视人"的概念。所谓"电视人"，指的是伴随着电视的普及而诞生和成长的一代，他们在电视画面和音响的感官刺激环境中长大，是注重感觉的"感觉人"，表现在行为方式上是"跟着感觉走"，这一点，与在印刷媒介环境中成长的他们的父辈重理性、重视逻辑思维的行为方式形成鲜明的对比。同时，由于收看电视是

---

① ［美］D. J. 切特罗姆：《传播媒介与美国人的思想》，195页，北京，中央广播电视出版社，1991。
② ［美］威尔伯·施拉姆等：《传播学概论》，136页。

在背靠沙发、面向荧屏的狭小空间中进行的，这种封闭、缺乏现实社会互动的环境，使得他们当中的大多数人养成了孤独、内向、以自我为中心的性格，社会责任感较弱。

另一位学者中野收在《现代人的信息行为》（1980）一书中用“容器人”这一形象说法描述了现代人的行为特点。他认为，在大众传播特别是以电视为主的媒介环境中成长起来的现代日本人的内心世界类似于一种“罐状”的容器，这个容器是孤立的、封闭的；“容器人”为了摆脱孤独状态也希望与他人接触，但这种接触只是一种容器外壁的碰撞，不能深入到对方的内部，因为他们相互之间都不希望对方深入自己的内心世界，于是保持一定距离便成了人际关系的最佳选择。“容器人”注重自我意志的自由，对任何外部强制和权威都不采取认同的态度，但却很容易接受大众传播媒介的影响，他们的行为也像不断切换镜头的电视画面一样，力图摆脱日常繁琐性的束缚，追求心理空间的移位、物理空间的跳跃，而现代社会中忽起忽落、变幻不定的各种流行和大众现象正是“容器人”心理和行为特征的具体写照。①

“电视人”和“容器人”概念是建立在对现代人的一种社会病理现象——“媒介依存症”的批评的基础上的。“媒介依存症”有几个特点，包括过度沉湎于媒介接触而不能自拔；价值和行为选择一切必须从媒介中寻找依据；满足于与媒介中的虚拟社会互动而回避现实的社会互动；孤独、自闭的社会性格等。

（二）电视与人的“充欲主义”

除林雄二郎和中野收以外，另一位日本学者佐藤毅在1986年发表的《人的自律》一文中探讨了电视与日本人的自私化和“充欲主义”价值流行的关系。日本的电视是在1953年开播的，到1980年，彩电的家庭普及率已超过98%。佐藤毅认为，电视接收机作为一种商品，其本身就是人们的欲望追求的对象，例如，从黑白到彩色、从小屏幕到大屏幕、从单声道到立体声、从单一功能到多功能等，每次更新换代都会引起人们的购买热；不仅如此，电视还是唤起和引发人们新的欲望的媒介，它把充满诱惑力的商品世界以鲜明的色彩、影像以及丰富的意境展示在人们面前，直接刺激了他们对这些商品的占有欲和享乐欲。这样，尽管日本社会中依然存在着阶层或收入的差别，却出现了整齐划一的追求奢侈化的倾向，而在这个过程中，日本人的价值观也发生了变化，由勤劳、节俭和对社会的奉献价值，转向了个人主义的享乐和“充欲”价值。佐藤毅将这种现象称为“他律性欲望主义”，认为正是这种由媒介引发的欲望主义导致了日本人的自私化。②

（三）网络时代的网虫和网瘾症

每一种新的媒介出现和普及，都会伴随着与这种媒介相关的异常社会现象，随着互联网时代的到来，当代人的网虫和网瘾症（internet addiction）现象迅速成为社会和学界关注的焦点。据斯坦福大学的调查，早在2000年，全球具有“强迫性上网”倾向的网民就超过了20万人，③ 如果说“网虫”的说法还是早期对网络迷恋者的一种调侃，那么到了2010年的今天，网瘾症则发展成了我们不得不面对的媒介病理现象。所谓网瘾症，也叫

① 参见沙莲香：《传播学：以人为主体的图象世界之谜》，1版，10～12页，北京，中国人民大学出版社，1990。
② 参见［日］佐藤毅：《传播社会学》，1版，169～170页，东京，科学出版社，1986。
③ 参见匡文波：《网络传播学概论》，2版，43页，北京，高等教育出版社，2004。

上网成瘾综合征，其表征是长时间沉迷于网络（甚至每天 8 小时以上）不能自控；行为乖张并伴随视力下降、神经衰弱等身心病态；在网欲得不到满足的时候精神空虚、心情暴躁甚至会有暴力倾向，等等。

网瘾症，无疑和网络媒介的接触环境和接触条件有关。从表面上看，上网和看电视没有什么不同，都是在缺少现实社会互动的狭小空间内进行的，但还是有明显的区别。电视在本质上是一种家庭媒介，收视行为还会受到家庭成员的相互影响和制约，而电脑在本质上属于个人媒介，其使用具有更强的私密性或封闭性，是一种更无社会约束机制的行为。在内容上，电视属于受到公共性和公益性制约的大众传媒，某些内容虽然也面对着“煽情、低俗”的批评，但依然是有社会道德规范的底线的；网络则不同：网络连接着社会的各个角落、各种人群甚至不法地带，网络信息的极端多样性和极端刺激性是迄今为止的任何一种媒介所不能比拟的。

我国青年学者王冲在《网瘾症的基本问题探析》一文中归纳了网瘾症的五种类型：(1) 色情成瘾；(2) 网络交际成瘾；(3) 信息超载成瘾；(4) 网络游戏成瘾；(5) 网络视听成瘾。同时，他也分析了网瘾症带来的多种心理危害，包括以虚拟代替现实的交往方式错位，长时间沉溺网络所形成的孤僻、冷漠、不合群、无责任感等人格和人性的异化，网上网下判若两人的多重人格和自我迷失，道德的失范和社会功能的退化，技术崇拜等。①

从众多的研究来看，网瘾症的产生原因是多方面的。首先，网络技术所提供的信息空间和媒介接触条件是网瘾症产生的前提，没有互联网，也就不会有网瘾症；第二，网络是一种新技术，人类社会对它的认识还不到位，相应的控制机制还未形成；第三，网瘾症的发生也有个人的、家庭的和社会的原因。许多研究表明，现实社会交往遭遇挫折、在单位或学校境遇不顺、家庭关系不和谐、内向或具有自闭倾向性格的人更容易患上网瘾症。因此，要彻底消除网瘾症，必须从各个方面进行综合治理。

媒介与社会、媒介与人的问题，是媒介分析的核心问题。不过，一种社会现象的产生，究竟是媒介工具形式引起的，还是由它的传播内容引起的，或者是由其他社会因素引起的，在理论和实证上做出严密的结论目前还是很困难的。我们必须承认，一种媒介技术或工具的出现和普及，对社会以及人的行为产生的冲击和影响是巨大的，由于其活动的内在规律和特性，人们在某些方面不得不受制于它，但是如果把社会变化的全部原因都归结于它，也是不切合实际的。

四、当代新媒介技术发展趋势及社会意义

近年来，新媒介的飞速发展及其给社会带来的冲击成了人们议论的热门话题，新媒介永远是一个相对的概念，每一种新媒介在它诞生和普及的初期都曾对社会产生过广泛的冲击，而每一种新媒介也都是新的媒介技术的产物。

（一）当代新媒介技术的主要领域、特点及社会意义

当代新媒介技术，也叫新传播技术，主要体现在以下四大领域：

---

① 参见王冲：《网瘾症的基本问题探析》，载《教育科学》，2004 (2)。

1. 数字技术——传播资源丰富化

数字化指的是在电子信号的传输方式上，用数字压缩（digital）方式来取代传统的信号模拟（analog）方式。数字化以后，不仅信息的保真性更强，传输质量更高，而且能够大幅度节约电波频率资源。例如，传统的地上波电视采用的是模拟方式，这种方式占用的频率域带宽，一个地区只能播出有限的几个频道，否则容易产生电波混信或相互干扰的问题。采用数字压缩方式，可以使过去开设一个频道的频率资源开设出几十个甚至更多的频道。数字化技术使电波频率不再是“稀有资源”。目前发达国家的卫星广播电视均已采用数字化方式，如美国的直播电视台（Direc TV）、英国天空广播公司（Bsky B）等，都播出 200 多个频道的广播电视节目，我国的数字电视也在快速发展当中，按照国家广电总局的规划，到 2015 年，我国将全面关闭模拟电视，完成向数字化的全面转变。数字化的影响并不仅仅止于广播电视，传统的报业和出版业，也在通过数字化转型寻求未来的发展空间。

2. 网络技术——海量信息和多向传播

自 20 世纪 90 年代以来，以网络结点、宽带系统、资源管理和各种应用技术等为核心的网络技术的飞速发展，使得网络传播成为我们这个时代蔚为壮观的一大景象。从传播学的视角来看，网络传播的最大特点，就是把大量分散的信息源和用户统合到一个系统当中，形成了巨大的信息海洋，它的超链接功能，也使得用户在信息的接触、判断和处理上有了更多的选择。其次，传统大众传播过程是一个信息单向流动的过程，反馈迟延并且通过其他通信系统（邮政、交通、电话等）才能进行，与此相比，网络的即时通信功能，不仅保证了信息传播的双向互动性，而且实现了它的多向性。目前正在快速进展的有线网和无线网或地面网与空中网的融合，使得网络成为更加便利灵活的信息平台。

3. 多媒体技术——传播手段的融合

传统媒介的功能大多是单一的，例如，报纸仅供阅读，广播仅供收听，电视虽然可以声像文字并茂，但人却不能用它进行信息传输或处理。而多媒体技术却可以将丰富多样的传播功能融合于一个系统之中。

多媒体是 20 世纪 90 年代初以来发展迅速并进入实用化和普及阶段的一个重要的科技领域。据考证，“多媒体”（multi-media）一词，最早是英国一个名为平克·弗洛伊德的摇滚乐队于 20 世纪 80 年代初首先使用的，他们在自己的音乐录像中加入了多种变幻的背景影像，使观众在欣赏音乐的同时还可以有多种媒介感受。后来，多媒体一词成了信息和广播电视行业的一个专用词，它的含义也在不断变化。早期，计算机行业把装有 CD-ROM、声卡、传真卡等能够同时进行声、像、文字处理和传输的电脑称为“多媒体电脑”；电视行业把利用正常播出的缝隙传输静止画面、图文数据并能储存节目、具有双向功能的电视称为“多媒体电视”等。根据最新的定义，所谓多媒体，指的是使用数字压缩和网络技术将广播、电视、电话、传真、电子出版、计算机通信等各种信息媒介联成一体，对声音、影像、文字、数据等进行一元化高速处理并提供给用户的双向信息系统。多媒体加网络，实际上已经成了“信息高速公路”的代名词。

4. 实时传输技术——传播速度快捷化和全球化

谈到实时技术，我们不能不提到卫星、光缆和移动技术。任何信息的流通，都需要有线和无线电子信号的中介和传输，而这些技术则是信息传输的保障。自 1957 年苏联发射第一颗人造卫星以后，卫星技术发展突飞猛进，据统计，在 1995 年年底仅欧洲和亚洲各国发射和管理的通信卫星（CS）和广播卫星（BS）就已经突破了 100 颗，而据一个名为“关注科学家联盟”的机构的统计，目前环绕地球的卫星达到 785 颗，其中大多数都具有通信或跨国传播的功能。在地面或海底，快速度、大容量、高保真的光缆正在取代同轴金属电缆，而遍布城乡的移动通信信号发射台或中转台，则使得我们在任何时间和地点都能够和外部世界保持即时的联系。这些技术及其融合，不但将我们带入了一个全球传播的时代，也为我们的日常生活提供了空前的便利。

新的媒介技术是非常复杂和丰富多样的，我们只不过是列举了其中影响力最大的几种。有些技术及其创生的新传播形态，在人类发展史上的意义也许是更深远的。例如，基于源代码开放和 Web 2.0 技术，以维基百科为代表的共享或共创平台的出现，可以说开创了人类从事精神创造的新的合作形态。

关于媒介技术及其未来发展，美国“信息高速公路计划”的参与者，加州大学伯克利分校的鲁塞尔·纽曼在 1991 年预言了它的“4C”趋势。① 这 4 个“C”是：

（1）control——社会成员对传播过程的参与和控制程度越来越高；

（2）convergence ——单一媒体越来越融合成多功能媒体；

（3）convenience ——人们可以随时随地方便地接触和使用传播媒介；

（4）cost——媒介接触和使用的经济成本越来越低廉。

20 年的媒介技术发展历程正在证实纽曼的预言。的确，上述四个方面，既是媒介技术发展的社会需求，也是它不断创新的内在动力。

以上是目前新媒介技术发展趋势的几个主要方面，这些特点具有重要的社会意义：传播过程双向性的增强将大大改善传统大众传播过程中受众的被动地位，增加传受双方的互动性；多媒体技术为人们进行信息的收集、处理和传输提供了空前便利的条件，有助于提高传播活动的质量和效率；传播资源的丰富化将改变少数大众传播机构垄断资源的状况，为更多的社会成员、群体和组织成为能动的传播者提供了基础条件；全球传播技术的发展则把人类的传播范围扩展到整个世界，使人们的认知、判断和行为受到更多变量的影响。一句话，新的媒介技术和工具，正在使人类的传播活动发生重大的变革。

（二）防止幼稚的“电子乌托邦”思想

新的电子媒介的发展为变革人类的传播活动、为改造人类社会提供了丰富的技术上的可能性。但是，我们探讨这些可能性之际，还应该防止一种过于简单化的观点，这就是近年来广为流行的“电子乌托邦”思想。这种观点对媒介技术的发展寄予无条件的乐观主义期待，认为新的传播技术必将会把人类带入一个高度自由、民主和平等的理想国。在我国近年来有关“信息高速公路”或互联网的讨论中，类似观点也随处可见。

“电子乌托邦”思想是建立在对新媒介某些技术特性的期待的基础之上的。例如，有的学者认为，电子传播网络的双向性使每个人既是传播者又是受传者，它将改变传统的大众传播过程受到传播者支配的局面，使传播过程变得更加平等，而这种平等也必然带来社

---

① W. R. Neuman, *The Future of The Mass Audience*, Cambridge University Press, 1991.

会关系的平等；有的学者认为，新媒介技术将保障每个人自主发表言论的权利和机会，并形成“真正的观点的自由市场”；还有的学者认为，电子投票系统为全体公民参与公共事务或参加政治选举提供了可能性，必将会带来一个普遍民主的社会等。

这些观点看起来似乎都有一定的道理，新的媒介技术或传播工具的确蕴涵着广泛的可能性。但是，单纯的技术上的可能性并不能必然保证理想的社会形态的出现。举个简单的例子，电话是一种双向媒介，但是电话并不保证通话双方社会关系的平等，相反，通话双方的社会关系是受到电话系统以外的众多因素制约的，如上下级关系、父子关系、劳资雇佣关系等。一种理想社会的到来，不仅需要技术上的条件，而且需要更为复杂的社会条件，其中包括社会结构、社会制度的合理化以及人的自身素质的提高等。简单地断言某种传播技术或工具必然导致某种社会形态的观点是幼稚的。

“电子乌托邦”思想有其历史渊源。在大众传媒发展和普及的初期阶段，不少人就对它有过乌托邦式的期待，如布莱士对报纸在舆论的合理化、理性化以及政治民主化过程中的作用的分析，库利关于“印刷意味着民主”的断言等，但是后来人们发现，大众传播技术和工具的普及并没有必然导致民主和自由，也没有必然地促进“人性和道德”的发展，相反在一些传媒相当发达的国家（如德、意、日），甚至出现了极端的法西斯专制和暴政；而在另一些发达国家（如美国），“人性的退化”反而成了社会广泛关注的问题。于是一些学者开始转向反面，试图通过对大众传播的单向性、强制性的分析来发现大众传播与专制或极权主义之间的必然联系。

麦克卢汉的媒介理论也对现代“电子乌托邦”思想产生了巨大的影响。美国学者切特罗姆指出，麦克卢汉本人就曾试图用“部落文化”（口头媒介）、“脱部落文化”（文字和印刷媒介）、“重返部落文化”（电子媒介）来代替“伊甸园”、“人的堕落”和“重返天堂”①，将自己的理论建立在一种“媒介神话学”的基础上。与库利的“印刷意味着民主”的断言相反，麦克卢汉则认为文字和印刷媒介与“人的堕落”相对应。这些矛盾的论断也说明，任何一种“媒介乌托邦”或“电子乌托邦”思想都是缺乏历史依据和科学依据的。

媒介技术或工具是中性的，它们本身并不必然导致某种“社会善”或“社会恶”。归根到底，媒介工具是人的创造物，重要的是人如何使用它，利用它来传播什么，达到什么样的社会目的。从这个角度而言，传播媒介的社会影响并不仅仅取决于媒介的技术或形式特性，而且取决于掌握和运作它的人和社会组织，取决于它们生产和传播的信息内容。

第二节 媒介组织的性质和社会作用

媒介技术或工具是由人来创造和使用的，创造和使用媒介的人是社会传播系统中最积极、最活跃的因素。小型的媒介可以由单独的个人来驾驭，而大型媒介系统的活动只能依靠具有一定规模的社会组织来运作。报社、出版社、电台、电视台以及作为内容提供商（ICP）的互联网大型网站，就是这样一些社会组织。这些社会组织，我们通常也称之为大众传播媒介。如果说，传播媒介的技术和工具属性决定着信息的物理形式、时空范围、速

① 参见［美］D. J. 切特罗姆：《传播媒介与美国人的思想》，188页，北京，中央广播电视出版社，1991。

度快慢和量的规模，那么，媒介的社会组织属性则决定着信息内容的生产和传播。考察媒介组织，有助于我们理解大众传播系统中的各种复杂的社会关系，有助于揭示大众传播活动的本质及其规律。

一、传播者与大众传媒

传播者指的是传播行为的发起人，是借助某种手段或工具、通过发出信息主动作用于他人的人。传播者处于传播过程的首端，对信息的内容、流量和流向以及受传者的反应起着重要的控制作用。报社、电台、电视台等媒介机构是从事信息的采集、选择、加工、复制和传播的专业组织，从其生产规模的巨大性和受传者的广泛性而言，我们又把它们称为大众传播者，或称为大众传媒。

在不同类型的传播活动中，传播者的地位和作用是不同的。同其他类型的传播者相比，作为传播者的大众传媒具有以下几个特点：

第一，地位稳固。在面对面的人际传播中，由于互动渠道的畅通，传播者和受传者可以轮流扮演说话人和听话人的角色，因此传受双方是相互影响和相互作用的关系。而在大众传播中则不同，大众传媒与受众的角色关系是固定的，我们在读书、看报、听广播、看电视时只能单方面地接受来自传媒的信息。

第二，大众传媒是一种社会组织，具有自身的组织目标和组织结构。这个组织的基本成员是记者、编辑等专业新闻传播工作者以及相关人员，他们被分配在不同的部门，执行不同的职能。这些人虽然也作为个人而存在，但是他们在大众传播过程中是以组织代表的身份出现的。记者通常以“××报社记者”的身份而不是以个人身份进行采访活动，就说明他们作为组织成员的性质。记者写出的稿件可能含有个人的观点和判断，但经过报社内各把关环节的修改或认可，在发表之际已不再是纯粹的个人作品而变成了组织的产品。

第三，大众传媒是大众传播生产资料的直接控制者和使用者。大众传播以先进的技术、昂贵的机器和设备为必要的工具和手段，这些工具和手段直接由传媒组织控制和使用。一些重要的“稀有”公共传播资源，如广播、电视使用的电波频率等，也是国家以某种制度方式委托给传媒组织专用的。

大众传媒的上述三个特点，使得它们比其他类型的传播者地位更优越、力量更强大。在某种意义上来说，大众传媒也是传播特权的拥有者，它们所拥有的传播能力和权利都远远超过了作为个人的社会成员或其他一般社会群体。

大众传媒是现代社会主要的信息提供者，是制约社会信息环境的主要变量。互联网的大众传播功能正在增强，但从技术上来说，互联网只是一个由硬件和运行软件构成的基础设施系统，而不是一个传播主体，真正的传播主体是那些使用这个设施系统进行着信息的生产、处理和传播的社会组织或个人。尽管互联网为众多的个人或非专业的组织、团体参与社会传播提供了手段和机会，但是，只要我们略作浏览就会发现，目前在网络世界里，最积极、最活跃、最拥有力量的传播主体依然是那些大规模的媒介组织，包括专业的新闻网站和提供新闻传播和大众信息服务的大型商业网站，它们不但提供的信息量最大，而且用户的接触率、利用率最高。与此同时，通讯社、报社、广播电台、电视台等传统媒介组织也在不断进行数字化转型，在网络空间中发挥着越来越大的影响力。

大众传媒不但是“原子”信息的最大提供者，而且正在成为“比特”信息的最大提供者，这是由大众传媒的优势决定的：第一，大众传媒是专业的媒介组织，其收集、加工、生产和传播信息的能力和效率是一般个人和非专业组织所不能比拟的；第二，大众传媒具有公开可靠的信源，其信息的可信性和可确认性要大大高于处于“匿名”或“半匿名”状态的其他传播者；第三，大众传媒在其百余年的传播实践中，尤其是在新闻传播领域形成了一整套为社会所广泛承认的行业规范和职业道德，并在此基础上形成了一套吸引和联系受众的有效机制。以上这些优势，决定了大众传媒在未来信息社会中依然会是影响力最大的传播者。

二、大众传媒的组织目标与制约因素

大众传媒是一种社会组织，那么，它们究竟是一种什么性质的社会组织呢？

社会组织的性质是由组织目标来决定的，组织社会学家艾兹奥尼曾经据此将组织分成三类：第一类是强制性组织，如军队、警察、法院、监狱等，这些组织为实现组织目标通常采用强制性手段；第二类是功利性组织，这一类组织从事物质商品生产或流通，通常以金钱或物质报酬以及法律合同等为实现组织目标的主要手段，其典型是企业或公司组织；第三类是规范性组织，如宗教组织、教育机构或科学团体等，其实现组织目标的主要手段是宣传、传授或讨论，社会成员的参与具有自发性。

传播学家麦奎尔认为，如果按照艾兹奥尼的分类法，传媒的组织性质是模糊的：媒介虽然作为一定社会权力的宣传工具而具有一定的强制力，但决非强制性社会组织；媒介虽然具有功利性，需要将自己的信息产品转换为经济效益，但又不能等同于以营利为唯一目的的私有企业；媒介虽然具有宣传和意识形态功能，但它们又不是单纯的宣传机构，这种功能只有在它们的信息产品能够满足社会需求、得到市场消费者承认的前提下才能实现。麦奎尔认为，除了在极权主义制度下以外，传媒组织一般属于“功利”要素和“规范”要素的混合形态。①

英国新闻学者托斯塔尔简明扼要地将报社的组织目标分为两个方面：经济收益目标和非经济收益目标，认为报社的组织目标就是两者的综合体。② 这种观点，可以说是比较客观的。以下我们从经营目标、宣传目标以及公共性与公益性三个方面，来分析一下制约和影响传媒组织活动的各种因素。

（一）大众传媒的经营目标

大众传媒必须从事经营活动，这是维持传媒组织的自身生存和发展的前提。传媒需要支付雇员工资，需要购买昂贵的技术和设备，需要保障信息生产和传播正常进行的流动资金，需要为扩大再生产积累资金。这些客观需要的存在，使得传媒组织必须把经营活动放在重要的地位。换句话说，传媒必须面对市场，必须把自己的信息产品或服务作为商品在市场上销售出去。要达到这个目的，传媒必须满足各种各样的社会需求，提供为消费者所广泛接受的信息产品或服务。许多传媒以“报道新闻、传播信息、传授知识、提供娱乐”

---

① See D. McQuail, *Mass Communication Theory*: *An Introduction*, London, Sage Publications, 1983, Chapter 4.

② See J. Tunstall, *Journalists at Work*, London, Constable, 1971.

为经营口号，其目的也正在于为了争取广大的受众市场。

传媒组织具有经营目标，说明它们面对着巨大的市场压力。传媒的经济收益主要来自两个方面：一是广告收益，二是信息产品的销售收益（主要体现为报纸的发行量或广播电视的收视率）。这意味着，传媒面对的市场压力同样主要来自两个方面，即广告主和作为消费者的广大受众。这二者之间既相互联系又相互矛盾：一方面，受众越欢迎、发行量越大或收视率越高，媒介的广告价值也就越高；另一方面，受众的利益与广告主的利益并不是一回事，而且两者之间往往存在着对立关系。除此之外，传媒组织还面临着市场变化和激烈的同业竞争的压力。这些特殊和复杂的市场压力关系及其处理方式，是形成各种传媒组织不同特点和倾向的重要因素之一。

（二）大众传媒的宣传目标

大众传媒在从事市场和经营活动的同时，还具有重要的非经济收益目标，其中包括宣传某种思想、灌输某种意识形态、提倡某种信念、行使某种权利或社会影响力等。这种目标，简言之即宣传目标。传媒组织之所以具有宣传功能，是与信息生产的特殊性分不开的。信息生产属于与社会的上层建筑直接相关的精神生产，每一种社会信息产品中都不可避免地包含着特定的观念、价值和意识形态，对社会意识和社会行为具有重要的引导和控制作用。正因为如此，社会上的各种利益集团或组织都必然会把大众传媒作为行使社会影响力和维护自身利益的工具。

大众传媒的宣传目标主要通过两种活动得到实现：一是言论活动，二是报道活动。前者具有直接的宣传功能，传媒组织可以通过社论、评论等形式直接宣传某种思想，提倡某种观点，或对重要的社会事件和问题表明传媒的立场或态度；后者具有间接的宣传功能，其主要做法是在新闻或信息的选择、加工和刊载过程中贯彻传媒的意图和方针，获得潜移默化的宣传效果。此外，娱乐内容的选择和提供活动，同样也能够贯彻特定的宣传意图。

任何大众传媒都有其政治、经济和意识形态背景，它们必须为特定的利益服务。社会主义媒介并不讳言这一点，公开表明自己是无产阶级及其先锋队组织的喉舌，强调自己为社会主义制度及其意识形态服务的宗旨；资本主义媒介则极力标榜自己的“独立性”或“公正性”，掩盖其政治和意识形态立场。但是，由于资本主义传播事业的最大特点是垄断，传播媒介控制在垄断资本手中，这就决定了它们在本质上是资产阶级和垄断资本的意识形态工具。关于资本主义媒介是如何为资本主义制度服务的，传播学批判学派的学者有很多尖锐的剖析，我们在后面还要论及。

（三）公共性与公益性

大众传媒拥有自己的经营目标和宣传目标，这是毋庸置疑的。但是，它们与单纯的营利企业不同，与宗教或政治团体的单纯机关媒介也不同。大众传媒的活动，在更大程度上受到公共性和公益性的制约。这种公共性和公益性的依据包括三个方面：第一，大众传媒是现代社会必不可少的信息生产者和提供者，在满足社会的普遍信息需求方面起着一种公共服务的作用；第二，大众传媒的信息生产和传播活动对社会的政治、经济和文化道德具有广泛而强大的影响力，这种影响力涉及普遍的社会秩序和社会公共生活；第三，大众传媒是某些“稀有”公共传播资源（如广播电视使用的电波频率）的受托使用者，作为公共财产的使用人，它们必须对社会和公众承担相应的义务和责任。

这种公共性和公益性，是大众传媒的权利基础：大众传媒拥有最大限度的采访权、言论权、编辑权和刊载权，并拥有广泛的舆论监督的权利。另一方面，公益性和公共性也对大众传媒产生重要的制约，它要求传媒的活动必须符合社会公共利益。例如，传媒不得泄露国家机密，损害国家利益；不得煽动社会骚乱，扰乱正常的社会秩序；不得传播宗教或种族歧视内容，破坏社会团结；不得侵犯公民的隐私权和名誉权，损害个人的合法权利；不得传播淫秽色情或唆使、诱发社会犯罪的暴力内容，危害健康的社会道德和社会安定；媒介报道新闻和提供信息必须坚持真实和客观原则，不得以虚假内容损害受众利益等。公共性和公益性对传媒活动的这些制约，有些体现为法律形式的限制，有些则作为受众监督和传媒自律的重要规范发挥作用。

如上所述，传媒组织的活动受到它们的经营目标和宣传目标的制约，同时又受到公共性和公益性的制约。但是，在现实的和不同形态的媒介组织中，以上各种因素的制约程度是不同的。一般来说，国有或公营媒介的活动受宣传目标、公共性和公益性制约的程度较高，其主要目的是追求社会效益。不过，随着社会信息化的发展，不少国家都把大众传播事业作为信息产业的骨干部分加以定位，国有或公共媒介也都大幅度加强了经营活动（如英国的 BBC 和日本的 NHK 等）。在向社会主义市场经济转轨的过程中，我国的大众传媒也出现了产业化、集团化和营销化的趋势，经营在传媒活动中的地位越来越重要。

另一方面，作为私营企业的商业媒介受经营目标制约的程度较高，其主要目的是追求利润。有些黄色小报或低俗媒介以营利为唯一目标，为了达到这个目的，不惜采用煽情、刺激、炒作的方法来招徕读者或观众，甚至传播虚假和有害内容，这些媒介是为社会和公众所不齿的。同时我们也要看到，在资本主义社会中，大多数商业媒介在从事经营活动的同时也把宣传目标放在重要的位置，它们在维护资本主义制度和意识形态方面发挥着重大作用。只要我们观察一下资本主义社会中大众传媒的信息生产过程，就可以清楚地看到这一点。

三、传媒组织在信息生产过程中的作用

大众传媒是现代社会中主要的信息提供者。但是，即便大众传媒具有强大的信息生产和传播能力，它们所能提供的信息也只能是无限丰富的社会信息的一部分。那么这里就会提出一些问题：大众传媒通常会提供哪些信息？它们是怎样提供信息的？它们为什么会选择这些信息而不是另外一些信息？以下，我们通过分析新闻信息的生产过程，对这些问题做一些考察。

（一）新闻选择的“把关人”理论

新闻是一种重要的社会信息，它是关于新近发生的事实的报道，其基本功能是帮助社会成员消除关于环境变化的不确定性，并在此基础上协调自己的社会行为。因此，新闻也是所有大众传播信息当中公共性和公益性最强的一种信息。报道新闻是大众传媒的一项主要活动。那么，大众传媒是怎样报道新闻的呢？对此，“把关人”理论为我们提供了形象的说明。

“把关人”（gatekeeper）这个概念，最早是美国社会心理学家、传播学奠基人之一的库尔特·卢因提出的。第二次世界大战期间，美国为节约战争开支开展了一场号召人们食用牛下水的大规模宣传活动，卢因在对这场宣传活动的过程进行研究时发现，除非家庭主妇们接受了宣传，把牛下水买回家中并做成菜肴摆上餐桌，否则她们的丈夫或孩子是很难有机会接触并接受这种不习惯的食品的。在这个过程中，家庭主妇实际上起着一种“把关人”的作用。1947 年，卢因在《群体生活的渠道》一书中再次论述了这个问题，认为在群体传播过程中存在着一些“把关人”，只有符合群体规范或“把关人”价值标准的信息内容才能进入传播的渠道。1950 年，传播学者怀特将这个概念引进新闻研究领域，明确提出了新闻筛选过程的“把关”（gate-keeping）模式（见图 8—2）：①

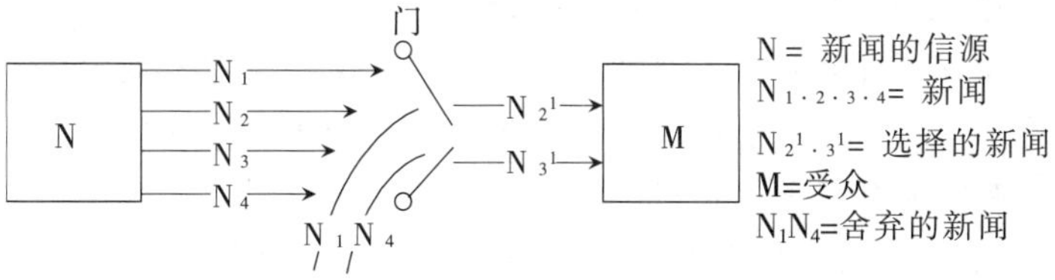

图 8—2　怀特的新闻选择“把关”模式

这个模式说明：社会上存在着大量的新闻素材，大众传媒的新闻报道不是也不可能是“有闻必录”，而是一个取舍选择的过程。在这个过程中，传媒组织形成了一道“关口”，通过这道“关口”传达到受众那里的新闻只是众多新闻素材中的少数。

不过，怀特在提出这个模式时并没有意识到“把关”是一种组织行为，而认为它主要是新闻编辑基于个人主观判断的取舍选择活动，并且只强调了编辑的“把关人”作用。正如后来不少学者指出的，新闻选择过程中的“把关人”并不只有一个：记者是“把关人”，决定着哪些素材应该写成新闻稿；编辑是“把关人”，决定着哪些新闻稿应该刊播；编审和总编是“把关人”，决定着哪些内容应该成为重要新闻等。传媒内部存在着一系列“把关”环节，正意味着“把关”是一种有组织的活动。此外，“把关”虽然也与记者、编辑个人的价值判断密切相关，但这些判断只有在与传媒组织的报道方针不相冲突的前提下才能产生实质性影响，这也说明了“把关”活动的组织性。

怀特的“把关”模式对我们理解大众传媒在新闻传播中的作用具有重要的意义。不过，这个模式还只是对新闻信息的取舍选择过程的一种简单概括，它指出了经过大众传媒这道关口，某些新闻入选、某些新闻遭到舍弃这一事实，但并没有说明哪些新闻会入选或遭到舍弃，而正是后面这个问题，才涉及“把关”过程的实质。

（二）大众传媒的“把关”标准

“把关人”理论告诉我们，传媒组织决定着什么样的新闻信息能够进入大众传播渠道。那么，传媒进行这种取舍选择的标准究竟是什么？

这里，首先涉及新闻信息的客观属性问题。根据陆定一“新闻是关于新近发生的事实的报道”的定义，我们可以看到，新闻信息有两个本质属性：第一，新闻信息必须有真实

① See D. M. White, “*The Gatekeepers: A Case Study in the Selection of News*”, *Journalism Quarterly*, 1950 (27).

性，它传达的是客观的事实而不是虚构或捏造的事物；第二，新闻信息必须具有及时性和新意，过时的事件、历史的回忆等，不能成为新闻。不具有这两个属性的信息，是不能作为新闻加以传播的。这其中，真实性原则是新闻的第一标准，除了不负责任的黄色小报和低俗媒介外，规范化的传媒组织都会承认和遵守这条标准。其次，新闻的选择受到新闻制作中的业务标准和新闻传播中的市场标准的制约。在这个方面，新闻价值或新闻要素研究可以为我们提供若干理解。所谓新闻价值，即对一个事件能否成为新闻所做的价值判断。新闻要素，即构成这种价值判断的各种因素。

早在1965年，美国学者盖尔顿和鲁治曾经对国际新闻的选择标准进行过详细研究，他们在《涉外新闻的结构：四家挪威报纸中的刚果、古巴和塞浦路斯形象》一文中提出，有九种要素对新闻的选择和加工产生重要的影响，分别是：

（1）时间跨度（time span）——某个事件的发生如果符合某种媒介的时间表，就会受到该媒介较多的关注。例如，数小时内发生的事件更适合于日报或广播电视新闻，而持续数日或更长时间的事件则更适合于周报。

（2）事件强度（intensity）——某个事件越是具有震动性，或事件的重要性突然增加，也就越有可能受到传媒的重视。

（3）明晰性（clarity）——事件的意义越清晰、模糊性越低，越适合于做新闻处理。

（4）文化接近性（cultural proximity）——事件越是接近受众文化或受众兴趣，越有可能被选作新闻。

（5）预期性（consonance）——符合某些既有的期待或预想的事件更容易被选作新闻。例如，人们预料某国近期内可能发生危机，与此相关的事件会引起更多的关注。

（6）出乎预料性（unexpectedness）——事件越是不同寻常，越出乎意料，越容易被选作新闻。

（7）连续性（continuity）——一旦某个事件被确认为有新闻价值，就会引起对该事件或相关事件的持续关注。

（8）组合性（composition）——某些事件的采用出于媒介内容的整体构成或平衡性的需要，有些事件则作为对照性事件而入选。

（9）社会文化价值（sociocultural values）——受众群体或“把关人”的社会观念和文化价值也会对新闻选择产生重要的影响。①

后来，一些学者在他们的基础上又做了些补充，认为从读者兴趣的角度，影响新闻选择的因素还应该包括：

负面性或否定意义（negativity）——负面事件容易引起受众关注，因而具有报道价值。

人性化或人情味（personalization/human interest）——涉及的人物越是具有人格特点和吸引力，越容易成为新闻报道的对象。

冲突性（conflict）——人物或群体的对立冲突往往引发戏剧性结果，具有故事性，吸引受众兴趣。

---

① See D. McQuail & S. Windahl, *Communication Models*, pp. 105 - 106.

盖尔顿和鲁治认为，影响一个事件能否成为新闻的因素是多种多样的，但并不是只有具备上述全部要素才能成为新闻。新闻的筛选作业是依据三个基本前提进行的：一是附加性前提，事件包含的新闻要素越多，越有可能成为新闻；二是补偿性前提，一个事件在某些要素上是平淡的，但可以因其他要素比较突出而得到补充；三是排除性前提，如果一个事件所有新闻要素含量都偏低，那么这个事件就可能被排除在新闻之外。

由上不难看出，新闻价值或新闻要素所体现的，主要是新闻选择中的业务标准和市场标准。业务标准指的是事件适合于媒介进行新闻处理的各种条件，如时间跨度、明晰性以及组合性等；市场标准指的是事件能够满足受众新闻需求的诸条件以及吸引受众兴趣的诸条件，如提供社会最新变化的信息，能够满足受众的求知欲、好奇心，具有趣味性、人情味等。正如我国新闻学者成美指出的，新闻价值（news value）这个概念，主要是“把交换价值作为衡量新闻的标准”[①]。这一点，是由大众传媒的经营目标所决定的。大众传媒是经营性组织，它们所提供的新闻信息产品如果不为受众市场所接受，势必会影响到自身的生存和发展。

新闻价值或新闻要素研究，揭示了市场标准是新闻选择中“把关”的重要标准，理解这一点对我们来说具有重要意义。但是，市场标准并不是唯一的“把关”标准。我们在前面已经提到，传媒组织除了具有经营目标以外，还有自己的宣传目标或社会目标。对新闻报道是否具有宣传性这个问题，社会主义媒介与资本主义媒介组织的观点和态度是不同的。社会主义媒介认为新闻报道也是一种宣传活动，具有政治和意识形态的导向作用，并旗帜鲜明地表明自己的政治立场；资本主义媒介则极力否认新闻报道具有宣传性，通过标榜“独立性”或“中立性”来掩盖自己为垄断资本和资本主义制度服务的本质。但是，幌子掩盖不了事实，欧洲批判学派所进行的文本分析（text analysis）或内容分析的结果表明，资本主义媒介在本质上是垄断资本或现存资本主义制度的工具。他们认为，随着社会的发展，过去的那种直接宣传已很难奏效，现代资本主义传媒所采用的主要方法就是通过新闻或信息内容的选择，来潜移默化地为统治阶级服务。这主要表现在：

其一，在传播内容中极力夸大资本主义社会的繁荣、民主和自由，制造“幸福生活”印象，灌输资产阶级价值观，以求增强社会成员对资本主义制度的向心力。

其二，通过无休止地刺激人们的享受欲望和把他们引向娱乐领域的方法，来转移社会成员对政治制度和社会制度问题的注意力。

其三，把资本主义社会的基本矛盾——资本与劳动的对立变形为抽象、暧昧的“我们与他们”、“市民对官僚”、“温和的多数与好斗的少数”、“英国人（或美国人）与他们的敌人”的对立和冲突，抹煞阶级统治关系，抑制劳动阶级意识的成长。

其四，它们以传播通俗文化为名，实际上主要是选择通俗文化中落后的、对统治阶级有利的内容加以传播。例如，英国的劳动阶级中一方面存在着性别歧视、对知识分子的不信任感、对皇室和贵族的崇拜以及宿命论等落后意识，另一方面也有着基于社会主义思想传统的先进文化。大众传媒片面地夸大前者，对后者则持歪曲和排斥态度。

批判学派分析的上述倾向，对我们理解资本主义媒介服务于统治阶级和现存制度的本

---

① 成美、童兵：《新闻理论教程》，53 页，北京，中国人民大学出版社，1993。

质是具有启迪意义的。

(三)“把关”过程的实质

综上所述，大众传媒对新闻和信息的选择或“把关”活动是一个复杂的过程。在理解把关活动的实质之际，我们不应仅止于新闻价值或新闻要素分析，而是应该把政治、经济和意识形态因素考虑在内。这是因为，第一，大众传媒的新闻或信息的生产与传播并不具有纯粹的“客观中立性”，而是依据传媒的一定立场、方针和价值标准所进行的一种有目的的取舍选择和加工活动；第二，新闻和信息的选择受到媒体的经营目标、受众需求以及社会文化等多种因素的制约，但是，与媒介的方针和利益一致或相符的内容更容易优先入选、优先得到传播；第三，传媒的“把关”是一个多环节、有组织的过程，其中虽然也有记者、编辑个人的活动，但在媒介内部控制机制的作用下，个人因素所起的作用是有限的。“把关”过程及其结果，在总体上是传媒组织的立场和方针的体现。

思考题

第一节

1. 如何定义技术和媒介技术？
2. 试述三种不同的技术道德观。
3. 如何理解技术与社会的相互关系？
4. 如何理解“媒介是人的延伸”？
5. “媒介即讯息”的含义是什么？
6. 简评麦克卢汉媒介理论的意义和局限性。
7. “电视人”、“容器人”是说明什么问题的概念？
8. 什么是“媒介依存症”？如何看待网络时代的网瘾症现象？
9. 当代新媒介技术的发展趋势具有哪些特点？
10. 鲁塞尔·纽曼预言的媒介技术发展的“4C”趋势是什么？.
11. “电子乌托邦”思想指的是一种什么倾向？

第二节

1. 简述大众传播者的特点。
2. 麦奎尔认为传媒组织在性质上属于“功利”要素和“规范”要素的混合形态，你是否同意这个观点？
3. 试析大众传媒的组织目标与制约因素。
4. 如何理解大众传媒的公共性和公益性？
5. 试述怀特的“把关”过程模式。
6. 谈谈传媒组织在信息生产中的“把关”作用及其实质。
7. 如何理解“新闻价值”？试举一些你认为重要的新闻价值要素。

第九章 传播制度与媒介规范理论

CHAPTER 9

大众传播是一个具有强大影响力的社会信息系统，任何一个国家和社会都会把它纳入社会制度的轨道，因此大众传播也是一种制度化的传播。考察和分析各种制度和制度因素在大众传播活动中的作用是传播学研究的一个重要领域，这种研究称为“控制研究”(control studies)。“控制研究”包括两个方面：一是考察外部制度对传媒机构及其活动的控制和影响，二是考察传媒机构的内部制度对信息的生产、加工和传播活动的制约。本章主要论述第一个问题。

第一节 传播制度与媒介控制

大众传播是在特定的社会制度条件下进行的。社会制度，“指的是在特定的社会活动领域中围绕着一定目标形成的具有普遍意义的、比较稳定的和正式的社会规范体系”[①]。它包括政治法律制度、经济制度和思想文化制度等。一定的社会制度对大众传播的控制，体现为一定形态的传播制度，因此，传播制度也就是社会制度中对大众传播活动直接或间接地起着制约和控制作用的部分。有的学者认为，“传播制度问题主要是大众传播工具与政府的关系问题，即言论、出版自由问题”[②]。我们认为，言论出版自由问题是传播制度的一个重要方面，但不是它的全部。传播制度作为社会制度的反

---

① 郑杭生：《社会学概论新编》，253页，北京，中国人民大学出版社，1987。
② 张隆栋：《大众传播学总论》，41页，北京，中国人民大学出版社，1993。

映，其内容是十分复杂的，它体现了社会制度或制度性因素在各个方面对传播媒介活动的制约和影响。传播制度中既包括媒介与政府的关系问题，也包括媒介与社会群体以及广大受众的关系问题；既包括言论出版的自由与权利问题，也包括言论出版者所应承担的社会责任和义务问题。一句话，传播制度体现了全部社会结构和社会关系的复杂性。从这个基本立场出发，以下我们主要从国家和政府的政治控制，各种利益群体和经济势力对传播媒介的控制，以及广大受众的社会监督控制这三个方面，来探讨特定社会制度和传播制度下的媒介控制问题。

一、国家和政府的政治控制

国家和政府的政治控制是媒介控制的主要方面。这种控制的目的，是通过规定大众传播体制，制定有关法律、法规和政策，来保障媒介活动为国家制度、意识形态以及各种国家目标的实现服务。它主要包含以下几个方面：

1. 规定传媒组织的所有制形式

规定所有制形式是政治控制的主要内容，是确立传播体制的前提。采用什么样的所有制形式，主要取决于国家政治制度和经济制度，社会历史文化和传媒自身的性质也会对所有制形式的确立产生重要影响。在西方资本主义国家，政府对报纸、书籍等印刷媒介的控制较为宽松，一般采用私有企业制度；对广播、电视等电波媒介的控制则比较严格。例如，英国和日本的广播电视事业采用以公营为主、私营为辅的制度，德国和部分欧洲国家采用公营和私营的“双轨制”，意大利则有一种公私合营制度，美国虽然主要采用私有企业制度，但规定实行特许制（见表 9—1）。社会主义国家的大众传播媒介所有制是公有制。

表 9—1　　西方主要国家广播电视事业所有制概况表

国家	所有制形式		特许证管理机构
	公营机构	私营商业机构	
英国	BBC（英国广播公司）	ITV（独立台）、BskyB 等	ITC（独立电视委员会）
日本	NHK（日本广播协会）	日本、富士、读卖、朝日等	邮政省
法国	法国二台、三台、文化教育台	TF1、M6、Canal Plus 等	CSA（视听媒介最高评议会）
德国	ARD（德广联）、ZDF（电视二台）	RTL、SAT1、Pro7、RTL2 等	联邦邮电部
美国	VOA（美国之音）等	ABC、CBS、NBC、FOX 等	FCC（联邦通信委员会）

注：根据日本 NHK 编《世界广播电视数据集》（1996）制作。

2. 对传播媒介的活动进行法制和行政管理

包括对传媒的创办进行审批、登记；分配传播资源；对媒介活动进行多方面的监督管理等。在广播电视领域，由于空中电波频率是一种有限的公共资源，许多国家一般对这种资源的使用实行分配制和特许制，这样做的目的，一方面是为了防止电波相互干扰而产生的混信，另一方面也是为了使作为公共资源使用者的广播电视机构向社会和公众承担一定的责任和义务。此外，由于大众传播是信息产业的一个重要组成部分，因此，对媒介经济活动的规范化管理也是国家和政府控制的一个重要内容。在许多国家，商法、反垄断法、反不正当竞争法等经济法规对传媒活动也是适用的。在日本，除了普遍适用的法规以外，还有对"新闻业中的不正当交易方法"的规定，以及"关于新闻业赠品提供的限制事项"等专门的法律或政令条文。

3. 限制或禁止某些信息内容的传播

限制或禁止的具体内容，在不同国家和不同社会制度下是不同的，但一般大致包括以下几个方面：(1) 与国家制度或意识形态有关的内容；(2) 国家安全及国防机密；(3) 名誉侵权和隐私侵权；(4) 淫秽和非法出版物；(5) 对公众利益和社会文明风气有害的其他内容。H. H. 弗里德利克曾经归纳了美国各种法律和政令中严格限制或禁止传播的七种内容，包括名誉诽谤、侵犯隐私、淫秽色情、国家和国防机密、虚假广告、世界共产主义宣传、外国人在美国的政治宣传等。[①] 不难看出，美国的限制或禁止内容同样有着鲜明的意识形态性。

4. 对传播事业的发展制定总体规划或实行国家援助

国家和政府的控制并不都是限制性的，积极的指导和扶持也是一个重要的方面。在历史上，许多国家都为传播事业的发展制定过优惠政策，如降低印刷品邮费、对某些亟待发展的媒介行业实行免税制或津贴制等。近年来，随着信息经济时代的到来，各国政府都对发展传播事业给予了高度重视。例如，美国政府在保障美国在"21 世纪的领导地位"的口号下，提出了"信息高速公路"计划，并通过《1996 年电信法》积极推进传媒产业的结构调整，力图为本国传媒参与国际竞争打下宽松有利的制度基础。如果说过去国家和政府对传播事业的宏观调控的重点在于国内，那么在今天，这种调控已经有了明显的全球战略的性质。在我国，大力发展媒介和文化产业，在每个五年计划中都占有重要的位置。

二、利益群体和经济势力的控制

国家和政府对传播媒介的控制属于直接的制度控制，但是，从对媒介活动的制约和影响的角度而言，国家和政府的控制并不是唯一的控制，还存在着种种社会利益群体和经济势力的控制。由于这些控制也是在一定社会制度和传播制度的范围内进行的，因此也带有明显的制度性因素。

在我国社会主义制度下，社会各阶层、政党或团体都拥有创办自己的媒介的平等权利。民主党派、少数民族、工人、农民、知识阶层、妇女、青少年群体等，一般都有自己的机关媒介或主要面向他们的媒介，这些社会群体能够通过自己的媒介来维护自身的利益，传播自己的主张，参与国家的政治、经济、文化和社会生活，作为能动的主体在我国的大众传播事业中起着重要的作用。

在资本主义制度下，除了垄断资本和少数大利益集团外，一般社会群体的传播权利是不能得到保障的，传播媒介的控制权主要掌握在垄断资本手中。垄断资本控制传播事业的方式主要有三种：(1) 以强大的资本做后盾成立超大型媒介联合企业，对大众传播事业的主要部分实行垄断；(2) 通过他们控制的议会党团或院外活动集团对公营传播媒介的活动进行干预；(3) 通过提供广告或赞助来间接地控制和影响其他中小媒介的活动。因此，垄断是资本主义国家的大众传播事业的最大特征，特别是在工业资本、银行资本和媒介资本

---

① See H. H. Frederick, *Global Communication and International Relations*, p. 17.

发生了密切融合（交叉所有）的今天，这种垄断已经达到了登峰造极的程度。例如，在美国，20 世纪 80 年代初有 1 700 种日报、11 000 种杂志、9 000 个广播电台、1 000 家电视台、2 500家图书出版公司和 7 家电影制片厂。这样庞大的媒介产业，实际上绝大部分控制在 50 家最大的媒介公司手中。控制权的高度集中，保证了少数垄断资本在大众传播过程中的统治地位。美国学者本·巴格迪坎认为，这“50 家占支配地位的传播媒介公司在控制国家日常舆论上，比任何个别私人，也常常比任何政府机构作用更大”①。20 世纪 90 年代以后美国传媒产业又发生了一系列的大型兼并事件，集中垄断的程度更高。在今天互联网领域中，大型兼并也在不断发生，集中的趋势越来越明显。

三、广大受众的社会监督控制

在现代社会里，大众传播对人们社会生活的各个方面产生着重要的影响。许多传播内容，如报道的新闻或传播的信息是否真实、刊登的广告是否可靠、提供的文化和娱乐内容是否健康有益等，都会直接影响到受众的利益。因此，广大受众对传播媒介的活动拥有进行社会监督的正当权利。

受众对媒介活动进行社会监督控制的手段可以分为以下四种：

（1）个人的信息反馈。即以来信、来电和来访等形式直接表达对媒介活动的意见、建议、批评或抗议。这是一种最常见的受众监督方式。

（2）结成受众团体，以群体运作方式对媒介活动施加影响。例如，日本有一个名为“大众传播市民会议”的受众团体，他们从一般受众的立场出发对传媒活动进行分析和批评，并发行自己的月刊《传媒市民》，具有较广泛的社会影响。

（3）诉诸法律手段。如果媒介提供的虚假报道或广告直接损害了受众的实际利益，或媒介内容侵犯了公民的名誉权或隐私权等，公民可以向法律机构提起诉讼，要求对传播媒介的违法行为进行法律制裁和补偿自己的损失。

（4）通过影响媒介的销售市场来制约媒介活动。大多数传媒机构都有经营目的，发行量和收视率是它们的生命线。对那些性质恶劣的媒介或信息产品，受众可以采取拒买、拒看、拒听行动，这也是受众对媒介活动发挥控制影响的最后手段。

由于大众传播是一个公共性很强而且处于市场运作机制下的事业，在任何一个现代国家，受众的社会监督力量都是不能受到忽视的，即便是在媒介集中和垄断程度最高的美国，“公众利益”也是制约传媒活动的一个重要的社会原则，它使得垄断资本也不能利用他们控制的媒介为所欲为。例如，美国《1934 年电信法》中设有一个“公正原则”（the fairness doctrine)，尽管美国政府在这个原则的解释和适用上一贯倾向于媒介资本，但是民众同样也可以利用这个原则维护自己的利益。1970 年宾夕法尼亚州的 WXUR 电台的许可证更新受到拒绝，就是民众团体联合抗争的结果。WXUR 是一家由极端右翼势力控制的电台，在它的广播内容中，充满了露骨的种族歧视、性别歧视和宗教歧视的宣传，为社会所侧目。因此，当 1970 年该台许可证期满时，国际妇女和平自由联盟美国分部、犹太人劳动工会以及黑人组织等 18 个民众或宗教团体以该台违反“公正原则”为理由，要求

---

① ［美］本·巴格迪坎：《传播媒介的垄断》，1 版，5 页，北京，新华出版社，1986。

联邦通信委员会（FCC）不再为它发放新的许可证。在强大的社会压力下，联邦通信委员会最终取消了为 WXUR 发放新许可证的决定。①

综上所述，媒介控制是一个非常复杂的问题，其中不仅包含着国家和政府与媒介的关系、利益群体和经济势力与媒介的关系、广大受众与媒介的关系，而且包含了自由与责任、权利与义务、竞争与秩序、生产与消费、经济效益与社会效益等各种复杂的矛盾。大众传播在不同的社会制度下具有不同的性质和特点，这些不同，实际上体现了不同社会对上述关系和矛盾性质的认识上的区别以及处理、解决方式上的差异。

第二节 关于传播制度的几种规范理论

我们在前面讲到，传播制度是直接或间接地对大众传播起着控制和制约作用的社会规范体系。但是，究竟应该用什么样的规范来约束大众传播活动，在不同的时代、不同的社会以及在同一社会中的统治阶层和被统治阶层之间，其观点是不同的，甚至是矛盾和对立的。一个社会中的传播制度所体现的，实际上只不过是上升到统治地位的规范体系。

任何一种有关大众传播活动规范的观点大致都包含着以下几个方面的内容：对大众传播社会影响力的认识；对大众传播所应执行的社会功能的期待；基于这些认识和期待的对传播制度或传播体制的构想。英国学者麦奎尔曾经将各种规范体系中所内含的观点和主张称为关于传播制度或媒介制度的“规范理论”，并归纳了它的六种主要类型，即：（1）极权主义理论；（2）自由主义理论；（3）社会责任理论；（4）苏联的共产主义媒介理论；（5）民主参与的媒介理论；（6）发展中国家的媒介理论。② 这些理论，有的已经变成了现实的传播制度，有的还正处于萌芽和形成状态。在上述理论当中，前四种是美国学者 F. S. 席伯特和施拉姆等人在《报刊的四种理论》（1956）一书中概括的，这些概括未必正确，而且其中充满了冷战时期的意识形态偏见。以下我们从极权主义制度下的媒介规范理论、资本主义制度下的媒介规范理论、社会主义制度下的媒介规范理论以及发展中国家的媒介规范理论四个方面，对这些问题做一个概略的分析和探讨。

一、极权主义制度下的媒介规范理论

极权主义（authoritarianism）也称权威主义，现在也有人译成威权主义。顾名思义，这是一种在对社会事物进行评价和判断时，不是从事物本身的内在价值，而是从与外部权力或权威的关系上考虑问题的认知态度和思维方式。极权主义者主张社会事物必须一切以权力或权威为转移，强调社会等级秩序和上下之间的绝对支配与服从关系。例如，柏拉图曾经试图在他的“理想国”中证明社会制度必须以三个等级的存在为基础：第一等级即最高等级负责管理国家；第二等级负责维持国家秩序；第三等级从事生产劳动。柏拉图认为这种等级支配制度是自然的和不变的，完全否认民众具有参与国家政治事务的能力和

---

① See J. A. Barron, *Freedom of the Press for Whom?* ——*The Right of Access to Mass Media*, Indiana, University Press, 1973, Chapter 17.

② See D. McQuail, *Mass Communication Theory: An Introduction*, London, Sage Publications, 1983, Chapter 3.

权利。

极权主义理论是维护专制统治的理论，极权主义的媒介规范理论，同样体现了极权主义政治制度理论的观点，它的最大特点，是主张媒介必须一切以权力的意志为转移，一切为统治者服务。这种理论，是在15世纪中叶近代印刷技术发明后不久欧洲封建专制主义的气候下产生的。印刷术的发明导致了近代报刊的诞生，随着文艺复兴和宗教革命的发展，欧洲各国出现了不少反对封建专制、宣传新兴资产阶级革命思想的书籍和报刊，封建王朝和专制政府把这些出版物视为对自己统治地位的巨大威胁，迅速采取了严厉的管制和镇压措施。在英国，国王亨利八世于1529年公布了第一个禁书法案，1530年建立了第一个出版特许制度；1559年，伊丽莎白女王发布禁令，规定由大主教来管制出版；到了16世纪后期，英国统治者已经形成了一套完整的出版管制制度，这就是都铎王朝在1586年发布的《星法庭法令》。①

极权主义的媒介制度以及它所内含的规范理论正是在这个过程中形成的。它的主要内容包括：(1) 报刊必须对当权者负责，维护国王和专制国家的利益；(2) 报刊必须绝对服从于权力或权威，不得批判占统治地位的道德和政治价值；(3) 政府有权对出版物进行事先检查，这种检查是合法的；(4) 对当权者或当局制度的批判属于犯罪行为，要给予严厉的法律制裁。

在极权主义媒介制度下，报刊和出版受到的管制是严厉的，甚至是残酷的。例如，英国的“星法庭”规定，对违反条例的出版者不仅要处以罚金，而且可以判处徒刑和肉刑，包括戴枷示众、笞刑、烙印、截去手足等；对反对封建统治的“思想犯”或“政治犯”，甚至可以进行秘密审判，不经辩护程序即可做出判决。

在17、18世纪，资产阶级革命取得决定性胜利之前，极权主义传播制度在欧洲统治了数百年，法国、德国、俄国都有过漫长的极权主义统治。我国在1840年鸦片战争以后进入半殖民地半封建时代，清政府的传播制度也具有半殖民地半封建的性质：一方面，清政府对以列强为靠山的外国报刊给予“治外法权”，把管理主权拱手让给租界当局；另一方面，对民族报业和报刊则实行高压政策，对宣传进步和革命思想的报刊采取严厉的制裁和查封措施。1908年制定的《大清报律》规定：报纸不得揭载“诋毁宫廷之语、淆乱政体之语”，并规定实行发行前审查制度。② 这些内容，与西方极权主义的媒介规范也是一脉相承的。

近代极权主义传播制度随着资产阶级革命的胜利而崩溃，但在现代史上也曾死灰复燃。第二次世界大战中的德意日法西斯的传播体制是一种现代极权主义，它的特点是并不满足于对传播媒介的消极控制，而是通过积极的强制改造使之成为国家宣传机器和战争宣传机器，它给人类社会带来的危害远远超过了古典的极权主义。法西斯主义极权制度虽然被世界人民的正义战争送入了坟墓，但在现代世界仍然存在着以改头换面的形式重新复活的条件，这是我们不能不警惕的。

---

① 参见张隆栋、傅显明：《外国新闻事业史简编》，11～12页，北京，中国人民大学出版社，1988。

② 参见刘哲民：《近现代出版新闻法规汇编》，1版，31～34页，上海，学林出版社，1992。

二、资本主义制度下的媒介规范理论

资本主义的传播制度是现代多数西方发达国家现行的传播制度。现代资本主义传播制度是很复杂的，对这个制度产生影响的有多种规范理论，有的属于占统治地位的理论，有的则在制度外起着一种牵制作用。这种状况，体现了资本主义社会内部和外部矛盾的多样性和复杂性。这些理论，包括媒介的自由主义理论、社会责任理论和民主参与理论。

（一）自由主义媒介规范理论

自由主义媒介规范理论也称报刊的自由主义理论，其核心反映了资产阶级自由主义的观点，即认为报刊应该是“观点的自由市场”，是实行自律的自由企业。自由主义理论的主要原理原则包括：（1）任何人都拥有出版自由而不必经过政府当局的特别许可；（2）除人身攻击以外，报刊有权批评政府和官吏，这种批评是正当合法的；（3）新闻出版不应接受第三者的事先检查，出版内容不能受到任何强制；（4）在涉及观点、意见和信念的问题上，真理和“谬误”的传播必须同样得到保证。

自由主义媒介规范理论是在17、18世纪资产阶级革命时期，在同极权主义制度及其规范理论的斗争中形成的。英国诗人、政治家约翰·弥尔顿于1644年出版的政治小册子《论出版自由》产生过重要的影响。在这部小册子中，他根据“主权在民”和“天赋人权”的思想，对封建专制制度对人民的自由民主权利的压制进行了犀利的揭露和批判，并提出出版自由是人的与生俱来的权利。弥尔顿认为，限制人民的言论出版自由就等于压制真理，因为真理只有在“自由而公开的斗争”中，才能战胜谬误，证明自己的真理性。因此，实行许可制和查禁制，实际上等于伤害真理本身。弥尔顿的这个思想，为自由主义媒介规范理论奠定了重要理论基础。

美国学者F.S.席伯特指出，现代自由主义理论中两个重要原则——“观点的公开市场”和“自我修正过程”，就是从弥尔顿的思想发展而来的。这两个原则的基本假设是：第一，人是希望了解真理并愿意服从真理的；第二，为了接近真理，唯一的方法就是保证各种不同意见能够在“公开的市场”上进行自由竞争；第三，人们的意见不可能都是相同的，应该以承认他人的权利为前提，保障每个人自由表达自己意见的权利；第四，在各种不同意见的讨论和碰撞中，最终能够产生出一般人所能承认的最合理的意见。①

除了弥尔顿以外，对自由主义理论的形成产生过重要影响的，还有19世纪英国的哲学家约翰·斯图亚特·密尔以及美国独立战争时期的思想家和革命家托马斯·潘恩、托马斯·杰弗逊等人。密尔在1859年出版的《论自由》一书中特别强调了意见表达自由的重要性：“假如全人类都意见相同，而只有一个人持有反对意见，即使在这种场合，人类也没有迫使这个人沉默的权利。反过来说也是如此，即便这个人拥有迫使全人类沉默的力量，他也没有这样做的权利。……迫使意见沉默带来的弊害在于，这种做法剥夺了人类的权利，不仅是现代人的权利，而且包括他们子孙的权利。如果这种意见是正确的，那么反对的人们就会失去抛弃谬误、服从真理的机会；如果这种意见是错误的，他们则体验不到

---

① See F. S. Siebert, T. B. Peterson & W. Schramm, *Four Theories of the Press*, University of Illinois Press, 1956, Chapter 2.

由真理和谬误的冲撞所带来的对真理的鲜明知觉和印象——这与舍弃谬误服从真理同样是有益的。”①

潘恩和杰弗逊在反对英国对美国的殖民统治、把自由主义理论的一些原则写入《独立宣言》和美国宪法的过程中起了重要的作用。18 世纪 80 年代后期，杰弗逊领导的美国资产阶级民主派同大地主和大资产阶级右翼势力进行了尖锐的斗争，终于在 1789 年使包括言论出版自由、宗教信仰自由以及集会、结社、请愿等权利内容，以宪法修正案的形式正式写入了美国宪法。

早期自由主义理论对打破极权主义专制制度和等级支配观念，确立自由、平等和权利思想起了巨大的作用。对自由主义理论提出的“出版自由”的口号，马克思和恩格斯等无产阶级革命家都给予过高度评价和肯定。马克思 1848 年在比利时参加新年晚会，会上他称赞了比利时的自由宪法，认为该宪法允许自由争论、结社权利，为整个欧洲的利益传播人道主义的种子。恩格斯则指出，资产阶级的胜利是靠人民大众的力量取得的，因此它取得的每一个胜利，都不得不同一个新的社会力量分享，这个新的社会力量最初是它的同盟者，但是不久就成了它的对手。他们认为，资产阶级在反封建和王权的斗争中被迫以人民的名义为自己要求的一种武器——结社权、出版自由等，同样可以被人民用来反对资产阶级的统治。实际上，马克思和恩格斯创办革命报刊，从事工人运动，也是充分利用了资产阶级革命后相对宽松的言论和出版自由的环境的。②

然而，自由主义理论是与资本主义的政治和经济制度结合在一起的，这种制度所保障的并不是全体社会成员的利益，而是私有资本的利益。恩格斯曾经指出了资本主义社会中的出版自由的本质：在一切以资本和金钱为转移的条件下，“出版自由就仅仅是资产阶级的特权，因为出版需要钱，需要购买出版物的人，而购买出版物的人也得要有钱”③。以后的历史发展也证明，自由主义理论没有也不可能实现它最初设想的社会理想。相反，随着资本主义发展到垄断阶段，自由主义理论本身也发生了蜕变，成了维护垄断资本利益的理论。

（二）社会责任理论

社会责任理论是继自由主义理论之后出现的又一种媒介规范理论。它由美国新闻自由委员会在 20 世纪 40 年代提出，其代表性著作是 1947 年出版的《一个自由而负责的新闻界》一书。社会责任理论是强调大众传播媒介对社会和公众应该承担一定责任和义务的理论，它是对自由主义理论的一种修正。

自由主义理论受到修正有其特定的原因和社会背景。第一，进入 20 世纪以后，传播媒介的垄断程度越来越高，传播资源越来越集中于少数人手中，所谓“观点的公开市场”的理念与实际的社会现状产生了尖锐的矛盾；第二，自由主义理论强调的是传播者的权利，而没有涉及作为公众的受传者的权利；第三，这个理论谈论的对象是意见、观点或思想的自由，而没有更多地考虑到作为私有企业营利活动的信息传播的性质和影响问题。换

① J. S. Mill, *On Liberty*, New York, F. S. Crofts and Co., 1947, p. 16.

② 参见陈力丹：《精神交往论：马克思恩格斯的传播观》，392～402 页，北京，中国人民大学出版社，2008。

③ 《马克思恩格斯全集》，中文 1 版，第 2 卷，648 页，北京，人民出版社，1957。

句话说，媒介集中和垄断的加剧使媒介越来越被少数人所控制，而大多数人则越来越失去表达自己意见的手段和机会；私有媒介的传播内容在营利动机的驱使下，越来越有浅薄化、刺激化、煽情化的倾向，严重地危害了健康的社会道德规范，并带来了不少深刻的社会问题。这种状况，引起了人们对自由主义理论及其媒介制度的强烈不满。

社会责任理论正是在这种背景下产生的。不过，社会责任理论并不是对自由主义理论的否定，而是对它的改良。美国学者 T. B. 佩特森认为，无论在前者还是后者的规范中，媒介所承担的任务都是不变的，即：(1) 通过提供关于公共事务的信息、讨论或辩论来服务于政治制度；(2) 启发和提高公众的自我决策意识；(3) 对政府进行监督，维护社会成员个人的利益；(4) 主要通过广告媒体来沟通商品或服务的买方和卖方市场，从而为经济制度服务；(5) 提供娱乐；(6) 保持财政的自给自足，以免于受到特定势力的压力。但是，社会责任理论有一个不同于自由主义理论的大前提，这就是它主张媒介的自由不是绝对的，“自由伴随着一定的义务，享受着政府赋予的特权地位的报刊，有义务对社会承担一定的责任，这就是作为现代社会的公众通信工具而执行一定的基本功能”①。

现代社会责任理论大体包括了以下几个原理原则：(1) 大众传播具有很强的公共性，因而媒介机构必须对社会和公众承担和履行一定的责任和义务；(2) 媒介的新闻报道和信息传播应该符合真实性、正确性、客观性、公正性等专业标准；(3) 媒介必须在现存法律和制度的范围内进行自我约束，不能煽动社会犯罪，不能传播宗教或种族歧视的内容；(4) 受众有权要求媒介从事高品位的传播活动，这种干预是正当的。

社会责任理论提出的目的可以说有两个方面：一是为了防止由传播事业的高度垄断而引起的资本主义内部的社会矛盾激化；二是为了防止由传媒内容的浅薄化、煽情化、刺激化而引起的社会道德和文化的堕落。在第二个方面已经有了一些制度化的措施，如美国《1996 年电信法》规定了限制暴力和色情内容的“V 芯片”制度和节目内容分级制度，但在第一个方面，由于社会责任理论仅仅把希望寄托于“媒介自律”，其效果是微乎其微的。

(三) 民主参与理论

民主参与理论也称受众参与理论，是在 20 世纪 70 年代以后随着社会信息化的发展和媒介集中垄断程度达到新的高度，在美国和日本、欧洲等一些发达国家出现的一种新的媒介规范理论。一方面，信息化的发展使得信息与传播的问题在社会政治、经济、文化生活中的作用越来越重要，并与每个社会成员发生了越来越直接的联系；另一方面，现实的媒介垄断使传播资源越来越集中于少数人手中，在资本主义的排他性私人占有制下，一般民众接近和使用传播媒介的机会越来越少。民主参与理论正是在一般民众要求自主利用媒介的意识不断提高，而现实中又缺乏可以利用的传播资源的矛盾状态下出现的。在民主参与理论诞生和发展的过程中，美国学者 J. A. 巴隆的《媒介接近权：为了谁的出版自由》(1973)、B. H. 巴格迪坎的《传播媒介的垄断》(1983) 产生过重要的影响。

民主参与理论要求大众传播媒介向一般民众开放，允许民众个人和群体的自主参与。它的主要观点有：(1) 任何民众个人和弱小社会群体都拥有知晓权、传播权、对媒介的接近和使用权、接受媒介服务的权利；(2) 媒介应主要为受众而存在，而不应主要为媒介组

① F. S. Siebert, T. B. Peterson, & W. Schramm, *Four Theories of the Press*, Chapter 3.

织、职业宣传家或广告赞助人而存在；(3) 社会各群体、组织、社区都应该拥有自己的媒介；(4) 与大规模的、单向的、垄断性的巨大媒介相比，小规模的、双向的、参与性的媒介更合乎社会理想。民主参与理论的核心价值是多元性、小规模性、双向互动性、传播关系的横向性或平等性。

民主参与理论反映了一般民众对社会责任理论的失望心理，因为这种理论并没有改变少数人垄断媒介的现状。在信息已经成为一种基础资源的今天，民众唯有自己行动起来才能争取到自身的传播权和媒介接近权。在西方资本主义国家，民主参与理论属于一种体制外的规范理论，但由于它是社会公众的呼声，其力量也是不可忽视的，特别是在公共性较强的广播、电视、有线电视以及社区媒介领域，民主参与理论产生了广泛的影响。例如，在美国、德国等西方发达国家，不少地方自治体规定，商业有线电视必须开设"开放频道"(open channel)，允许一般受众自主参与。在这些频道里，受众个人或团体可以根据排队原则 (queuing principle)，按申请时间先后顺序播出自己制作的节目。在德国，到1993年为止，已有8个联邦州的30多个城市有线电视台开设了这种开放频道。

综上所述，在西方资本主义社会中，有多种媒介规范理论对大众传播活动产生着影响，但它们的性质是不一样的。民主参与理论虽然具有一定的影响，但它仍然只不过作为民众的要求在体制外起着一种牵制作用。在资本主义的排他性私人占有制下，受众的传播权和媒介接近权在客观上是很有限的。资本主义国家占统治地位的媒介规范是自由主义理论和社会责任理论，政府和法律机构主要是通过这两种理论来协调和平衡国家内外的传播关系。以美国为例，当媒介的垄断和集中引起普遍的社会不满时，政府和法律机构利用社会责任理论对大媒介的活动加以某种制约，防止社会矛盾进一步激化；而在需要保障垄断资本利益的时候，则往往以自由主义理论为决策依据。就目前的状况而言，美国政府对这两种理论的实用主义态度也是很明显的。一方面，美国在国内传播领域更强调社会责任理论，因为它有助于维持国内传播秩序的稳定；另一方面，在跨国传播或全球传播领域，美国则更强调自由主义理论，主张信息流通的绝对自由，反对发展中国家对外来信息进行自主管理。但是发展中国家很明白，在世界上绝大部分跨国媒介和通信工具控制在以美国为首的少数传播大国手中的情况下，所谓信息流通的自由，只能是少数传播大国的自由，因为发展中国家无论在硬件还是在软件方面都缺乏与之抗衡的实力。不少发展中国家甚至一些发达国家的学者认为，美国在跨国传播领域热心主张信息流通自由，实质上是为了保证美国在世界传播秩序中的垄断地位。今天的自由主义理论，实际上已经蜕变成了个别传播大国推行文化帝国主义的工具。

三、社会主义制度下的媒介规范理论

社会主义传播制度是当今世界的两大主要传播制度之一。社会主义制度下的媒介规范理论，与资本主义制度下的媒介规范理论有着不同的理论渊源和社会实践背景。社会主义媒介规范理论的形成经历了革命战争和社会主义建设两个时期，并且正处于不断发展和完善的过程之中。

(一) 社会主义媒介规范理论的渊源

社会主义媒介规范理论是在无产阶级革命的理论和实践的基础上产生的。近代资产阶级革命虽然推翻了封建极权主义专制制度，但它所建立的资本主义制度保障的只是资产阶级和少数垄断资本的利益，工人阶级和劳动大众却越来越遭受着深重的经济剥削和政治支配，因此，推翻资产阶级统治、建立普遍平等和自由的新型社会的任务历史地落到了工人阶级和劳动大众的身上。在无产阶级和资产阶级的斗争中，工人和劳动大众不断走向成熟，并产生了作为自己指导思想的马克思主义理论和自己的先锋队组织——共产党。在这个过程中，利用报刊等传播媒介来批判资本主义制度、宣传革命思想、动员和组织工人运动也就成了无产阶级革命的一个重要领域。

无产阶级的思想家和政治家们都十分重视报刊在革命中的作用。据统计，马克思和恩格斯在他们的一生中亲手创办和主编的报刊有 5 种，对办报方针产生过直接影响的有 7 种，此外还为 60 多家报刊撰写过稿件、著作和文章。他们在早期提出过“人民报刊”思想，高举“出版自由”的旗帜为劳动阶级和一般大众争取言论和出版的权利。1848 年，他们在欧洲革命风暴中创办了《新莱茵报》，并在领导和组织这张“革命无产阶级最好的机关报”的过程中，将“人民报刊”思想进一步发展成为无产阶级报刊思想和党报思想。我国新闻学学者成美认为，马克思和恩格斯关于无产阶级党报的基本指导思想和工作原则正是在这个期间确立的，其要点包括：党的报刊宣传活动是工人阶级政治行动的一部分，必须接受党的领导；党的政治纲领是党报进行宣传的最高准则，党的一切宣传工作必须严格遵循党的政治纲领；必须调节处理好党报和党的领导机关以及无产阶级群众三者之间的关系；必须依靠人民并且由工人自己提供资金，坚持作为工人阶级群众性舆论工具的独立性等。①

列宁在领导俄国无产阶级革命过程中进一步丰富和发展了马克思和恩格斯的报刊思想。列宁指出：报纸的作用并不限于传播思想、进行政治教育和吸引同盟军；报纸不仅是集体的宣传员和集体的鼓动员，而且是集体的组织者。这段论述可以说是列宁对党报功能和作用的高度概括，这里不仅包含了传播思想的功能、政治教育的功能、宣传鼓动的功能、统一战线的功能，而且包含了列宁将之比喻为“建筑物脚手架”的组织功能。

在中国共产党领导的新民主主义革命过程中，以毛泽东、刘少奇、周恩来等为代表的老一代革命领袖也十分重视党报工作。在他们的指导和关心下，党的新闻工作逐步形成了一些基本的理论、原则和方针，其中包括关于新闻的起源和本源的唯物主义观点、新闻的真实性原则、新闻工作的党性原则、全党办报和群众办报方针以及理论联系实际、密切联系群众和批评与自我批评的党报工作三大作风等重要内容。新中国成立以后，这些原则、方针和作风同样是我国社会主义媒介的基本指导思想。

（二）苏联社会主义传播制度的建立及其媒介规范理论

1917 年，俄国“十月革命”获得胜利，建立了世界上第一个社会主义国家。根据无产阶级革命的既定目标，苏联党和政府对资产阶级新闻事业进行了彻底的改造，并建立了一套全新的传播制度。1918 年，第五次全俄苏维埃代表大会通过了第一部苏联宪法，其中第 14 条规定：“为保障劳动者享有真正表达自己意见的自由，俄罗斯社会主义联邦苏维埃共和国消灭出版事业对资本的从属关系，技术与物质手段一律交归工人阶级与农民掌握

---

① 参见成美、童兵：《新闻理论教程》，133～134 页，北京，中国人民大学出版社，1993。

并保障此等印刷品在全国自由的传播。”① 在报刊和出版领域对旧的制度进行改造的同时，社会主义苏联还创办了自己的通讯社和广播、电影等传播事业。经过两次世界大战，无产阶级革命在东欧和亚洲一系列国家取得胜利，社会主义传播制度成为与资本主义传播制度相抗衡的主要力量。

概括起来说，以苏联为代表的社会主义国家的传播制度具有以下几方面的原则和规范：（1）传播媒介和传播资源是国家的公有财产，不允许私人占有；（2）传播媒介必须为工人阶级服务，必须接受工人阶级先锋队——共产党的思想和组织上的领导；（3）媒介必须按照马列主义原理、社会主义的意识形态和价值体系来传播信息，宣传、动员、组织和教育群众；（4）在服务于社会总体目标的同时，媒介应该满足广大群众的愿望与需求；（5）国家有权监督和管理出版物，取缔反社会的传播内容。

社会主义制度的建立为消灭阶级剥削和阶级压迫，实现普遍的社会民主、平等和自由提供了可能性。但是，要把这种可能性变成现实，还需要更复杂的社会条件，需要社会物质文明和精神文明的高度发展。换句话说，无产阶级及其政党在夺取政权以后，应该把自己的中心任务由政治斗争迅速地转移到经济建设和国家发展上来，而无产阶级的新闻、出版和传播事业，也应该随着党的核心任务的变化，由旧制度的批判者转变为新社会的建设者，成为推动社会经济发展和民主建设、文化建设的重要力量。遗憾的是，由于各种复杂的原因，苏联和东欧国家的党和政府并没有成功地实现这个转变，在一个相当长的时期内依然把政治斗争和意识形态斗争放在首位，这不仅延误了国家的经济建设和现代化进程，而且最终导致了 20 世纪 90 年代初社会主义制度在这些国家的解体。苏联和东欧国家的教训表明，社会主义制度的建立并不能自动保证社会主义事业的成功，社会主义事业最终目标的实现，还有待于各种社会历史条件的成熟。

（三）我国社会主义传播制度和规范在探索中发展

1949 年 10 月，中华人民共和国成立，标志着我国进入了社会主义革命和社会主义建设时期。1954 年，我国颁布了第一部《中华人民共和国宪法》，其中第 87 条规定：中华人民共和国公民有言论、出版、集会、结社、游行、示威的自由。国家供给必需的物质上的便利，以保证公民享受这些自由。这意味着，在社会主义新中国，言论出版自由作为公民的基本权利得到了国家根本大法的保证。

新中国的传播制度是伴随着各项社会主义制度的建立而形成的。1949 年 11 月，中央人民政府政务院新闻总署成立，成为领导和管理全国新闻出版事业的政府机构。新中国成立初期，我国的新闻传播事业为推动对旧制度的社会主义改造、恢复国民经济的发展和贯彻党在过渡时期的总路线做出了重大的贡献，新闻传播事业本身也成为蓬勃发展的社会主义事业的一个重要组成部分。

但是，社会主义中国的新闻传播事业的发展也并不是一帆风顺的。1957 年“反右”运动以后，随着“左”倾思想在党内占据主导地位，新闻传播事业的各种复杂的社会功能开始为单一的“阶级斗争工具”的功能所取代。在“文化大革命”时期，新闻传播媒介曾一度蜕化成操纵舆论、煽动动乱、迫害异己的工具。

---

① 张隆栋、傅显明：《外国新闻事业史简编》，462 页，北京，中国人民大学出版社，1988。

1976年粉碎“四人帮”和1978年党的十一届三中全会的召开，使我国的社会主义传播事业的发展进入了新的历史时期。经过拨乱反正，在“文化大革命”中被搞乱的党的新闻工作基本准则和优良传统得到恢复。随着党的工作重心向经济建设转移、改革开放和社会主义市场经济建设的发展，新闻传播事业开始在国家的政治、经济、文化和社会生活的各个领域执行更加全面的职能。

我国目前正处在社会主义初级阶段，建设高度的物质文明和精神文明是我国社会发展的首要任务。新闻传播是一定社会经济基础的反映，因此，我国目前的传播制度及其基本规范包含了以下几个方面的内容：

其一，我国的新闻传播事业实行社会主义公有制，这是防止私人和资本垄断、保障传播媒介和传播资源掌握在全体人民手中的根本制度，也是实行社会主义新闻自由的重要基础。

其二，我国社会主义新闻传播事业是中国共产党领导下的事业，必须坚持党性原则。党性原则的具体要求是：“在思想上，要宣传党的理论基础和思想体系，以党的指导思想为新闻工作的准绳；在政治上，要宣传党的纲领路线、方针政策，使之成为亿万人民的实际行动；在组织上，要接受党的领导，遵守党的组织原则和新闻宣传工作的纪律。”[①] 人民的利益是党的最高利益，因此，坚持党性原则与服务于人民的根本利益是一致的。

其三，社会主义新闻传播事业执行报道新闻、传递信息、引导舆论、提供娱乐等多方面的社会职能。报道新闻、传递信息是新闻传播事业的基本职能，传播媒介应坚持新闻的真实性原则，向广大群众提供高品位、高质量的新闻和信息服务。引导舆论，包括反映舆论、影响舆论、组织舆论、代表群众进行舆论监督等各个方面，是吸引群众关心国家大事、参与社会公共事务、发扬社会主义民主的重要途径。与此同时，社会主义传播媒介还应该是丰富多彩的文化和娱乐活动的提供者，满足广大社会成员精神生活的各种需求。

其四，社会主义新闻传播事业具有重要的经济功能。这种功能包括两个方面：（1）新闻传播事业通过沟通生产、流通和消费对国民经济发展起着重要的服务作用；（2）新闻传播事业本身也是社会主义市场经济的重要组成部分，是新兴的信息和知识产业的骨干，新闻传播事业的发展可以带动国家和社会的全面发展。目前，我国新闻传播媒介大多以事业机构采用企业化经营的方式参与着市场活动，它们的信息产品不但满足着国内物质文明和精神文明建设的需要，而且力争在国际市场上占有一席地位。

在新的市场经济条件下，我国的新闻传播事业也面临着一系列新的课题。企业化经营为媒介机构带来了独享的经济利益，这一方面可以推动媒介之间相互竞争，有利于提高传播活动的质量；另一方面也为商业主义和营利主义的抬头提供了条件。一些媒介出现了片面追求发行量或收视率而不顾社会效益的倾向，不正当竞争，虚假新闻，变相广告，传播内容的低俗化、刺激化和煽情化等现象也日益严重。这种状况，使得传播媒介的社会责任问题、如何正确处理经济效益和社会效益的关系问题、市场经济条件下的传播工作者的职业道德和行为规范问题、传播媒介的自律问题、社会和广大受众对媒介活动的社会监督等一系列新的重大规范课题，都摆到了我们的面前。

---

① 成美、童兵：《新闻理论教程》，148页，北京，中国人民大学出版社，1993。

我国的社会主义传播制度及其规范体系还处在不断的改革、发展和完善过程之中。一个固定的模式是没有的，也不可能有。我们只能在实践中不断摸索和总结经验，建设和完善符合中国国情、具有中国特色的社会主义传播制度及其规范体系。

四、发展中国家的传播制度和媒介规范理论

在当今世界上，除了发达国家以外，还有一大批发展中国家。20 世纪 70 年代以来，发展中国家在国际事务中起着越来越重要的作用，这些国家的传播制度及其理论也引起了不少学者的关注。发展中国家的社会制度是多种多样的，但就国家发展的状况和条件来说也有不少相同的特点，如经济比较落后，发展经济是国家的首要目标；政局相对不稳定，有些国家甚至经常面临内战、政变或外来势力颠覆的威胁；就大众传播的状况而言，由于资金和技术的限制，在硬件和软件两个方面对西方发达国家的依赖程度都很高。发展中国家的传播制度和理论从总体上反映了这种现实状况。

根据英国学者麦奎尔的归纳和概括，发展中国家的传播制度和媒介规范理论大致包含了以下几个方面：(1) 大众传播活动必须与国家政策保持同一轨道，以推动国家发展为基本任务；(2) 媒介的自由伴随着相应的责任，这种自由必须在经济优先的原则和满足社会需求的原则下接受一定限制；(3) 在传播内容上，要优先传播本国文化，优先使用本民族语言；(4) 在新闻和信息的交流合作领域，应优先发展与地理、政治和文化比较接近的其他发展中国家的合作关系；(5) 在事关国家发展和社会稳定的利害问题上，国家有权对传播媒介进行检查、干预、限制乃至实行直接管制。①

从总体上来看，大多数发展中国家所采用的传播制度是符合自己的国情和条件的。生存和发展问题是发展中国家面临的最大课题，这里不仅包括经济和政治上的生存和发展，而且也包括民族文化的生存和发展。在跨国传播和全球信息化飞速发展的今天，西方发达国家的文化产品正在像洪水一样涌入发展中国家，造成了这些国家民族传统文化的危机。在这种状况下，为了抵御来自少数传播大国的“文化侵略”，不少发展中国家在维护“信息主权”的口号下，从制度上采取了保护和发展民族文化的措施，并加强了对外来信息的自主管理。

思考题

第一节

1. 什么是传播制度？为什么说传播制度体现了全部社会结构和社会关系的复杂性？
2. 国家和政府对传媒的政治控制主要包括哪些方面？
3. 在资本主义制度下，垄断资本主要通过哪些方式控制传播事业？
4. 为什么说受众对传媒活动拥有监督控制的权利？受众行使这种权利的手段主要包括哪些方面？

---

① See D. McQuail, *Mass Communication: An Introduction*, London, Sage Publications, 1983, Chapter 3.

第二节

1. 简析极权主义的媒介规范理论。
2. 简析自由主义的媒介规范理论。
3. “观点的自由市场”和“自我修正过程”是现代自由主义理论中的两个重要原则，这两个原则所依托的基本假设是什么？
4. 简析社会责任理论。
5. 简析民主参与理论。
6. 资本主义制度下的媒介理论经历了一个由“自由主义”到“社会责任”再到“民主参与”的变化过程，试析这种变化的原因和背景。
7. 我国社会主义制度下的媒介规范理论主要包括哪些方面？
8. 发展中国家的媒介规范理论主要包括哪些方面的内容？

第十章 社会转型与受众变迁

CHAPTER 10

受众（audience）指的是一对多的传播活动的对象或受传者，会场的听众，戏剧表演、体育比赛的观众，报纸刊物的读者，广播电视的收视者，网络媒体的用户，都属于受众的范畴。由于我们这个时代是大众传播时代，最引人注目的受众则是大众传播的受众（mass audience）。在大众传播中，受众与传媒构成了社会传播过程的两极，这两者之间既相互依存又相互矛盾和冲突的关系，构成了现代社会信息系统运行的重要特色，也形成了我们这个时代的波澜壮阔的宏大社会景观。

第一节 “大众”与大众社会理论

大众传播，是英文“mass communication”的对译词，这里的限定词“mass”既可以翻译成“大众”，也可以翻译成“大量”。就大众传播既具有信息产品大量生产和大量复制的特性，又具有传播对象的大面积、跨阶层或“不定量多数”的特性而言，两种译法似乎都无不可。我国学者约定俗成地译成“大众”也许是由于更着眼于后一种特性，但许多人并没有意识到，“大众”一词，在西方社会科学传统中是有其特定含义的。

一、“大众”的概念

大众是伴随着大众社会理论的形成而出现的一个特定概念。这种理论认为，19 世纪末 20 世纪初是人类进入大众社会的一个分界点。在这个时代，作为工业革命、资产阶级革命以及大众传播发展的结果，过去的那种传统社会结构、等级秩序和统一的价值体系已被打破，社会成员失去了统一的行为参照系，变成了孤立的、分散的、均质的、原子式的存在，即所谓“大众”（mass）。大众是一种新的未组织化的社会群体，与既有的群体形态相比，有着明显不同的特点。

大众不同于初级群体（primary group）或小群体。初级群体和小群体的特点是：成员之间通常保持着面识关系，拥有共同的目标或价值，并且在时间上具有一定稳定性。

大众也不同于群集（crowd）。群集指集合状态下的人群。它的规模虽然大于小群体，但通常局限于一定的物理空间之内。群集通常具有匿名性、情绪性、暗示性和感染性，能够从事一定的集合行为。群集一般是由临时参加或卷入事件、活动的人们组成的，并不具备成为稳定的社会构成体的条件。

大众又不同于公众（public）。公众虽然规模很大而且分布范围广，但这个概念一般指社会上围绕共同关心的公共事务或问题，通过公开、合理的讨论而形成的能动的社会群体，他们是社会公共利益的维护者，其行为是有理性的。因此，卢梭曾把公众称为民主政治的基础，认为公众的意志——“公意”代表了共同体的最高意志，它是“不可摧毁的”①。公众主要是一个政治概念。

大众的主要特点是：(1) 规模的巨大性——在人数上超过其他社会群体或集团；(2) 分散性和异质性——广泛分布于社会的各个阶层，其成员具有不同的社会属性；(3) 匿名性——成员之间互不面识，对试图进行大众操作的社会精英来说也是难以把握的对象；(4) 流动性——大众的范围依对象问题而时有变化，其成员是流动的；(5) 无组织性——大众缺乏明确的自我意识和自我约束，因而不能作为一个主体而自主行动，大众行为主要是在外部力量的刺激和动员下形成的；(6) 同质性——大众成员虽然具有不同的社会属性，但又有同一的行为倾向，因而具有同质性，容易受到外部力量的操纵和影响。

在大众社会理论看来，现代社会主要分成两个部分，一部分是广泛的大众，另一部分则是少数权力精英（power elite）。权力精英包括政治精英、经济精英和传媒精英，他们永远在试图控制和影响大众；大众虽然是一种被动的、沙粒般的存在，但由于其数量庞大，能够产生不可抗拒的“多数”压力和力量，因此，在现代社会里，谁掌握了大众，谁就掌握了一切。

二、大众社会理论的形成和变化

大众社会理论是一种复杂的社会理论，在当代社会科学界有着广泛的影响。它有一个形成、发展和变化的过程。

(一) 早期的贵族主义观点

早期的大众社会论者主要是一些保守的政治家和思想家，他们对工业革命、资产阶级革命后工人和劳动大众作为重要的社会力量登上政治舞台感到恐惧，并站在贵族主义的立

① ［法］卢梭：《社会契约论》，2版，135页，北京，商务印书馆，1980。

场上对这种现状进行批判。例如，19 世纪上半叶的法国政治家托克维尔[①]在《论美国的民主》一书中，将“阶层的平等化”看做“打着人民旗号的多数人专制”，并认为大革命后的法国正在不断把人物质化，大批不顾正义只求功利，将信仰与知识隔离、道德与幸福截断的人纷纷登场，导致了社会秩序的混乱和民主制度的危机。19 世纪末，另一位法国社会心理学家勒朋则用他的群集理论来描述法国大革命中的群众行为，认为他们是一群受到暗示和感染机制支配、无视理性和法律的“暴徒”，如果这种非合理的人群成为政治支配力量，则必然会使迄今由少数贵族阶层所创造的文明遭到破坏。进入 20 世纪后，基于贵族立场的大众社会论者主要是西班牙的奥特伽[②]，他在 1930 年出版的《大众的造反》一书中认为，工业革命和大众传播造成了一种缺乏历史感、自我意识和义务意识，只有强烈的欲望和权利意识的平庸者的集合体——大众，而大众的崛起将会导致对“有理性”、“有创造力”的少数社会精英的压迫，从而引起道德的颓废和国家的没落。早期的大众社会论充满了正在失去权力和影响力的贵族阶级对崛起的大众的仇视心理和偏见，其观点并无可取之处。

（二）对法西斯极权主义的批判

20 世纪 30 年代以后，大众社会理论发生了重要的变化，它开始脱离贵族主义立场，并成为批判法西斯极权主义制度的武器，其代表人物是社会学家卡尔·曼海姆[③]等一批学者。

与早期的大众社会论者一样，曼海姆等同样把工业革命带来的产业化，资产阶级革命带来的平权化、民主化以及大众传播手段的发展看做大众社会产生的基础，但他们得出的结论却大不相同。曼海姆认为，随着产业化的发展，人的活动越来越变得具有功能合理性，而现代官僚制组织则是最大限度地追求功能合理性的社会形态。但是，功能合理性却大大压抑和剥夺了一般个人的思考能力和责任能力，并把这些活动托付给居领导地位的少数精英人物。换句话说，功能合理化的结果反而降低了一般大众的“本质合理性”，扩大了大众与精英人物之间的社会差距，这使得一般大众越来越陷于异化感、不安感和绝望感的笼罩之中，容易引起他们情绪上的躁动。另一方面，由于“民主化”赋予了一般大众参与政治的机会与权利，而大众传播又为权力精英提供了操纵大众的手段，如果大众情绪受到别有用心的精英集团的利用，就会引发具有极大破坏力的大众行动。曼海姆等人认为，德、意、日法西斯体制的确立，就具有这样一种深刻的社会背景。

除曼海姆之外，雷德勒、诺曼、阿兰特等不少学者也强调原子化的、不定形的大众的存在是法西斯专制政治的社会基础。换句话说，他们认为，法西斯势力破坏了包括家庭在内的所有中间群体，使人们变成孤立的、分散的“大众人”（mass man），并通过暴力强制和宣传动员加以操纵，使他们变成了法西斯主义的狂热支持者。这个时期的大众社会理

---

① 托克维尔（1809—1859），法国政治家和作家。曾基于对美国社会的实地考察撰写了《论美国的民主》（上下卷，分别于 1835 年、1840 年出版）一书，其中许多观点对大众社会理论的形成产生了重要影响。

② 奥特伽（1883—1955），西班牙哲学家和社会学家，其著作《大众的造反》（1930）是大众社会理论的代表作之一。

③ 卡尔·曼海姆（1893—1947），匈牙利出生的著名学者，知识社会学创始人。曾在德国留学和从事研究，20 世纪 30 年代为躲避纳粹迫害逃亡到英国。有关大众社会的主要著作有《变革期的人与社会》（1935）等。

论，主要着眼于产业化和资本主义大众民主制的内在矛盾，分析大众的“异化”及其社会结果，并试图由此说明法西斯体制出现的社会原因。

（三）战后美国的大众社会理论

第二次世界大战以后，从 20 世纪 50 年代开始，美国也出现了一批大众社会论者，著名的有密尔斯、李斯曼、孔豪瑟等人，他们的目的在于考察美国当代的各种社会病理现象。

密尔斯认为，在现代社会，随着大企业的增多和组织官僚化的程度越来越高，过去那种以农场主和中小企业家为主体的“旧中产阶级”已经衰落，代之而起的是以管理人员、专业和事务人员、推销人员为主的“新中产阶级”，即白领阶层。白领阶层不但不拥有任何资产，而且仅仅作为大企业组织这架机器上的零件，机械地承担着“非人格化”的作业或服务。在高度合理化的大企业组织面前，他们常常抱有一种失落感或无力感，这使得他们对政治不感兴趣，而在业余生活中则“逃避”到大众传媒提供的消遣或娱乐领域。也就是说，这种白领阶层虽然在人口中占的比重不断增加，但在本质上是被排斥在统治势力之外的：他们与蓝领劳动工人一起，构成了美国社会中的“大众”。密尔斯认为，大众的状态以及他们与少数居支配地位的权力精英的矛盾，是美国各种社会病理现象产生的重要原因。[①]

李斯曼主要从人的社会性格或社会适应方式的变化来说明大众社会的成因。他认为，随着社会人口的增加，人们的社会适应方式经历了一个由“传统型”到“内向型”又到“外向型”的变化过程，而现代人的典型社会性格是“外向型”，即总是顾及周围的状况以及他人对自己的看法。这种社会性格意味着现代人的行为具有过多的“趋同”倾向，其结果便是社会成员自主性的降低和均质性的增加，成为无个性的一般大众。[②]

孔豪瑟则强调现代大众社会具有双重性质：非精英的大众容易受到精英的操纵，而同时精英人物又容易受到非精英大众的压力和影响。他认为中间社会群体的衰退、人际关系的淡漠和孤立性、社会权力的集中性、大众传播导致的文化的均一性和流动性是现代大众社会的主要特点。[③]

（四）如何评价大众社会理论

大众社会理论并不是一个严密的理论体系，而是一种看问题的视角或方法。从上面的论述可以看出，所有的大众社会论者都把现代社会作为原子化的大众社会来把握，但他们的立场和观点各不相同，有的是出于贵族立场对人民大众的攻击，有的是对法西斯体制的批判，有的则是为了揭示现代资本主义社会的弊病。

大众社会理论的一个主要问题是它的精英史观。也就是说，它虽然把权力精英作为批判的对象，但又把他们看做历史的主导者，而大众则是软弱无力、一盘散沙式的存在，只能被动地接受权力精英的操纵。这种精英史观，与“人民群众创造历史”的唯物史观是格格不入的。

---

① See C. W. Mills, *The Power Elite*, New York, Oxford University Press, 1956.

② See D. Riesman, R. Denny, & N. Glazer, *The Lonely Crowd*, New Haven, Yale University Press, 1960.

③ See W. Kornhauser, *The Politics of Mass Society*, Glencoe, Free Press, 1959.

不过我们也应该看到，大众社会理论的独特视角对我们理解现代社会不无助益，他们的分析也触及了现代社会的许多重要课题。归纳起来说，大众社会理论认为大众社会的成立有六个基本条件，即：(1) 产业化的大量生产和大量消费的存在；(2) 社会的平权化或民主化的发展；(3) 大众传媒的发达和大量信息、娱乐产品的提供；(4) 生活水平的全面提高；(5) 传统的中产阶层的衰退和以白领为主的"新中产阶层"的扩大；(6) 社会组织中的官僚化的发展。[①] 这些条件，是现代社会中的普遍现象。在处于现代化和向市场经济转轨过程中的我国，可以说也具备了上述六个条件。因此，客观地分析和研究这样一些社会条件的意味及其对社会发展的影响，对推进我国的现代化建设无疑也具有重要的意义。

三、大众社会理论与传播学研究

从前面的论述可以看出，在大众社会理论中，大众传播媒介的发达、信息的大量生产和大量提供被看做大众社会得以成立的基本条件之一，探讨大众社会，必然会论及大众传播。正因为如此，大众社会理论对传播学研究也有着重要的影响。这种影响是多方面的，在这里，我们主要分析一下基于大众社会论立场的受众观。

用典型的大众社会论观点看问题，大众传播的受众无疑就是大众本身，受众具备着大众的一切特点，因此，受众在本质上是一种被动的存在。这可以说是大众社会论的受众观的核心观点。不过，在说明这种被动性时，传播学者更多地从社会传播结构的变化以及大众传播的性质上来寻找原因。在这个方面，日本著名社会心理学和传播学家清水几太郎的观点可以说具有代表性。

清水几太郎认为，现代社会是一个"拷贝（copy）支配"的社会，而导致这种状况出现的重要原因是环境的扩大和社会生活的间接化。换句话说，环境的扩大和间接化意味着人们与大多数重要的"实物"不可能保持实际接触，要了解它们只能依靠传媒提供的第二手信息——"拷贝"；"拷贝"不是"实物"本身，而人们又缺乏将之与"实物"相对照的手段，也只能把他们作为"实物"的代替物；由于大众传媒的大量生产和大量提供，现代人每日每时都处在"拷贝"的洪水的包围之中，要躲避它们的影响是不可能的。

清水几太郎认为，"拷贝的支配"也会转化为"心理的暴力"，这是因为在"拷贝"制作和提供过程中存在着两条"抽象的原理"。

第一条原理是利润原理。也就是说，"拷贝"的收集、制作和提供是作为营利活动来进行的。为了获取利润，传媒必须争取最大多数的受众，而要做到这一点就必须满足广泛的受众需求。为达此目的，传媒通常有两种做法：一是为特定的受众提供特定的"拷贝"（如报纸的专栏或专版等），二是提供满足最广泛的普遍兴趣的"拷贝"。问题就在于后者，因为最广泛的普遍兴趣也就是超越人的阶层、群体、职业、学历等社会属性的兴趣，说到底无非就是与性爱、犯罪、冲突、猎奇等有关的本能兴趣。清水几太郎认为，这种最普遍的兴趣也就是人的"原始兴趣"，这种兴趣存在于人的本能之中；在传媒提供的大量刺激人的原始需求的"拷贝"面前，如果没有生理障碍或特殊的毅力，一般经不住它们的

---

① 参见［日］三上俊治：《大众社会论的系谱》，见《新闻学评论》，第35期，87页，东京，日本新闻学会，1986。

诱惑。

第二条是政治或宣传原理。根据清水几太郎的定义，宣传即“使用语言或其他象征手段，将众多的人们引向某种态度或行动的活动”，大众传媒的“拷贝”制作和提供不仅受到利润原理的驱动，而且受到政治和宣传原理的制约。不过他认为，大众传媒的宣传与政府或政党的直接宣传不同，主要是通过“拷贝”的选择和加工活动来潜移默化地进行，更具有一种“麻醉”效果。在现代资本主义社会，“拷贝”的制作、采集和分配控制在巨型垄断媒介手中，而一般大众只能作为消费者，以完全被动的态度接受单向的“拷贝”洪流的冲击。

清水几太郎认为，在“拷贝”带有心理暴力性质的强大支配力面前，现代人“已经屈服于大众传媒机构的庞大规模和它们的垄断地位”；对来自传媒的种种刺激已经放弃了严肃认真的态度，在玩世不恭和无可奈何的心态的主导下而自甘于消极、被动的处境。他们已经“无条件地放弃了自己的批判能力，形成了无思想的划一主义”①。

清水几太郎的分析在揭示大众传播的单向性及其社会影响力方面是有说服力的，但是他把受众看做绝对被动的存在的观点则失之于偏激。在现代社会，接触大众传播是社会成员的一项重要活动，但并不是全部活动，他们同时还参与着各种能动的社会实践活动，有着丰富的现实社会关系，而这样一些社会关系和实践也必然会对他们接触大众传播产生能动的影响。正如我们在下一节中将要讲到的，如果我们以更广泛的视野看问题就会发现，从某种意义上来说，受众不仅不是被动的，而且具有很强的能动性。

实际上，随着社会的发展，近年来有关大众社会和大众传播的研究中，不少学者也已经放弃了受众“绝对被动”的观点。例如，在有关大众文化、大众消费或大众流行现象的研究中，学者们在考察大众传媒对受众的影响的同时，也在不同程度上开始强调受众的能动性对传媒活动的制约。这种转变，从“大众成熟了”、“大众变聪明了”、“大众有了自己的保护壳”、“大众开始了分化重组的过程”（所谓“分众论”、“小众论”）等观点中可略见一斑。

第二节　几种主要的受众观

在大众传播研究中，受众指的是大众传媒的信息接受者或传播对象。受众是一个集合概念，最直观地体现为作为大众传媒信息接受者的社会人群，如书籍、报刊的读者，广播的听众或电影、电视的观众，网络媒体用户等。传播学家克劳斯认为，受众按其规模可以分成三个不同的层次：第一个层次是特定国家或地区内能够接触到传媒信息的总人口，这是最大规模的受众，如在我国的电视覆盖区域内，凡拥有电视机或能观看电视节目的人都是电视传媒的受众；第二个层次是对特定传媒或特定信息内容保持着定期接触的人，如报纸的定期读者或电视节目的稳定观众；第三个层次是不但接触了媒介内容而且也在态度或行动上实际接受了媒介影响的人，对传媒而言这部分人属于有效受众，在他们身上体现了

① ［日］清水几太郎：《社会心理学》，1版，120、143页，东京，岩波书店，1951。

实质性的传播效果。[①]

把受众看做读者、听众和观众的集合，有助于我们从规模或量的方面把握受众的概念，但这种理解并不能揭示受众的社会属性以及他们与传播媒介的社会关系，要解决这些问题，还必须考察受众的社会结构及其性质。在上一节中，我们对作为“大众”的受众观做了论述，本节将简要地介绍和分析其他几种主要的受众观。

一、作为社会群体成员的受众

不同的受众观会导致对受众在大众传播过程中的性质、地位和作用的不同理解。用大众社会论的受众观看问题，我们眼前呈现的是一大群呈原子结构的、沙粒般的、分散的、无防护的个人，这些个人在大众传媒有计划、有组织的传播活动面前是被动的、缺乏抵抗力的。传播效果研究早期的“子弹论”、“皮下注射论”或“靶子论”的观点，就是建立在这样一种受众观的基础上的。

然而，如果我们把受众看做社会群体的成员，就会发现受众并不是孤立的存在，而是分属于不同的社会集团或群体，有着不同的社会背景。受众对大众传媒的接触虽然是个人的活动，但这种活动通常受到他的群体归属关系、群体利益以及群体规范的制约。受众的群体背景可以分成两个方面：一是人口统计学意义的群体，包括性别、年龄、籍贯、民族、职业、学历等；二是社会关系意义上的群体，如家庭、单位、团体、政治、经济和文化的归属阶层，宗教信仰群体等。受众个人的群体属性不同，意味着他们所处的时代、社会环境、社会化的条件、社会地位、价值和信念、对事物的立场观点和看法、心理特点和文化背景都有很大的差异，对大众传媒信息的需求、接触和反应方式也是千差万别的。

传播学研究表明，受众的群体背景或社会背景是决定他们对事物的态度和行动的重要因素，这种影响有时甚至超过大众传播的影响。早在 20 世纪 40 年代，拉扎斯菲尔德等人进行的 IPP 指数分析就已经证明了这一点。

1940 年是美国的总统选举年，拉扎斯菲尔德等人为了考察大众传播的竞选宣传对选举结果的影响，在俄亥俄州的伊里县进行了一次实证调查，史称“伊里调查”。调查对象样本数为 600 人，在半年时间内共实施了 7 次追踪调查，其目的是为了把握竞选过程中选民的投票意向的变化。在将调查结果与投票结果进行对比分析时，调查者发现，在整个竞选宣传过程中，投票意向始终未变的人占了半数（50%），而只有 8%的人改变了最初的意向。这个结果说明，大众传播的竞选宣传并不是选民投票行为的决定因素。那么，究竟是什么因素决定了选民的投票立场呢？为了弄清这个问题，拉扎斯菲尔德等人进行了 IPP 指数分析。

IPP 指数（index of political pre-dispositions），即“既有政治倾向指数”，是一个从社会经济地位、居住区域和宗教信仰三个方面来显示受众在接触媒介宣传前已有的政治立场和态度的综合指数。这个指数是根据当时美国政治力量的分布状况（共和党支持者主要集中于社会经济地位高的阶层、新教徒和县区农村；民主党支持者主要集中于经济地位低的

---

① See R. Clausse, *The Mass Public at Grips with Mass Communication*, *International Social Science Journal*, 20 (4), 1968, pp. 625 - 643.

阶层、天主教徒和大城市)，以给予具备支持共和党背景的人较低得分、给予具备支持民主党背景的人较高得分的方法来计算的(见表10—1)。

表10—1 **IPP指数分配**

SES(社会经济地位)	新教徒		天主教徒	
	县区	城市	县区	城市
上	1	2	3	4
中	2	3	4	5
中下	3	4	5	6
下	4	5	6	7

IPP指数分析的结果表明，选民的投票立场与他们的既有政治倾向有着密切的关系。也就是说，那些原本具有支持共和党倾向的人主要投了共和党候选人的票，而那些原本具有支持民主党倾向的人主要投了民主党候选人的票(见表10—2)。根据这一结果，拉扎斯菲尔德等人提出了著名的“政治既有倾向假说”：在人们就选举或其他政治问题做出决定之际，这种决定并不取决于一时的政治宣传和大众传播，而是基本上取决于他们迄今所持的政治倾向。很显然，人们的政治态度，与他们归属的社会群体和社会背景是分不开的。

表10—2 **IPP指数与投票结果**

IPP得分	共和党	民主党
1～3	67%	33%
4～7	26%	74%

既有政治倾向不但决定着人们的政治选择，而且也制约着人们对大众传媒内容的接触，这是IPP指数分析的另一个重要发现。如表10—3所示，那些具有支持共和党倾向的人大部分(54%)只接触了共和党的宣传，而具有支持民主党倾向的人大部分(61%)只接触了民主党的宣传。根据这个结果，拉扎斯菲尔德等人认为，受众在接触大众传播的信息时并不是不加选择的，而是更愿意选择接触那些与自己的既有立场和态度一致或接近的内容，而对与此对立或冲突的内容有一种回避的倾向。他们把这个结论称为“选择性接触假说”(hypothesis of selective exposure)。①

表10—3 **IPP指数与所接触的政党宣传**

IPP得分	共和党	民主党	双方
1～3	54%	35%	11%
4～7	17%	61%	22%

后来的大量研究表明，“选择性接触”并不仅仅存在于政治信息领域，在消费、文化和娱乐信息领域，这种机制都是普遍存在的。而作为选择之依据的，除了兴趣或爱好等个人因素以外，他们的群体价值和群体规范起着重要的作用。“选择性接触”机制的存在说明，受众在大众传媒面前并不完全被动，而具有某种能动性，大众传媒并没有随心所欲地支配和左右受众的力量。

① See P. F. Lazarsfeld, B. Berelson & H. Gaudet, *The People's Choice*, New York, Columbia University Press, 1948, pp. 82-149.

二、作为“市场”的受众

把受众看做信息产品的消费者和大众传媒的市场，也是一种很普遍的受众观。这种观点，在19世纪30年代以后大众传媒向企业经营形态转变的过程中就已经出现了，在大众传播事业成为信息产业的一个重要组成部分的今天，就更为常见。

麦奎尔认为，如果从市场的角度考虑问题，受众可以定义为特定的媒体或讯息所指向的、具有特定的社会经济侧面像的，潜在的消费者的集合体。[①]

把受众看做市场或消费者的观点，是建立在以下几个基本认识的基础之上的：(1) 大众传媒是一种经营组织，必须把自己的信息产品或服务以商品交换的形式在市场上销售出去；(2) 要做到这一点，必须使自己的产品或服务具备一定的使用价值或交换价值，换句话说，即能够满足消费者的各种需求；(3) 传媒活动既然是市场活动，那么各传媒机构之间必然存在着激烈的竞争关系，而竞争的对象自然是作为消费者的受众。

“受众即市场”是大多数媒介机构的基本观点。不过，对受众市场性质的看法，随着时代变迁也有一个变化的过程。20世纪80年代以前，多数传媒把受众看做一个未分化的“大众”市场，其有效经营方式是提供能够满足普遍需求的信息产品或服务；而在媒体丰富化的今天，许多传媒认为大众市场已经饱和，因此，准确进行受众定位，开拓具有特定需求的“小众”市场成了保证经济效益的最佳选择。

“受众即市场”的观点，反映了传媒活动的某些特性，如经营性、商品性和竞争性，也能够揭示受众作为消费者的某些行为特点。但是，从传播学的角度来看，这个概念是不完善的。麦奎尔曾经指出它有以下几个问题：

第一，它容易把传媒与受众的关系固定为“卖方”和“买方”的关系。传媒负责提供，受众只能在被提供的商品范围内进行选择；对媒介而言，最大问题是如何通过“营销”使受众接受这些商品，而对受众来说最大问题则是如何“盘算”着花钱。在这里，复杂的社会传播关系被简化成了单纯的买卖关系。

第二，这种观点更多地着眼于受众的购买能力与消费特点相关的人口统计学属性，如收入、性别、年龄、学历等，而不能反映受众内部更深层次的社会关系和意识形态。

第三，这种观点容易把“商品销售量”——收视率或发行量作为判断传媒成功与否的唯一标准，而把公益性和社会效益标准放在次要的位置上。

第四，把受众视为“市场”的观点只能是传媒一方的观点，只能使人从传媒的立场出发考虑问题，而不是从受众的立场出发考虑问题。因为在受众看来，他们并不单纯是消费者，而且还是社会公共事务的参与者，是拥有传播权利的主体。

因此，我们不能将受众简单地等同于物质商品的消费者，也不能将传媒简单地等同于生产和提供物质商品的企业，归根到底，这是由精神产品的生产和消费过程的特殊性所决定的。

---

① See D. McQuail, *Mass Communication: An Introduction*, London, Sage Publications, 1983, Chapter 6.

三、作为权利主体的受众

受众不仅仅是传媒信息的使用者或消费者，他们还是构成社会的基本成员，也是参与社会管理和社会公共事务的公众。当我们把受众看做社会成员和公众的时候，受众拥有各种各样的正当权利。受众在大众传播过程中享有的基本权利包括：

（一）传播权（the right to communicate）

传播权是构成社会的每个成员所享有的基本权利之一，在传统上称为表现自由或言论自由的权利。社会成员是社会实践和社会生活的主体，他们有权将自己的经验、体会、思想、观点和认识通过言论、创作、著述等活动表现出来，并有权通过一切合法手段和渠道加以传播。在这里，理所当然地也包括通过大众传媒渠道进行传播的权利。

（二）知晓权（the right to know）

知晓权在广义上来说，指的是社会成员获得有关自身所处的环境及其变化的信息、保障社会生活所需的各种有用信息的权利，从这个意义上来说，它也是人的生存权的基本内容之一。从狭义上来说，知晓权指的是公民对国家的立法、司法和行政等公共权力机构的活动所拥有的知情或知察的权利，这是公民的一项基本政治权利，也意味着公共权力机构对公民负有信息公开的责任和义务。

传播权和知晓权的思想，起源于17、18世纪资产阶级革命时期的“天赋人权”和“主权在民”的学说，在现代社会已经成了普遍的人权和民主原则。我国宪法规定，中国公民享有言论、出版自由，在立法上保障了公民的传播权。同时，我国党和政府还历来主张“将大事告诉人民”，通过政情公开将公共权力机构的活动置于人民群众的广泛监督之下。近年来，信息公开作为政治改革的一项重要措施已经有了很大进展，政府通过大众传播以及其他各种渠道，不断地拓宽了政情公开的信息种类和范围。1998年年底开始的“政府上网工程”，标志着我国公共权力机构已经进入了利用互联网等新媒体开展信息公开活动的崭新阶段。2007年4月，我国公布了《中华人民共和国政府信息公开条例》，总则第一条开宗明义：“为了保障公民、法人和其他组织依法获取政府信息，提高政府工作的透明度，促进依法行政，充分发挥政府信息对人民群众生产、生活和经济社会活动的服务作用，制定本条例。”这个条例为保障公民的知晓权、监督权和新闻媒介的各项权利，提供了新的法律保障。

在现代社会，大众传播拥有广泛的出版自由或新闻自由的权利，包括采访权、编辑权、报道权以及对公共传播资源的使用权等，在某些方面，传媒的权利甚至超过了社会成员作为个人所能享有的权利，成为传播特权的拥有者。应该指出的是，传媒的这些权利，是建立在它们公共性和公益性的基础之上的。换句话说，只有在传媒作为社会成员和公民实现自己的传播权和知晓权的场所、工具和手段而发挥作用的时候，它们才能享受这些特权；如果传媒活动仅仅是为了谋取私利，拒绝承担这些义务和责任，它们的自由权利也就失去了任何法理上的依据。认识到这一点，对于传媒加强自律和行业规范是十分必要的。

（三）媒介接近权（the right of access to mass media）

媒介接近权即一般社会成员利用传播媒介阐述主张、发表言论以及开展各种社会和文化活动的权利，同时，这项权利也赋予了传媒应该向受众开放的义务和责任。这个新的权利概念出现于20世纪60年代的美国，并在西方国家产生了普遍的社会影响。

媒介接近权的概念，反映了资本主义媒介制度下社会成员的表现自由或言论自由的权利与媒介的私人占有制之间的巨大矛盾。也就是说，虽然美国等国的宪法规定了社会成员拥有表现自由或言论自由，然而在现实中，能够有效地实现这些权利的重要手段——大众传播媒介却作为私有企业控制在所有者手中；由于私有财产权的排他性，这种私有媒介制度所保障的仅仅是所有者的权利，而不是一般社会成员的权利。这个矛盾，如果说在自由资本主义阶段尚能由于许多中小媒介的存在得到缓和，那么进入垄断阶段后，在传媒越来越大型化和独占化，越来越集中于少数大资本手中的状况下，矛盾的激化便是在所难免的。媒介接近权的概念，正是在这种背景下提出来的。

1967年，美国学者J.A.巴隆在《哈佛大学法学评论》上发表了《接近媒介——一项新的第一修正案权利》一文，首次提出了“媒介接近权”的概念。1973年，他又出版了《为了谁的出版自由——论媒介接近权》一书，对这个权利概念进行了系统的论述。巴隆认为，美国宪法第一修正案规定的“出版自由”所保护的是作为一般社会成员的受众的权利，而不是传媒企业的私有财产权；在传播媒介越来越集中于少数人手中、广大受众越来越被排斥在大众传媒之外的今天，已经到了“必须把第一修正案的权利归还给它的真正拥有者——读者、视听众”的时候了。

媒介接近权的核心内容是要求传媒必须向受众开放。这个权利概念提出后已有40多年历史，它虽然未能发展成法律上的明文规定，但至少在三个方面已经产生了普遍的影响。第一个方面是“反论权”，即社会成员或群体在受到传媒攻击或歪曲性报道之际，有权要求传媒刊登或播出反驳声明，对此，美国联邦法院已有众多支持反论权的判例。第二个方面是“意见广告”。为了争取受众的好感和信任，目前很多印刷媒介已经能够在不同程度上以收费形式接受读者要求刊登的意见广告。第三个方面体现在多频道有线电视领域，一些国家基于媒介接近权原理，在发放有线电视系统经营许可证之际，规定了必须开设允许受众自主参与的“开放频道”的附加条件。这些措施虽然不能从根本上解决问题，但在缓解社会矛盾方面起到了一定的作用。互联网的发展为实现受众的媒介接近权提供了广阔的空间，但是，网络上的个人网站、个人博客的社会影响力是有限的，争取对大众传媒的接近权，依然有着非常重要的意义。

我国的传媒实行社会主义公有制，从原理上来说是不存在受众的媒介接近权问题的。不过，伴随着近年的市场经济的发展，我国的大众传媒的市场化程度越来越高，具有了经营实体的性质，有了自身的经济利益。当传媒的自身利益与受众利益发生冲突之际，如何自觉地尊重、维护和保障受众的权利和利益，也是一个越来越应该引起重视的问题。

以上，我们对若干主要的受众观做了简要的介绍和分析。由此不难看出，任何一种受众观提供的都是受众的一个侧面像，而受众本身则是一个具有多种社会属性的客观存在。理解这一点，对我们准确而全面地认识受众在大众传播过程中的性质、地位和作用是很有必要的。

第三节　分众理论及其研究

在传播学研究中，把大众传播的受众在本质上看做同质化、无差别的“大众”的观点曾经产生过广泛的影响，在后面的章节中我们也会看到，这种观点也是传播效果研究史上以"魔弹论"为代表的强效果理论的依据之一。但是，大众论并不是受众研究的唯一视角，在传播学经验的和实证的研究出现以后，分众理论逐渐取代大众理论成为主流。

一、分众的概念、社会观和理论依托

分众（fragmented mass audience/the fragmentation of mass audience），顾名思义，指的是受众并不是同质的孤立个人的集合，而是具备了社会多样性的人群。在人口统计学特征上，受众分属于不同的性别、年龄、学历、民族、职业、居住地等，在社会群体归属特征上，则分属于不同的家庭、学校、单位、阶层以及社团党派、宗教团体和文化群体，甚至在心理学特征上，受众成员的个人差异也是非常明显的。

具体而言，分众观的核心内容是：（1）社会结构具有多样性，是多元利益的复合体；（2）社会成员分属不同的社会群体，其态度和行为受群体属性的制约；（3）分属于不同社会群体的受众个人，对大众传播有不同的需求和反应；（4）在大众传播面前，受众并不是完全被动的存在，他们在媒体接触、内容选择、接触和理解上有着某种自主性和能动性（active audience）。

不难看出，分众理论的社会观与大众社会论或欧洲批判学派的社会观有着明显的不同。在大众社会论看来，现代社会分化为精英和大众两极：精英操控大众，而又必须面对大众的强大压力；大众人数众多，力量强大，却又是分散的、被动的存在。批判学派认为支配阶级和被支配阶级的对立依然是当代社会的主要结构，而大众传播在本质上是为支配阶级利益服务的社会装置。与此相比，分众理论的背后，则是一种多元主义社会观，把当代社会看做一个多元利益、多种力量的集合体，它摆脱了二元对立的社会结构观，以更多的变量来看待社会的发展和变化。过去，我们对多元主义社会观一直持否定态度，但是在考察人类社会传播现象之际，这三种社会观各有其可取的价值。一般而言，大众社会论和批判学派的社会观，有助于我们理解社会传播的宏观结构，而多元主义社会观则有助于我们观察社会传播的微观结构。

从传播学研究的历史来看，以美国学者为主的经验学派的传播研究主要采用的是分众的视角，特别是在传播效果研究中，社会关系论和个人差异论为其主要的理论依托。前者以拉扎斯菲尔德为代表，主要考察人所处的社会关系结构对大众传播效果的影响和制约，后者以霍夫兰为代表，主要考察受众成员在心理和认知结构上的差异如何影响他们的媒介接触和信息处理过程。这些问题，我们在后面的章节中还会论及。

二、媒介发展的分众化趋势

分众不仅体现在受众的社会关系结构之中，大众传播媒介的发展，也呈现出专业化和分众化的趋势。最早提出这个观点的是美国学者 J.C. 梅里尔和 R.L. 洛文斯坦，他们在1971年发表的《媒介、讯息与人的新视角》一文中，提出了传播媒介发展过程及其未来趋势可以分为"精英媒体"、"大众媒体"和"专业媒体"三个阶段。①

---

① J.C. Merrill & R.L. Lowenstein, "*Media, Message and Men: New Perspectives*", in *Communication*, Columbia, David Mckay, 1971.

（1）精英媒体阶段——指早期的报纸和政党报刊时代，在这个时代，教育普及程度很低、媒体资源昂贵，读书看报还是少数社会精英和富裕人群的奢侈品，而在内容上也是满足这部分人的需求的。

（2）大众媒体阶段——大众报刊、通俗读物、大众电影、广播电视的出现和发展迎来了大众媒体阶段。这个阶段的特点是国民教育已经高度普及、中产阶级成为社会的主流人群、媒介接触和使用成本不断降低、受众的规模达到顶峰，因而在内容上，则是力图满足最大多数人的最基本的信息需求。

（3）专业媒体阶段——经过近百年的发展，大众媒体达到饱和状态，同时社会的个性化、多样化的需求越来越旺盛，这种需求使得专业媒体时代的到来成为必然。在梅里尔等人的时代，专业媒体的代表是专业报纸和期刊、频道内容一定程度专业化的有线电视等，在今天，则是满足多样化需求、以不同的受众群体作为目标定位的各种各样的新型媒介。在受众人数上，专业媒体功能越细分，其受众规模也就越小（见图 10—1）。

应该说，梅里尔等人的媒介发展三阶段理论是符合当代媒介发展趋势的，特别是在今天，互联网为专业媒体或分众媒体提供了最为广阔的空间，在互联网上，任何有着特定信息需求的人，都可以找到自己关注的媒体。然而我们也不得不指出，在普遍的社会影响力上，分众媒体与大众传媒仍是不能相提并论的。

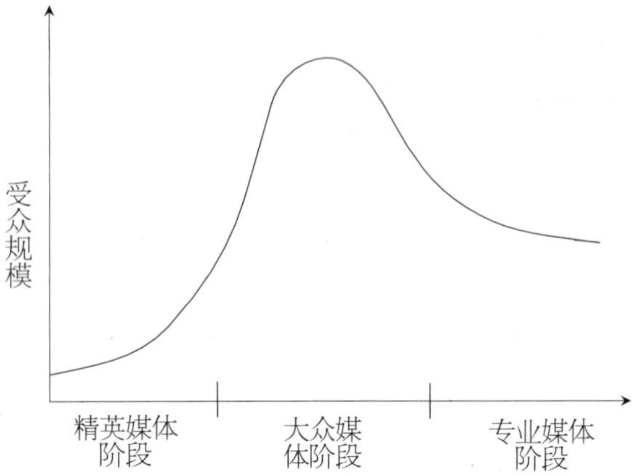

图 10—1　媒体发展的三个阶段及专业化趋势

三、有关分众需求的实证研究

分众理论的一个前提假设是：人们有着不同的性别、年龄、职业、学历、文化，有着不同的个人属性和社会属性，因而他们的媒介需求、接触动机、兴趣和爱好也是不同的，媒介只要对受众进行准确的定位，就能取得较好的传播效果。这个假设，在理论上是无懈可击的，但是在实证研究中却很难得到完全证实，毋宁说迄今为止的经验性调查往往得出与之相矛盾的结论。这里介绍两个有影响的研究案例。

（一）杰克·兰蒂斯关于电视的全国调查

1979 年，美国市场评估公司的杰克·兰蒂斯对美国电视观众实施了一次全国调查。

调查目的包含寻求以下两个问题的答案：(1) 不同属性的电视观众关注哪些节目内容元素？(2) 不同属性的受众收视动机有什么不同？

在这次调查中，研究人员从电视节目内容元素中抽出“冒险”、“幽默”、“暴力”、“悬念”、“新奇”、“性爱”、“壮观”、“感伤”8种，把收视动机分为“休闲娱乐”、“价值强化”、“获取信息”、“社会认同”4类，以观察它们在不同性别、年龄、收入、教育程度的人群中的分布。在调查之前，研究人员认为具有不同属性特征的观众对电视节目的关注和喜好是不同的，观察其中的规律，能够为节目内容定位提供有价值的参考。

但是，调查结果（如表10—4所示）却与研究人员的预想并不一致，并没有支持分众假说。无论“节目元素”还是“收视动机”，其类型在不同属性特征的人群中数据分布是均匀的，只有微小的差异。这就是说，无论是20岁的年轻人还是上了年纪的妇女，或者低收入的蓝领工人和高收入的律师，他们最关注的节目元素都是“冒险”、“幽默”一类的娱乐元素，而“休闲娱乐”也是各种不同属性特征的收视群体的首要动机。甚至，调查结果还否定了有关差异化的两个“刻板成见”(stereotype)——“男人比女人更喜欢性爱内容”和“高学历者更重视获取信息”，因为在调查结果中，选择了关注“性爱”元素的男性为6%，女性为8%，女性甚至超过男性；而在“获取信息”的重视程度上，“高中以下”学历者为13%，“大学以上”学历者为14%，两者并没有明显区别。

表10—4 不同节目要素和收视动机在电视观众中的分布（%）

	性别		收入			教育程度		年龄（岁）				全体
	男	女	低	中	高	高中	大学	12～17	18～34	35～49	50以上	
节目要素												
冒险	23	26	26	26	23	25	25	29	27	23	22	25
幽默	16	17	19	17	14	17	17	19	18	17	14	17
暴力	13	15	16	14	13	14	15	18	17	14	10	14
悬念	12	14	13	15	11	14	13	16	15	11	11	14
新奇	14	13	12	14	13	13	14	14	15	14	11	13
性爱	6	8	9	7	6	7	8	9	9	7	5	7
壮观	5	6	8	6	4	6	5	10	6	5	4	6
感伤	3	6	5	5	5	5	5	5	7	5	3	5
视听动机												
休闲娱乐	18	20	21	19	18	18	20	19	21	19	17	19
价值强化	13	15	15	14	12	14	14	18	16	13	11	14
获取信息	13	14	14	14	13	13	14	16	16	12	11	14
社会认同	9	11	12	10	9	10	11	12	13	9	8	10

（二）美国报业广告协会的调查

关于受众的需求分化状况的实证考察还有美国报业广告协会1983年实施的读者调查。这次调查是有关读者接触报纸情况的综合调查，但问卷中设了这样一个问题：“如果您来办报纸，您会关注什么样的内容话题？”调查人员试图通过对回答数据的分析，来观察性别、年龄、教育程度以及民族不同的读者对报纸内容是否有不同的兴趣、爱好或需求。在问卷中，报纸内容被分成了34种，请答卷人从“相当关注”、“比较关注”、“不太关注”、“不予关注”的四个选项中择一选答。

表10—5是这次调查的结果，表中数据是“相当关注”和“比较关注”两项相加的百分比。从调查结果来看，调查人员预先设想的一些差异假设得到了证实，如女性比男性更喜欢“打折食品”、“烹调”、“女性时尚”及“美容”等内容；大学以上学历的人对“政治”、“书评”等显示出较强的关注度；上了年纪的人比较关注“讣告”而对“影评”不感兴趣；有色人种比白人更关注“时尚”、“音乐”、“宗教”等。

表10—5　　报纸读者内容需求的多样性和类似性（%）

	性别		教育程度				
	男性	女性	高中肄业	高中毕业	大学肄业	大学毕业	总体
（1）打折食品	72	84	78	81	79	74	78
（2）健康话题	63	82	74	77	77	72	75
（3）社会话题	71	78	71	77	80	73	75
（4）消费者信息	73	73	65	72	80	85	73
（5）环境话题	71	73	60	63	82	81	72
（6）社论	69	72	62	71	78	79	70
（7）政治家	69	66	61	65	76	76	67
（8）体育运动	72	47	57	61	60	59	59
（9）家居装修	58	57	62	60	56	51	58
（10）学校教育	51	61	57	59	54	47	56
（11）信访栏	53	54	51	55	55	56	54
（12）家庭理财	53	56	49	54	51	61	54
（13）兴趣	53	54	50	56	52	56	53
（14）宗教	43	56	58	51	46	34	49
（15）名人话题	56	44	54	51	48	39	49
（16）室内装饰	41	56	49	52	48	41	49
（17）电视节目	48	51	60	48	43	39	49
（18）书评	37	50	34	39	55	63	44
（19）讣告	34	50	53	44	35	27	43
（20）旅游	42	41	39	42	43	43	41
（21）漫画	44	38	43	41	39	38	41
（22）烹调	22	52	45	39	32	27	38
（23）垂钓狩猎	52	26	44	41	31	29	38
（24）女性时尚	24	50	43	39	34	28	37
（25）自我修养	27	44	46	37	29	21	36
（26）音乐	32	36	37	33	36	30	34
（27）影评	32	33	34	32	30	33	33
（28）宠物	30	36	43	33	28	21	33
（29）婚嫁	23	37	37	32	25	19	30
（30）美容	16	39	31	32	24	17	28
（31）灵异	28	29	31	29	30	17	28
（32）男性时尚	29	26	31	30	22	21	27
（33）填字游戏	19	26	25	23	20	20	23
（34）星相占卜	16	27	31	24	15	9	22

资料来源：W. Russell Neuman，*The Future of the Mass Audience*，Cambridge University Press，1991.

但是，如果从数据总体来观察，则能看出各种属性群之间在内容选项上有着高度的类似性，各属性群与总体之间的平均差只有 4.8%；男女之间差异在 20%以上的项目，在 34 个选项中只有 5 个；不同学历群中，具有较大差异的项目不过 8 个；而在 24 岁以下和 55 岁以上年龄群的比较中，具有较大差异的项目也只有 3 个。

这个调查结果也说明，尽管不同属性特征的受众对媒介的需求有着某种程度的差异，但是在总体上又有着高度的类似性。作为一般大众，我们的基本信息需求是接近的和类似的，而作为不同属性的分众，我们又对信息传播有着多样化的需求。在理解受众问题之际，绝对的“大众论”和绝对的“分众论”都是有其局限性的。

第四节　“使用与满足”

——一种受众行为理论

受众从宏观上来看是一个巨大的集合体，从微观上来看又体现为具有丰富的社会多样性的个人。在现代社会，接触大众传媒在每个人的生活中都占据着重要的位置。那么，受众个人为什么要接触大众传媒？这种接触对他们来说究竟具有什么样的效用？换言之，研究受众的性质和作用，不应该仅止于宏观的社会结构和社会规范的分析，还应该对受众心理和受众行为进行微观考察。在这个方面，值得一提的是“使用与满足”研究（uses and gratifications approach）的成果。顾名思义，“使用与满足”研究把受众成员看做有着特定“需求”的个人，把他们的媒介接触活动看做基于特定的需求动机来“使用”媒介，从而使这些需求得到“满足”的过程。

一、受众的传媒接触动机和使用形态

“使用与满足”研究起源于 20 世纪 40 年代。当时，美国的收音机家庭普及率已经达到 80%以上，许多人认为广播媒介为众多不识字者提供了学习知识和接受教育的手段，它的普及必然会大大提高整个社会的文化教育水准。然而，初期的一些听众调查的数据却显示，那些以启蒙、教育和修养为目的的“好”节目并不拥有很多听众，而“格调低俗”的轻喜剧、肥皂剧以及猜谜游戏等娱乐节目的收听率却高得出奇。这种现象，使一些学者对受众的媒介接触行为及其背后的心理动机产生了浓厚的研究兴趣。

（一）对广播媒介的“使用与满足”研究

最早对广播节目的使用形态进行考察的是哥伦比亚大学广播研究室的 H. 赫卓格。1944 年，她对一个名为《专家知识竞赛》的广播节目的 11 位爱好者进行了详细的访谈，她发现，尽管是同一个节目，人们的收听动机、欣赏的侧重点以及获得的满足是不同的。赫卓格认为，有三种基本心理需求使得人们喜爱知识竞赛节目：（1）竞争心理需求——通过抢先猜测答案使自己与出场嘉宾或收听伙伴处于一种竞赛状态，享受由此带来的竞争乐趣；（2）获得新知的需求——从节目中得到新的知识，以充实自己；（3）自我评价的需求——通过猜测答案来判断自己的知识程度，确认自己的能力。1944 年，赫卓格还对 100 名广播肥皂剧的听众进行了调查，发现人们怀着多种多样的动机收听肥皂剧：有的是为了

"逃避日常生活的烦恼"，有的是为了"寻求代理参加的幻觉"，即对剧中人产生"认同"和"一体化"，体验自己未曾亲身经历过的生活意境；有的则把肥皂剧当做"日常生活的教科书"，从中汲取生活的知识和经验等。赫卓格认为，尽管肥皂剧在人们看来属于一种娱乐形式，但有不少人认真地把它作为"生活的教科书"，这既反映了听众动机的多样性，也说明一种节目形式具有多种功能，有些甚至是一般人料想不到的功能。①

（二）对印刷媒介的"使用与满足"研究

较早对印刷媒介的使用形态进行考察的是 B. R. 贝雷尔森。1940 年，在《读书为我们带来什么》一文中，贝雷尔森在指出人们对书籍的使用受到性别、年龄、学历、职业等因素影响的同时，还归纳了一些具有普遍性的读书动机，如追求书籍内容对学习、工作和生活的参考和利用价值的"实用动机"；解消疲劳、获得休息的"休憩动机"；通过谈论读书内容以获得他人称赞或尊敬的"夸示动机"；通过读书来转移日常生活烦恼的"逃避动机"等。1949 年，贝雷尔森还发表了名为《没有报纸意味着什么》的研究论文，这项研究以 1945 年 6 月 30 日纽约八大报纸的发送员大罢工为背景，通过调查没有报纸带来的不便来揭示报纸在日常生活中的效用。根据调查结果，贝雷尔森总结了人们对报纸的六种主要利用形态：（1）获得外界消息的信息来源——没有报纸就失去了了解外部变化的耳目；（2）日常生活的工具——如看不到广播节目表，得不到天气、交通、购物等信息，生活和行动增添了许多不便；（3）休憩的手段——从读报中获得安静和休息；（4）获得社会威信的手段——经常披露从报纸上读来的新闻或新知识，可以获得周围人的尊敬；（5）社交的手段——读报可以提供丰富的话题，活跃社交生活；（6）读报本身的目的化——每天读报已成为习惯性行为，读不到报纸便缺乏生活的充实感。在这次调查中，贝雷尔森发现一些有"读报瘾"的人甚至会翻出旧报纸来阅读，以弥补无报的缺憾。

（三）对电视媒介的"使用与满足"研究

20 世纪 40 年代的"使用与满足"研究还是比较简单的。这主要表现在：第一，早期的研究仅仅归纳了"使用"或"满足"的基本类型，在理论上没有进一步的突破；第二，在方法上以访谈记录为主，没有形成较严密的调查分析程序。因此，在 20 世纪 50 年代，"使用与满足"研究进入了一个停滞期。直到 20 世纪 60 年代以后，这项研究的价值才重新受到肯定，再次复兴起来，其中，有代表性的成果是麦奎尔等人于 1969 年开始的对电视节目的调查。

与早期的研究不同，这项研究从概念操作、受众样本抽选和数据分析，都采用了一套严格的程序。调查范围包括新闻、知识竞赛、家庭连续剧、青年冒险电视剧等六种节目。这次调查不仅归纳了各类节目提供"满足"的不同特点，而且抽出了它们之间共通的四种基本类型，即：

（1）心绪转换（diversion）效用——电视节目可以提供消遣和娱乐，能够帮助人们"逃避"日常生活的压力和负担，带来情绪上的解放感。

（2）人际关系（personal relations）效用——这里的人际关系包括两种，一种是"拟

---

① See Shearon A. Lowery, & Melvin L. DeFleur, *Milestones in Mass Communication: Media Effects*, Third Edition, Longman Publishers USA, 1995, pp. 93 - 111.

态”人际关系，即观众对节目出场人物、主持人等所产生的一种“熟人”或“朋友”的感觉；另一种是现实人际关系，即通过谈论节目内容，可以融洽家庭关系、建立社交圈子等。麦奎尔认为，“拟态”人际关系，同样可以在某种程度上满足人们对社会互动的心理需求。

（3）自我确认（personal identity）效用——电视节目中的人物、事件、状况、矛盾冲突的解决方法等，可以为观众提供自我评价的参考框架，通过这种比较，观众能够引起对自身行为的反省，并在此基础上协调自己的观念和行为。

（4）环境监测（surveillance）效用——通过观看电视节目，可以获得与自己的生活直接或间接相关的各种信息，及时把握环境的变化。麦奎尔等人发现，监测环境是人们观看新闻节目的主要动机，但其他类型的节目也可以在不同程度上满足人们的这种信息需求，如收看家庭电视剧同样能够使人感受到社会生活的状况及其变化。①

麦奎尔等人虽然使用了严格的调查分析程序，但不难看出，他们总结的关于电视的“使用与满足”类型，与20世纪40年代关于其他媒介的研究结论并没有多大区别。这种情况也说明，不管是电视也好，报纸、书籍、广播也好，人们接触媒介都是基于一些基本需求进行的，包括信息需求、娱乐需求、社会关系需求以及精神和心理需求等。现实中的各种媒介或内容形式都具有满足这些基本需求的效用，只不过满足的侧重点和程度各有差异罢了。

二、传媒接触的社会条件因素

受众成员的媒介接触活动是一种满足个人的基本需求的活动，这是毋庸置疑的。但是，笼统地知道这一点尚不能说明使用与满足过程的复杂性和多样性。受众成员的需求不仅与他的性格、兴趣等个人属性相关联，而且受到他所处的环境或社会条件因素的制约。

例如，施拉姆等人在研究中发现，少年儿童的电视接触行为与他们在家庭、学校中的处境有着密切的关系。那些家庭处境不顺或者与同学关系不融洽的儿童倾向于看打斗暴力场面多、富于刺激性的节目，而且主要是从冒险情节或场面的紧张感中得到“满足”；而那些伙伴关系融洽、享有家庭温暖的儿童则不同，他们更喜欢看一些轻松、快活、有趣的节目，而且在观看节目的同时，往往还会联想如何把节目内容应用到与伙伴们的游戏之中。不少研究证明，父母过于严厉或在家庭中得不到温暖，在同学中受歧视或比较孤独等，都会引起少年儿童的“欲求”不满足，这种状况如果在现实中得不到改善，他们便会“逃向”幻想的世界来寻求一种“代替的满足”，而电视节目、动画片等恰好为他们提供了这样一个世界。在当代，对沉迷“网游”或患有其他网瘾症的青少年的社会关系背景的调查研究，也证实了施拉姆的这个判断。

与儿童相比，制约成人媒介接触行为的社会条件就更为复杂，这里既包括他们完成社会化过程的环境，也包括他们的现实的政治、经济和文化的背景、社会地位、价值观、群体归属关系和人际关系等众多的因素。

在考虑到社会条件因素之重要性的基础上，传播学家E. 卡兹等人在1974年发表的

① See D. McQuail, *Sociology of Mass Communication*, London, Penguin Books, 1972, Chapter 2.

《个人对大众传播的使用》一文中，将媒介接触行为概括为一个“社会因素+心理因素→媒介期待→媒介接触→需求满足”的因果连锁过程，提出了“使用与满足”过程的基本模式。1977年，日本学者竹内郁郎对这个模式做了若干补充，如图10—2所示。

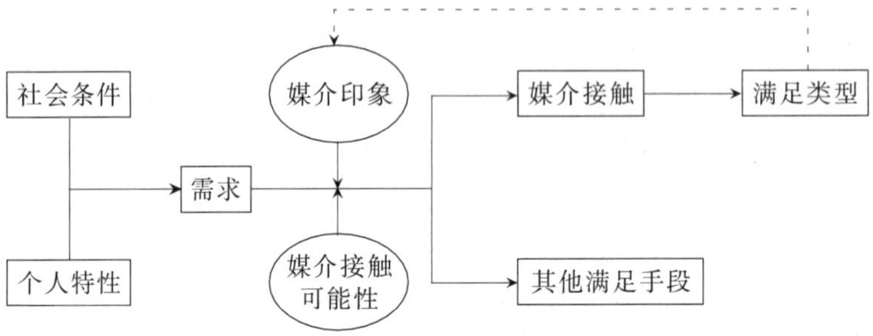

图10—2 “使用与满足”过程的基本模式

资料来源：[日]山根常男等：《社会学讲义》，见《大众传播》，第6卷，1版，113页，东京，有斐阁，1977。

该图的含义是：(1)人们接触传媒的目的是为了满足他们的特定需求，这些需求具有一定的社会和个人心理起源。(2)实际接触行为的发生需要两个条件，其一是媒介接触的可能性，即身边必须有电视机或报纸一类的物质条件，如果不具备这种条件，人们就会转向其他代替性的满足手段(如寂寞时去找人聊天等)；其二是媒介印象，即媒介能否满足自己的现实需求的评价，它是在以往媒介接触经验的基础上形成的。(3)根据媒介印象，人们选择特定的媒介或内容开始具体的接触行为。(4)接触行为的结果可能有两种，即需求得到满足或没有得到满足。(5)无论满足与否，这一结果将影响到以后的媒介接触行为，人们会根据满足的结果来修正既有的媒介印象，在不同程度上改变对媒介的期待。这个模式也说明，我们今天的媒介接触习惯和选择偏好，是建立在过去的媒介接触经验的基础之上的，而我们今天的媒介体验，则影响到我们今后的媒介接触行为。

三、对“使用与满足”研究的评价

“使用与满足”研究曾经在大众传播效果研究史上产生过重要影响。也就是说，此前的效果研究主要是从传播者或传媒的角度出发，考察传媒活动是否达到了预期目的或者对受众产生了什么影响，而“使用与满足”研究则是从受众角度出发，通过分析受众的媒介接触动机以及这些接触满足了他们的什么需求，来考察大众传播给人们带来的心理和行为上的效用。正像麦奎尔等指出的，它“不是研究传媒对人们做了些什么，而是让我们研究人们通过传媒做了些什么”[①]。因此，这一研究开创了从受众角度出发考察大众传播过程的先河。

“使用与满足”研究把能否满足受众的需求作为衡量传播效果的基本标准，这个视角具有重要意义。第一，它认为受众的媒介接触是基于自己的需求对媒介内容进行选择的活动，这种选择具有某种“能动性”，这有助于纠正大众社会论中的“受众绝对被动”的观

① D. McQuail & S. Windahl, *Communication Models*, p. 75.

点。第二，它揭示了受众媒介使用形态的多样性，强调了受众需求对传播效果的制约作用，对否定早期“子弹论”或“皮下注射论”的效果观起到了重要作用。第三，“使用与满足”研究指出了大众传播对受众具有一些基本效用，这对20世纪40年代至60年代过分强调大众传播的无力性的“有限效果论”也是一种有益的矫正。在这个意义上，也有一些学者把它称为一种“适度效果”理论。

不过，“使用与满足”研究也有它的局限性，不少学者认为：

（1）“使用与满足”研究过于强调个人的和心理的因素，行为主义和功能主义色彩较浓。一些学者虽然也提到了社会条件或社会结构因素的作用，但他们却未能对此进行充分的考察。

（2）它脱离开传媒内容的生产和提供过程，单纯地考察受众的媒介接触行为，因而不能全面揭示受众与传媒的社会关系。英国的批判学者D. 莫利认为，传媒的信息生产是一个符号化（encoding）过程，这个过程受到传媒的利益和意识形态的制约，带有特定的倾向性；而受众的传媒接触是一个符号解读（decoding）的过程，解读过程受到受众的社会背景、文化和意识形态的影响制约，这两者之间必然会存在着矛盾、冲突或妥协的复杂关系。这种关系，在“使用与满足”研究的框架下是反映不出来的。①

（3）“使用与满足”研究指出了受众的某种能动性，但这种能动性是有限的，仅仅限于对媒介提供的内容进行“有选择的接触”的范围之内，因而不能反映受众作为社会实践的主体、有着传播需求和传播权利的主体所具有的能动性。

由上不难看出，受众问题是一个极为复杂的研究领域。迄今为止的各种受众理论为我们提供的都只不过是受众的一个侧面像，“使用与满足”研究也是如此。它在一定程度上可以加深我们对受众的理解，但如果仅从这个角度看问题，则难免顾此失彼。我们只有把各种理论综合起来，才能形成较为全面和正确的受众观。

思考题

第一节

1. 什么是大众？大众的主要特点是什么？
2. 简述大众社会理论的形成与演化。
3. 什么是“拷贝的支配”？试分析这个观点。
4. 简析作为“大众”的受众观。

第二节

1. 试析作为“社会群体成员”的受众观。
2. 什么是IPP指数，它是如何设计的，主要说明什么问题？
3. 试析“受众即市场”的观点。
4. 为什么说受众是权利主体？简述受众的基本权利。

---

① See D. Morley, *The Nation Wide Audience: Structure and Decoding*, British Film Institute, 1980, pp. 12-15.

第三节

1. 什么是分众？分众论的核心内容是什么？
2. 分众论的主要理论依托是什么？
3. 梅里尔等人关于媒介专业化（分众化）发展趋势的三个阶段是什么？
4. 如何理解受众作为“大众”的基本信息需求的类似性和作为“分众”的特殊信息需求的多样性？

第四节

1. 什么是“使用与满足”？如何理解受众需求？
2. 早期“使用与满足”研究揭示的受众媒介接触动机和满足形态有哪些类型？
3. 试析受众个人所处的社会环境条件对媒介接触行为的影响。
4. 试述竹内郁郎的“使用与满足”过程模式的内容和含义。
5. 如何评价“使用与满足”研究？

第十一章 传播效果研究

CHAPTER 11

传播效果问题是与传播实践结合最密切的研究领域。人类的传播是有目的性的，传播不仅是个人、群体、组织和国家实现自己的目标所必不可少的手段，而且在确保人类文化的历史传承、实现社会系统各部分的协调与沟通、维持社会的进步与发展方面发挥着重要的作用。正因为如此，传播活动的效果如何，怎样才能获得良好的传播效果等问题就不能不受到人们的高度关注。传播效果研究的出现远远早于传播学体系的形成，它不仅是传播学研究的出发点，而且是将这门学问有机贯穿起来的一条主线。

第一节　传播效果研究的领域与课题

传播效果研究属于什么性质的领域？这个领域包含了哪些研究内容？效果研究的意义是什么？对初次接触这个领域的人来说，首先有必要了解一下这些问题。

一、传播效果的概念含义

任何一门学问都是建立在一系列概念有机结合的基础上的，概念是否清晰直接影响到理论体系的严谨性，概念上的歧义往往导致学术上的严重分歧。事实上，传播效果研究史上发生的许多理论分歧，都与对效果概念的把握和理解不同有着密切关系。因此，我们有必要先对这个概念做一些阐述。

（一）什么是传播效果

我们知道，所谓效果，指的是人的行为产生的有效结果。这里的“有效结果”一词，狭义上指的是行为者的某种行为实现其意图或目标的程度；广义上则指这一行为所引起的客观结果，包括对他人和周围社会实际产生的一切影响和后果。因此，在传播学研究领域，传播效果这个概念也具有下述双重含义：

第一，它指带有说服动机的传播行为在受传者身上引起的心理、态度和行为的变化。说服性传播，指的是通过劝说或宣传来使受传者接受某种观点或从事某种行为的传播活动，这里的传播效果，通常意味着传播活动在多大程度上实现了传播者的意图或目的。

第二，它指传播活动尤其是报刊、广播、电视等大众传播媒介的活动对受传者和社会所产生的一切影响和结果的总体，不管这些影响是有意的还是无意的、直接的还是间接的、显在的还是潜在的。

第一重含义是容易理解的。例如，父母劝说孩子不要沉迷于网络游戏，应该把主要精力放在学习功课上，他们使用了规劝、感化等各种各样的说服方法，希望孩子能够理解父母的一片苦心。在这里，传播效果便意味着父母的主观意图是否得到了实现，换句话说，也就是孩子是否听从了父母的教诲。

第二重含义比较复杂一些。它要强调的是，不管传播者有没有主观意图，他们所从事的传播活动总会伴随着各种各样的结果。父母的言行有的是有意教育孩子的，有的则无意中给孩子以这样那样的影响；记者写了一篇关于物价即将上调的消息，本意是让受众有一个心理准备，但结果也许引起了消费者恐慌或大规模的抢购风潮；电视剧导演着意描写暴力场面，其意图可能仅仅是为了提高“卖座率”，但实际结果也许会成为某些青少年犯罪的诱因。这些传播行为不管其意图如何，总会对受传者产生一定的作用和影响，研究传播效果不能不把它们考虑在内。

传播效果概念的上述双重含义，构成了这项研究既相互联系又相互区别的两个重要方面，一是对效果产生的微观过程分析，二是对它的综合、宏观过程的考察。前者主要研究具体传播过程的具体效果，后者主要研究综合的传播过程所带来的综合效果。在大众传播效果研究中，尤以大众传媒的活动对社会的运行、变化和发展所产生的宏观效果为主要考察对象。

（二）传播效果的三个层面

传播效果又可以分为不同层面。根据学者们大体一致的看法，传播效果依其发生的逻辑顺序或表现阶段可以分为三个层面：外部信息作用于人们的知觉和记忆系统，引起人们知识量的增加和认知结构的变化，属于认知层面上的效果；作用于人们的观念或价值体系而引起情绪或感情的变化，属于心理和态度层面上的效果；这些变化通过人们的言行表现出来，即成为行动层面上的效果。从认知到态度再到行动，是一个效果的累积、深化和扩大的过程。

上述三个层面既体现在具体的、微观的传播过程中，也体现在综合的、宏观的社会传播过程中。以报刊、广播、电视为代表的大众传播的社会效果的三个层面是：

1. 环境认知效果

在现代社会，我们对周围世界的知觉与印象在很大程度上依赖于大众传播媒介。大众传媒是以传递信息、报道事实、提示社会上发生的事件为己任的，但它们并不是有闻必录。传媒报道什么、不报道什么、从什么角度进行报道，都在影响着我们对周围环境的知觉与印象。这种效果，传播学中也称“视野制约效果”，换句话说，大众传播制约着我们观察社会和世界的视野。

2. 价值形成与维护效果

大众传媒在报道的新闻和传达的信息中，通常包含着是与非、善与恶、美与丑、进步与落后的价值判断。大众传媒提倡什么、反对什么，客观上起着形成与维护社会规范和价值体系的作用。这种作用是通过传媒的舆论导向功能发挥出来的，它可以通过舆论引导形成新的规范和价值，又可以通过舆论监督来维护既有的规范和价值。

3. 社会行为示范效果

大众传媒的影响并不仅仅表现在认知和价值取向的领域，它们还通过向社会提示具体的行为范例或行为模式来直接、间接地影响人们的行动。我们在前面已经讲到，大众传播具有“地位赋予”功能，一种行为如果得到传媒的广泛报道和传播，往往会成为一般人学习或仿效的对象。只要我们观察一下现代社会中的流行现象与大众传播之间的关系，这一点是不难理解的。

无论是社会主义制度还是资本主义制度下的大众传媒，都具有上述三个层面的社会效果。不过，由于它们的制度基础不同，两者向人们揭示的世界、倡导的价值和行为模式的内容是有本质区别的。

二、传播效果的类型及研究课题

传播效果有多种多样的分类。从时间上考虑，可以分为短期效果和长期效果；从与传播者意图的关联上，可以分为预期效果和非预期效果；从效果的性质上，可以分为积极（正）效果、消极（负）效果、逆反效果等，此外还有一些效果的中间形态。

英国学者 P. 戈尔丁关于传播效果的分类对我们有一定参考价值。他以时间和意图两个要素相组合，将大众传播的效果分为四种类型（见图 11—1）。

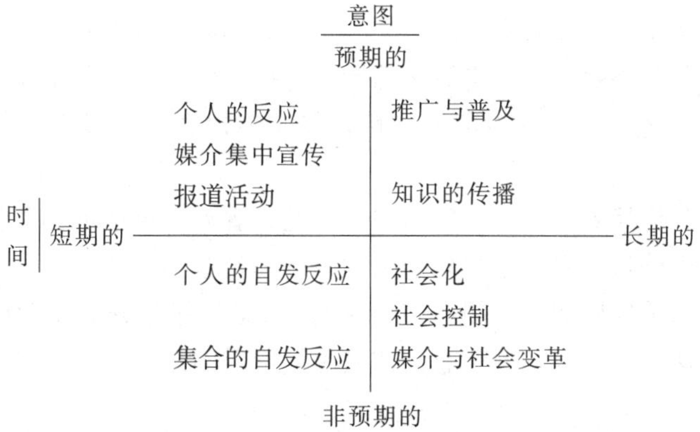

图 11—1　传播效果的类型

1. 短期的预期效果

包括“个人的反应”和“对媒介集中宣传报道活动的反应”两种。前者指特定信息在个人身上引起的认知、态度和行动的变化；后者指的是一家或多家媒介为达成特定目标而开展的说服性宣传运动，如政治动员、促销广告、社会募捐等，这类效果通常作为受众对媒介意图的集合反应来把握。

2. 短期的非预期效果

这里也有“个人的自发反应”和“集合的自发反应”两类。前者指个人接触特定信息后所发生的、与传播者意图无直接关系的模仿或学习行为，这些行为可能是有利于社会的，如从中学习知识或领悟人生道理；可能是反社会的，如接触有害的传播内容所诱发的青少年犯罪等。后者主要指社会上许多人在同一信息的刺激和影响下发生的集合现象，如物价上涨信息引起的抢购风潮、重大事件报道引起的社会恐慌或骚动等。“集合的自发反应”中也有一些是健康有益的，但传播学者们更加关注由信息传播引起的突发性集合行为对正常的社会秩序造成的破坏性结果。

3. 长期的预期效果

指的是就某一主题或某项事业进行的长期信息传播所产生的与传播者意图相符的累积效果。例如，经常性的政策宣传、新事物的长期推广与普及、知识教育的目标实现程度等。

4. 长期的非预期效果

这种类型指的是整个传播事业日常的、持久的传播活动所产生的综合效果或客观结果，如大众传播对个人社会化过程的影响、传播媒介在社会的政治、经济、意识形态和文化的发展变化中所扮演的角色和发挥的作用等。由于这种效果受到整个新闻事业性质的制约、不以个别媒介或传播者的意志为转移，所以通常把它归入非可预期效果的范畴。[①] 区分这些类型，有助于我们把握各种传播效果的不同形态和性质，在进行分析时做到概念清晰，更有针对性。

传播效果研究有着丰富的课题。首先，每一个具体的传播过程都是由传播者、传播内容、讯息载体、媒介渠道、传播技巧、传播对象等要素和环节构成的，每一要素或环节都会对传播效果产生重要的影响，传播效果实际上是作为这些环节和要素相互作用的结果体现出来的。因此，考察具体过程的传播效果，首先必须研究以下几个方面的课题：

（1）传播主体与传播效果——考察传播者（包括媒体组织和传播工作者）的性质，他们在信息的采集、筛选、加工中所起的作用，以及传播者的信誉度与权威性等对效果的影响。

（2）传播内容与传播效果——考察内容的主题、观点、价值取向等信息内在因素与传播效果的关联。文本分析是考察信息内容之效果的一种基本方法。

（3）讯息载体与传播效果——讯息（message）是通过语言、文字、声音、图形、画面、影像等载体传递的。考察这些讯息载体或象征符号的意谓、功能和效果的特性，是这个领域的主要内容。

（4）传播技巧与传播效果——传播技巧指的是唤起受传者注目、引起他们的特定心理和行动的反应，从而实现说服或宣传之预期目的的策略方法，包括内容提示法、说理法、诉求法等，这些研究具有很强的实用性。

---

① See D. McQuail, *Mass Communication Theory: An Introduction*, Chapter 7.

（5）传播对象与传播效果——受传者并不是完全被动的信息接受者，相反，受传者的属性对传播效果起着重要的制约作用。受传者的属性既包括性格、兴趣、关注点等个人属性，也包括他们的人际传播网络、群体归属关系等社会属性。这些个人属性、心理属性和社会属性对传播效果具有重要影响。

以上这些课题，是考察具体过程的传播效果所不可忽略的重要内容。另一方面，大众传播作为一个综合的、宏观的社会过程，相应地还包含着许多宏观效果的研究课题。例如，大众传播与人的社会化，大众传播对社会认知、心理和行为的导向作用，大众传播与社会发展和社会变迁的关系等。这些问题，我们将在第十二章中有重点地进行考察。

三、传播效果研究的理论与实践意义

传播效果研究具有重要的理论与实践意义。其理论意义，概括起来说就是通过对各类传播效果的性质、它们的产生过程和制约因素的考察，来把握传播活动的一般规律和特殊规律，来加深我们对人类传播行为的科学认识。

传播效果研究又具有很强的实践性和实用性。国家制定发展战略和传播政策，媒介制定报道方针和从事媒体经营，新闻工作者采编新闻，企业进行公关广告宣传，个人从事社会交往活动，都要统筹考虑传播效果问题。传播效果研究既包含了对媒介活动的宏观社会效果和影响的考察，又包含了对具体效果产生过程与机制的分析，可以为丰富多彩的传播实践活动提供科学的依据。

英国传播学者麦奎尔认为，关于大众传播的效果和影响问题，主要有三种理论。① 第一种是“常识理论”，即公众通过日常接触和使用传播媒介的直接体验而形成的一些观点和看法，如对电视节目好坏的评价等。这种“理论”虽然是直观的和零碎的，但却以舆论的形式对传媒的活动产生重要的影响。第二种是“现场理论”，也就是在传媒内部工作的人所持的观点，包括他们对传播活动的目的与性质的理解、信息选择与加工的标准、采编业务技术规程、职业道德规范。这种理论直接支配着大众传媒的运营和日常的信息传播活动。第三种便是以传播学为代表的“社会科学理论”。社会科学理论是从个人、社会与媒介三者的关系出发，通过对媒介活动及其客观结果的定量定性研究而获得的系统知识，它既避免了“常识理论”的直观性和零碎性，又与“现场理论”的业务主义和商业主义倾向保持了距离。社会科学的效果理论影响的对象包括三部分：它影响公众，推动对传媒活动的社会舆论监督；它影响传媒工作者，促使他们增强社会责任感；它又影响传播的立法、司法与行政，为传播管理和有关法规政策的制定提供科学依据。总之，社会科学的传播效果理论的基本观点是，在确保大众传媒发挥强大力量、推动社会发展的同时，又要对它实行社会制衡，最大限度地防止其可能造成的负面效果。

麦奎尔的上述观点指的是资本主义社会的状况，在那里，由于媒介在资本和意识形态上的特殊利益，这三种理论之间存在着一定的对立关系。而在社会主义社会，在为人民服务和为国家发展服务、为和谐社会建设服务的这个总目标下，这三者是统一的，也是应该统一的。

---

① See D. McQuail, *Mass Communication Theory*: *An Introduction*, Chapter 1.

第二节 传播效果研究的历史与发展

人类对传播效果的考察有着悠久的历史。在古希腊和古罗马时代的城邦民主制下，出于广场议政和法庭辩论的需要，关于对话或演讲技巧的雄辩术研究十分盛行，这些研究经柏拉图和亚里士多德等思想家的整理和系统化，发展成后来的古典形式逻辑和修辞学，其中提出的许多课题至今仍是传播效果研究的重要内容。在我国春秋战国时代，诸子百家通过讲学、著述、游说活动竞相传播自己的社会理想、治国韬略和学术主张，同时也留下了不少有关传播效果的精辟论述。荀子的“谈说之术：矜庄以莅之，端诚以处之，坚强以持之，譬称以喻之，分别以明之，欣驩芬芗以送之，宝之，珍之，贵之，神之。如是，则说常无不受”的著名见解，可以说是对说服性传播艺术及其效果的高度概括。古代学者、思想家和宣传家们对传播效果的探索，尚是一座有待于系统开发的历史宝库。

我们所说的传播效果研究，主要指的是20世纪初以来的现代研究，它为传播学特别是大众传播学的诞生奠定了基础，并构成了它的一个主要领域。这种研究之所以出现在20世纪初，既是传播媒介迅速发展的结果，也与当时特定的社会历史环境有关。从20世纪初到现在，传播效果研究已有近百年的历史，它本身也经历了一个发展变化的过程。就对大众传播效果的性质和影响力强弱的认识而言，这一过程大致可分为三个阶段：20世纪初至30年代末为第一时期；40年代至60年代为第二时期；70年代以后至现在为第三个时期。这三个时期，无论是效果观、媒介观还是受众观都有明确的变化。这些变化，与时代的演进、媒介环境的变迁以及效果研究的理论视角和方法的改变有着密切的关系。

一、早期的“子弹论”或“皮下注射论”

20世纪初至30年代末是传播效果研究的初级阶段，也是大众报刊、电影、广播等媒介迅速普及和发展，人们对它们的社会作用和影响力既寄予高度期待又感到深深担忧的时期。这一时期的核心观点是：传播媒介拥有不可抵抗的强大力量，它们所传递的信息在受传者身上就像子弹击中躯体，药剂注入皮肤一样，可以引起直接速效的反应；它们能够左右人们的态度和意见，甚至直接支配他们的行动。

这种观点，后来被称为“子弹论”、“魔弹论”或“皮下注射论”。施拉姆曾经对它做过如下概述：“传播被视为魔弹，它可以毫无阻拦地传递观念、情感、知识和欲望。……传播似乎可以把某些东西注入人的头脑，就像电流使电灯发出光亮一样直截了当。”①

应该指出，在这个时期，人们普遍认为大众传播拥有极大的影响力。产生这种观念的原因是多方面的。首先，大众传媒发展的迅猛势头所产生的社会冲击是巨大的。在这个时期，大众报刊飞速普及，电影和广播等新的电子媒介也不断登场，大众传媒不仅成了人们获得外界信息的主要渠道，而且深深地渗透到个人、家庭和社会生活的各个方面，在它们的磅礴气势和普遍的渗透力面前，人们难免会产生一种敬畏心理，20年代关于电影的“善恶”之争就清楚地反映了这种状况。其次，在这个时期，无论是国家、政党、团体还

① 转引自张隆栋：《大众传播学总论》，156页，北京，中国人民大学出版社，1993。

是社会活动家、企业广告宣传人员，对传播媒介的利用都达到空前的程度，一般个人无时无刻不处于各种形式的宣传或说服活动的包围之中，也使得人们处处感受到传播的“力量”。从当时的媒介和社会状况来看，早期人们持有这种强大效果观并不奇怪。

然而，这种观念一旦发展成“子弹论”，就带上了强烈的唯意志论色彩。给它增加了这种色彩的，主要是当时的第一次世界大战的宣传战史研究以及宣传技巧研究。第一次世界大战是帝国主义列强争霸世界的战争，也是人类历史上第一次以国家为单位大规模地、有组织地、动员一切力量全面进行宣传战和心理战的战争；交战双方为了团结自己和瓦解敌人，从新闻报道、图片、书刊、电影、唱片到海报、标语传单和街头演讲，几乎使用了一切可以使用的宣传手段。这场战争以英美等协约国的胜利而告终，在其后的战史研究中，许多人出于不同的动机解释这场战争的结局，但他们有一个共同的倾向，就是极力渲染宣传战和心理战的作用。应该承认，成功的战时宣传对协约国的胜利是起了重要作用的，但战争的结局毕竟是双方的人力、物力和国际力量对比的结果。然而在一些战史研究家那里，宣传似乎成了左右战局进展的唯一决定因素，这就把宣传的作用夸大到了不恰当的程度。在当时，甚至连作为传播学奠基人之一的拉斯韦尔也摆脱不了这种观点的影响，拉斯韦尔以及当时许多人致力于宣传技巧研究的热情，显然与他们的这种对宣传的信念是分不开的。

在传播效果研究初期，“子弹论”观点的出现与当时西方流行的本能心理学和社会学理论也有密切的关系。19 世纪末 20 世纪初是本能心理学盛行时期，这种理论认为人的行为受到本能的“刺激—反应”机制的主导，由于人的遗传生理机制是大致相同的，施以某种特定的“刺激”便能引起大致相同的“反应”。“子弹论”的另一重要背景是大众社会论。这种理论认为，现代社会生活破坏了传统社会中的等级秩序和密切的社会联系，使社会成员变成了均质的、分散的、孤立的“原子”，个人在获得了自由的同时也失去了统一的价值观和行为参照系，失去了传统社会结构对他们的保护；这种状况，使得他们在任何有组织的说服或宣传活动面前都处于孤立无援、十分脆弱的状态。梅尔文·德弗勒指出，“子弹论”以本能的“刺激—反应”论和媒介效力强大的信念为基础，再加上“相互隔绝、孤立无援”的受众观，其结果也就必然会得出大众成员可以被媒介所“左右”的结论。①

“魔弹论”是错误的，这主要表现在它是一种唯意志论观点，它过分夸大了大众传播的力量和影响，忽视了影响传播效果的各种客观社会因素，并且否定了受众对大众传媒的能动的选择和使用能力。它对传播过程做了过于简单的描述：一方是全能的媒介在发送信息；另一方是分散的大众在等待着接受它，其间别无他物。随着传播效果研究的深入，这种观点自然会被人们抛弃。

二、“传播流”研究与“有限效果论”

从 20 世纪 40 年代开始，传播效果研究开始进入第二个时期，“魔弹论”的效果观逐渐受到否定。这个时期的重要特点是，社会调查法和心理实验法普遍应用于传播学研究，学者们开始对传播效果产生的过程与机制进行实证考察。这个时期的主要研究领域有三

① 参见［美］M. 德弗勒等：《大众传播诸论》，184 页，北京，新华出版社，1990。

个：一是“传播流”研究；二是说服性传播的效果研究；三是“使用与满足”研究。

所谓“传播流”（communication flow），指的是由大众传媒发出的信息，经过各种中间环节，“流”向传播对象的社会过程。构成这项研究的代表性成果有拉扎斯菲尔德等人的《人民的选择》（1944）、卡兹等人的《个人影响》（1955）、罗杰斯的《创新与普及》（1962）以及克拉帕的《大众传播效果》（1960）。

（一）《人民的选择》

《人民的选择》是拉扎斯菲尔德等人在 1940 年美国总统大选期间，围绕大众传播的竞选宣传，对选民投票意向的影响所做的一项实证调查的研究报告。这次调查在俄亥俄州的伊里县进行，所以又称“伊里调查”。20 世纪 40 年代初，“魔弹论”的观点还很盛行，拉扎斯菲尔德等人起初也曾试图通过这次调查为大众传播的影响提供有力的证据。但历时半年、对 600 名对象进行的 7 次追踪调查的结果却表明，在整个竞选宣传期间，大部分人始终没有改变投票意向，而改变了原来意向的人只有 8%。也就是说，大众传播并没有直接左右选民投票意向的力量，它只是众多的影响因素之一，而且不是主要的因素。

这一结论，显然与当时人们的认识和直观感觉大相径庭。为了弄清其原因，研究人员又对全部调查数据重新进行了分析。通过这次分析，他们提出了对后来的传播效果乃至整个传播学研究产生了重大影响的一系列理论假说。其中包括：

1. “政治既有倾向”假说

所谓政治既有倾向，指的是人们在接触传媒宣传之前已有的政治态度。在“伊里调查”中，研究人员根据调查对象的社会经济地位、宗教信仰和居住区域设计了一个 IPP 指数（政治既有倾向指数，关于 IPP 指数的设计及分析结果，请参阅本书第十章第二节）作为显示他们的原有政治态度的综合指标。IPP 指数分析的结果揭示，投共和党票的人大多原来就是共和党的支持者，而投民主党票的大多原来就是民主党的支持者。根据这一结果，拉扎斯菲尔德等人认为，人们在就政治问题进行决策之际，这种决策的性质并不取决于一时的政治宣传和大众传播，而是基本上取决于人们既有的政治立场和态度，他们把这个观点称为“政治既有倾向”假说。

2. “选择性接触”假说

IPP 指数分析进一步显示：人们的既有政治倾向还在很大程度上影响着他们的媒介接触行为。也就是说，具有支持共和党倾向的人大部分只接触了共和党的宣传，而具有支持民主党倾向的人大部分只接触了民主党的宣传。这种情况说明，受众并不是不加区别地对待任何传播内容，而是更倾向于“选择”那些与自己的既有立场、态度一致或接近的内容加以接触。很明显，这种“选择性”接触活动的结果，更可能在加强原有态度的方向上起作用，而不是导致它的改变。

3. “意见领袖”（opinion leader）和“两级传播”（two step flow of communication）

这次调查还发现，在人们做出投票决定的过程中，有一些对他们施加个人影响的人物，即意见领袖，这部分人占调查对象总数的 21%。研究人员将他们与一般受众做了比较，发现无论对报纸、杂志还是广播，意见领袖的接触频度和接触量都远远高于和大于一般人。据此，研究人员对传播过程做了这样一种推测：大众传播并不是直接“流”向一般受众，而是要经过意见领袖这个中间环节，即“大众传播→意见领袖→一般受众”。这就是两级传播概念的产生（关于意见领袖的特点及其作用，我们在后面考察传播效果的产生过程和制约因素时会详细论及）。

4. 对大众传播效果类型的概括

既有倾向的作用、选择性接触机制以及意见领袖的发现，揭示了传播效果产生过程中存在着众多的制约因素。那么，大众传播究竟具有什么样的影响和效果？根据分析的结果，研究人员把大众传播可能产生的效果分为“无变化”、“小变化”、“强化”、“结晶”和“改变”五种。其中：

“强化”效果指大众传播对受众既有态度的巩固和加强效果。根据调查对象中投票意向未变者占半数，以及对传播内容的选择性接触倾向的普遍性，研究人员认为“强化”是大众传播的最主要的效果。

“结晶”效果是使原来意向未明、态度未定者的态度明确起来的效果。调查中发现，原来举棋不定而经接触宣传逐渐明确了投票意向的，占总数的28%。

“改变”效果指的是使受传者的立场和态度发生逆转性变化的效果。拉扎斯菲尔德等认为这种效果是不常见的。调查结果显示只有8%的人改变了初衷，而其中不少人改变态度并不是因为媒介宣传的影响，而是由于他们接受了家人、朋友或同事的说服。因此，拉扎斯菲尔德等人认为，在说服人们改变态度方面，大众传播甚至还不如人际传播更为有效。

这样，《人民的选择》通过对调查结果的大胆推论，提出了关于大众传播效果的一系列重要观点，这些观点对否定早期“子弹论”效果观产生了重要的影响。

（二）《个人影响》和《创新与普及》

《个人影响》是《人民的选择》的后续研究，其目的是为了验证《人民的选择》提出的各种假说在政治选举以外的其他领域是否适用。美籍以色列传播学家卡兹和拉扎斯菲尔德又对购物、流行、时事等领域进行了多次调查，结果发现，既有倾向的作用、选择性接触机制、意见领袖以及两级传播现象，在这些领域也是广泛存在的。1955年出版的《个人影响》一书，汇总了这些调查的结论。

《个人影响》的一个重要贡献是提出了“中介因素”（mediating factors）的概念。卡兹和拉扎斯菲尔德认为，制约和影响大众传播效果的“中介因素”主要有四种：（1）选择性接触机制——包括选择性注意、选择性理解和选择性记忆三个层次。这个机制的存在，说明受众对某些媒介或内容具有回避倾向，而被回避的媒介和内容是很难产生效果的。（2）媒介本身的特性——讯息的媒介渠道不同，其效果也就不同。（3）讯息内容——包括语言和表达等，其方法和技巧不同，会令人产生不同的心理反应。（4）受众本身的性质——受众的既有立场和倾向、他们的社会关系尤其是意见领袖的态度，会对大众传播效果发挥重要的制约作用。①

1962年，美国农村社会学家罗杰斯在对农村中新事物（新农药、新良种等）的采纳和普及过程进行深入调查的基础上，发表了他的研究报告《创新与普及》。这项研究对《人民的选择》和《个人影响》中的许多观点，特别是两级传播的概念做了重要的补充和

---

① See E. Katz & Paul F. Lazarsfeld, *Personal Influence*, Glencoe, The Free Press, 1955, pp. 21-25.

修正。根据新事物普及过程调查的结果，罗杰斯把大众传播过程区分为两个方面：一是作为信息传递过程的“信息流”；二是作为效果或影响的产生和波及过程的“影响流”。前者可以是“一级”的，即信息可以由传媒直接“流”向一般受众；而后者则是多级的，要经过人际传播中许多环节的过滤。这样，罗杰斯就把“两级传播”模式发展成为“多级”或“N 级传播”模式（见图 11—2）。

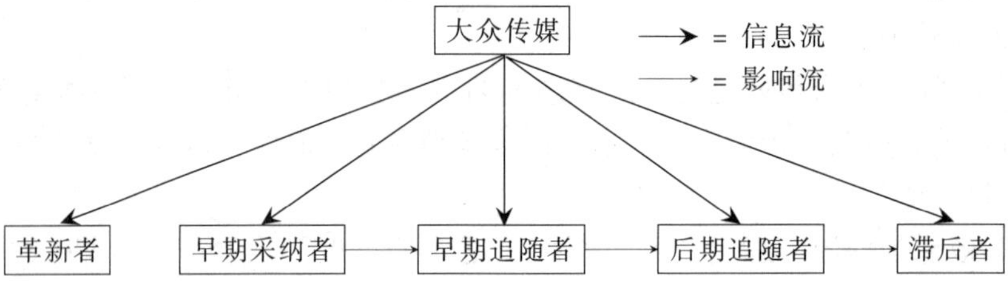

图 11—2　新事物普及过程中“信息流”和“影响流”

资料来源：[日] 田崎笃郎、儿岛和人：《大众传播效果研究的展开》，1 版，28 页，东京，北树出版社，1992。

《人民的选择》、《个人影响》和《创新与普及》，可以说是“传播流”研究的三部曲。这些研究揭示了大众传播效果的产生是一个极为复杂的社会过程，其间存在着众多的中介环节和制约因素，单一的大众传播并不能左右人们的态度。这些结论，从正面否定了强调简单的“刺激—反应”关系的“子弹论”观点。但另一方面，正因为“传播流”研究的焦点集中于揭示效果产生的制约因素，其结论强调了大众传播效果和影响的无力性，人们把它称为“无力的大众传播观”。

（三）《大众传播效果》与“有限效果论”

1960 年，克拉帕在《大众传播效果》一书中对《人民的选择》和《个人影响》以来的“传播流”研究进行了系统总结，并提出了关于大众传播效果的“五项一般定理”：

第一，大众传播通常不是效果产生的必要和充分的原因，它只不过是众多的中介因素之一，而且只有在各种中间环节的连锁关系中并且通过这种关系才能发挥作用。

第二，大众传播最明显的倾向不是引起受众态度的改变，而是对他们既有态度的强化，即便是在这种强化过程中，大众传播也并不作为唯一的因素单独起作用。

第三，大众传播对人们的态度改变产生效果需要两个条件：一是其他中介因素不再起作用；二是其他中介因素本身也在促进人们态度的改变。

第四，传播效果的产生，受到某些心理生理因素的制约。

第五，传播效果的产生，还受到媒介本身的条件（信源的性质、内容的组织）以及舆论环境等因素的影响。①

克拉帕的这些观点极力强调了大众传播影响的无力性和效果的有限性，因而被称为“有限效果论”。

（四）“说服性传播”的效果研究

在 20 世纪 40 年代至 60 年代，传播效果研究的另一个重要领域是“说服性传播”效

---

① See Joseph T. Klapper, *The Effects of Mass Communication*, The Free Press, Glencoe, 1960, p. 8.

果研究。“说服性传播”的效果，也称为传播的说服效果，指的是受传者的态度沿传播者说服意图的方向发生的变化。在这个意义上，它是一种“纯效果”。第二次世界大战期间，耶鲁大学心理学教授霍夫兰等人接受美国陆军部的委托，在军队里进行了一系列心理实验，这是关于“说服与态度改变”的最早的实证研究。

第二次世界大战开始后，美国军队广泛利用电影来教育士兵和激励士气，并为此制作了一部6集系列纪录片，题为《我们为何而战》。为了评价电影的宣传教育效果，霍夫兰以士兵为对象对其中4集进行了心理实验。实验结果表明，这些影片在传达战况信息方面是卓有成效的，士兵们观看电影之后，大多清楚地了解了战局的进展情况。然而霍夫兰发现，在实现影片制作的主要意图——鼓舞士气和激起对敌仇恨方面，这些影片却没有明显效果。与拉扎斯菲尔德的“伊里调查”一样，这次研究也证明了单一的大众传播并不能直接导致人们态度的改变。自此以后，霍夫兰等人转而考察说服效果的形成“条件”，从战争期间直到1961年霍夫兰去世，他们进行了数十项研究。这些研究揭示了效果的形成并不简单地取决于传播者的主观愿望，而是受到传播主体、信息内容、说服方法、受众属性等各种“条件”的制约。这些研究结论，同样是否定“魔弹论”效果观的有力证据。

霍夫兰等人的“说服性传播”效果研究主要采用实验心理学方法，包括前后比较法和控制对照法等，在许多研究中，这些方法是综合并用的。此后，霍夫兰的心理实验法与拉扎斯菲尔德的抽样调查法一起，成为传播效果研究的主要方法。

在这个时期，效果研究还有一个重要领域，这就是“使用与满足”研究。本书第十章已经对这项研究做了介绍和分析，在此不再赘述。

三、20世纪70年代以后的宏观效果理论

“传播流”研究揭示了大众传播效果产生的种种制约环节和因素，这对于我们理解效果问题的全部复杂性是有益的。但是，这种研究本身也存在着许多问题，因此，从20世纪60年代末开始，“传播流”研究尤其是它的“有限效果论”观点开始受到人们的批评。批评的矛头并不是指向过去的实证研究得出的具体结论，而是它的效果观和理论框架整体的缺陷。这些缺陷就是：（1）在认知、态度和行动这三个效果层面上，“有限效果论”只探讨了后两者而忽略了更早的认知阶段——大众传播在人们的环境认知过程中的作用；（2）它只考察了具体传播活动的微观、短期的效果，而忽略了整个传播事业日常的、综合的信息活动所产生的宏观的、长期的和潜移默化的效果。还有一些学者指出，过分强调大众传播效果的“有限性”会给传播实践带来某些消极影响，如降低传播人员的社会责任感，为低俗有害的传播内容的泛滥提供“口实”等。

这样，进入20世纪70年代后，在对“有限效果论”进行批评和反思的基础上，传播效果研究领域又出现了一批新的理论模式或假说，其中包括“议程设置功能”理论、“沉默的螺旋”理论、“知沟”研究、“培养分析”研究等。这些理论或假说的主题、内容各不相同，但有几个共同的特点：第一，它们研究的焦点大都集中于探索大众传播综合的、较长期的和宏观的社会效果；第二，它们都不同程度地强调传媒影响的有力性；第三，它们都与社会信息化的现实密切结合在一起。

上述理论或假说，对媒介效果的强度主张的程度并不相同。沃纳·塞弗林等学者认

为，“议程设置”理论和“培养理论”可称为“适度效果论”（moderate effects），而“沉默的螺旋”则属于“强力效果论”。[①] 关于这些理论的具体内容，我们将在第十二章中介绍和分析，这里不做详述。不过应该指出，这些新的效果理论的产生既是对“有限效果论”进行反思和批判的产物，也是信息社会发展的必然结果。20 世纪 60 年代以后，电视成了占主导地位的大众传媒，它的普及使人们每天接触媒介的时间从几十分钟一下子增加到几个小时，看电视成了人们业余生活的主要内容。电视作为一种新的电子媒介，集视听觉手段为一体，拥有高度的现场感和实时性，它的效果和影响在“有限效果论”的框架下是不能得到说明的。电视时代的到来和层出不穷的新媒体的涌现，需要与之相适应的新的效果理论。

从 20 世纪早期的“子弹论”到 40 年代至 60 年代的“有限效果论”，再到 70 年代以后的宏观效果理论，人们对大众传播效果和影响的认识经历了一个不断深化的过程。从表面上看，早期的“子弹论”与 70 年代以后的宏观效果理论都强调大众传播效果和影响的有力性，但两者之间有着本质的不同。也就是说，前者主张的是一种无条件、无中介的绝对效果，而后者则是在充分考虑到各种制约因素的基础上，对大众传播的影响和效果做出的重新评价。

20 世纪 90 年代以后直到 21 世纪的今天，效果研究的一个突出热点是，探讨媒介技术对社会发展的推动作用以及对社会生活产生的影响。这个热点的形成，与媒介技术，特别是卫星电视、计算机通信、多媒体、数字化、网络化的飞速发展是分不开的。30 年前，人们关注大众传播的内容是否会引起贫富之间的“知沟”（knowledge gap）扩大，而在今天我们更关注“数字鸿沟”（digital gap/digital division）可能产生的社会两极分化问题。传播效果研究，总是与时代的变化和媒介的发展密切结合在一起。

第三节　传播效果的产生过程与制约因素

任何一种有目的的传播活动都希望取得良好的传播效果，但效果的产生却往往不以传播者的意志为转移，有时甚至会出现与传播者的意图相反的结果。这是因为，传播效果的产生是一个十分复杂的社会过程，从发出信息到受众接受信息，中间存在着许许多多的环节和因素，每个环节或因素都可能对效果的形成产生重要的影响。因此，对传播者来说，要想提高传播活动的效果，首先应该对效果产生的机制及其制约因素有一个清楚的认识。

制约传播效果的因素是多种多样的。本节主要从传播主体、传播技巧和受众三个方面对效果形成过程做一个概观和分析。

一、传播主体与传播效果

大众传播效果的形成受到多种因素和条件的制约，但在这一过程中居于最优越地位的无疑是作为传播主体的传播者。传播者不但掌握着传播工具和手段，而且决定着信息内容

---

① 参见［美］沃纳·塞弗林、小詹姆斯·坦卡德：《传播理论：起源、方法与应用》，4 版，14 页，北京，华夏出版社，2000。

的取舍选择，作为传播过程的控制者发挥着主动的作用。尽管如此，传播者本身的某些特点仍然会对传播效果产生重要的影响。

（一）信源的可信性效果

传播者决定着信息的内容，但从宣传或说服的角度而言，即便是同一内容的信息，如果出于不同的传播者，人们对它的接受程度是不一样的。这是因为，人们首先要根据传播者本身的可信性对信息的真伪和价值做出判断。可信性（credibility）包含两个要素：第一是传播者的信誉，包括是否诚实、客观、公正等品格条件；第二是专业权威性（expertness），即传播者对特定问题是否具有发言权和发言资格。这两者构成了可信性的基础。

对信源（传播者）的可信性与说服效果的关系进行了实证考察的是霍夫兰。1951 年，他和韦斯选择四项主题——抗组胺药品无医生处方能否市销、美国近期建造实战型核动力潜艇的可能性、钢铁供应不足的责任、电视的普及是否会导致电影院的减少——写成说服性文章，分别冠以可信度高和低两种信源，将它们提示给两组实验对象。实验的目的是在内容完全相同的条件下，测试可信度高低对传播效果的影响。实验结果是，除“电视普及对电影院的冲击”一项外，其他三项都明确显示出高可信度信源的说服效果远远好于低可信度信源。①

1953 年，霍夫兰与凯尔曼又以“如何对待失足少年”为题进行了另一次实验。他们将实验对象分成三组，分别向他们播放可信度高信源（一位有声望的法官）、可信度中信源（在场者中的一位）、可信度低信源（少年时代有犯罪经历，近因贩毒入狱刚获保释的一个男性）的谈话录音。② 这次实验的结果进一步证明了信源可信性与说服效果之间的密切关系。

根据这些实证研究的结果，霍夫兰等人提出了“可信性效果”的概念：一般来说，信源的可信度越高，其说服效果越大；可信度越低，说服效果越小。“可信性效果”的概念说明，对传播者来说，树立良好的形象争取受众的信任是改进传播效果的前提条件。

（二）“休眠”效果

另一方面，由信源可信性带来的说服效果并不是一成不变的。霍夫兰等人在上述两次实验中都发现，随着时间的推移，高可信度信源的说服效果会出现衰减，而低可信度信源的说服效果则有上升的趋势（见图 11—3）。

为什么会出现这种情况？一种较有力的解释是人脑的忘却机制在起作用。根据艾宾豪斯的忘却曲线原理（见图 11—4），人脑对信息的记忆量随时间推移逐渐减少，而忘却是从信息的次要属性开始的。根据这个道理，对作为信息重要属性的内容观点我们会保持较长期的记忆，而诸如“谁说的”的这种信源信息作为边缘属性在记忆中可能首先会模糊或被淡忘。

---

① See C. I. Hovland & W. Weiss, “The Influence of Source Credibility on Communication Effectiveness”, 1951 (15).

② See H. C. Kellman & C. I. Hovland, “Reinstatement of the Communicator in Delayed Measurement of Opinion Change”, *Journal of Abnormal Social Psychology*, 1953 (48).

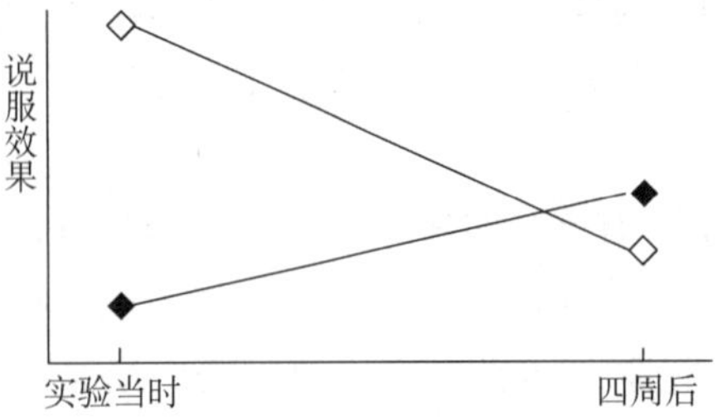

图 11—3 信源可信性效果的时间推移

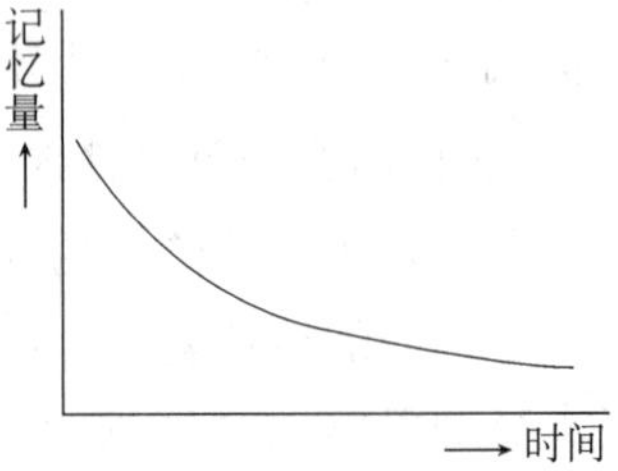

图 11—4 艾宾豪斯的忘却曲线

也就是说，由高可信度信源发出的信息，由于人们对信源的信任，其说服效果最初可能会大于信息内容本身的说服力，而低可信度信源发出的信息，由于人们对信源怀有不信任感，其说服效果最初可能会小于内容本身的说服力；随着时间的推移，人们对信源与内容联系的记忆逐渐淡漠下去，由信源居主导地位的可信性效果趋于减弱或消失，内容本身的说服力才能较完全地发挥出来。

低可信度信源发出的信息，由于信源可信性的负影响，其内容本身的说服力不能得以马上发挥，处于一种“睡眠”状态，经过一段时间，可信性的负影响减弱或消失以后，其效果才能充分表现出来。这种现象，霍夫兰等人称为“休眠”效果（sleeper effect，见图 11—5）。尽管“休眠”效果尚有待于进一步研究和证实，但它说明了一个重要道理，即信源的可信性对信息的短期效果具有极为重要的影响，但从长期效果来说，最终起决定作用的是内容本身的说服力。

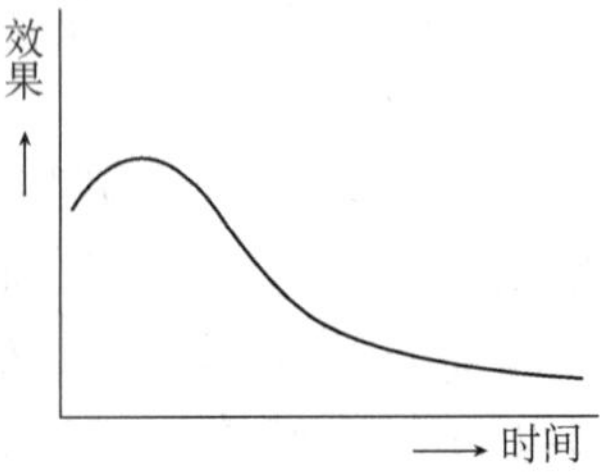

图 11—5 “休眠效果”示意图

二、传播技巧与传播效果

传播技巧指的是在说服性传播活动中为有效地达到预期目的而采用的策略方法。比如，一篇文章是由主题、观点、材料、论证等要素构成的，在主题和观点一定的情况下，如何安排材料、进行论证、提示结论，就成了制约文章内容说服力的重要变量。传播技巧包括内容提示法、说理法和诉求法等。

（一）“一面提示”与“两面提示”

对某些存在对立因素的问题进行说服或宣传，通常会有两种做法：一种是仅向说服的对象提示自己一方的观点或于己有利的判断材料，称为“一面提示”；另一种是在提示己方观点或有利材料的同时，也以某种方式提示对立一方的观点或不利于自己的材料，称为“两面提示”。两种方法各有利弊。一般来说，“一面提示”能够对己方观点做集中阐述，论旨明快，简洁易懂，但同时也会给人一种“咄咄逼人”的印象，使说服对象产生心理抵抗。另一方面，“两面提示”由于给对立观点以发言机会，给人一种“公平”感，可以消除说服对象的心理反感，但由于同时提示对立双方的观点，论旨变得比较复杂，理解的难度增加，在提示对方观点之际如果把握不好分寸，反而容易造成为对方做宣传的结果。

在第二次世界大战后期，霍夫兰等人曾以“美国对日本的战争还要持续多久”为题，对这两种方法的有效性进行过实验比较。[1] 他们针对当时德国投降后美军士兵中广泛存在的“速胜”心理制作了宣传广播稿，试图通过说服活动来教育士兵确立持久战的信念。霍夫兰等将600名士兵平均分成三组，第一组为“一面提示”群，即在广播稿中只提示对日作战的困难性，如强调日军的规模和顽强的战斗力、日本民族的凝聚力等；第二组是“两面提示”群，在提示不利条件的同时也提示有利条件，日本是个弹丸岛国资源有限、德国投降后日本已陷入孤立等，但结论同样是要完全打败日本尚需“持久作战”；第三组是一个控制群，不给予任何内容提示，目的是观察他们在自然条件下的态度变化，并与前两组进行比较。实验结果如下：

从测验结果的单纯比较而言，无论“一面提示”还是“两面提示”都取得了良好的说服效果，赞同“对日作战尚需持续一年以上”的人分别由37%和38%增加到了59%，而控制群的态度却基本没有变化。这个结果说明，进行了宣传和没有进行宣传，其结果是大不一样的。但从“一面提示”和“两面提示”的效果大小比较而言，两者在总体上并无明显差异。

尽管单纯比较没有发现两者的差异，但进一步的数据分析却表明，两种方法的有效性依传播对象的属性不同而有明显的区别。这具体表现在：(1) 从与人们的原有态度的关系来看，对原来就持赞成态度的人来说，“一面提示”的说服效果明显大于“两面提示”；而对原来持反对态度的人来说，“两面提示”的效果则明显大于“一面提示”（见表11—1）。(2) 从与文化水平的关系来说，“一面提示”对文化水平低者说服效果较佳，而“两面提示”对文化水平高者效果较佳（见表11—2）。这一结果表明，无论是“一面提示”还是“两面提示”，效果的大小强弱在很大程度上取决于对象的性质，离开具体对象泛论两者的优劣是没有意义的。

表11—1　　原有态度与说服效果的关系

	原先反对者	原先赞成者
“一面提示”群	36%	52%
“两面提示”群	48%	23%

表11—2　　学历程度与说服效果的关系

	高中以下	高中以上
“一面提示”群	46%	35%
“两面提示”群	31%	49%

注：上述两表中的数值均为“纯效果”，即实验对象态度的正变化减去负变化后所得的值。

（二）“两面提示”的“免疫”效果

对“一面提示”和“两面提示”的说服效果进行过比较考察的还有拉姆斯丁和贾尼斯。他们在1953年进行的实验与霍夫兰的方法相似，不同的是增加了“反宣传”测验（使实验对象接触对立观点的宣传），目的是为了比较两种提示法的说服效果的持续性和稳

[1] See C. I. Hovland, A. A. Lumsdaine & F. D. Sheffield, *Experiments on Communication*, Princeton University Press, 1949.

定性。这次实验的结果证明，尽管从单纯比较来看两者的效果并无优劣强弱之分，但对“反宣传”的抵抗力却有极大区别。也就是说，在接触到“反宣传”后，原先接受“一面提示”实验的人几乎都受到了相反观点的影响，而那些原接受“两面提示”实验的人的态度却没有发生明显的变化（见表11—3）。①

表11—3 “一面提示”与“两面提示”对反宣传的抵抗力

	接触反宣传前	接触反宣传后
“一面提示”群	64%	2%
“两面提示”群	69%	61%

注：表中数值为持赞成态度者的比例变化。

根据实验的结果，拉姆斯丁等认为，“两面提示”由于包含着对相反观点的“说明”，这种“说明”就像事先接种牛痘疫苗一样，能够使人在以后遇到对立观点的宣传时具有较强的抵抗力。“两面提示”的这种效果，被称为“免疫”效果或“接种”效果（inoculation effect）。

对“免疫”效果进行过系统研究的还有麦圭尔。麦圭尔认为，人们有许多没有经过考验的信念，这些信念在遇到对立观念的挑战时往往是脆弱的，就像在无菌环境里成长的人体容易感染细菌一样。在医学领域，增强人体抵抗力的方法有两种，一种是滋补法，如注意饮食营养、锻炼、休息等；另一种是“接种法”，即事先让人接触弱性细菌而逐渐增强其免疫力。这两种方法同样能够成功地运用于思想教育领域。

（三）“明示结论”与“寓观点于材料之中”

说服性文章构成法的另一问题，是应不应该在文章中做出明确的结论。这是一个古老的问题，在古希腊修辞学中就已经开始探讨。一般来说，明示结论可使观点鲜明，读者易于理解作者的意图和立场，但同时也容易使文章显得比较生硬而引起反感。另一方面，文中不做明确结论，而仅仅提供引导性的判断材料、寓观点于材料之中的做法，则给读者一种“结论得自于自己”的感觉，可使他们在不知不觉中接受作者观点的影响。然而，这种方法容易使文章主旨变得隐晦、模糊，增加理解的困难性，有时不易贯彻作者的意图。

1952年，霍夫兰和曼德尔就“明示结论”与“不明示结论”的效果做了一次简单的比较实验。实验以“美国是否应该实行货币贬值政策”为论题，将实验对象（大学生）分为两组，分别向他们播放演讲录音。讲演的主旨都是主张“美国应实行货币贬值政策”，但对第一组明确提示了结论，而对第二组则只是提供判断材料，不给予结论。实验结果是，在给予明确结论的一组中，“纯说服效果”（态度向赞同方向变化的比例减去向反对方向变化的比例）达48%，而在未给予明确结论一组中，“纯效果”只有19%。前者的效果大大好于后者。②

然而，这次实验的结果并不能证实“明示结论”的效果通常好于“不明示结论”。这是因为，各种论题的复杂程度不同，理解难度不同，不同文化层次的人理解能力也不同。

---

① See A. A. Lumsdaine & I. L. Janis, “Resistance to ‘Counter-propaganda Produced’ by One-sided and Two-sided ‘Propaganda’ Presentations”, *Public Opinion Quarterly*, 1953 (17).

② See C. I. Hovland & W. Mandell, “An Experimental Comparison of Conclusion Drawing by the Communicator and by the Audience”, *Journal of Abnormal Social Psychology*, 1952 (47).

根据众多研究的成果，我们可以得出以下几条一般结论：

（1）在论题和论旨比较复杂的场合，明示结论比不下结论效果要好；

（2）在说服对象的文化水平和理解能力较低的场合，应该明示结论；

（3）让说服对象自己得出结论的方法，用于论题简单，论旨明确或对象文化水平较高、有能力充分理解论旨的场合较佳，因为在这种场合，如果再明确提示结论则会有画蛇添足之嫌，容易引起对象的烦躁或反感而对说服效果产生负面影响。

此外，我们还应该注意在不同的文体中采用不同的方法。例如，新闻评论和消息（狭义上的新闻）是两种不同的文体，他们都以一般大众为传播对象，但又有着不同的特点：一般来说，新闻评论应该观点鲜明、主张明确，而消息写作则应以新闻素材的选择和客观提示为主，避免记者个人较强烈的主观色彩，否则，会对新闻的客观性和真实性造成伤害，影响传播效果。

（四）“诉诸理性”与“诉诸感情”

在开展说服性传播活动之际，以什么方式“打动”对象也是影响传播效果的重要因素。人们通常有两种做法：一种是通过冷静地摆事实、讲道理，运用理性或逻辑的力量来达到说服的目的；另一种是主要通过营造某种气氛或使用感情色彩强烈的言辞来感染对方，以谋求特定的效果。这是涉及诉求法的两种传播技巧，前者称为“诉诸理性”，后者称为“诉诸感情”。在宣传战史上，也有人对这两种方法的有效性做过比较。

1936年，精神分析学家H. H. 哈特曼等人利用德国议会选举的机会进行了一次实验。哈特曼设计了两种号召选民支持社会党的宣传小册子，一种采取“诉诸理性”的方法，内容以介绍社会党的纲领政策为主，试图以政策的合理性来说服选民；另一种采用“诉诸感情”的方法，强调如果社会党败北会“给德国带来可怕的危机”，试图用一种“赴国难”的气氛来感染选民。实验以向居民散发小册子的方式在三个选区进行（其中一个区为对照区，未散发任何小册子）。最后的选举结果是，在散发了“诉诸感情”小册子的选区社会党选票增长率最高，散发了“诉诸理性”小册子的选区增长率居中，而在未散发小册子的选区增长率最低。①

类似的研究还有美国在第二次世界大战期间关于“战时超额利税”宣传的一项调查。同哈特曼一样，调查人员设计了“诉诸理性”和“诉诸感情”两种宣传品分发到调查对象手中，翌日再登门面访征求人们对实施该税的意见。这次实验的结果也是“诉诸感情”的效果好于“诉诸理性”。

尽管如此，学者们对哪种方法更为有效仍没有一致的结论。其原因是，两种方法的有效性因人、因事、因时而异，有些问题只能靠“诉诸理性”的方法来解决（如科学上的争论靠感情说服不了对方），有些问题采取“诉诸感情”方法可能更有效（如在紧急情况下，“振臂一呼”较之于慢节奏的说理有效得多）；而在日常的思想教育活动中，将两者结合起来的“动之以情、晓之以理”的方法则更能收到良好的效果。另外，心理学研究证明，由于每个人的性格、经历、文化水平不同，其行动受理性和感情支配的程度也有明显的差异，有些人易于接受道理的说服，而另一些人则更容易受情绪或气氛的感染。因此，无论

① 参见［日］饱户弘：《传播：对话与说服的科学》，1版，43页，东京，筑摩书房，1972。

使用哪种方法，正确把握问题的性质并充分了解说服的对象，乃是取得良好效果的基本前提。

（五）警钟效果（恐惧诉求）

运用“敲警钟”的方法唤起人们的危机意识和紧张心理，促成他们的态度和行为向一定方向发生变化，也是一种常见的说服方法。从行为心理学的角度来说，“敲警钟”具有双重功效：（1）它对事物利害关系的强调可最大限度地唤起人们的注意，促成他们对特定传播内容的接触；（2）它所造成的紧迫感可促使人们迅速采取应对行动。但是由于“敲警钟”基本上是通过刺激人们的恐惧心理来追求特定效果，会给对象带来一定的心理不适；如果分寸把握不好，容易招致自发的防卫性反应，对传播效果产生负面影响。

贾尼斯等人在 20 世纪 50 年代初期进行的一次实验表明，不同程度的“恐惧诉求”的效果是不一样的。[①] 在这次实验中，主持人以劝说中学生注意口腔卫生、养成刷牙习惯为内容，设计了重度、中度、轻度三种“恐惧诉求”材料。在重度诉求中，主持人不仅极力强调牙病的痛苦和对身体的危害，出示了齿槽溃烂的彩色图片，并强烈暗示“如不刷牙，你也会变成这样”；在中度诉求中，除较平淡地陈述事实外，使用了黑白图片；而在轻度诉求中，则使用了轻微牙病的 X 光片。

实验结果是：（1）就“恐惧诉求”所唤起的心理紧张而言，效果的大小与诉求的强弱顺序基本一致，即“重度”诉求造成的心理紧张效果最大，“中度”其次，“轻度”又次之（见表 11—4）。（2）但是，从说服的最终目的——引起说服对象的态度和行动的变化而言，实验结果却显示了相反的倾向，即“轻度”诉求最佳，“中度”次之，“重度”又次之（见表 11—5）。这次实验在一周和一年以后又追加了“反宣传”实验，其结果也表明，无论在对反宣传的抵抗力还是效果的持续性方面，“轻度”诉求的效果都好于前两者。

表 11—4　　恐惧诉求的强度与心理紧张效果

	重度诉求	中度诉求	轻度诉求	对照群
实验前	34%	24%	22%	30%
实验后	76%	50%	46%	38%

注：表内数值为对自己的牙齿健康状况表示担心者的比例。

表 11—5　　恐惧诉求的强度与行动变化效果

	重度诉求	中度诉求	轻度诉求	对照群
正效果	28%	44%	50%	22%
负效果	20%	22%	14%	22%
无效果	52%	34%	36%	56%

注：“正效果”为增加了刷牙次数或其他保健措施者的比例；“负效果”为减少者的比例；“无效果”为行动无变化者的比例。

尽管如此，究竟哪种程度的诉求效果最佳，目前在学界仍没有一致的结论。传统的教育心理学认为，在一定条件下，奖惩越重效果越大，费斯廷格的“认知不协和理论”认为惩罚过重或过轻效果都不佳，而中度的惩罚对促成态度的转变最为有效，这些观点都有实

---

① See I. L. Janis & H. Feshbach, “Effects of Fear-arousing Communications”, *Journal of Abnormal Social Psychology*, 1953 (48).

验结果为其依据。尽管结论尚难统一，但这些研究至少告诉我们，“敲警钟”必须掌握分寸、切合实际，不能仅靠危言耸听解决问题。

三、传播对象与传播效果

从上述大量实证研究的结果可以看出，即便是同一个传播者，运用同一种方法传达同一内容的信息，在不同的对象那里引起的反应都是不同的。这是因为，传播效果的形成是一个多种因素交互作用的过程，不仅传播主体、内容和技巧会对效果产生影响，传播对象自身的属性也起着同样重要的制约作用。

传播对象的属性通常包含以下几个方面：(1) 性别、年龄、文化程度、职业等人口统计学上的属性；(2) 人际传播网络；(3) 群体归属关系和群体规范；(4) 人格、性格特点；(5) 个人过去的经验和经历等。所有这些属性都作为人们接触特定媒介或信息之际的“既有倾向”或背景，规定着他们对媒介或信息的兴趣、感情、态度和看法，同时对传播效果产生重要的影响。

(一) 意见领袖的作用

我们每个人都生活在一定的人际传播网络中。人际传播的目的，不仅仅是为了社会交际，同时也是为了交流信息、交换意见和相互影响。在传播学中，活跃在人际传播网络中，经常为他人提供信息、观点或建议并对他人施加个人影响的人物，称为“意见领袖”。意见领袖作为媒介信息和影响的中继和过滤环节，对大众传播效果产生着重要的影响。

那么，意见领袖究竟是些什么人物？根据卡兹和拉扎斯菲尔德在《个人影响》和罗杰斯在《创新与普及》中的概括，意见领袖具有下述基本特征：

(1) 与被影响者一般处于平等关系而非上下级关系。换句话说，意见领袖未必是大人物，相反，他们是我们生活中所熟悉的人，如亲友、邻居、同事等。正因为他们是人们所了解和信赖的人，他们的意见和观点也就更具有说服力。

(2) 意见领袖并不集中于特定的群体或阶层，而是均匀地分布于社会上任何群体和阶层中。每一个群体都有自己的意见领袖，他们与被影响者保持着横向传播关系。

(3) 意见领袖的影响力一般分为“单一型”和“综合型”。在现代都市社会中，意见领袖以“单一型”为主，即一个人只要在某个特定领域很精通或在周围人中享有一定声望，他们在这个领域便可扮演意见领袖角色，而在其他不熟悉的领域，他们则可能是一般的被影响者。例如，一个对时事政治拥有广博知识的人可以在时政问题上给予他人指导，而在流行或时尚方面则可能接受其他行家的影响。在传统社会或农村社会中，意见领袖一般以“综合型”为主，如有名望的家族对当地社会往往有普遍的影响。

(4) 意见领袖社交范围广，拥有较多的信息渠道，对大众传播的接触频度高、接触量大。

意见领袖是拉扎斯菲尔德等最早在《人民的选择》中提出的概念。在这项研究中，他们注意到了政治问题领域中意见领袖的存在。在后来的《个人影响》研究中，他们又证明了不仅在政治领域，在诸如购物、时尚以及其他各种社会生活领域，都活跃着一大批意见领袖，他们对大众传播的效果起着促进或阻碍的作用。后来的研究大都认为，大众传播要取得良好的效果，首先必须重视这些意见领袖的存在。

然而，由于意见领袖的分散性和变化性，准确地捕捉这批人并非一件易事。卡兹等人曾在《个人影响》中提出了测定意见领袖的三项指标，即“生活阅历”（经验与知识）、“社交性”和“社会经济地位”。① 但他们发现，这些指标在不同领域的重要性是不一样的。例如，在购物、时尚、娱乐等领域，意见领袖最重要的素质是“生活阅历”，其次是“社交性”和“社会经济地位”；而在社会政治问题上，意见领袖最重要的素质则是“社交性”，其次是“社会经济地位”，“生活阅历”则并不那么重要。尽管准确地捕捉意见领袖还是一件比较困难的事，但对大众媒介来说，认识到这些人的存在，增强受众定位意识无疑具有重要意义。

（二）群体归属和群体规范的影响

考察群体对个人行为的影响有两个基本视角：一是作为现实社会关系网络的群体。在这种群体中，不仅存在着意见领袖的个人影响，由成员的多数意见所产生的群体压力也对个人的言行具有重要的制约作用。二是作为个人行为的精神依托点的群体，即由过去和现实的群体归属关系所产生的观念、价值、行为准则的内在化，统称为“群体规范”。在现实生活中，许多看起来似乎完全出于个人决定的行为，实际上在很大程度上受到内在化的“群体”即群体规范的影响。同样，群体归属关系和群体规范对大众传播效果也具有重要的制约作用，它不仅影响着受众对媒介和内容的“选择性接触”，而且影响着他们对观点的接受。

这一点，已经为拉扎斯菲尔德等人的 IPP 指数分析以及凯利和沃卡尔特等人的心理学实验所证实。

（三）受传者的个性与传播效果

每个人都有不同的个性。有的人比较容易接受他人的意见或劝说，有的人则固执己见，我行我素。在传播效果研究中，这种“容易”或“难以”接受他人劝说的个性倾向，称为个人的“可说服性”。根据日本传播学者饱户弘的分类，可说服性包含以下几个方面：

其一，与特定主题相关的可说服性——说服的主题是多种多样的，一个人在某些话题上可能容易接受他人意见，而在另一些话题上则可能容易产生拒绝或排斥态度。

其二，与特定议论或诉求形式相关的可说服性——如有的人容易接受道理说服，而有的人则容易接受场面或氛围的感染；有的人对“强加式”说服表现出自发反感，而对“诱导式”说服则很容易接受等。

其三，一般可说服性——与主题或说服形式无直接关系，受个人性格和个性所规定的、对他人意见容易接受或排斥的倾向。

从自信心角度对个性倾向与一般可说服性的关系进行了考察的是贾尼斯。1945 年，他采用临床实验的方法，以“社会不安感”、“委曲求全性向”和“感情抑郁程度”为自信心强弱的三项指标，就自信心强弱与一般可说服性的关系进行了测试。在这项实验中，个性倾向以实验对象的自我评价为依据，而可说服性的数据来自对这些人所做的三项说服试验的结果，其说服主题分别是评价电影、减少食肉和预防感冒。

---

① See E. Katz，& Paul F. Lazarsfeld，*Personal Influence*，pp. 321－327.

图 11—6 是这次实验的结果。这个结果说明，对人际关系以及社会处境抱有较强不安感的人，做事委曲求全、尽可能避免与他人发生冲突的人，以及情绪基调以忧伤、压抑为主的人（均为自信心较弱的尺度），普遍表现出较高的可说服性。相反，那些社会不安感、委曲求全性向以及感情抑郁程度较低的人，其可说服性普遍较低。根据这个结果，贾尼斯认为，在自信心的强弱和可说服性的高低之间存在着密切的相关，即自信心越强，可说服性越低；自信心越弱，可说服性越高。这一结论，被称为“自信心假说”（self-confidence hypothesis）。①

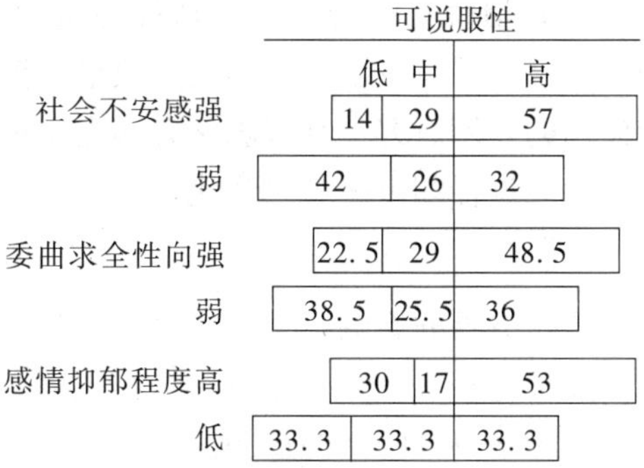

图 11—6　个性与一般可说服性

除自信心以外，与可说服性相关的因素还有个人信息行为的特性。信息行为指的是个人寻求、接触和处理信息的各种行为。由于每个人的认知结构、求知欲、性格和习惯不同，其信息行为也各具特点，这些特点也对传播效果直接或间接地产生影响。

本节主要介绍和探讨了传播效果特别是说服效果的制约因素，以及一些实证研究的成果。这些研究说明，传播效果的形成是多种因素交互作用的结果，任何传播者都不可能随心所欲地去“左右”或“支配”传播对象。认识到各种制约因素的存在无疑具有重要的意义。但是，我们是否能够因为这些因素的存在而得出大众传播的效果和影响“有限”或“无力”的结论呢？显然是不能的。“有限效果论”的缺陷，正在于它简单地做出了这种结论。我们在下一章中将要讲到，如果改变看问题的角度，不是把效果概念局限于态度和行为改变的层面上，而是从更早的认知阶段考虑问题，并将大众传播作为一个宏观、综合的社会过程来把握，那么我们就会发现，大众传播的效果和影响不但不是“有限”或“无力”的，相反，它们是十分强大的。

思考题

第一节

1. 什么是传播效果？它有哪些含义？
2. 传播效果分为哪些层面？大众传播的社会效果的三个层面是什么？

---

① 参见［日］饱户弘：《传播：对话与说服的科学》，1 版，69～70 页，东京，筑摩书房，1972。

3. 联系实际，举例说明什么是传播的逆反效果。
4. 考察具体过程的传播效果之际，应留意哪些环节和要素？
5. 什么是关于大众传播的影响和效果的“常识理论”、“现场理论”和“社会科学理论”？

第二节

1. 什么是“子弹论”或“皮下注射论”？它们反映了什么样的大众传播效果观？
2. 试析“有限效果论”。
3. 简述以下概念和范畴：政治既有倾向假说、选择性接触、传播流、意见领袖、两级传播、“强化”效果或“补强”效果、“结晶”效果、传播效果的中介因素。
4. 什么是“说服性传播”的效果研究？其代表学者和主要贡献是什么？
5. 谈谈传播效果研究的发展过程和效果观的变化。

第三节

1. 试述信源的可信性对传播效果的影响。
2. 试述传播技巧与传播效果的联系。
3. 试述传播对象的属性对传播效果的制约作用。
4. 谈谈意见领袖的特点及其在大众传播效果形成过程中的作用。
5. 简述以下概念和范畴：“休眠”效果、“一面提示”与“两面提示”、“免疫”效果、诉诸理性与诉诸感情、恐惧诉求（警钟效果）、自信心假说。

第十二章 几种主要的大众传播效果理论

CHAPTER 12

现代社会是一个以大众传播高度普及和广泛渗透为特征的信息社会。在这样一个社会里，人们无论是工作、学习、生活或是娱乐都与大众传播密切地联系在一起。那么，大众传播对个人和社会究竟具有什么样的影响和效果？这些影响和效果是通过什么机制发生的？20世纪60年代末以后，许多传播学家致力于考察这些问题，并提出了一系列发人深思的重要理论。本章将对其中若干主要的理论进行考察和分析。

第一节 大众传播与环境认知

——“议程设置功能”理论

社会公共生活中存在着许多有待于解决的课题，如环境保护问题、节制人口问题、体制改革问题、物价问题、下岗再就业问题等。在众多的课题当中，哪些是最重要、最迫切，应该作为当务之急优先解决的？哪些课题就目前来说重要性不那么突出，可以往后放一放？对这些问题，每一个关心公共事务和国家大事的人，都会有一个基本看法。换句话说，我们每一个人心中都有一个无形的“议事日程表”，上面“记录”着我们对当前各项大事及其重要性的判断，以及对解决的优先顺序的认识。那么，这种判断和认识究竟来自何处？对此，“议程设置功能”（the agenda-setting function）研究为我们提供了这样一种解释：就物理视野和活动范围有限的一般人而论，这种关于当前大事及其重要性的认识和判断，通常来自于大众传媒，大众传媒不仅是重要的信息源，而且是重要的影响源。

一、“议程设置功能”理论的概要及特点

“议程设置功能”作为一种理论假说，最早见于美国传播学家 M. E. 麦库姆斯和 D. L. 肖于 1972 年在《舆论季刊》上发表的一篇论文，题目是《大众传媒的议程设置功能》。这篇论文是他们在 1968 年美国总统选举期间，在北卡罗来纳州的查珀尔希尔（Chapel Hill，另译教堂山）就传播媒介的选举报道对选民的影响所做的一项调查研究的总结。[①]

这项研究由两个部分组成：一是对选民进行抽样调查，了解他们对当前美国社会的主要课题及其重要性程度的认识与判断，二是对 8 家传播媒介（包括报纸、杂志和全国性电视网）的同期政治报道进行内容分析。在对两者的调查结果进行比较的过程中，麦库姆斯和肖发现，在选民对当前重要问题的判断与大众传媒反复报道和强调的问题之间，存在着一种高度的对应关系。也就是说，大众传媒作为“大事”加以报道的问题，同样也作为“大事”反映在公众的意识当中；传媒给予的强调越多，公众对该问题的重视程度也就越高。麦库姆斯和肖就外交、财政等 15 个项目的问题进行了比较，发现在主要项目上两者的相关系数达到 0.967，在次要项目上达到 0.979。根据这种高度的对应关系，麦库姆斯和肖认为，大众传播具有一种为公众设置“议事日程”的功能，传媒的新闻报道和信息传达活动以赋予各种“议题”不同程度的显著性（salience）的方式，影响着人们对周围世界的“大事”及其重要性的判断。

图 12—1 是麦奎尔和 S. 温达尔关于“议程设置功能”假说的示意图。[②] 图中左侧的 $X_{1,2,3}$……代表现实生活中的各种“议题”，中间的粗黑线段表示传播媒介对这些“议题”的强调程度，右边大小不一的 X 代表公众对这些“议题”及其重要性的认知。通过该图，我们可以观察到传媒的“议程设置”与受众的“议程认知”之间高度的相关关系。

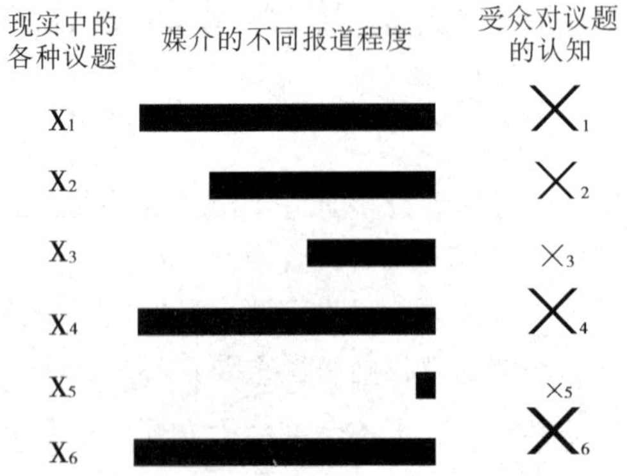

图 12—1 “议程设置功能”假说示意图

“议程设置功能”理论探讨的无疑是大众传播的效果和影响问题，那么，与历来的效果研究相比，它有什么特点呢？

---

① See Maxwell E. McCombs & Donald L. Show, “The Agenda-setting Function of Mass Media”, *Public Opinion Quarterly*, 36 (2), 1972.

② See D. McQuail & S. Windahl, *Communication Models*, p. 63.

第一，传播效果分为认知、态度和行动三个层面，这些层面同时也是一个完整意义上的效果形成过程的不同阶段，“议程设置功能”假说的着眼点是这个过程的最初阶段，即认知层面上的效果。认知层面上的效果与态度层面上的效果不同。一般来说，后者指的是对“思考方式”的影响，即以告诉人们应该“怎样想”的方式来加强或改变人们对事物的看法或观点；前者指的是对“思考对象”的影响，也就是以告诉人们“想什么”的方式来把他们的关心和注意力引导到特定的问题上。由于传播效果是一个循序发生和深化的过程，认知阶段的效果并不排除对态度和行动产生联动作用的可能性。

第二，“议程设置功能”理论所考察的，不是某家媒介的某次报道活动产生的短期效果，而是作为整体的大众传播具有较长时间跨度的一系列报道活动所产生的中长期的、综合的、宏观的社会效果。这里着眼的是传播媒介的日常新闻报道和信息传播活动所产生的影响。

第三，“议程设置功能”理论暗示了这样一种媒介观，即传播媒介是从事“环境再构成作业”的机构。也就是说，传播媒介对外部世界的报道不是“镜子”式的反映，而是一种有目的的取舍选择活动。传播媒介根据自己的价值观和报道方针，从现实环境中“选择”出它们认为重要的部分或方面进行加工整理，赋予一定的结构秩序（如上面示意图所示），然后以“报道事实”的方式提供给受众。在现代社会里，由于大众传播是人们获得外界信息的主要渠道，不管这种“再构成”是对现实环境的客观反映还是歪曲的反映，都会影响到人们对周围环境的认识和判断。

应该说，关于大众传播对社会成员的环境认知活动的影响问题，并不是“议程设置功能”理论提出的一个新观点。早在20世纪20年代，美国著名新闻学家李普曼就认为，大众传媒的报道活动是一种营造“拟态环境”活动，它形成人们头脑中“关于外部世界的图像”，并由此影响人们的行为（参见本书第七章第三节）。20世纪40年代末，传播学奠基人之一拉斯韦尔进一步提出了大众传播具有“环境监测功能”。20世纪50年代和60年代也有一些学者从不同角度提出这一观点，例如，B. C. 科恩在考察报刊的国际报道的影响时曾经指出：“在许多场合，报刊在告诉人们应该‘怎样想’（how to think ）时并不成功，但是在告诉读者‘想什么’（what to think about）方面，却是惊人地成功的。”① 不过，将大众传播的环境认知影响最早明确地概括为“议程设置功能”并进行了实证考察的，则是麦库姆斯和肖。

二、对“议程设置功能”理论的研究

“议程设置功能”假说提出以后，引起了传播学界的广泛注目，许多学者纷纷对它进行探讨和验证。较有体系的研究有美国学者D. H. 韦弗在1976年的调查，日本学者竹下俊郎在1982年和1986年进行的调查等。这些调查的结果都显示，在传播媒介的“议程设置”和受众的“议程认知”之间具有高度的相关性。随着实证研究和理论探讨的展开，“议程设置功能”的理论和有关概念也不断趋于细致化和明确化。这主要表现在以下几个方面。

---

① B. C. Cohen, *The Press and Foreign Policy*, Princeton University Press, 1963, p. 13.

（1）确认媒介议程和受众议程之间的因果关系。初期的研究只是显示了媒介议程和受众议程之间的高度相关，却没有证明两者之间的因果联系。若要证明媒介议程形成受众的议程，必须证明“媒介报道在先，受众认知在后”这一时间顺序。麦库姆斯和肖于1972年在夏洛特市的调查中，选取了6月和10月两个时点进行各种议程的交叉比较，结果发现先期出现的6月媒介议程与后期出现的10月受众议程的相关度更高，因而初步证实了这种时间顺序和因果关系。

对两者之间的因果关系做了更全面的检验的，是1973年冯克豪瑟的研究。冯克豪瑟采用的方法是，对美国三大新闻周刊（《时代周刊》、《新闻周刊》、《美国新闻》）20世纪60年代10年越战报道进行内容分析来体现媒介的越战议程，以美军人数变化作为代表越战实际进程的现实指标，将两者与同期受众对越战的关注程度相比较。研究结果显示，媒介的越战报道在1966年达到高峰，受众对越战的关注程度也随之在1966年达到高点；而在美国派兵人数最多的1968年，越战在媒体议程中的显著度和受众的关注度都有了大幅度的下降。这可以说是媒介议程影响受众议程的一个典型事例。

（2）“议程设置功能”的作用机制趋于明确化。从一系列研究实例来看，学者们主要从三种机制上来考察大众传播的“议程设置”效果。第一种机制称作“0/1”效果或“知觉模式”，也就是说，大众传媒报道或不报道某个“议题”，会影响到公众对该“议题”的感知。第二种机制称作“0/1/2”效果或者“显著性模式”，即媒介对少数“议题”的突出强调，会引起公众对这些议题的突出重视。第三种机制称作“0/1/2…N”效果或“优先顺序模式”，即传媒对一系列“议题”按照一定的优先顺序所给予的不同程度的报道，会影响公众对这些议题的重要性顺序所做的判断。① 一般认为，大众传媒主要是通过这三种机制来设置议程的。而且，从“感知”到“重视”再到为一系列议题按其重要程度排出“优先顺序”，是一个影响和效果依次累积的过程，越往后效果越大，影响也越深刻。

（3）对“议题”不同类型进行较深入的研究。例如，D. H. 韦弗根据1976年的调查结果提出，公众的“议题”在本质上是受到传媒“议题”的影响的，但公众的“议题”也可以分为不同的类型，如“个人议题”（个人私下认为重要的问题）、“谈话议题”（在与别人交谈、议论之际受到重视的问题）、“公共议题”（在自己的感觉中认为社会上多数人都重视的问题）。相比较而言，传媒对后两种议题的影响更大一些。这三种议题的含义和作用各不相同，但在传播过程中有融合为一的可能性。D. H. 韦弗在1976年的调查中发现，在历时一年的选举宣传战中，“个人议题”和“谈话议题”始终是一致的；“公共议题”在初期与前两者相差甚远，但随着宣传战的展开和投票日的临近，三者不断接近，最终几乎完全融为一体。

（4）分析不同媒体“议程设置”的不同特点。麦库姆斯和肖在1968年和1972年的两次调查中，都是把报纸、杂志、电视作为一个总体来考察的，其后的许多研究则将不同的媒介加以区别，对它们不同的功能特点加以比较。例如，D. H. 韦弗等人在调查中发现，报纸的“议程设置”对较长期议题的“重要性顺序排列”影响较大，而电视的“热点化效

---

① 参见［美］M. E. 麦库姆斯：《详解大众传播的议程设置影响》，载《新闻研究所年报》，东京，庆应大学，1976。

果”（spot-lighting effect）比较突出；报纸的新闻报道形成“议程”的基本框架，而电视新闻报道则挑选出“议程”中若干最主要的“议题”加以突出强调；电视的主要影响是提供“谈话议题”，而报纸则可以进一步对“个人议题”产生较深刻的影响。①

（5）对“属性议程设置”（attributes agenda-setting）的概念的关注。早期“议程设置”研究主要关注大众传媒从一系列议题中通过凸显某些议题使其成为公众议题的功能，后来的研究则发现，媒介的议程设置效果还不仅仅停止在“制约视野”的层面上，还有着更深层次的影响。大众传媒报道的对象事物具有各种各样的属性，有正面的，有负面的，也有中性的；大众传媒对某些特定属性进行凸显和淡化处理，使对象事物的“主导属性传达给受众，也会影响到受众对事物性质的认识、判断和态度”，麦库姆斯把这种影响机制叫做“属性议程设置”。后期一些学者对选举报道、政治话题报道、焦点人物报道的研究大都证明了这种影响机制的存在，而对企业形象广告或商品促销广告的研究则发现，凸显企业或商品的某些正面属性，淡化甚至屏蔽它们的某些负面属性，恰恰是广告宣传的基本手法。

（6）一些研究从受众角度考察媒介议程设置效果产生的原因和条件。大众传媒为什么能够在我们身上产生议程设置效果？导向需求（need for orientation）概念对此提供了一种解释：我们每个人都有了解外部世界的愿望，但外部世界巨大而复杂，信息泛如瀚海，作为个人，我们很难判断我们应该关注什么、重视什么，这就需要有引导机制帮助我们来判断，而大众传播恰好起到了这种作用。麦库姆斯本人也曾经说过：“人对周围的世界具有天然的好奇心，而新闻媒介对众多的话题提供了这种导向作用。”社会成员个人的导向需求，是媒介议程设置功能得以发挥的社会心理前提。一般认为：（1）受众个人与对象事物的关联度高，意味着导向需求低，不易接受传媒议程设置影响；（2）对象事物的不确定性高，意味着受众的导向需求也高，传媒更容易发挥影响力；（3）媒介使用越方便省力，也就越能适应受众的导向需求。这三种要素的不同组合，可以说明受众个人接受媒介议程设置的人际差异和多样性。

还有一些研究把“议程设置功能”与受众的不同属性结合起来加以考察，得出了一些初步结论，其中包括：（1）受众对各种议题的经验程度（经验越是间接，受媒介的影响越大）；（2）受众对媒介信息的接触量（接触量越大，受媒介影响越大）；（3）人际传播的频度（对媒介的议程设置效果有“抑制”和“强化”两种作用）；（4）人口统计学上的属性（传媒的“议程设置”对知识水准高、政治关心程度高以及从事较高层次社会职业的人影响较小）等。

三、“议程设置功能”理论的意义、问题和网络传播环境的挑战

“议程设置功能”理论的提出具有重要的意义。我们知道，此前“传播流”研究主要从个人态度改变的意义上考察传播效果，并且不恰当地得出了大众传播的影响和效果“无力”或“有限”的结论；“议程设置功能”理论则从考察大众传播在人们的环境认知过程

① See D. H. Weaver, et al., *Media Agenda-Setting in a Presidential Election*, Praeger Publishers, 1981, Chapter 4.

中的作用入手，重新揭示了大众传媒的有力影响，为效果研究摆脱“有限论”的束缚起了重要的作用。

不仅如此，这个理论中所包含的传播媒介是“从事环境再构成作业的机构”的观点，还把西方主流传播学长期以来力图回避的一个重要问题——大众传播过程背后的控制问题重新摆在了人们面前。

换句话说，按照“议程设置”理论，传播媒介的“环境再构成作业”是以向公众提示“社会生活中的重要议事日程”的形式来进行的，那么这里自然就会产生一个根本性的问题：传播媒介的“议程”是怎样设置出来的？它的本质是什么？

这个问题首先会将人们的视线引向媒介内部的信息采集和加工过程。“把关”和新闻要素研究认为，影响和制约报道内容取舍选择的因素主要有三个：第一是时空因素，即在一定的时间之内需要一定量的内容来填充版面和节目时间；第二是媒介的办报宗旨和报道方针、传播人员的新闻价值和倾向；第三是社会文化规范，即传播内容必须符合社会和受众的一般文化规范和价值标准。

但是，传播媒介的“议程设置”过程远非如此简单，在它的背后，还存在着复杂的政治、经济和意识形态的力学关系，具体来说就是传播媒介和占统治地位的信息源之间的关系。在资本主义社会，居支配地位的信息源是政府机构和垄断大企业，它们进行信息操作的手段通常有两种：一是定期举办新闻发布会公开发表见解；二是以“私下放风”的方式进行舆论引导。现代传播媒介之间的激烈竞争大大加剧了它们对这些定期信息源的依赖，因此，资本主义社会的媒介“议程设置”过程，从本质上来说是占统治地位的政治、经济和社会势力对舆论进行操作和控制的过程。“议程设置功能”理论的真正意义，正在于为研究这些深层次的问题提供了一个重要的契机。

另一方面，“议程设置”研究与我国的舆论导向研究之间也有一定的理论接点。我国的大众传媒是社会主义媒介，不但不否认自己的舆论导向作用，而且旗帜鲜明地把引导舆论作为自己的一项基本任务。相对而言，舆论导向的含义更广泛一些，它包含了对社会认知、价值、态度和行动的全面引导；“议程设置”则是舆论导向的第一个阶段，即传媒通过有选择地报道新闻来把社会注意力和社会关心引导到特定的方向。因此，“议程设置功能”理论对我们详细考察传媒的舆论导向过程是具有一定的启发意义的。

当然，“议程设置功能”理论也有其不足之处。例如，它只强调了传播媒介“设置”或形成社会议题的一面，而没有涉及反映社会议题的一面。无论在哪个国家和社会，起源于民间、具有广泛社会关心度的重要问题最终登上传媒“议程”的情况都是常见的。此外应该指出的是，尽管从一般意义上来说，媒介的“议程设置功能”是强大的，但也不能把它的效果绝对化。我国学者范东生指出：“传播媒介诚然有时可以造成平地起风波的惊人效果，但这并不说明社会舆论只能追随其后，接受指引。”他援引 1976 年周总理逝世前后“四人帮”的舆论操纵和“四五”事件的事例，指出“新闻媒介并没有随心所欲地为公众‘设置议程’的力量”①。

近年来，随着网络传播的发展，“议程设置功能”理论也面临着一些质疑：网络是一

① 范东生、张雅宾：《传播学原理》，402～403 页。

个自由多元的空间，网络议题纷繁多样，随着人们对互联网信息的接触量增加，传统的大众传媒的“议程设置功能”是否正在弱化和消失？

对此，“议程设置功能”理论的创始人麦库姆斯认为，断定衰退还为时尚早。他的理由是：（1）从信息社会的知沟或数字鸿沟的现状来看，还有许多人不能利用网络媒体；（2）就能够上网的网民而言，还没有形成定期阅读的习惯；（3）网络媒体的议题虽然是多元化的，但单个渠道的访问用户并不多（如博客）；（4）传统媒体在网络传播中也是主流（如美国五大报网站的访问量占了总量的41.4%），新闻网站的内容与传统媒体也有相当高的雷同性（相关系数在0.53～0.99）。①

上述几个特点尤其符合我国的现实。2010年我国的网民人数虽然已逾4亿，但全国仍有三分之二的人口不能上网；我国网民中随意浏览较多，休闲动机突出，定期阅读或深度阅读的习惯尚未养成；博客、微博类个人网页虽然成为近年的热点，但访问量大的博客大都有大型网站的推广背景，而真正自主的个人博客很难获得较高的点击率；网络上的热门网帖或热门话题进入公众视野或成为社会焦点，也大多是在传统媒体报道之后。在这种情况下，与其说传统大众传媒的议程设置功能减弱或消失，不如说传统媒体与网络媒体的互动正在成为我们这个时代媒介“议程设置”的新特点和新趋势。

第二节　大众传播、社会心理与舆论

——“沉默的螺旋”理论

大众传播与舆论的关系问题，是政治学、社会学和传播学研究的一个历史悠久的课题。传统的政治学和舆论学认为，舆论是一种“社会合意”（social consensus），它的产生是一个“问题出现→社会讨论→合意达成”的理性过程。在这个过程中，传播媒介或作为“载体”，或作为“讨论”平台，或作为“公众的精神纽带”发挥着合理的作用。由于传统的政治学和舆论学主要从政治民主的角度考虑问题，在这里，作为“民意”的舆论自然是具有高度的正当性和合理性的。

但是，正如社会生活是复杂多样的，舆论的作用也并不仅限于狭义的政治领域。从更广泛的意义上来说，舆论是一种社会控制的机制，这正是社会心理学的视点。当我们把舆论视为社会控制机制的时候，我们便不能再谈论“民主”或“权利”之类的问题，而只能把它作为一种对个人和群体具有强大约束力的“力量”来探讨它的形成过程、社会作用和客观规律。从这个角度对舆论与大众传播的关系进行了研究的，是德国女社会学家伊丽莎白·诺尔-诺依曼的“沉默的螺旋”理论。

一、“沉默的螺旋”理论的概要

“沉默的螺旋”（the spiral of silence）概念最早见于诺依曼1974年在《传播学刊》上发表的一篇论文，1980年以德文出版的《沉默的螺旋：舆论——我们的社会皮肤》一书，

① See Maxwell E. McCombs: *Setting The Agenda*: *The Mass Media and Public Opinion*, Cambridge, Polity, 2004.

对这个理论进行了全面的概括。

诺依曼最早注意到社会生活中的“沉默的螺旋”现象是在1965年。这一年联邦德国进行议会选举，主要竞选对手一方是社会民主党，另一方是基督教民主联盟和基督教社会联盟的联合阵线。在整个竞选过程中，双方支持率一直处于不相上下的胶着状态，但在最后投票之际却发生了选民的“雪崩现象”——后者以压倒性优势战胜了前者。

诺依曼当时担任阿伦斯巴赫舆论研究所所长，为了找出发生这种现象的原因，她对选举期间追踪调查的全部数据重新进行了分析。诺依曼发现，尽管双方的支持率一直未变，但对获胜者的“估计”却发生了明显的倾斜，即认为基督教两党阵线将会获胜的人不断增多，到投票前日变成了压倒性多数。诺依曼认为，正是这种对“周围意见环境的认知”所带来的压力，导致了许多人最终改变了投票对象。此后，诺依曼又对“意见气候”（opinion climate）和“多数意见”对个人的压力进行了多次实证研究，在此基础上提出了她的“沉默的螺旋”假说。

图12—2是这个理论假说的示意图。概括起来说，这个假说由以下三个命题构成。

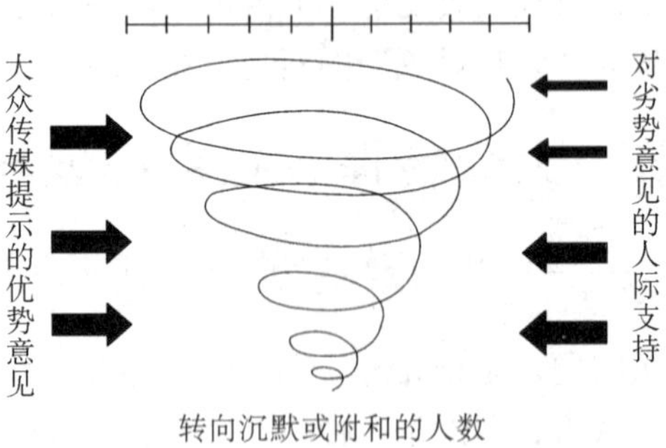

图12—2 “沉默的螺旋”假说示意图

资料来源：D. McQuail & S. Windahl, *Communication Models*, p. 68。

第一，个人意见的表明是一个社会心理过程。人作为一种社会动物，总是力图从周围环境中寻求支持，避免陷入孤立状态，这是人的“社会天性”。为了防止因孤立而受到社会惩罚，个人在表明自己的观点之际首先要对周围的意见环境进行观察，当发现自己属于“多数”或“优势”意见时，他们便倾向于积极大胆地表明自己的观点；当发觉自己属于“少数”或“劣势”意见时，一般人就会屈于环境压力而转向“沉默”或附和。

第二，意见的表明和“沉默”的扩散是一个螺旋式的社会传播过程。也就是说，一方的“沉默”造成另一方意见的增势，使“优势”意见显得更加强大，这种强大反过来又迫使更多的持不同意见者转向“沉默”。如此循环，便形成了一个“一方越来越大声疾呼，而另一方越来越沉默下去的螺旋式过程”。诺依曼认为，任何“多数意见”、舆论乃至流行或时尚的形成，其背后都存在着“沉默的螺旋”机制，社会生活中的“舆论一边倒”或“关键时刻的雪崩现象”，正是这一机制起作用的结果。也正是在这个意义上，她为舆论下了一个双重定义：所谓舆论，即“围绕争论性问题，在没有孤立危险的前提下可以公开表明的意见”，是“为使自己不陷于孤立而必须公开表明的意见”[1]。前者指的是围绕时事性

---

① Elisabeth Noelle-Neumann, *The Spiral of Silence*, pp. 58 - 64.

问题的舆论，后者则侧重于指围绕社会传统、道德、行为规范的舆论。

第三，大众传播通过营造“意见环境”来影响和制约舆论。根据诺依曼的观点，舆论的形成不是社会公众的“理性讨论”的结果，而是“意见环境”的压力作用于人们惧怕孤立的心理，强制人们对“优势意见”采取趋同行动这一非合理过程的产物。在这里，“意见环境”是一个核心概念。那么，意见环境又是如何形成的呢？诺依曼认为，在现代社会，人们判断周围意见分布状况（意见环境）的主要信息源有两个：一是所处的社会群体，二是大众传播。在超出人们直接感知范围的问题上，大众传播的影响尤其强大。她在1973年发表的一篇论文中就写道：“大众传播一手承揽着向人们提供外部世界信息的活动，并且通过复数的渠道每日每时地、累积地报道几乎相同的内容，这种状况不可能不对人们的意见乃至舆论产生重大的影响。”[①] 诺依曼认为，在以电视高度普及为特点的现代信息社会，传播媒介对人们的环境认知活动产生影响的因素有三个：(1) 多数传媒的报道内容具有高度的类似性（产生“共鸣效果”）；(2) 同类信息的传达活动在时间上具有持续性和重复性（产生“累积效果”）；(3) 媒介信息的抵达范围具有空前的广泛性（产生“遍在效果”）。

这样，诺依曼通过“沉默的螺旋”理论，重新提示了一种“强有力”的大众传播观。这个假说包括了以下几个要点：(1) 舆论的形成是大众传播、人际传播和人们对“意见环境”的认知心理三者相互作用的结果；(2) 经大众传媒强调提示的意见由于具有公开性和传播的广泛性，容易被当作“多数”或“优势”意见所认知；(3) 这种环境认知所带来的压力或安全感，会引起人际接触中的“劣势意见的沉默”和“优势意见的大声疾呼”的螺旋式扩展过程，并导致社会生活中占压倒优势的“多数意见”——舆论的诞生。

二、“沉默的螺旋”理论的特点

“沉默的螺旋”是一种考察大众传播与社会舆论的关系的理论，这个理论在两个方面有着自己的特点：一是它的舆论观，二是它的效果观。

（一）舆论观

舆论通常被称为“公众意见”或“公共意见”。这是一个极为复杂的概念，在不同的学科有不同的理解。概括起来说，关于舆论，有以下四种主要的观点：第一种是政治哲学的观点，即把舆论看做是“公意”，是“共同体”的最高意志，是民主政治的基础。这种观点尤以卢梭为代表。第二种是社会学的“有机体”概念，即认为舆论不是个人意见的简单集合，而是社会互动的有机整体。库利关于舆论“不是100个人分别制造的100只船，而是100个人合作制造的1只大船”[②] 的观点是其代表。第三种是行为科学的观点，它或多或少地把舆论看做是个人意见的简单相加，其中的多数意见便被看做是“舆论”，这种观点较多地体现在现代舆论调查或“民意测验”之中。第四种是社会心理学的观点，这种观点把舆论看做是社会控制的机制，认为舆论未必是事实上的“多数”意见，但至少是表

---

① Elisabeth Noelle-Neumann, “Return to The Concept of Powerful Mass Media”, *Studies of Broadcasting*, 1973 (9).

② ［美］C. H. 库利：《社会组织》，日译本，1版，102页，东京，青木书店，1970。

面上的或人们感觉中的“多数”或“优势”意见，它通过人们的从众心理来制约个人的行为，因而起着社会控制作用。

诺依曼的“沉默的螺旋”理论，正是从社会心理学视角来把握舆论现象的。在“沉默的螺旋”理论中，舆论与其说是“公共意见”或“公众意见”，倒不如说是“公开的意见”。换句话说，诺依曼认为，只有那些“被认为是多数人共有的、能够在公开场合公开表明”的意见才能成为舆论。一种意见一旦具备了这种性质就会产生一种强制力——公开与之唱反调就会陷于孤立状态，就有遭受社会制裁的危险。为了免于这种制裁，人们只有在公开的言行中避免与其发生冲突。由此不难看出，“沉默的螺旋”理论强调的是舆论的社会控制功能。这一点，诺依曼本人也在阐述“舆论——我们的社会皮肤”这个观点时做了明确的说明。在她看来，舆论在双重意义上是“我们的社会皮肤”：它是个人感知社会“意见气候”的变化、调整自己的环境适应行为的“皮肤”；不仅如此，它又在维持社会整合方面起着重要作用，就像作为“容器”的皮肤一样，防止由于意见过度分裂而引起社会解体。①

（二）效果观

从传播效果研究的角度而言，“沉默的螺旋”理论强调大众传播具有强大的社会效果和影响。这里所反映的“强大影响”已经不止于认知阶段，而是包括了“认知→判断・意见→行动”的全过程。“沉默的螺旋”假说的一个重要观点是，传播媒介提示的“意见环境”未必是社会上意见分布状况的如实反映，而一般社会成员对这种分布又处于“多元无知”② 状态。在这种情况下，传媒提示和强调的即便是少数人的意见也会被人们当作“多数意见”来认知，其结果也会引起“沉默的螺旋”过程的始动，在传媒影响所及的范围内引起人们判断和行动上的连锁反应。换句话说，这个假说认为，传播媒介具有“创造社会现实”的巨大力量。

三、对“沉默的螺旋”理论的研究与评价

“沉默的螺旋”假说提出以后，许多传播学和社会心理学者，如美国的卡兹、马丁，日本的池田谦一等，都对这个假说进行了较系统的理论探讨和实证考察。由于学者们的研究方法和各国的社会文化条件不同，人们对这个假说的普遍适用性并没有取得一致的看法，争议的焦点主要集中在这个假说的理论前提上。

“沉默的螺旋”的重要理论前提之一是个人“对社会孤立的恐惧”，以及由这种“恐惧”所产生的对“多数”或“优势”意见的趋同行为。那么，这里就会提出一个问题：这种“恐惧”和趋同行为是绝对的、无条件的，还是相对的、有条件的？根据诺依曼的看法，能否顺应“多数意见”或舆论是“对一个人的道德规范和基本价值与社会是否相容的检验”，它是一种“匿名的、无所不在的社会压力”，对人们的行为有着极大的制约作用。

---

① See Elisabeth Noelle-Neumann, *The Spiral of Silence*, pp. 61 - 62.

② 多元无知（pluralistic ignorance），认知心理学用语，指这样一种现象：在一个群体中，只要反对意见不以明确、强烈的形式表现出来，一般成员就会产生一种错觉，以为大家的意见都是一致的。相关概念有“镜像知觉”、“FC 效果”（false consensus effect）等。

为了证明这一点，诺依曼不仅大量引用了马基亚维利、洛克、米尔、托克维尔等经典作家的观点，甚至援引了文化人类学乃至动物社会学的许多成果。尽管如此，我们仍然能够提出一些不同见解。

(1) 假说中所强调的“对社会孤立的恐惧”（趋同行为的动机）不应是一个绝对的常量，而应是一个受条件制约的变量。20 世纪 50 年代所罗门·阿什的实验证明，趋同行为发生的概率受到两个重要条件的制约：一个条件是有没有来自他人尤其是来自所属群体的支持，只要当场有一个支持者，趋同行为的概率便会大大降低。另一个条件是个人对自己的见解或信念的确信程度。实验心理学研究证明，对自己的观点确信度低的人，往往会通过寻求与他人的类似点来加强自己的信念，因而比较容易接受多数派的影响，而确信度高的人则具有较强的独立性。

(2)“多数意见”的压力以及对它的抵制力，依问题的类型和性质应有程度上的不同。具体来说，在有关社会伦理道德、行为规范的争议问题上（如诺依曼所做的吸烟者在不吸烟人群中吸烟的实验所示），多数意见可以产生巨大的社会压力，而在一些技术性、程序性的问题上，这种压力未必有效。同时，争议问题与自己是否有直接的利害关系，也是决定人们对“多数意见”或服从或抵制的重要因素之一。

(3)“多数意见”社会压力的强弱受到社会传统、文化以及社会发展阶段的制约。例如，在单一民族国家，在传统、保守的社会，在社会秩序、价值的安定时期，“多数意见”的压力通常是强大的；而在多民族国家、开放型社会以及社会秩序或价值的变动时期，“多数意见”未必能左右人们的行为。日本学者平林纪子指出：“就宗教问题而言，在荷兰等天主教国家或一部分伊斯兰教国家，促使人们趋同的压力显然比其他国家强大得多”①。

“沉默的螺旋”假说的另一个问题是，由于它在说明舆论的形成过程之际极力强调“多数”或“优势”意见的压力，以至于忽略了舆论的变化过程和“少数派”的作用。关于这一点，S. 莫斯考维西关于群体内合意形成过程的研究可以为我们提供重要的启发。他在考察少数意见的“中坚分子”(the hard core) 的作用时发现，当这些“中坚分子”表现出意志的坚定性、主张的一贯性和表明态度的强烈性之际，可以对“多数派”产生有力的影响，甚至可以改变群体已有的合意并推动新的合意的形成。② 这种情况，意味着与“沉默的螺旋”不同的另一种舆论形成过程的存在。

“沉默的螺旋”假说尽管在理论和实证上还存在着一些不足，但它至少在下述两个方面具有重要的意义。

第一，它把对舆论形成过程的考察从现象论的描述引向了社会心理分析的领域，强调了社会心理机制在这个过程中的作用。这正是传统的舆论学所忽略的一个重要方面。

第二，它强调了大众传播对舆论的强大影响，并正确地指出了这种影响来自于大众传播营造“意见环境”的巨大能力。假说中对传播媒介的“赋予地位”功能、大众传播的公开性和普遍性、报道内容的类似性和累积性以及由此带来的“选择性接触”的困难性所做的分析，对重新评价大众传播的影响和效果具有重要的启迪意义。

---

① [日] 田崎笃郎、儿岛和人：《大众传播效果研究的展开》，65 页。
② 参见 [日] 小关八重子：《少数派的影响过程》，载《社会心理学视点》，东京，诚信书房，1988 (3)。

“沉默的螺旋”强调的是大众传播的高压环境对现实中个人的影响。那么，在互联网的虚拟环境中，这种机制是否同样也存在？这也是近年来人们关注的一个新课题。我国学者谢新洲等在2002年以首都四所高校的千名学生为对象进行了一次调查，从社会孤立的动机在网上是否仍然存在、网上表达是否属于公开表达、网络群体是否会对个人意见造成压力等几个方面对互联网上的言论表达和从众现象进行了验证和分析。其结论是：网络空间中社会孤立的动机并没有消失；网络群体对个人的压力方式有所变化，强度有所减弱；从众心理动因依旧存在，从众现象依然普遍；尽管表现形式有所变化，但“沉默的螺旋”并没有从网际消失。① 这些结论，对我们理解网络传播环境提供了有价值的参考。

第三节　大众传播的潜移默化效果

——“培养”理论

按照李普曼的观点，在大众传播高度发达的现代社会，人们的行为与三种意义上的“现实”发生着密切的联系：一是实际存在的“客观现实”；二是传播媒介有选择地提示的“象征性现实”，即拟态环境；三是人们在自己头脑中描绘的“关于外部世界的图像”，即“主观现实”。“主观现实”亦即人们的现实观，它是人们的现实行为的依据。在传统社会里，主观现实是对客观现实较为直接的反映，而在媒介社会，人们对客观现实的认识在很大程度上需要经过媒介提示的“象征性现实”的中介。那么，传播媒介对人们的现实观究竟具有什么样的影响？这种影响是如何发生的？传播媒介在提示“现实”之际具有什么样的倾向性？对这些问题进行了实证考察的是以美国学者G. 格伯纳为代表的“培养”理论研究。

一、“培养”理论的起源和背景

“培养”理论，也称为“培养分析”（cultivation analysis）或“教化分析”、“涵化分析”。这种研究起源于20世纪60年代后期，当时，美国社会的暴力和犯罪问题十分严重，美国政府专门成立了一个“暴力起因与防范委员会”来研究解决这些问题的对策。格伯纳主持的“培养分析”就是在该委员会的支持和赞助下开始的。

“培养分析”最初的着眼点有两个：一是分析电视画面上的凶杀和暴力内容与社会犯罪之间的关系，二是考察这些内容对人们的认识社会现实的影响。从第一个方面来说，格伯纳等人除了在一些事例研究中发现电视暴力内容对青少年犯罪具有“诱发效果”（trigger effect）外，在整体上没有发现两者之间的必然联系。然而在第二个方面，他们的研究却得出了一个重要结论：电视节目中充斥的暴力内容增大了人们对现实社会环境危险程度（遭遇犯罪和暴力侵害的概率）的判断，而且，电视媒介接触量越大的人，这种社会不安全感越强。

这个结论是对现实中的暴力犯罪状况、电视节目中的暴力内容以及人们对自身所处的社会环境的危险程度的主观判断进行比较研究的结果。例如，按照当时美国现实暴力犯罪

① 参见谢新洲等：《“沉默的螺旋”假说在互联网环境下的实证研究》，载《现代传播》，2003（6）。

的发生率和件数来计算，一个美国人在一周内遭遇或卷入暴力事件的概率在1%以下，而根据格伯纳对三大电视网从1967年至1978年在黄金时间播出的1 548部电视剧所做的内容分析，包含暴力内容的电视剧达80%，每部电视剧中出现的暴力场面平均为5.2次，与暴力场面有关的人物占出场人物的64%。这个数字说明，就暴力犯罪而言，电视剧所传达的“象征性现实”与客观的社会现实之间是有很大差距的。

那么，人们对所处社会环境的印象和判断又是如何形成的？这种印象和判断更接近于客观现实还是媒介提示的象征性现实？1976年，格伯纳等人就电视的接触量与人们对环境危险程度的判断之间的相关性进行了调查（见表12—1）。[①] 这项调查结果说明，尽管在现实生活中人们遭遇或卷入暴力事件的概率在1%以下，但许多人却认为这种可能性在10%以上，这一估计大大超过了客观现实的可能性而更接近于电视画面中的“社会景象”。而且，无论人们的社会属性如何，属于什么性别、职业和年龄层，电视接触量越大，这种倾向也就越明显。

表12—1　　电视接触量与对环境危险程度的判断

	视听时间长者	视听时间短者
样本总体	52%	39%
大学以上	44%	34%
大学以下	56%	44%
30岁以上	50%	36%
29岁以下	60%	39%
男　性	52%	33%
女　性	51%	44%

注：表中数值为认为自己在一周内遭遇或卷入暴力事件的概率在10%以上者的比例。

根据一系列实证调查和分析的结果，格伯纳等人认为，在现代社会，大众传媒提示的“象征性现实”对人们认识和理解现实世界发挥着巨大影响，由于大众传媒的某些倾向性，人们在心目中描绘的“主观现实”与实际存在的客观现实之间正在出现很大的偏离。同时，这种影响不是短期的，而是一个长期的、潜移默化的、“培养”的过程，它在不知不觉当中制约着人们的现实观。在这个意义上，格伯纳等人将这一研究称为“培养分析”。

二、“培养”理论关于社会与传播的基本观点

“培养分析”是以一定的社会观和传播观为出发点的。它的基本观点是，社会要作为一个统一的整体存在和发展下去，就需要社会成员对该社会有一种“共识”，也就是对客观存在的事物，重要的事物以及社会的各种事物、各个部分及其相互关系要有大体一致或接近的认识。只有在这个基础上，人们的认识、判断和行为才会有共通的基准，社会生活才能实现协调。

提供这种“共识”是社会传播的一项重要任务。在传统社会，这一功能是由教育和宗教来承担的，而在现代媒介社会则成了大众传播的一项主要任务。大众传播通过象征性事

① See G. Gerbner, “Living with Television: The Violence Profile”, *Journal of Communication*, Spring, 1976, p. 193.

物的选择、加工、记录和传达活动，向人们提供关于外部世界及其变化的信息，用以作为社会成员认识、判断和行动的基础。教育和宗教的传播是在有限的规模和范围内进行的，而大众传播则把同一内容的信息传达到社会的任何阶层和任何角落。格伯纳认为，大众传播不仅是现代社会的“故事讲解员”（story-teller），而且是缓和社会各异质部分的矛盾与冲突的“熔炉”（melting-pot），在这个意义上它还是维护现存制度的“文化武器”（cultural arms）。因此，大众传播在形成现代社会的“共识”方面，已远远超越了传统社会中教育和宗教的作用。

这样，“培养分析”一方面肯定“共识”是社会作为一个统一整体存在的前提，强调大众传播在形成“共识”过程中的巨大作用；另一方面又指出大众传媒所提供的“象征性现实”与客观现实之间的距离，以及传媒的一些倾向（如暴力内容、对社会弱者的描述等）所带来的社会后果。“培养分析”的重要目的是揭示大众传播为占统治地位的阶级和意识形态服务的本质，其观点包含着对资本主义大众传播现状的鲜明的批判态度和改革志向，因此一些学者也把它称为“美国土生土长的批判学派”。

“培养分析”尤其强调电视媒介在形成“共识”中的作用，认为电视除了与其他媒介的共同点以外，还有自己的独特优势：（1）电视拥有最多的受众，每天的接触时间最长；（2）不需要接触印刷媒介所必需的识字能力；（3）电视把视听觉手段结合在一起，拥有强烈的目击感、现场感和冲击力；（4）现代人从幼年时代就与电视生活在一起，很难把“电视中的世界”与现实世界加以区别；（5）电视广泛渗透到社会的各个部分（包括儿童、低学历者以及贫困阶层）。电视的这些特点，使得它发挥着历史上其他媒介所未曾有过的巨大威力。无论多么重大的事件或问题，不经电视报道就很难被人们作为“社会现实”所认知；反之，一些微不足道的事情，经过电视媒介的大肆渲染，也会成为万众瞩目的“重大事件”。

同时，电视节目尤其是“描述现实生活”的电视剧中包含着大量的虚构因素，一般受众很难将这些虚构与现实区别开来，而容易把虚构当作现实来接受。例如，格伯纳等人对“黄金时间”电视剧进行的内容分析表明，美国电视剧出场人物中男女比例为 3∶1，在社会总人口中仅占 1%的律师、法官和警察却占了 20%。“培养分析”认为，一般受众不可能对诸如此类的虚构做出明确的判断，而它们却潜移默化地影响着人们的现实社会观。20 世纪 70 年代初美国电视剧《医生威尔比》播出后，主演者收到要求登门就医的观众来信竟达 25 万封之多，说明在现代人的头脑中，电视提供的“象征性现实”与客观现实之间发生了多么大的混淆。

三、“培养”理论的外围

“培养分析”并不是一项孤立的研究，相反，它是一项综合的系统研究的有机组成部分。这项研究被称为“文化指标研究”（cultural index studies），起源于 20 世纪 60 年代后期，它包括三个方面：“制度分析”、“讯息系统分析”和“培养分析”，这三者之间有着密切的联系。

（一）“制度分析”

其主要目的是分析大众传播的信息生产、传达和消费过程中的各种制度性压力和制约因素，揭示大众传播内容的特定倾向性形成的原因。这些因素包括：（1）国家的立法、司法和行政部门对传播制度和传媒活动的法律、政策的规定；（2）媒介企业内的经营部门和外部银行资本、广告主等对信息生产和传播过程的干预和影响；（3）同业竞争和来自各种利益团体的压力；（4）一般受众对信息传播过程的影响。格伯纳等人认为，在这里，前三种制度性压力是形成传媒内容倾向的主要因素；一般受众对个别媒介的活动可以发挥一定影响，但对总体的媒介活动来说，这种影响是微不足道的。

（二）“讯息系统分析”（message system analysis）

大众传播的讯息是通过语言、文字、画面、影像等象征符号来传达的，这些讯息并不是符号的随意组合，而是根据一定的观点和意识形态进行加工整理后的具有完整意义结构的系统。讯息系统分析的目的就在于揭示媒介讯息系统的整体倾向性。

格伯纳等人在讯息系统分析中发现，美国的传播媒介在总体上反映了占统治地位的利益、观念和价值。他们对821部电视剧和节目中的11 754个出场人物进行了统计，发现其中25岁至45岁的人超过半数，而在实际人口中分别占30%和11%的18岁以下青少年和65岁以上的老人仅占8%和2%（图12—3）。格伯纳等人认为，这种状况反映了把25岁至45岁的年龄层视为主要消费市场的产业界的观点，传播媒介对这个年龄层的存在感和重要性的强调，其背后有资本活动的背景。

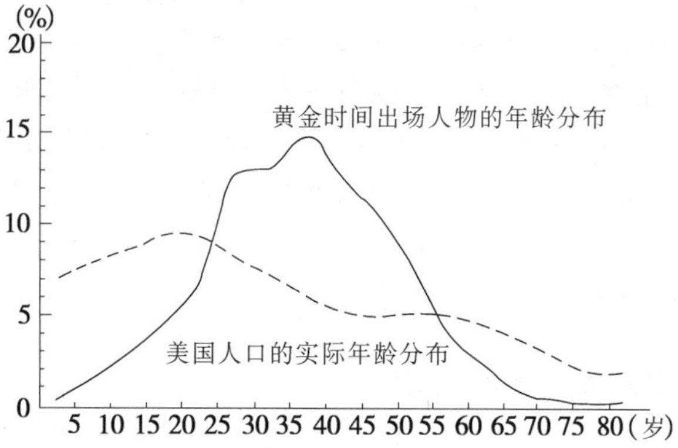

图12—3 电视剧出场人物的年龄分析

不仅如此，分析的结果还表明，电视剧主人公大半是35岁至45岁的白人男性，尽管这个阶层在美国总人口中所占比例很小，却代表了美国占统治地位的核心价值（包括社会地位、权力、金钱、职业、性等各个方面）。另一方面，电视剧对老人形象的描述却表现出另一种倾向：他们不但存在感弱，而且反面人物多；被“丑化”描写的老人在男性中占70%，在女性中则达80%。这些倾向说明，传播媒介提示的“象征性现实”是按照一定的价值体系结构来安排的，讯息系统分析的出发点就在于揭示它的这一本质。

（三）“培养分析”

“培养分析”是讯息系统分析的延伸，换句话说，它的目的是考察大众传播的特定倾向所造成的社会结果。例如，在对电视剧的内容分析中，格伯纳等人发现，老人不仅出场率低，而且被做了大量“非善意的”描述，如心胸狭窄、缺乏适应力、顽固、保守、迟钝、消极等。他们将电视剧中的这些倾向与社会上人们所持的老人观进行了比较，结果发现两者之间有着密切的相关，而且越是电视接触量大的人，也就越倾向于对老人做出“非善意的”、否定性的评价。

传播内容具有特定的价值和意识形态倾向，这些倾向通常不是以说教而是以“报道事实”、“提供娱乐”的形式传达给受众的，它们形成人们的现实观、社会观于潜移默化之中。这就是“培养分析”的核心观点。格伯纳等人认为，传播媒介的这种“培养效果”，主要表现在形成当代社会观和现实观的“主流上”，而电视媒介在“主流形成”（mainstreaming）过程中尤其发挥着强大的作用，它可以超越不同的社会属性，在全社会范围内广泛“培养”人们关于社会的共同印象。

“培养理论”的研究成果受到了各国学者的重视，英、法、瑞典、日本、韩国、阿根廷等国也都开展了类似的研究，研究对象也由最初的电视暴力和社会犯罪的关系扩展到家庭、职业、宗教、种族、政治以及第三世界国家形象研究等各个领域。

第四节　大众传播与现实“建构”

——新闻框架与框架效果

在大众传播的所有信息中，新闻（news）是公共性、公益性最强的信息，这是因为，新闻是人们判断环境变化并采取环境适应决策的主要信息依据，新闻报道涉及最广泛的公众利益。然而，既往的新闻学和传播学研究都表明，大众传媒的新闻报道并不是对现实的“镜子式”反映，而是根据一定的新闻立场和新闻价值标准对各种事实进行取舍选择和加工的过程，这个过程，实际上也是对现实世界及其意义的一种重构或者“建构”。媒介是怎样通过新闻报道“建构”现实的？这种“建构”受到哪些因素的制约？这种“建构”的结果会产生什么样的社会影响？新闻框架（news frame）理论和框架效果（framing effect）研究所考察的，正是这样一些问题。

一、框架与媒介框架、新闻框架

“框架”（frame）作为考察人的认知与传播行为的学术概念，最早见于人类学家G. 贝特森于1955年发表的论文《一项关于玩耍和幻想的理论》[①] 中。在这篇文章中，贝特森提出了“元传播”（meta-communication）的概念，所谓“元传播”，即人们为了传播而进行的传播行为，包括对所传递符号的定义及其诠释规则的约定。他认为，任何一种传播活动，同时都在传递着由三个元素构成的信息组合：感官刺激的符号、该符号的指代和区别性指代，以及传受双方围绕该符号产生互动行为的规则。在这里，框架指的是就如何理解彼此符号，传受双方相互约定的诠释规则。例如，点头意味着“赞同”、摇头意味着“反对”，就是人们在日常生活中形成的对这两个动作符号的诠释规则。

不过，对新闻框架研究产生了直接影响的，是社会学家E. 戈夫曼1974年出版的《框架分析》一书。在这部著作中，戈夫曼明确为框架做出了这样一个定义：“框架指的是人

① G. Bateson，(1955)，“A Theory of Play and Fantasy”，in *Steps to an Ecology of Mind*，pp. 138－148，London：Jason Aronson Inc.，1972.

们用来认识和阐释外在客观世界的认知结构，人们对于现实生活经验的归纳、结构与阐释都依赖一定的框架，框架使得人们能够定位、感知、理解、归纳众多具体信息。”①

从这个定义我们可以看出框架有双重含义：第一，框架（frame）作为一定的知识体系或认知定势预存在我们的大脑中，它来自于我们过去实际生活的经验；第二，我们根据既有的框架来“建构”（framing）我们对新事物的认识。由此而言，戈夫曼的“框架”概念与皮亚杰的“基模”（schema）概念有着高度类似性，两者都用了“认知结构”这一核心词来界定自己的概念，都认为它们既是过去的经验或知识的积累，同时又是人们处理新信息、认识新事物的一种导引机制或者“建构”机制。（关于“基模”理论，参阅本书第五章第一节第四小节：个人信息处理的基模理论）

正如基模可分为“个人基模”和“组织基模”一样，框架的概念同样可区分为“个人框架”和“组织框架”。作为个人框架，它指的是我们每个人在“关于存在、发生和意义这些问题上进行持续不断的选择、强调和表现时所使用的准则”②。作为组织框架，它指的是一个组织信息处理的认知结构或定性准则，根据这种认知结构或这些准则对信息处理的结果，则体现了一个组织对该信息性质的基本判断以及其动机、立场、倾向和态度。例如，一个记者选择新闻素材、判断新闻价值、凸显新闻视角、确定报道立场，在较大程度上取决于新闻记者的个人框架，而这篇新闻稿经过编辑部根据媒体的编辑方针、新闻立场及其他原则进行把关、修改、加工和版面处理的过程之后，则体现了媒介的组织框架。

20 世纪 80 年代开始，框架理论开始引进到新闻与传播研究领域，并由此诞生了“媒介框架”（media frame）和“新闻框架”（news frame）两个学术概念。媒介框架即媒介机构信息处理的组织框架，它适用于多种类型的媒介信息生产和传播过程的研究。这个概念应用于新闻的选择、加工、新闻文本和意义的建构过程的研究，则称为新闻框架。关于媒介框架或新闻框架，D. 桑德斯曾经做过这样一种解释：“媒介框架就是进行选择的原则——是强调、解释与表述的符码。媒介生产者常用它们构建媒介产品与话语，不管是文字还是图像的。……媒介框架能使新闻记者对错综复杂、常常矛盾的大量信息进行迅速而例行的加工与‘打包’。因此，在对大众媒介的文本进行编码的过程中，这些框架就成为一个重要的制度化环节，而且，在形成受众的解码活动上还可能发挥某种关键性作用。”③根据这段论述，我们可以从以下几个方面理解新闻框架：

第一，新闻框架是新闻媒体对新闻事实进行选择性处理的特定原则（或准则），这些原则来自于新闻媒体的立场、编辑方针以及与新闻事件的利益关系，同时又受到新闻活动的特殊规律（如新闻价值规律）的制约。这些原则，规定着一家媒体对新闻事件的基本态度和本质判断。

第二，在一定的新闻文本中，新闻框架通过一定的符号体系（定性的关键词或具有特定意义的图像符号等）表现出来，这些符号形成对新闻事件意义的建构。例如，围绕美国

---

① E. Goffman, *Framing Analysis: An Essay on the Organization of Experience*, New York, Harper and Row, 1974, p. 21.

② T. Gitlin, *The Whole World is Watching: Mass Media in the Making and Unmaking of the Left*, Berkeley, University of California Press, 1980, p. 6.

③ ［美］约翰·费斯克等：《关键概念：传播与文化研究辞典》，2 版，111 页，北京，新华出版社，2004。

进攻伊拉克的战争的报道中，如果一家媒体在报道中较多使用“反恐”、“反独裁”、“解放伊拉克人民”等词语，而另一家媒体则更多地使用“资源争夺”、“入侵”、“霸权主义”等词语，那么很容易看出，前者是用“正义”的框架来定性这场战争的意义，而后者则是用“非正义”的框架来解读这场战争。

第三，在新闻报道中，框架的存在是一种必然。一般来说，新闻事件大都具有复杂的多种属性，由于时效性和新闻文本特性的要求，新闻记者不可能在一篇报道中事无巨细地罗列这些属性，而只能抓住事件的若干主要属性，并把它纳入到一定的框架之中（即所谓“打包”）。

新闻应简明扼要地向受众提示新闻事件的性质和意义。在这个意义上，J. M. 坦卡德把新闻框架的建构定义为“采取集中的组织思路，通过选择、强调、排除和精心处理等方式对新闻内容提供背景，并提出中心议题的活动”①。这里的“中心议题”，实际上也就是一条新闻的中心思想。

第四，新闻框架作为媒体为新闻事件定性的主导性框架，对受众认识、理解新闻事件以及对新闻事件做出反应具有重要的影响，这种影响也称为框架效果（framing effect）。受众阅读新闻也是一个基于个人框架对新闻文本进行解读的过程，具有一定的能动性和批判力，因此，我们可以把围绕某新闻事件的受众个人反应或作为集合反应的舆论态度，看做是媒介框架和受众框架相互作用的结果。这里应该指出的是，对于受众个人经验较为间接或较复杂的新闻事件，特别是在缺少对照性信源的情况下，媒体的主导性框架所造成的先入为主效果是显而易见的。

二、关于新闻框架的实证研究

框架概念引入传播学研究领域后得到了广泛的应用。美国学者 J. 布里安特曾经对《传播学刊》、《新闻与大众传播季刊》等六种主要学术刊物的论文内容做过统计分析，发现框架与框架研究是 20 世纪 90 年代以来使用频率最高和最受关注的研究领域。②

在众多的实证研究中，R. M. 恩特曼对美国主流媒体在报道两大类似事件时所采用的不同新闻框架的比较分析最有代表性。第一个事件发生在 1983 年 9 月 1 日，韩国航空（KAL）007 号客机进入苏联领空，遭苏联空军拦截并被击落于库页岛西南方的公海，死难 269 人；第二个事件发生在 1988 年 7 月 3 日（两伊战争结束前），伊朗航空（Iran Air）往返于阿巴斯港和迪拜的 655 号客机被美国海军导弹巡洋舰“文森斯”号击落，290 名乘客和机组人员罹难。两个事件性质非常接近，但恩特曼 1991 年对《时代周刊》、《新闻周刊》、《CBS 晚间新闻》、《纽约时报》和《华盛顿邮报》的同期内容分析却表明，美国主流新闻媒介在对这两个事件的报道中，完全采用了不同的新闻框架：对前者，美国媒体将其定性为“道义暴行”、“邪恶”和“犯罪”；而对后者，则归类于“技术问题”和“事故”

---

① ［美］沃纳·塞弗林、小詹姆斯·坦卡德：《传播理论：起源、方法与应用》，312 页，北京，华夏出版社，2000。

② See J. Bryant. &D. Miron, “Theory and Research in Mass Communication”, *Journal of Communication*, 2004, Volume 54, Issue 4, pp. 662 - 704.

的范畴。①

恩特曼是用比较新闻叙事方式的方法来得出这一结论的，他认为新闻框架表面上都很“自然”，容易淹没在无差别的文本之中，只有系统比较其叙事方式，才能完整可靠地揭示出这些框架。

在这项研究中，恩特曼发现有两种机制对新闻框架的建构与实现有着重要意义。第一种机制是报道规模控制（sizing），这是框架建构的“基本”（essence），其主要作用，是通过报道量和报道顺序的控制，来放大或者淡化某个新闻事件的重要性或影响。在韩国航空事件和伊朗航空事件这两个与美国的利益关联完全不同的事件中，美国主流媒体对前者的报道要远远多于对后者的报道（见表12—2）。

表12—2　美国主流媒体对韩国航空事件和伊朗航空事件的报道量比较（事件发生2周内）

	韩国航空事件	伊朗航空事件
《时代周刊》和《新闻周刊》	51（页）	20（页）
《CBS晚间新闻》	303（分钟）	204（分钟）
《纽约时报》	286（篇）	102（篇）
《华盛顿邮报》	169（篇）	82（篇）

第二种机制是具体信息的呈现。恩特曼认为，在这两次空难事件报道中，至少有以下四种显著因素帮助美国主流媒体建构了不同的新闻框架：

1. *行为主体（agency）——新闻事件的实施人、责任人或机构*

在这个案例中，美国主流媒体将韩国航空事件直接归罪于苏联政府及其领导人；对伊朗航空事件，则暗示是技术失误或操作人员失误，并没有与美国政府相联系，有的媒体（如CBS），甚至将事件原因推到伊朗一方。

2. *身份认定（identification）——对空难受害者身份属性的提示和定性*

内容分析的结果表明，对第一个事件，美国主流媒体对受害者做了充分报道，新闻语言和视觉信息也更加生动和富有感染力，受害者作为“人”的属性更为清晰，彰显了事件作为“人性惨案”的性质，极易在受众中产生共鸣和“移情”（empathy）效果。而在第二个事件中，受害者并没有得到同样的报道，这种对受害者的弱化报道，也更强化了事件属于技术失误的新闻框架。

3. *归类打包（categorization）——将新闻事件归类于不同性质的范畴，贴附标签的过程*

在本案例中，美国主流媒体通过定性关键词的使用将前者归类到有预谋的“攻击”、“犯罪”、“邪恶”的道德判断的范畴中，而对后者，则纳入“技术事故”或“失误”的范畴。例如，《时代周刊》和《新闻周刊》在报道韩国航空事件时38次使用了“攻击”一词，而对伊朗航空事件使用“攻击”的次数为零；《纽约时报》在报道前者时使用“攻击”次数为99次，而在报道后者时仅使用30次，其中有7次还是在引用伊朗或其他国家的反应时提到的（见表12—3）。

① See Robert M. Entman, “U. S. Coverage of International News: Contrasts in Narratives of the KAL and Iran Air Incidents”, *Journal of Communication*, 1991, 41 (4).

表 12—3　美国主流媒体在报道中使用"攻击"或"悲剧"的量比（事件发生 2 周内）

	韩国航空事件		伊朗航空事件	
	"攻击"	"悲剧"	"攻击"	"悲剧"
《时代周刊》与《新闻周刊》	38	21	0	23
《CBS 晚间新闻》	10	9	12	15
《纽约时报》	99	48	30	32
《华盛顿邮报》	66	24	24	40

4. 引申泛化（generalization）——对新闻事件的实质做一般意义上的阐释

恩特曼的分析表明，美国主流媒体将苏联击落韩国航空客机事件上升到苏联的政治制度和文化的层面上加以拷问，而对美国击落伊朗航空客机事件的报道中这种引申泛化是缺失的，而仅仅把它作为技术失误来处理。

恩特曼的研究表明，媒体的新闻立场、新闻事件与媒体所在国的利害关系，是美国主流媒体对两个类似事件采用完全不同的新闻框架的主要原因，同时，不同的新闻框架，是通过一些巧妙的、不易为人察觉的信息呈现策略来实现的。对此，另一位学者 W. A. 加姆森也曾经做过相同的论述。加姆森认为，新闻框架的建构包含了两层含义：第一层是"框限"（boundary），即决定新闻取材范围，主要使用选择策略，选择不同的事实或事物不同属性加以提示或凸显；第二层是"内在结构"（frame as a latent structure），这里主要使用重组策略，即在入选的报道内容各要素之间，按照一定的逻辑进行系统的联系与组合，由此建构新闻文本的完整意义。而这些，都是通过象征符号的驾驭和使用来实现的，隐喻、举例、标签、叙述、不同的视觉符号等都是其通常的做法。①

关于新闻框架的研究案例十分丰富，在此不做赘述。总体而言，新闻框架的研究包括了三个领域：一是媒介的生产框架研究，即研究媒介新闻框架生产背后的制约因素是什么。在这里，媒介的新闻立场、新闻事件的利害关系、专业人员的新闻价值观、社会文化价值取向、受众市场需求等被看做是重要的影响因子，这个领域的研究，与"把关人"研究、"议程设置"研究有着某种程度的接轨。第二个领域是新闻文本的框架建构研究，即考察特定的新闻框架是通过什么机制和策略建构和呈现出来的。在这里，系统的文本内容分析是其主要的方法，研究的目的是揭示新闻框架的客观存在及其特点，恩特曼对两次空难的报道的比较研究就是其代表。第三个领域，涉及新闻框架的影响和效果问题，也与受众框架（audience frame）有着紧密的关系。以下我们重点论述该领域的研究。

三、框架效果与受众框架

框架是我们处理信息的认知结构，运用什么样的框架处理信息，会影响到我们对信息的处理结果，对事物的价值判断、态度及行为反应，这种影响，被称为框架效果。心理学的既有研究表明，即使是本质相同的事件，由于文本的表述框架不同，人们的反应或决策

① See William A. Gamson, David Croteau, William Hoynes & Theodore Sasson, "Media Images and the Social Construction of Reality", *Annual Review of Sociology*, 1992, Vol. 18, pp. 373 - 393.

选择也会有很大的差异。

我们来看一下心理学家 D. 卡尼曼和 A. 特维尔斯在 20 世纪 80 年代做过的一个著名实验：他们假定发生了一场致命的传染病，有 600 人可能被感染并导致死亡，并设计了两组救助方案供实验对象进行决策选择。第一组决策中，方案 A 是“200 人可以获得救治”，方案 B 是“1/3 的人被救治而 2/3 的人会死亡”。实验结果是，在接受这组调查的人中，有 72%的人选择方案 A，几乎占调查总数的四分之三。在第二组决策中，方案 C 是“将会导致 400 人死亡”，方案 D 是“无人死亡概率为 1/3 且 600 人全部死亡概率为 2/3”。在接受这组调查的人中，有 78%的人选择方案 D。其实，两个方案的预期结果是一样的，只不过表述的框架不同，这导致了人们的不同决策选择（见表 12—4）。这一实验结果表明，决策行为受到方案文本的表述框架性质的影响：如果决策方案的表述框架是正面的（即“获得”），人们倾向于肯定的方案；如果表述框架是负面的（即“失去”），人们更倾向于冒险的抉择。这一现象，在认知心理学中也称为“框架效应”。①

表 12—4　　不同的表述框架对决策选择的影响

决策（一）	方案表述内容	选择率
方案 A	200 人可以获救	72%
方案 B	600 人获救概率 1/3； 无人获救概率 2/3	28%
决策（二）	方案表述内容	选择率
方案 C	将会致 400 人死亡	22%
方案 D	无人死亡概率 1/3； 600 人全部死亡概率为 2/3	78%

不同的诠释框架与不同的价值观、心理和行为倾向相关联，这是一个普遍的现象。那么，作为大众传播的新闻框架，又会产生什么样的效果和影响呢？在对两次空难报道的比较研究中，恩特曼指出，主流媒体占统治地位的新闻框架可以营造具有某种特色的信息环境，进而引起人们对新闻事件的特定反应。他认为，在韩国航空客机事件之后，美国白宫和国会通过决议谴责苏联“残暴的屠杀”，可以部分地归因于美国主流媒体的新闻框架所造成的高度紧张的政治环境。

另一些研究也揭示了不同的框架对公众态度的影响。如美国学者 S. A. 鲍瑞里等在题为《美伊战争前后主要阶段框架效果对公众舆论的影响》的一篇论文中，通过分析数百个综合民意测验的数据，揭示了舆论调查的措辞（wording）与公众战争支持率变化的关系，其主要发现有：

（1）当问卷中措辞提及伤亡情况时会降低公众战争支持率；

（2）当问卷措辞提及获得联合国或国际支持时会提高战争支持率，提及缺乏这些支持时会降低战争支持率；

（3）当问卷措辞提及“伊拉克的威胁”、“大规模杀伤武器”、“恐怖主义”等概念时，

① See D. Kahneman & A. Tversky, “Choices, Values and Frames”, *American Psychology*, Vol. pp. 39, 1984, pp. 341 - 350.

均导致战争支持率的上升。[1]

当然，框架效果并不是绝对的。恩特曼曾经指出，占统治地位的新闻框架并不能完全消除所有对立的和挑战性的信息，尽管它能通过信息呈现的形式来摧毁这些信息的有效性和降低其显著性。他认为，新闻框架具体有 4 种功能：提供问题定义（problem definition）、阐释事件原因（causal interpretation）、提供道德评价（moral evaluation）、示意解决方案（treatment recommendation）[2]。然而，所有这些功能，都只能在与受众框架的互动过程中，透过受众框架的过滤才能发挥其效果。

受众框架（audience frame）即受众个人接触和处理大众传播信息的认知结构和诠释规则，这种结构和规则来自于受众过去社会生活经验的积累、既有的价值观和态度、行为取向，并导引着受众个人处理新的信息。传播效果研究的许多成果都表明，受众在大众传播的信息面前并不是完全被动的，他们对大众传播信息的反应受到既有倾向、群体规范、社会关系网络、选择性接触等因素的影响和制约，而这些因素也是受众框架的重要组成部分。作为不定量多数的个人的集合体，受众框架也是具有多样性的，应用不同的框架来解读的结果，便会出现对新闻信息的“同向解读”、“对抗式解读”、“妥协式解读”等各种情况。因此，围绕不同新闻事件所发生的各种各样的舆论反应，实际上是大众传播的新闻框架与受众的解读框架相互作用的结果。

20 世纪 80 年代迄今，框架研究一直是传播学研究的热点领域。基于认知心理学和社会建构论的框架理论，把大众传播的新闻报道看做是一种建构现实及其意义的活动，认为媒介通过建构不同的新闻框架向我们呈现现实、定义现实。媒介呈现和定义现实的活动具有特定的倾向性，这些倾向性来自于媒介的新闻立场、利益关系以及新闻生产的特殊规律的制约。主流媒体的主导性新闻框架对受众认识现实会产生重大影响，但这种框架效果又不是绝对的，它只能经过与受众框架的互动才能够体现出来。这些观点，无疑为我们理解大众传播活动的本质提供了新的视角。

当然，迄今为止的框架理论尤其是新闻框架理论，主要以传统大众传播媒介的活动作为考察的对象。我们也应该看到，随着传播新技术的发展和传播资源的丰富化，越来越多的个人或群体参与到新闻及其他信息生产的过程中来。这种变化，对今后社会的现实建构和意义生产的结构与格局会产生什么样的冲击和影响，也是框架理论面临的新课题。

第五节 大众传播与信息社会中的阶层分化

——从“知沟”到“数字鸿沟”

在现代社会，报刊、广播、电视等大众传播媒介普及到社会的每一个角落。按照人们的一般观念，传播媒介的普及可以改善知识传播和教育的条件，其结果将带来整个社会文化水平的提高，并有助于缩小社会各阶层和群体之间的差距，扩大社会平等。对这种一般

---

① See Stephen A. Borrelli & Brad Lockerbie, “Framing Effects on Public Opinion During Prewar and Major Combat Phases of the U. S. wars with Iraq”, *Social Science Quarertley*, Vol. 89, 2008, p. 2.

② See R. M. Entman, “Framing: Toward A clarification of a Fractured Paradigm”, *Journal of Communication*, 1993, p. 43, pp. 51 - 58.

观念提出了疑问的，是美国学者 P.J. 蒂奇诺等人的“知沟”（knowledge gap）理论。

一、“知沟”理论产生的背景

在 20 世纪 60 年代的美国，要求实现教育机会平等的社会呼声不断高涨，其背景之一是学校中贫富儿童在学习能力和学习成绩上的差距引起了社会的广泛注目。也就是说，富裕儿童通常在进入小学前就接受了较好的学龄前教育，而那些贫困儿童由于家境困难，既无钱购买启蒙读物，也无钱聘请家庭教师，进入小学后，两者在学习能力和成绩上自然会产生明显的差距。有关研究表明，这种差距随年级的上升而不断扩大，并导致升学率、学历甚至将来的职业和社会地位上的两极分化。这种现象本来是由不平等的社会经济结构造成的，然而种族主义者却把它归结为人种素质的问题。

这样，在当时强大的社会压力下，美国政府推出了一个补充教育计划，试图通过大众传播和其他手段来改善贫困儿童的受教育条件，其中一个重要项目是制作了一部题为《塞萨米大街》（又名《芝麻街》）的儿童启蒙教育电视系列片。利用普及率已经很高的电视媒介来缓解贫富儿童受教育机会的不平等，是制作这部系列片的重要意图。然而，后来对实际播放结果的研究却发现，在贯彻这个意图方面它是失败的。也就是说，尽管《塞萨米大街》播出后对贫富儿童都产生了良好的教育效果，但对节目接触和利用最多的还是那些富裕儿童。这部以缓解受教育条件不平等为目的的系列片，实际结果却是扩大了两者之间的差距。这种情况说明，在现代社会，尽管大众传播将同样的知识或信息传送到每一个家庭和社会角落，人们在接触和利用的机会上并不存在平等与否的问题，然而它所带来的社会结果却并非如此简单。

1970 年，美国学者蒂奇诺等人在一系列实证研究的基础上，提出了这样一种理论假说：“由于社会经济地位高者通常能比社会经济地位低者更快地获得信息，因此，大众媒介传送的信息越多，这两者之间的知识鸿沟也就越有扩大的趋势”①。这就是“知沟”理论的诞生。

二、“知沟”理论及其反命题

（一）“知沟”假说

图 12—4 是 A. M. 松伯格为“知沟”假说绘制的模式图。图中横轴表示时间推移，纵轴表示获得的信息和知识量的变化。该图的中心内容是：大众传播的信息传达活动无论对社会经济地位高者还是低者都会带来知识量的增加，但由于社会经济地位高的人获得信息和知识的速度大大快于后者，随着时间的推移，最终结果是两者之间的“知沟”不断变宽，差距不断扩大。

蒂奇诺等人认为，除了接触媒介和学习知识的经济条件的因素以外，造成“知沟”扩大的原因还有以下几个方面：（1）传播技能上的差异——获得关于公共事务和科学的知识，需要一定程度的阅读和理解能力；（2）已有知识储存量的差异——知识储存越多，对

① P. J. Tichenor, “Mass Communication and Differential Growth in Knowledge”, *Public Opinion Quarterly*, Summer, 1970, pp. 158 - 170.

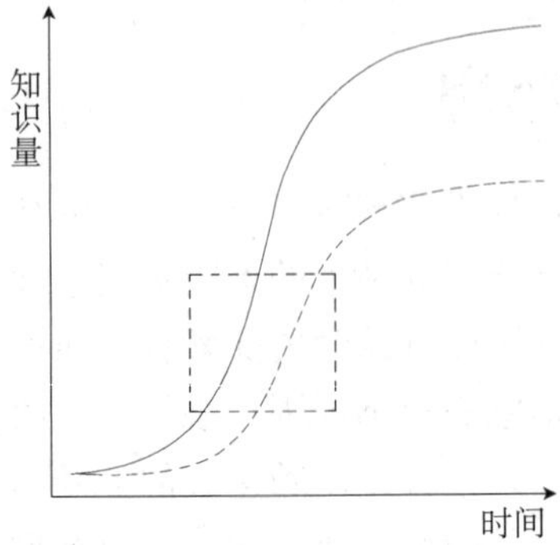

图 12—4 "知沟"假说示意图

新事物、新知识的理解和掌握越快；(3) 社交范围的差异——社交范围越广，人际交流越活跃，获得知识的过程越能加速；(4) 信息的选择性接触、理解和记忆的因素——生活的水准、层次与媒介的内容越接近，对媒介的接触和利用程度越高；(5) 大众传播媒介的性质——传播有一定深度的关于公共事务和科学知识的媒介主要是印刷媒体，其受众主要集中于高学历阶层。在上述无论哪一方面，社会经济地位高的阶层都处于有利的状况，这是造成社会"知沟"不断扩大的根本原因。①

(二)"上限效果"假说

与"知沟"假说持相反观点的是 J. S. 艾蒂玛和 F. G. 克莱因于 1977 年提出的"上限效果"(ceiling effect) 假说。这个假说的观点是：个人对特定知识的追求并不是无止境的，达到某一"上限"(饱和点) 后，知识量的增加就会减速乃至停止下来。社会经济地位高者获得知识的速度快，其"上限"到来得也就早；那些经济地位低者虽然知识增加的速度慢，但随着时间推移最终能够在"上限"上赶上前者。(见图 12—5)② 这个假说意味着，大众传播的信息传达活动的结果不是带来社会"知沟"的扩大，而是它的缩小。艾蒂玛等人为"上限效果"假说提出了三条论据：

第一，信息源的性质决定的"上限"。也就是说，大众传播传达的不是"高、精、尖"的知识，而是某一范围、某种程度的"一般"知识，无论社会经济地位高者还是低者，都不可能从大众传播中得到超出这个程度或范围的知识。

第二，受众本身具有的"上限"。受众中的"先驱部分"(即社会经济地位高者) 在感觉到自己的某种知识已经充足的时候，就会自动减慢或停止对这种知识的追求。

第三，现有知识已经达到"上限"。即如果受众个人的知识程度已经高于大众传播的内容，他们便不会再通过大众传播去寻求知识。

应该承认，艾蒂玛等人所指出的"上限"在个人对特定知识的追求过程中是存在的，但是在人的一生追求知识的总过程中，这个"上限"是否存在则是个疑问。因为，尽管个人对特定知识追求在一定阶段上会出现"饱和"或知识量增加的停顿，然而与此

① See D. McQuail & S. Windahl, *Communication Models*, p. 73.

② See J. S. Ettema & F. G. Kline, "Deficits, Differences and Ceilings: Contingent Conditions for Understanding the Knowledge Gap", *Communication Research*, Winter, 1976, pp. 179 - 202.

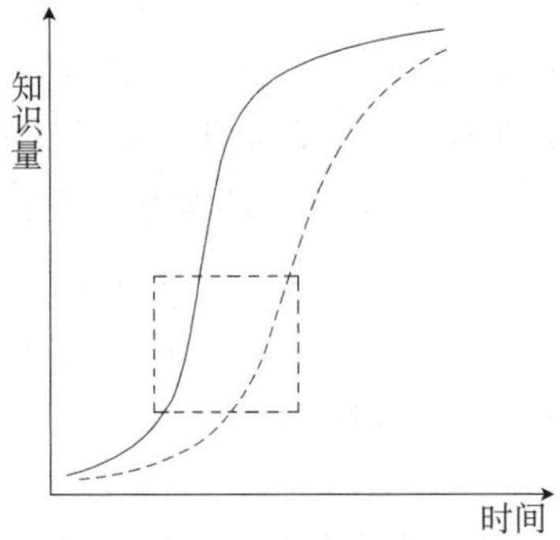

图 12—5　“上限效果”假说示意图

同时他们也就会开始对新知识的追求过程，这一过程的结果必然带来知识总量的增加。此外，考虑到知识的老化和更新的因素，社会经济地位低的人即使后来在某个“上限”赶上了社会经济地位高者，这种知识的实际价值也早已大大打了折扣。因此，认为通过大众传播的“知识平均化”效果可以消除社会“知沟”，实现普遍社会平等的观点是很幼稚的。

三、从“知沟”到“数字鸿沟”——“知沟”理论的应用研究及其意义

“知沟”理论以及它的反命题“上限效果”假说的提出，反映了人们对信息社会中的阶层分化问题的重视。在信息社会里，信息就是财富，“知识就是力量”，它们还是带来新的财富的手段。因此，信息社会所面临的一个现实问题，就是如何防止和解决信息富有者（information-rich）和信息贫困者（information-poor）的两极分化以及由此带来的新的社会矛盾。

（一）“信息沟”和“数字鸿沟”

“知沟”从更广泛的意义上来说也是“信息沟”（information gap）。早在 1974 年，N. 卡茨曼就着眼于新传播技术的发展，提出了他的“信息沟”理论，其主要观点包括：

1. 新传播技术的采用将带来整个社会的信息流通量和信息接触量的增大，这对每一个社会成员来说都是如此。

2. 新技术的采用所带来的利益并非对所有社会成员都是均等的。换句话说，现有信息水准较高或信息能力较强的人，能够比较弱的人获得更多的信息，其理由是：（1）新技术的早期效果，首先会带给那些传播活跃、既有信息积蓄量大的社会群体；（2）对新媒介技术及其传播内容的接触和使用需要相关知识，这对现有信息能力较弱的人是不利的；（3）采用新技术需要经济条件或其他资源，而这些资源的现实社会分配并不均等；（4）现有信息水准的程度与采用新媒介技术的积极性成正比，主观因素也决定了前者处于有利地位。

3. 与人的能力相比，电脑等机器的信息处理和积蓄能力要强大得多；既有的信息富裕阶层通过早期采用和熟练使用这些先进机器，能够比其他人更拥有信息优势。

4. 新媒介技术层出不穷，更新换代周期越来越短，其趋势更可能是“老沟”未能填

平，而“新沟”又不断出现。这种状况，在新媒介的采用过程中尤其明显。[①]

如上所述，与经济条件相联系的新媒介技术采用和使用能力，是造成“知沟”和“信息沟”存在和扩大的一个重要原因。正因为如此，在数字技术日益成为我们主要传播手段的今天，“数字鸿沟”（digital divide）问题，成为学界和社会关注的焦点。

“数字鸿沟”的概念，起源于1999年美国国家远程通信和信息管理局（NTIA）发表的一篇题为《在网络中落伍：定义数字鸿沟》的报告，后来的学者认为，这一鸿沟更多地体现为以互联网为代表的新数字媒体接触和使用状况的四种差异，这些差异可以用“ABCD”来概括：

A（Access）——指的是人们在互联网接触和使用方面的基础设施、软硬件设备条件上的差异，经济地位优越者在这个方面有着突出的优势。

B（Basic skills）——指使用互联网处理信息的基本知识和技能的差异，而知识和技能的掌握程度与教育有着密切的关系。

C（Content）——指互联网内容的特点、信息的服务对象、话语体系的取向等更适合于哪些群体使用和受益。

D（Desire）——指上网的意愿、动机、目的和信息寻求模式的差异。例如，有的人使用互联网是为了寻求知识和事业发展，而有的人仅仅是为了游戏和休闲娱乐；有的人是积极主动地寻求有价值的信息，有的人则满足于被动地接收信息。这种不同也会造成他们今后人生的两极分化现象。

“数字鸿沟”问题，是传统的“知沟”和“信息沟”问题在新的媒介技术环境下的延伸。日本学者儿岛和人认为，在社会信息化过程中，“信息沟—知沟”的存在是一个事实，它不仅表现在贫困和富裕阶层之间，而且会广泛地表现在性别、年龄、职业、行业、群体、地区、民族、国家以及文化之间。[②] 传播学在信息社会发展研究中的一项重要任务，就是探讨缩小或改善这些差距的对策。

（二）“知沟”理论的应用研究领域

到目前为止，有关“知沟”、“信息沟”或“数字鸿沟”的理论或应用研究，主要表现在以下三个方面。

1. 新媒介的普及过程研究

普及研究是从罗杰斯的“创新与普及”研究发展而来的，它主要从人们获得信息和知识的物质手段——信息接收和处理设备的普及过程调查入手，来分析社会各阶层间的“信息沟”乃至“知沟”现状及其产生的原因。普及过程的调查证明，新的、有效的信息接收设备，如电视机、卫星及有线电视接收设备、家用电脑、互联网等媒体的普及，总是由高收入的富裕阶层开始的；无论在普及时间、速度还是在普及率上，富裕阶层都远远早于、快于和高于贫困阶层。普及研究的成果，意味着社会各阶层间的“信息沟”或“知沟”的根源在于社会经济结构的不平衡，从根本上解决“知沟”问题，必须从理顺社会经济结构

---

① See N. Katzman, “The Impact Communication Technology: Promises and Prospects”, *Journal of Communication*, Autumn, 1974, pp. 47 - 58.

② 参见［日］儿岛和人：《大众传播受容理论的展开》，155页。

着眼，建立一种抑制社会两极分化的机制。

2. 区域开发与社会发展研究

区域开发和社会发展研究早期关注的重点是发展中国家区域开发问题，例如 20 世纪 70 年代至 80 年代的一些研究的着眼点，是发达国家的开发援助给发展中国家带来的新的社会不平等。例如，拉丁美洲国家不少学者认为，发达国家提供信息、物资和资金援助的对象主要是当地从事大规模经营的农场主和高学历的富裕农民，而一般穷苦农民即使有改变现状的强烈愿望也得不到任何援助。这种援助不但没有达到帮助发展中国家摆脱贫困的目的，反而加剧了当地社会的贫富两极分化和阶级矛盾的尖锐化。这些学者主张，发达国家的开发援助应从战略上来一个转变，把援助的重点放在贫困阶层，尤其是放在落后地区的教育事业上。

20 世纪 90 年代以后到今天，区域开发与社会发展研究扩展到了整个信息社会规划和建设的领域。1993 年美国提出的"信息高速公路"计划，从某种意义上来说也是试图通过全国信息基础设施的建设，为"所有个人"提供均等的传播机会，以期缩小社会阶层间的信息差距乃至"知沟"的一种设想。区域开发和社会发展需要政府的扶持政策，对此，各国都在积极采取措施。2001 年，英国财政大臣布朗宣布了一项"缩小数字差距"计划，提出包括为低收入家庭免费接入互联网、低价提供二手电脑在内的一系列办法；美国政府认为消除"数字鸿沟"的关键在于"信息技术的平民化"，因此在加大教育投入的同时，对那些研发平民化技术的公司给予大力扶持；近年来，我国政府对包括电脑和其他信息产品在内的"家电下乡"实行价格补贴政策，也是为缩小城乡"数字鸿沟"而做出的努力。

3. 媒介素养（media literacy）研究

随着高度信息化社会的到来，作为信息时代国民素质重要内容的媒介素养及其教育实践也越来越成为传播学研究的热点。关于媒介素养，英国学者大卫·布金汉姆将它定义为社会成员"使用和解读媒介信息所需要的知识、技巧和能力"①，按照 1992 年美国"媒介素养领袖会议"的定义，媒介素养是"公众接近（access）、分析（analysis）、评价（evaluate）各种媒介信息，达到沟通交流目的的能力"。

从这些定义中不难看出，媒介素养关注的是信息时代不同群体和个人的信息处理和传播"能力"的问题。这种能力，包含以下六个方面：(1) 媒介技术的基础技能，即接触和使用媒介手段或设备的能力；(2) 媒介信息的识读能力（对各种信息文本的阅读和理解能力）；(3) 媒介信息查询收集能力（快速有效地获取所需相关信息的能力）；(4) 媒介信息的选择能力（在信息洪水中选取有价值信息的能力）；(5) 对信息内容的质疑批判能力（包括对各种信源的动机、目的、背景的了解以及对媒介信息生产过程中各种因素的分析能力）；(6) 信息的加工制作和发布能力（作为传播者的基本能力）。

媒介素养研究最早发源于对未成年人社会化过程的关注，研究的应用性很强，通常和媒介教育（media education）的实践结合在一起。根据布金汉姆等人的分期，这种研究和实践大致分为三个阶段：

---

① D. Buckingham, *Media Education: Literacy Learning, Literacy Movement and Contemporary Culture*, Polity Press in Association with Blackwell Publishing, 2003, p. 36.

保护主义（protectionism）阶段。20 世纪初至 60 年代为第一个阶段，这个阶段的特点是对大众报刊、电影、电视中的暴力、低俗内容持势不两立的批判态度，出于保护青少年成长的目的，开展媒介素养教育。在实践环节上，通常采用说教、灌输的教育方式；在价值上，有鄙视大众文化、推崇精英文化的色彩。

注重辨识能力（discrimination）阶段。20 世纪 60 年代至 80 年代为第二个阶段。李普曼的“拟态环境”思想在媒介素养研究中产生影响，关心的焦点在于人们如何形成区分媒介建构的“现实”与真实世界的能力。在这个时期，媒介素养研究开始承认大众文化的部分合理性，在研究和实践上，文本分析和出于“鉴别”目的的媒介体验教学成为主要方法和形式。

能动赋权（empowerment）阶段。20 世纪 80 年代以后直到今天，媒介素养研究和教育进入一个更为成熟的阶段，在这个阶段，培养信息社会的合格“公众”成为媒介素养教育追求的目标。这个阶段的媒介素养理念，包括了分辨、选择、评价媒体及信息内容的自主能力，通过理性对话监督影响媒体的能力，以及通过参加传播创造，积极推动传播过程民主参与能力。这个时期，保护主义教育依然是一个重要课题，但同时，媒介技术教育、媒介艺术教育，以及传播理念的民主教育，都是媒介素养教育的重要内容。

综上所述，控制“知沟”、“信息沟”或者“数字鸿沟”引起的社会两极分化是一个复杂的系统工程，需要全社会的努力才能够实现。

第六节　“第三人效果”

——对大众传播影响力的一种认知倾向

我们生活在一个能处处感受到大众传播影响力的时代，对大众传播社会影响力之普遍和强大，我们的看法和认识可能是接近或一致的。但是，如果进一步提问：大众传播更容易在什么人身上起作用？在“我们”、“你们”和“他们”之间，谁更容易接受传播媒介的影响？那么，对这些问题的回答，我们也许会觉得更具有多样性。但是，传播学中的“第三人效果”（the third-person effect）理论和实证研究却揭示了这样一种现象：在判断大众传播的影响特别是负面信息的影响之际，人们通常会认为这些信息对“我”或“你”未必起多大作用，然而会对“他”产生很大影响。这个看起来似乎很另类的效果理论，实际上考察的是人们对大众传播影响力的一种普遍的认知倾向。

一、“第三人效果”的概念及其理论缘起

“第三人效果”理论的提出人是美国哥伦比亚大学的 W. P. 戴维森。1983 年，他在《公共舆论季刊》上发表了一篇论文，题目是《传播中的第三人效果》。文章中他提出：人们在判断大众传播的影响力之际存在着一种普遍的感知定势（perceptual bias），即倾向于认为大众媒介的信息（尤其是说服性信息或宣传以及负面信息）对“我”或“你”未必有多大影响，然而会对“他”人产生不可估量的影响。由于这种感知定势的作用，大众传播的影响和效果，通常不是在传媒指向的表面受众（ostensible audience）中直接发生的，而

是通过与他们相关的“第三人”（the third person）的反应行为实现的。[1] 戴维森把这种现象或这种影响机制称为“第三人效果”。

在这里，我们可以从三个方面来把握“第三人效果”的概念：

（1）它指的是一种普遍的感知定势，即在评价大众传播的影响之际，通常会认为最大效果不是发生在自己身上，而是发生在“他人”（广义上的第三人）身上。作为这种感知定势的“第三人效果”，意味着人们在判断大众传播的影响时存在着双重标准：倾向于“高估”媒介传播对他人的影响而“低估”对自己的影响。

（2）“第三人效果”也是一种说服或宣传技巧，类似于我国的“声东击西”、“欲擒故纵”、“围魏救赵”、“项庄舞剑，意在沛公”等成语中所蕴含的操控谋略。追求“第三人效果”的说服性传播，定位的致效人群并不是作为内容对象的“表面受众”，而是与他们相关的“第三人”。例如，儿童商品的购买者是他们的父母，但这些商品的广告通常是在儿童节目中插播的。作为“表面受众”的儿童并没有购买力，商家广告的目的，则是通过唤起儿童对这些商品的欲望和需求，并通过孩子对父母的影响力达到促销目的。以影响“表面受众”的形式，来实现操控“第三人”行为的意图，是这种宣传技巧的基本做法。

（3）“第三人效果”指的也是大众传播的现实影响的一种发生机制。正如戴维森所关注的，在许多时候，对大众传播内容产生实质性反应的，往往不是“表面受众”而是他们的相关者。例如，担忧媒体不良内容会对少年儿童成长造成危害的更多是父母、教育和法律界人士，正是这些人的抗议、批判产生了社会对不良内容的共识，并形成了制约不良内容的表层社会舆论以及在舆论的推动下建立的各种媒介内容管制制度。

戴维森最初关注到“第三人效果”与他的个人经历和体验有关。第二次世界大战后，戴维森参加战时档案的整理研究，一位年轻的历史学家给他讲述了一个奇怪的事件：太平洋战争期间，硫磺岛上驻有一支由白人军官和黑人士兵组成的美军部队，日军向该岛空投了大批传单，宣传美日之战是白人挑起的战争，日本人和有色民族并无纷争，煽动黑人士兵投降或逃亡。出乎意料的是，第二天这支美军部队竟然全部撤退了。后来发现，传单其实对黑人士兵并没有产生影响，而是白人军官和上级指挥部门担心日军的心理战会在黑人中产生效果，于是决定了这次撤退。

20 世纪 50 年代戴维森研究联邦德国报刊对外交政策的影响，在向记者提问报刊的社论是否会影响读者之际，戴维森注意到了同样的现象。不少记者回答：对你我这样的人影响不大，但会对一般读者产生很大影响。此外，他还对自己作为志愿者参加竞选活动时的表现进行了反思：当他发现自己的邮箱里塞有对方阵营的竞选宣传材料时，他直觉地认为这些材料在其他选民中会产生不利影响，于是他立刻采取行动，在自己的居住地散发了自己阵营的宣传材料。

这样一些现象都有着某种奇妙的类似性，这使得戴维森觉得有必要进行实证检验。从 1978 年开始，他以“纽约州长选举竞选宣传的影响”、“电视广告对儿童的影响”以及“1980 年美国总统大选选举报道的影响”（见表 12—5）为题先后做了四次小实验，四次实

---

① See W. Phillips Davison, “The Third-Person Effect in Communication”, *Public Opinion Quarterly*, Vol. 47 (1), 1983.

验的结果都证明了“第三人效果”的存在。

表 12—5　在 1980 年美国总统大选中的检验(关于新罕布什尔州选举结果的新闻报道对谁影响大)

	影响自己的投票决策	影响里根的政治命运	影响卡特的政治命运
很有影响	0	52%	32%
稍有影响	24%	24%	48%
没有影响	72%	20%	20%
不清楚	4%	4%	0

在 1983 年的论文中，戴维森还对相关文献中的类似现象进行了调研。例如，《根》是描写非洲黑人被贩卖到美国的悲惨历史的电视剧，其观众达到 1.3 亿人，播出后产生了巨大的社会反响，许多评论家认为《根》会导致美国社会种族关系和态度的变化，但 20 世纪 70 年代后期关于这部电视剧的大量实际调查研究却证明没有发生这种变化。再如，第二次世界大战后美国新闻界大量报道了纳粹时期犹太人的遭遇，有些评论家认为这些报道会改变美国人对犹太人的态度，但 1948 年的两项调查数据显示：过半数的人认为别人的态度会有变化，而超过五分之四的人认为自己的态度不会改变。戴维森还对有关内容审查制的研究文献进行了分析，发现审查官们没有任何人承认自己会受到暴力色情内容的影响，但他们却坚定地认为必须要保护一般大众或青少年免于毒害。实证检验和文献调研的结果都证明“第三人效果”是一种普遍现象，于是戴维森正式提出了这个理论假说。

二、对“第三人效果”的理论与实证研究

“第三人效果”的概念提出后迅速成为传播学界的热门课题，许多学者开始对该理论进行实证研究。根据美国学者 R. M. 佩洛夫 1993 年的研究综述，从 1983 年至 1992 年，学者们共进行了 14 项有关“第三人效果”的研究，其中 13 项的结论都支持“第三人效果”假设，只有 1 项研究未获得支持该理论的证据。①

从研究领域来看，范围涉及政治与新闻报道、广告与公共关系、电视剧、色情与暴力信息、诽谤信息、法庭审判等多个领域，美国学者 J. 科恩、A. C. 冈瑟、R. M. 佩洛夫，我国台湾学者罗文辉等各自主持的多项研究都证明了“第三人效果”机制的存在是一个事实。在这些研究中，学者们重点考察了这种效果的适用范围，研究内容大多涉及有关偏见、否定性报道、暴力、色情负面信息的传播，因而他们有一个较为一致的结论：当受众判断信息的性质对自己不利时，“第三人效果”更为明显。随着研究的深入，20 世纪 90 年代以后，研究人员开始关注“第三人效果”产生的原因、制约因素及其可能引发的后续行动等更深层次上的课题。

(一)“第三人效果”产生的心理学依据

人为什么会有夸大媒介信息（特别是负面信息）对他人影响的倾向？心理学中关于人的“自我强化”（self-enhancement，另译“自我膨胀”）的理论，可以对此做出某种程度的解释。“自我强化”包括三个方面：（1）对自己盲目乐观（unrealistic optimism），觉得

① See R. M. Perloff, “Third-Person Effect Research 1983—1992: A Review and Synthesis”, *International Journal of Public Opinion Research*, Vol. 5, Issue 2, 1993.

与他人相比，自己遭遇不幸事件的概率较低，或者觉得自己不太容易接受负面事件的影响；（2）虚幻的优越感（illusory superiority），每个人都容易认为自己很优秀，习惯于用正面方式评价自己；（3）自我服务式归因（self-serving attribution），即在好事面前容易夸大自己的作用，在坏事面前容易推诿责任的倾向。“自我强化”虽然揭示了人性中很尴尬的一面，但它有着强化个人的自尊和自我价值的功能，并且影响人的言行。

按照“自我强化”理论，“第三人效果”的产生原因也就不难理解了：人都有高估自己的倾向，在大众传播面前认为自己更有主见，对媒体影响更有抵抗力，更不容易接受负面信息影响。许多学者对“第三人效果”的心理原因进行了考察，1999年，美国学者L.亨里克森和J.A.佛罗拉在研究香烟广告和禁烟广告对儿童感觉的影响之际，也发现“自我强化”倾向是产生“第三人效果”的重要原因。①

（二）“第三人效果”产生的制约因素

那么，什么样的媒介信息、什么样的事件容易产生“第三人效果”？这种效果更容易在哪一类人身上表现出来？换言之，“第三人效果”产生有哪些条件和制约因素？这也是后期学者关注的主要问题。根据众多的研究文献，概括起来说，这些制约因素和影响因子可分为以下几个方面。

1. 信息的性质

媒介信息虽然多种多样，但从其产生的社会影响的性质而言大致可归纳为两类：正面信息和负面信息。由于“自我强化”的作用，人们在评估负面信息的影响之际倾向于认为对别人影响大，容易产生“第三人效果”；而在评估正面信息的影响之际，则会出现相反的倾向，即认为信息对自己的影响大。对于后者，有学者称为“第一人效果”或者“反转的第三人效果”（reversed third-person effect）。

2. 信源的性质

信源的性质对“第三人效果”的影响分为两个方面：一是信源的可信度，围绕低可信度信源提供的信息，更容易产生“第三人效果”；二是信源的说服动机强弱程度，越是说服或宣传色彩强烈的信息（如广告或竞选宣传），越容易引发“第三人效果”。因为在这两种情况下，人们更会倾向于张扬自己的判断力和独立性，而同时则认为其他人会受到信息影响。

3. 社会距离

社会距离（social distance）即人们感觉与他人的远近亲疏的社会关系或联系的密切程度，在日常生活中，我们常把社会距离表述为“圈内”或者“圈外”。“第三人效果”研究表明：人们倾向于认为媒介信息对与自己社会距离大的人的影响较大，而对自己比较熟悉的人或群体影响相对较小。比如，大学生可能觉得，那些有反社会性质的说唱词，对那些没有上过大学的年轻人的影响会超过对大学生的影响。②

---

① See L. Henriksen & J. A. Flora, (1999), " Third Person Perception and Children: Perceived Impact of pro- and anti-smoking ads. ", *Communication Research*, 26 (6).

② 参见［美］沃纳·塞弗林、小詹姆斯·坦卡德：《传播理论：起源、方法与应用》，239页，北京，中国传媒大学出版社，2006。

4. 个人因素

从目前的研究来看，作为“第三人效果”影响因素的个人因素主要有以下几种。一是年龄因素。美国学者 J. T. 蒂德格等学者的研究结果显示，年龄越大越容易出现“第三人效果”认知。他们认为，这是因为随着年龄的增长，人们学会了运用多元渠道吸纳信息，年长者会自认为更加懂得如何判断大众媒介的影响，而且对媒介的说服意图更有免疫力。[①]二是学历因素。D. 鲁辛斯基对 1988 年美国选举的研究、L. 威尔奈特 1996 年做的有关香港回归舆论动态的研究，都发现教育程度越高的人越倾向于认为媒介信息对他人的影响大于对自己的影响，而高学历者较强的优越感和自信，是这种倾向产生的原因。三是预存立场（predispositions）因素，媒介信息的观点越是与自己的既有立场和态度不一致，越会高估对其他人的影响力，而在观点一致时，则会觉得对自己影响大，出现“反转的第三人效果”。四是自我关联（ego-involvement）程度，与媒介信息所涉及的问题关系越密切，越倾向于认为他人会受到影响。五是对相关信息的专业感（perceived self expertise）。对媒介信息涉及的问题，一个人越觉得自己是内行或专家，越容易出现“第三人效果”认知倾向，如法官或检察官们不会认为自己会受到色情或暴力信息的影响，但他们却坚信这些信息会毒害其他人。

“第三人效果”是一种复杂的现象，其影响和制约因素是多种多样的，以上只是学者们在研究中比较关注的几个方面。戴维森本人也认为：“‘第三人效果’不是单一心理倾向的表现，而是一个伴随多种传播类型、个人特征、环境情况的复杂反应。”

（三）“第三人效果”可能引发的社会行为

“第三人效果”是一种普遍的感知定势或认知倾向。那么，对大众传播的某种特定信息，如果社会上众多的人都有着相同的感觉和判断，作为其后续结果，会引发什么样的社会行为呢？这个问题，也是“第三人效果”理论的应用价值和意义所在。

作为该理论的提出人，戴维森本人在其 1983 年的论文中也强调了研究后续行为效果的重要性，他认为有两种社会显性行为可能与“第三人效果”有关：一种是对限制媒体的舆论支持；另一种则是与抢购、挤兑等群体现象有关的集合行为。在第一种情况下，由于大多数人认为暴力、色情及低俗内容对社会有害，作为社会意见的表达行为会形成限制媒体的强大舆论，进而可能作为政府制约媒体的民意支撑导致媒介内容管制的强化，这是“第三人效果”的后续社会影响。在第二种情况下，如当看到“近期物价上涨”、“某生活日用品即将断档”之类的新闻报道后，根据“第三人效果”认知倾向，人们可能判断其他多数人会针对该信息立即采取行动，为了不落于人后陷入被动，自己便也加入抢购的行列。戴维森认为，这样的效果“并不是直接由讯息本身的传递引起的，而是由接触讯息的受众根据自身特征与需求作出反应之后产生的结果”[②]。

后来的研究大致沿着这两个脉络展开。为了考察“第三人效果”的后续行为影响，一部分学者以诽谤性新闻报道、攻击性政治宣传、电视暴力内容、黄色印刷品等为选材进行

---

① J. T. Tiedge, A. Silverblatt, M. J. Havice & R. Rosenfeld, “Discrepancy between Perceived First-Person and Perceived Third-Person Mass Media Effects”, *Journalism Quarterly*, Vol. 68, 1991.

② W. Phillips Davison, “The Third-Person Effect in Communication”, *Public Opinion Quarterly*, Vol. 47 (1), 1983, p. 3.

了媒介内容实验。这些研究大都得出了较为一致的结论：在大多数情况下，负面信息容易引发受众的“第三人效果”反应，并表现出一致的态度倾向——支持对媒体内容进行限制。另一方面，在对恐慌性购买、移民、反恐及其他群体行为的研究中，研究人员也发现了“第三人效果”现象。例如，美国学者 M.B. 萨尔文和 M. 杜培因在 2003 年发表了对计算机“千年虫”媒体报道的研究，他们发现，受众在接触到“‘千年虫’将导致大混乱”的信息后，产生了普遍的“第三人效果”认知，进而引发了相对一致的行为：伴随媒体对“千年虫”报道的不断增加，受众对由计算机系统瘫痪引起社会混乱的危机感越来越强烈，赶在其他人之前抢购和储备食物、水等生活必需品的人也越来越多。[①]

毋庸置疑，这些研究对我们理解现代社会的舆论特点和集合行为有一定帮助。但从总体上来看，对后续显性行为的研究还比较单薄，行为类型有限，检验的方法也还有待于进一步开发和完善，这也是“第三人效果”研究今后的深化所必须解决的课题。

三、“第三人效果”理论的意义和理解时应注意的问题

“第三人效果”理论是 20 世纪 80 年代后提出的较新的效果理论，但它并不是凭空出现的。正如戴维森在提出这个假说时强调的，这个理论与奥尔波特的“多元无知”（pluralistic ignorance）理论、诺依曼的“沉默的螺旋”理论（参阅本章第二节）有一定的渊源。前者认为，在一个群体或一个社会中，个人无法掌握全体成员的意见的多元分布状况，因此，只要反对意见不以明确、强烈的形式表现出来，就会误以为大家的意见都是一致的。后者认为，“沉默的螺旋”现象的发生是人们对“意见气候”判断的结果，而个人并没有把握整个社会意见分布的能力，只能靠一种“准统计感觉”（quasi-statistical sense）去感知，因而容易误认为其他人都会和大众传播的主张保持一致，并会采取从众的态度，造成大众传播的优势意见“一边倒”的局面。“第三人效果”实际上也是这种“多元无知”状态所导致的现象——我们每个人实际上并不确切知道别人会不会接受、在什么程度上接受大众传播信息的影响，但我们出于某些特定的原因或凭着模糊的感觉，倾向于认为他人比自己更容易受这种影响。

“第三人效果”的产生机制未必是合理的，但它又是一种现实的传播现象，并会引发后续的显性社会行为，因此，研究“第三人效果”有其重要的价值和意义。

第一，该理论的许多实证研究都表明，诸如“抢购”风潮、“群体逃难”等许多突发性社会集合行为的起因，都与大众传播信息引发的“第三人效果”有着某种程度的关联。我们目前处在高风险时代，各种自然灾害和灾难、大面积的公共卫生事件及其他类型突发性重大事件发生频繁，风险信息和危机信息的传播越来越有日常化的趋势。在这样的背景下，“第三人效果”理论提醒我们，大众传媒既要及时传达危机信息，履行“环境守望”的社会功能，又要以慎重、负责的态度处理危机信息，防止由不实报道、炒作式报道引发社会混乱。

第二，我们处在新传播技术飞速发展的时代，互联网上的暴力、色情、其他有害内容

---

① See M. B. Salwen & M. Dupagne, “News of Y2K and experiencing Y2K: Exploring the Relationship between the Third-person Effect and Optimistic Bias”, *Media Psychology*, 2003, pp. 57 - 82.

以及以“人肉搜索”为代表的极端传播方式等正在成为社会关注的热点，对互联网传播的立法管理也正在提上日程。但是一些研究表明，在对互联网信息的评估上，同样也存在着“第三人效果”现象。立法和传播政策的制定是一项科学的活动，它应以民意为基础，但又不能为一时的表层舆论所左右，而是应该在科学研究的基础上确定这些信息和传播方式的实际危害程度，建立适当有效的法律规制和政策约束机制，这也是“第三人效果”理论给予我们的启示。

第三，研究“第三人效果”，不仅有上述重要的现实意义，从学术研究的角度，也有很高的理论价值。作为一种强效果理论，“第三人效果”理论不仅从另一个侧面显示了大众传播的影响力，而且揭示了受众的媒介认知的多面性，效果产生的间接性和复杂性，以及认知、态度层面上的效果向行为层面的转化机制等。在这些方面，“第三人效果”理论有着自己独特的理论贡献，有助于我们加深对人类的传播行为及其规律的理解。

在理解“第三人效果”理论之际，一个应该注意的问题是：任何一种涉及大众传播影响力的现象，我们都不能简单地把它归结为一种效果机制单纯起作用的结果。关于这一点，戴维森本人在其 1996 年的论文中也做了强调：“‘第三人效果’不是单一心理倾向的表现，而是一个伴随多种传播类型、个人特征、环境情况的复杂反应。”① 换句话说，这种效果的产生，是和包括环境在内的各种必要条件结合在一起的。“千年虫”事件也罢，挤兑、抢购风潮也罢，社会舆论对网络有害信息的反对也罢，如果没有现实社会环境中的各种迹象的印证（即奥尔波特考察集合行为时所强调的“结构性压力”），单凭大众传媒的报道并不能引发普遍的“第三人效果”现象。因此，避免把大众传播的影响力绝对化是必要的，这个观点，同样适用于我们理解“沉默的螺旋”、“议程设置”等其他效果理论。

思考题

第一节

1. 简述“议程设置功能”理论的概要及其特点。
2. “议程设置”的“0/1”效果、“0/1/2”和“0/1/2…N”效果分别指的是什么？
3. 联系实际，谈谈不同媒介的“议程设置”具有什么不同特点。
4. 谈谈受众的属性对媒介“议程设置”效果的影响。
5. 什么是“导向需求”？它与“议程设置”效果有什么关联？
6. 什么是“属性议程设置”？其特点是什么？
7. 试析媒介“议程设置”过程背后的力学关系。

第二节

1. 简析“沉默的螺旋”理论的三个基本命题。
2. 什么是“社会孤立”动机？它对人们公开的意见表达有什么影响？
3. 如何理解“舆论是我们的社会皮肤”这个观点？

---

① See W. Phillips Davison, “The third-person effect revisited”, *International Journal of Public Opinion Research*, Vol. 8, Issue 2, 1996, p. 114.

4. 诺依曼认为有三种因素使得当代大众传播对舆论有强大影响力，这三种因素具体是哪些？
5. 什么是“意见气候”(opinion climate)？它与信息环境的概念有什么关联？
6. 试举几种关于舆论概念的基本观点。
7. 结合“沉默的螺旋”理论，试述现代社会中大众传播、社会心理和舆论三者的关系。

第三节

1. 简述“培养”理论的基本内容。
2. 大众传播在形成“社会共识”方面起什么样的作用？电视媒介在形成“共识”方面具有什么样的独特优势？
3. 什么是“象征性现实”？
4. “主流化效果”指的是什么？

第四节

1. 什么是“元传播”(meta-communication)？
2. 简述框架的定义。
3. 如何理解新闻框架？
4. 新闻框架建构的两种主要机制是什么？
5. 在一篇新闻中，新闻框架会主要通过哪些要素呈现出来？
6. 什么是框架效果？
7. 什么是受众框架？
8. 新闻框架的四种具体功能是什么？

第五节

1. 简述“知沟”假说的主要观点。
2. “上限效果”指的是什么？如何评价这个假说？
3. 简述卡茨曼“信息沟”理论的要点，并予以分析。
4. 什么是“数字鸿沟”？它体现在哪几个方面？
5. 媒介素养指的是什么？它包括哪些方面？
6. 媒介素养的研究和实践经历了哪些阶段？各有什么特点？

第六节

1. 如何理解“第三人效果”的概念？
2. “第三人效果”产生的心理学依据是什么？
3. 信息的性质（正面/负面）和信源的可信性对“第三人效果”有什么影响？
4. 什么是社会距离？社会距离与“第三人效果”有什么关联？
5. 影响和制约“第三人效果”的个人因素有哪些？
6. 如何理解“第三人效果”可能引发的后续社会行为？
7. 谈谈“第三人效果”研究的现实意义和学术价值。

第十三章 国际传播与全球传播

CHAPTER 13

全球信息化是当今世界的一个重要特点。它所带来的，是国际传播和全球传播的空前发展。全球信息传播系统的形成，正在极大地推动着现代世界的政治全球化、经济全球化、文化的全球化、环境的全球化、消费与流行的全球化进程，并对现代人社会生活的各个方面产生着深刻的影响。全球信息化以及国际传播和全球传播的飞速发展，对人类社会究竟意味着什么？这是每一个现代人都关心的重要问题，也是传播学必须研究的重大课题。

第一节　从国际传播到全球传播

在传播学中，一个国家社会系统内部的传播称为国内传播，不同国家社会系统间的传播称为国际传播，而将国内传播与国际传播融为一体，以整个世界为范围的传播则称为全球传播。现代信息科技的发展，正在把人类带入一个全球传播的时代。

一、国际传播与全球传播的概念

为了准确地说明这种变化的趋势，我们首先对两个重要的概念——国际传播与全球传播做些简单的比较。这两个概念是相互联系的，它们涉及的都是跨越国界的信息传播；但它们又有区别，在概念含义、研究的课题意识、领域范围等方面都有着明显的不同。

（一）国际传播

国际传播（international communication）是一种古已有之的传播活动，自人类历史上出现国家以后就已存在。从古至今，国家元首的互访、外交家的斡旋与游说，国与国之间政治、经济、军事的交流、谈判与协商等，都属于国际传播的范畴。在近现代大众传播出现以前，从事国际传播的人主要是职业的政治家、外交家、从事跨国贸易的商人等社会精英人物，普通民众除了极其偶然的机会以外，一般来说与国际传播是无缘的。

这种情况，自工业革命发生和大众传播出现以后发生了巨大的变化。铁路、海运、航空事业的发展，使各国间的各种交往日益密切和频繁，通讯社、报纸、广播、电视等大众传播媒介的报道活动，使国际传播与各国的普通民众发生了密切的联系。在现代社会，大众传媒在国际传播领域扮演着重要的角色：第一，它执行对内报道的功能，不断地将国际社会的重要事件和变化传达给本国社会；第二，它执行对外报道的功能，担负着宣传本国的政治、经济、文化以及对外方针和立场的重要任务。在历史上，国际传播一直是国家进行外交决策和实施对外政策的重要依据和手段，但在大众传媒广泛普及的情况下，外交决策的形成和实施已不能单纯地依靠少数职业外交家和政治家，而需要广泛动员本国和外国公众舆论的支持。第二次世界大战以后流行的“公众外交”（public diplomacy）一词，就说明了公众舆论对国际问题和外交问题的重大影响。

国际传播是与国际政治密切相关的传播。日本学者鹤木真曾经为国际传播下了这样一个定义：“国际传播是以国家社会为基本单位，以大众传播为支柱的国与国之间的传播。”①国际传播的基本主体是国家，此外还包括：

（1）国际机构（international organizations）——以国家为单位建立的政府间常设机构，如联合国等。

（2）超国家机构（supra-national organizations）——指其决策在某种程度上或一定范围内对成员国政府拥有约束力的国际机构，如欧盟、世界贸易组织等。

（3）同盟或地区集团（alliances and regional blocs）——制度化程度不如前二者高，主要以条约或共同声明形式结成的、具有期限性的联盟组织，如北大西洋公约组织、华沙条约组织以及东南亚国家联盟等。

（4）跨国组织或运动（trans-national organizations and movements）——非政府的跨国组织或团体，如教会、国际红十字会、国际奥委会、世界环保组织、世界妇女大会等。

（5）国内各种集团或组织（sub-national groups）——如政党、工会以及各种利益集团。在许多场合，这些团体、组织或集团直接或间接对国家对外政策以及各种国际问题产生重要的影响。

（6）个人——尤指那些在国际问题上拥有广泛影响的社会活动家、知名专家学者或舆论领袖。②

国际传播之所以具有很强的政治性，是因为它与国家或民族利益紧密联系在一起。国际传播充满着各个国家或民族利益的矛盾、冲突、妥协以及合纵连横的关系。在各种各样的国际机构中，传播主体大多是以国家社会的代表的身份出现的，而大众传媒的国际报道也都是服务于本国利益的。国际新闻报道的“把关”研究和内容分析表明，西方传媒在国

---

① ［日］鹤木真：《国际传播论》，载《新闻学评论》，东京，日本新闻学会，1990。

② 参见［日］卫藤沈吉：《国际政治学》，1版，45～46页，东京，东京大学出版会，1982。

内政策上也许与政府有着这样那样的分歧，但在外交政策上却与政府保持着高度的一致，这也说明了国际传播的政治性。因此，日本学者生田正辉指出："国际传播的首要特征，是它与政治有着极为密切的关系，它是一种由政治所规定的跨国界传播。"①

（二）全球传播

在20世纪末，全球传播（global communication）问题成了举世瞩目的新焦点，也成为传播学研究的一个新领域。关于什么是全球传播，目前还很难找到一个确切的定义。一般认为，全球传播是国际传播的扩大和发展，它既包括传统的国际传播的各个领域，又拥有自己的全新课题。我们可以从以下几个方面来理解全球传播。

（1）全球传播的出现与跨国传播科技的发展和全球信息化的进程密切相关。卫星通信技术、跨国广播电视、互联网等新媒介的发达和普及，形成了一个全球性的信息传播系统。它们所带来的，是远距离传播的信息量与质的飞跃，以及不同国家、民族和个人之间的跨国界信息交流的普遍化和日常化。

（2）在传统的国际传播中，传播主体主要是国家社会及其代表，以及各种各样的政府间国际机构。而在全球传播当中，在国家和政府间机构继续扮演重要角色的同时，传播主体出现了多元化的趋势。这里既包括各种各样的跨国活动团体（据联合国教科文组织1992年统计，以从事国际活动为目的而正式登记的非政府组织已超过一万个），也包括以开拓世界市场为目的的企业，还包括活跃在互联网上的众多一般个人。

（3）从目前的现状而言，全球传播的主要媒介依然是广播、电视、报刊等大众传媒，但与此同时，具备多种媒体功能的互联网，正在成为全球传播的大平台，发挥着越来越大的影响力。

（4）在传统的国际传播中，不同国家之间的双边关系和多边关系是人们关注的焦点，而在全球传播中，许多全世界、全人类范围的问题受到人们的重视。例如，人口问题、资源问题、环境问题、贫困与饥饿问题、和平与发展问题等，都是全球传播中的世界性议题。这表明，在全球传播中，人们关心的对象与范围已经不再局限于本国和本民族，他们还必须作为"地球村"的一员而思考和行动。

（5）全球传播同样具有很强的政治性，国际政治和国际关系依然占据着核心地位。但与此同时，由于跨国界、跨文化的交往和信息传播日益频繁，不同国家、民族之间的文化接触、摩擦、碰撞和融合以及由此产生的世界影响等问题，越来越占据重要的位置。

美国传播学者H.H.弗里德利克认为："全球传播是研究个人、群体、组织、民众、政府以及信息技术机构跨越国界所传递的价值观、态度、意见、信息和数据的各种学问的交叉点"②，它包括"文化、国家发展、对外政策与外交政策、国际纷争及其解决、技术、新闻与信息流通、霸权主义、意识形态、大众传播制度、控制与政策、人权与民权、战争与和平、宣传及其影响等众多的争论领域"③。从这段表述中我们也可以看出，全球传播研究的涵盖范围比传统的国际传播研究要大得多，它包含了全球信息化进程中的许多崭新课题。

---

① ［日］生田正辉：《国际传播研究》，载《信息通信协会会刊》，11页，东京，1985（4）。

②③ Howard H. Frederick, *Global Communication and International Relations*, p. 251.

二、全球信息化的影响和冲击

全球传播发展的前提条件是全球性信息传播系统的形成。为了对这个系统的轮廓有一个形象的认识，我们不妨引用弗里德利克的一段描述："假如人能够在宇宙中的一棵树上眺望遍及世界的新闻和信息流动，就会发现它完全类似于人体的血液循环系统。换句话说，世界已经成了一个由川流不息的信息所连接起来的多重有机体。它的血管中充满了不可胜数的数据，连结大陆的海底电缆和相互接通的卫星网络构成了它的动脉。每天充满着血管的是以数百小时计的电视节目、数百万计的个人电话和数兆比特的信息。带有银翼的雪茄状飞行体越过辽阔的海洋和天空，将数不清的人运往世界各地；右上角附有彩色标志的小小的纸质物体穿越高山大海，畅通无阻地从发件人那里传送到收件人手中。"①

这种景观，在几代人之前还是未曾有过的。那么，全球性信息传播系统的形成，正在使人类世界发生着什么样的变化呢？

（一）经济全球化的发展

古近代的农耕经济属于封闭的自给自足的经济，工业革命后出现了世界性商品经济市场。但是，在全球性信息传播系统发达之前，世界市场主要局限于发达资本主义国家或宗主国与殖民地的联系之中。在1929年的世界性经济危机中，受到打击的主要是发达资本主义国家，就说明了这一点。而在今天，随着经济信息的全球性实时传播的实现，体现在生产、流通和消费各个领域中的全球经济一体化关系越来越密切，牵一发而动全身。1998年东南亚金融危机的普遍冲击以及中国的人民币不贬值政策对稳定国际金融市场所起的巨大作用，就是其最好的例证。

（二）政治全球化的加速

政治全球化表现在两个方面：一是国内政治与国际政治的界限变得越来越模糊；二是地理政治向全球政治变化。就前者来说，封闭的信息系统曾经是极权主义、专制和独裁政治存在的重要基础，但在今天开放的信息系统中，国内政治的几乎所有重要举措都被置于国际社会的广泛监督之下：本国的事件往往会产生广泛的国际影响，而外国的事件也往往在国内引起强烈的反应，这可以说是信息时代的特色。就后者而言，国家的地理位置、国与国之间边界距离的远近等曾经是国际政治中的一个决定性变量（如苏联入侵阿富汗、美国封锁古巴等）。而在科学技术和信息传播高度发达的今天，物理距离的远近已经失去了决定性的意义："国与国之间的战略距离是携带核弹头的导弹系统的功能；政治距离是统治系统的类似性所具有的功能；技术距离是传播系统、运输和贸易的渠道所具有的功能。"② 在过去，地区纷争演化为世界性问题需要一定的时间；而现在，任何一个小小的地区纷争在发生的瞬间就会引起全球的重视。除此之外，诸如人口、资源、环境等需要在全世界范围内达成共识的政治议题的出现，也加速着人类政治全球化的进程。不少学者认为，当今世界的政治学已经由地理政治学变成了地球政治学（Gaiapolitics）。

---

①② Howard H. Frederick, *Global Communication and International Relations*, p. 251.

（三）文化的交流、融合、摩擦和冲突的全球化

在传统社会里，人们很少有机会接触到异民族文化，《西游记》、《镜花缘》等中国古代小说中对女儿国、君子国、长人国、小人国等“外国”的描述，也大都是建立在想象和虚构之上的。而在今天，从亚欧到美洲、从大洋洲到非洲，我们对地球上几乎所有的国家和民族都不再有陌生感。交通和旅游事业的发达使我们在偏僻的山村也可以看到外国人的身影，充斥市场的外国物质产品和精神产品使我们随处可以接触到外国文化。我们不仅可以通过大众传媒“感受”各种各样的异国风情、习俗和生活方式，也可以通过互联网“漫游”世界。

全球性信息传播系统的发展，也正在改变着传统的国际传播媒介的形式和内容。我们知道，直到20世纪80年代末为止，国际广播（international radio broadcasting）曾是国际传播中最重要的电波媒介，它的基本特点是：（1）特指短波电台的对外播音；（2）运营机构一般是政府或公共机构；（3）节目一般是专门为外国人或海外侨民制作的，内容以新闻为主，主要目的是宣传本国政策、介绍本国情况。这种传统的国际广播的作用和影响，正在受到新兴的跨国卫星广播电视的冲击。新的跨国卫星广播电视以影像传输为主，其运营和节目提供者除少数政府或公共机构外，主要是商业媒介。与传统的国际广播相比，卫星电视的节目一般不是为海外观众专门制作的，大多是直接转播国内频道，节目内容除了新闻和信息服务以外，电视剧、电影、大众娱乐、体育、MTV等占据了主要部分。这里的一个明显变化是，国际传播媒介过去主要执行对外宣传功能，而在今天，则担负起了全面的文化输出的任务。

文化输出和文化传播的比重的增大是当今时代全球传播的一大特色。但是，文化传播的扩大所带来的并不仅仅是不同文化之间的沟通和理解，它还伴随着激烈的摩擦和冲突；文化传播的背后，还有着复杂的政治、经济和意识形态的利益关系。这个问题，我们将在本章第二节中具体论述。

以上我们从一般意义上探讨了全球性信息系统及其产生的全球化影响。实际上，“全球化”（globalization）是一个极为复杂的研究领域，其中包含着许多深刻的理论课题。在这里，我们介绍一下英国剑桥大学理论社会学家吉登斯关于“现代性”和“全球化”之相互关系的两个图示。

吉登斯认为，当今世界的“现代性”（modernity）具有四个突出的制度特性：“信息管理与社会监控”、“资本与市场经济”、“产业化”（自然界变化和人工创造环境的发达）、以战争的产业化为特点的“军事实力”（对危机状况的强制性管理）。现代世界的基本结构，就是由这四个特性及其相互关系所规定的（见图13—1）。

另一方面，“全球化”则是现代社会的一个必然趋势，它与“现代性”的四个制度特性密切结合在一起。吉登斯为“全球化”下了这样一个定义：所谓“全球化”，就是“某个场所发生的事物受到遥远地方发生的事物的制约和影响，或者反过来，某个场所发生的事物对遥远地方发生的事物具有指向意义；以此种关系将远隔地区相互连结，并在全世界范围内不断加强这种关系”① 的过程。他认为，“全球化”的基本契机是以产业化为动力的

---

① A. Giddens, *The Consequences of Modernity*, Polity Press, 1990, p. 69.

图 13—1　“现代性”的制度特性

信息传播技术的发展，它对“国家社会系统”、“世界市场经济”、“国际分工”和“世界军事秩序”四个领域的“全球化”都起着巨大的推动作用（见图 13—2）。在这个意义上，它也在有力地推动着整个人类文化的“全球化”进程。

图 13—2　“全球化”的诸领域

探讨“全球化”与“现代性”之间的相互关系并不是本书的意图。不过，吉登斯的这两个图示告诉我们，信息传播技术的进步和全球化信息系统的形成，是现代人类世界发展和变革的基本动因之一，理解这一点对我们来说是重要的。

第二节　关于世界信息传播秩序的争论

人类社会的各个领域正在飞速地朝着全球化的方向发展，但是，全球化的意义并非对每一个国家和民族都是相同的；现行的全球性信息传播系统，也并不是一个机制合理、结构平衡的系统。在国际传播和全球传播中，存在着许多尖锐的矛盾和问题，这些矛盾与问题已经引起了全球性的论争。本节主要阐述这些问题。

一、世界信息生产和流通的失衡状况

人类世界是由不同国家、民族和文化构成的多元世界。如果说，国际传播和全球传播的终极目的是为了加深不同的国家、民族和文化之间的相互沟通和理解，实现全人类的共同繁荣和发展，那么，每一个国家和民族、每一种文化都应该拥有均等的传播机会，这种传播应该是双向的、对等的。然而现实并非如此，当今世界的信息生产、提供和流通系统，存在着严重的失衡状况。1990 年联合国教科文组织公布的统计数据，向我们揭示了以下事实：

——1988 年，全世界每天出版 8 500 余种报纸，总发行量达 5.7 亿份。其中，西方发达国家占总发行量的 70%，而拥有世界 3/4 人口的发展中国家仅占 30%。日报的每千人拥有量，发达国家为 337 份，发展中国家仅为 43 份。

——同年，全世界出版书籍共 8 345 万种，其中发达国家占 73.5%，发展中国家仅占 26.5%。每百万人平均书籍出版种数，发达国家为 507 种，发展中国家为 57 种，仅仅是发达国家的约 1/9。

——1987 年，全世界生产电影 3 040 部，发达国家为 1 900 部，发展中国家为 2 140 部。在这里，体现巨大差异的并不是生产量，而是出口量：仅美、法、意、英、德 5 个国家，就占据了世界电影总出口量的 80%～90%。

——1988 年，发达国家拥有全世界电视接收机的 77%和电视发射系统的 84%，发展中国家仅占 23%和 16%。同年共有 184 颗通信卫星在地球静止轨道上运行，其中发展中国家发射的只有 17 颗，不满 10%。①

诸如此类的数字还有许多，我们不必一一罗列。以上虽然都是 20 年前的数据，但它们所反映的差距和问题在今天并没有实质性的变化：（1）尽管全球信息化过程在不断加速，但由于各国的经济和社会发展程度不同，当今世界存在着严重的“信息富有国”和“信息贫困国”两极分化现象；（2）少数西方发达国家，凭借着自己的强大的经济、技术和资本实力，控制着当今世界的信息生产和传播，造成了世界信息单向流通的不平等结构。根据一些学者的推测，仅从量的方面来看，“从发达国家流向发展中国家的信息，至少要比它的相反流通量多 100 倍以上”②。

少数发达国家尤其是美国控制和垄断着当今世界的信息生产和流通，这是一个不可否认的事实。甚至美国学者弗里德利克也承认：“美国在世界上生产、处理、储存、输出的信息最多，这个国家，从电视节目到数据库，支配着全世界的信息。美国通过赢得技术上的优势，今天已成了地球上最发达的信息社会。美国控制着世界上的电影和电视节目，并且将美国的文化和思想深深地渗透到全世界人的意识当中。”③ 美国不仅通过它的信息优势维护自己的政治、经济和军事利益，而且还在进行着大规模的文化扩张。

世界信息的生产和流通的这种不平衡、不平等结构，并不是可以等闲视之的。在信息时代，信息不仅作为一种基本资源对国家的经济发展起着重要的作用，由于它含有特定的观念、价值和意识形态，对一个国家的政治和文化也产生重要的影响。信息和传播上的劣势，意味着在国际竞争中的劣势，意味着受控制和受支配的地位。意识到这一点，从 20 世纪 70 年代开始，日益觉醒的发展中国家开始发出了要求改变现状，建立“公平、合理

---

① See UNESCO, *Statistical Yearbook*, Paris, UNESCO, 1990.

② K. Nordenstreng, “Three Theses on the Imbalance Debate”, *Politics of News: Third World Perpsectives*, *Concept*, New Delhi, 1984.

③ Howard H. Frederick, *Global Communication and International Relations*, p. 13.

的新世界传播秩序”的强烈呼声，并同发达国家展开了一场旷日持久的激烈论战，这场论战在今天依然有着深远的影响。

二、“新世界信息秩序”论争

“新世界信息秩序”（new world information order）这一概念的提出，有着深刻的历史背景。第二次世界大战后，亚非拉美许多弱小国家从殖民统治下获得了解放。但是，由于长期的世界殖民体制的影响，发展中国家与发达国家之间的差距是巨大的；与此同时，发达国家对新闻和信息生产、流通的控制，依然在顽固地维持着发展中国家在政治、经济和文化等各个领域对发达国家的依附关系。发展中国家逐渐认识到，要真正改变受压榨、受控制的局面，必须改变现行不平等的信息传播体制。1973 年，第四次不结盟国家首脑会议在阿尔及尔召开，会上通过了下述宣言：“现存的传播渠道不仅是罪恶的殖民地时代的遗产，而且阻碍着各国之间自由、直接而迅速的传播与沟通；发展中国家必须共同采取行动，来改变现存的传播渠道。”①

一般认为，《阿尔及尔宣言》是“新世界信息秩序”之争明朗化的开端。从那以后，在长达十余年的时间里，以联合国教科文组织为主要舞台，在各种国际机构和国际场所，展开了一场以美英等发达国家为一方，以社会主义国家和发展中国家为另一方的两大阵营的激烈论战。

这场论战可以分为三个阶段。第一阶段以 1973 年的《阿尔及尔宣言》为起点，到 1978 年联合国教科文组织发表《大众传媒宣言》。这个阶段是发展中国家力量的集结时期，不结盟运动在这个过程中发挥了重要作用。例如，在 1976 年不结盟运动突尼斯研讨会发表的最后报告中，不结盟国家对现行的世界信息秩序进行了严厉批判，提出了“消除信息领域的殖民化”和“创造新型国际传播秩序”的口号。同年，不结盟国家还在印度举行首脑会议，并发布了《关于信息非殖民化的新德里宣言》。这个宣言的内容，包含了以下几个要点：

（1）地球世界上的信息流通处于严重的不合理和不平衡状态，信息传播手段集中在极少数发达国家手中，绝大部分国家只是发达国家传播的信息的被动接受者。

（2）这种状况，有使殖民地时代的统治与依附关系恒久化的危险。换句话说，它导致极少数国家对“传播什么”以及“怎样传播”的信息决断权的绝对控制。

（3）世界的信息发布掌握在发达国家的极少数几家大通讯社手中，绝大多数发展中国家了解外界的情况必须依赖于它们，甚至连自己的形象受到歪曲也只能被迫忍受。

（4）政治、经济的依附关系是殖民地时代的产物，而阻碍第三世界国家政治和经济发展的现行信息依附关系也是殖民制度的后遗症。

（5）在信息手段受到少数国家控制和垄断的状况下，所谓“信息自由”只是少数发达国家根据自己的意志选择和传播信息的自由，不仅如此，它还意味着其他绝大多数国家和

---

① K. Nordenstreng, “*New International Information and Communication Orders: Sourcebook*, Prague”, International Organization of Journalists, 1986, p. 275.

民族客观、正确地传播信息和获得信息的权利在事实上受到剥夺和否定。①

这个宣言在世界上产生了广泛的反响，成为团结广大发展中国家的重要指针。1976年联合国教科文组织大会在内罗毕召开，自此，争论的中心舞台移到了教科文组织。

第二阶段是从1978年联合国教科文组织大会发布《大众传媒宣言》，到1980年“麦克布莱德委员会”报告书《多种声音　一个世界》的发表，这是争论不断走向激化的时期。

《大众传媒宣言》酝酿的历史可以追溯到1970年。在同年的教科文组织会议上，有的国家提出了一项“禁止将信息媒介使用于宣传战争、种族歧视和煽动民族仇恨”的决议案，对此，不少国家认为教科文组织无权制定对各国政府具有强制力的禁止性决议，而在发表一项有关传媒规范的共同宣言上达成了妥协。但是，由于发达国家与发展中国家的意见对立，宣言草案的协商一直不顺利。例如，在1976年的大会上，南斯拉夫提出应在宣言的序言中加入“犹太复国主义等于种族歧视”的内容，美英等12个西方国家的代表则以退场表示抗议。1978年，教科文组织第二十次大会以全票通过了《大众传媒宣言》，但这个宣言是妥协的产物，它只规定了大众传媒活动的一般准则和规范，如维护信息自由和人权、反对种族差别和殖民主义、推进和平和国际理解等，并没有解决任何实质性问题。因此，这个宣言并没有引起各国的重视，甚至在新闻传播学界也没有引起多大反响。

另一方面，关于“建立新世界传播秩序”的讨论在“麦克布莱德委员会”则得到了充分展开。该委员会设立于1977年，附属于教科文组织，正式名称是“国际传播问题研究委员会”。委员会由16个国家的著名传播学者组成，主席是荷兰人C. 麦克布莱德，因此又称为“麦克布莱德委员会”。委员会设立的目的，在于研究全球性传播问题、调查信息流通的现状并提出具体行动的建议、探讨建立“新世界信息秩序”的方法和途径。在该委员会内部，主张信息自由流通的西方国家和主张应改变不平衡现状的发展中国家进行了激烈交锋，但由于发展中国家的代表居多数，西方国家（英国未参加）处于相对孤立的境地。

1980年，经过四年争论，委员会终于以《多种声音　一个世界》为题提出了最终报告，并在同年教科文组织贝尔格莱德大会上获得通过。大会决议包含了以下要点：

（1）不平衡是现行国际信息秩序的基本特征，必须加以改变。

（2）不管是公共还是私人性质的，过度的集中垄断都会产生负效果，必须加以消解。

（3）为了保证信息与观念的自由而平衡的流通，必须从内部和外部清除某些障碍。

（4）必须保障信息来源与传播渠道的多元化。

（5）应保障传播媒介中的新闻工作者的自由，而这种自由与责任是不可分割的。

（6）发展中国家必须通过整备自己的信息设施和媒介、训练人才等措施来提高自己改变现状的能力。

（7）发达国家应该为实现上述目标而显示自己真正的诚意。

（8）必须尊重不同民族的文化特点，以及各民族向世界人民传达自己的利益、愿望以及社会和文化价值的权利。

---

① See K. Nordenstreng, *New International Information and Communication Orders: Sourcebook*, pp. 249－285.

（9）必须尊重所有国家的人民在平等、公正、互惠的基础上参与信息的国际交流与交换的权利。

（10）任何民族、种族、社会群体以及个人都拥有接近信息来源以及积极参与传播过程的权利。①

从上述内容可以看出，《麦克布莱德报告》以及教科文组织大会决议在许多方面反映了发展中国家的立场、观点、要求。可以说，报告和决议的通过，意味着发展中国家在“新世界信息秩序”之争中取得了重大胜利。有的学者认为，正如《多种声音 一个世界》的报告书标题所体现的，这个结果，意味着“盎格鲁—撒克逊意识形态的独霸权受到了前所未有的严重挑战”②。

这个结果，当然是美英等西方发达国家所不甘心接受的。1981 年，代表西方国家垄断大媒介利益的国际性院外活动集团——“世界自由出版委员会”（WPFC）在法国的塔罗瓦尔召集了“自由之声”集会，发表宣言认为，教科文组织决议将会导致各国政府对新闻出版自由的控制，关于新世界流通秩序的“论争本身对报道自由和言论自由的基本原则就是有害的”，西方国家在这个问题上付出了过于昂贵的代价，必须坚决予以抵制和反对。当时美国的里根政府对《塔罗瓦尔宣言》明确表示了支持的态度。

1983 年 12 月，美国以联合国教科文组织充满了反西方论调，具有危及新闻自由和自由市场的因素，其活动“过于政治化”为由，表明了退出的意向。1984 年 12 月，美国正式宣布退出教科文组织；1985 年，英国也退出了教科文组织。

第三个阶段，是从美英退出联合国教科文组织直到现在。在这个时期，由于美国的退出，教科文组织财政发生了困难，不得不做出某些让步。但是，关于建立“新世界信息秩序”的基本原则，一直得到广大发展中国家的坚定支持。例如，1989 年在贝尔格莱德举行的第九次不结盟国家首脑会议又重新强调了这一立场：“在技术飞跃发展的今天，建立自由而平衡的新国际信息传播秩序、实现全球信息传播过程民主化的过程，正在面临着新的不平衡和更新更复杂的障碍。在这种状况下，更有必要加速消除信息功能的不平等现象。”③

20 世纪 80 年代后期到 90 年代，世界格局发生了重大的变化。苏联、东欧社会主义阵营解体，在这个过程中西方传媒的活动起了重要的作用。西方尤其是美国传媒对 1991 年的海湾战争和 2003 年的伊拉克战争报道的绝对主导，引起了全世界人民的担忧。新跨国传播技术尤其是卫星直播广播电视的发展，使得“信息主权”以及“文化冲突”等问题受到更广泛的关注。这些变化，为“新世界信息秩序”问题赋予了新的内容。

第三节 国际传播与全球传播研究的若干重要课题

如上所述，“新世界信息秩序”之争的核心，是如何看待信息的“自由流通”问题。少数发达国家主张世界信息流通应该是绝对自由的，不应受到各国政府的人为干预。对

---

① See K. Nordenstreng, *New International Information and Communication Orders: Sourcebook*, pp. 249－285.

② ［日］鹤木真：《国际传播论》，63 页。

③ Howard H. Frederick, *Global Communication and International Relations*, p. 222.

此，发展中国家并不一概地反对信息自由，但主张自由首先应该表现为对各国各民族的传播权利和机会的尊重和保障；在信息的生产和流通结构不平等、少数发达国家对信息技术和媒介保持着高度垄断的现状下，所谓“自由流通”也只能是少数传播大国的特权。因此，这场争论并不是单纯的理念上的争议，它体现了国际传播和全球传播中政治、经济、文化和意识形态现实利益的尖锐矛盾和冲突。在今天，关于“新世界信息秩序”的争论虽然已经沉寂，但它关注的问题，也为传播学提供了不少具有高度理论和现实意义的研究课题。

一、国际报道中的新闻价值问题

在流通于世界的众多信息中，新闻是一种最基本的信息。通过新闻，我们了解环境和周围世界的变化，形成我们对事物的印象和态度，并在此基础上做出行为决策。在超出我们直接经验范围的国际问题领域，我们对媒介新闻报道活动的依赖程度更高。

但是，新闻并不是一种纯客观的信息，它是对新近发生的事实的报道。既然是“报道”，那么它就是一种人的活动，不可避免地要包含着人的认识和判断。这里的认识和判断包括两个方面：一是新闻的选择，即在众多新近发生的事实中挑选哪些事实来加以报道；二是新闻的加工，即从什么角度来报道事实，或者赋予事实以什么样的意义。因此，一件事实能否成为新闻，并不出于纯粹的偶然性，而是基于一定标准或尺度的选择和加工过程的结果。这些标准或尺度，通常称为新闻价值。构成新闻价值的因素是复杂的，其中既包括某些客观要素（如“5W”），也包括记者或编辑的社会背景和个人心理因素，同时还包括传媒组织的政治、经济和文化的目标和利益。新闻价值体系决定着传播媒介选择和加工新闻的立场、态度和方针，不同的价值体系形成报道活动不同的倾向性。

国际新闻通常体现着传播媒介的政治立场和态度。例如，有人曾就《纽约时报》对俄国“十月革命”的报道进行过统计分析，发现在《纽约时报》的报道中，列宁曾经 2 次“死亡”、3 次“患病”、2 次“下落不明”、6 次“逃跑”、2 次“入狱”。这些捏造性的新闻，显然与该报对“十月革命”的敌视态度是分不开的。①

国际新闻的选择和加工具有一定的价值标准，这并不奇怪。问题在于，在国际报道中存在着垄断和控制结构状况下，流通于世界的国际新闻的绝大部分，都是根据少数西方发达国家的新闻价值标准而选择和加工出来的；它们服务于少数发达国家的利益和目标，并对广大发展中国家的社会发展产生着严重的危害。国际报道中的“新闻价值”研究的目的，正在于揭示这些深刻的问题。

例如，在 20 世纪 70 年代末 80 年代初，国际传播学会曾受联合国教科文组织委托，进行了一项题为“媒介中的外国新闻”的大型研究。这项以 29 个国家为对象的研究揭示：(1) 国际新闻报道具有一定的选择标准，这在全世界任何媒介中都可以发现；(2) 所有的传播媒介，都突出强调报道本国的事件或人物；(3) 在西方媒介支配着世界的新闻生产和流通的情况下，美国和西欧在世界各地都是最经常的新闻话题；(4) 仅次于美国和西欧的，是关于纷争、灾难或混乱的“异常事件”话题；(5) 第三世界和社会主义国家，除非

---

① See Howard H. Frederick, *Global Communication and International Relations*, p. 157.

作为“异常事件”的发生地得到报道，否则很少出现在国际新闻当中；（6）国际新闻的主要提供者是少数几家西方大媒介和通讯社，许多发展中国家的传播媒介只能从这样一些外部信源那里“选择”或“翻译”新闻，仅仅起到一种“二次把关”作用。①

美国传播学家乔治·格伯纳曾经指出：任何新闻，同时都是一种见解。他认为，甚至报道什么或不报道什么，也反映了传播媒介的一定的世界观。格伯纳等人在1977年曾对世界上60家日报的国际报道的内容进行过分析，发现不同国家的媒介对世界的描述是不一样的。例如，在美国报纸的海外报道中，有关西欧各国的内容占28%，南亚和远东占18%，北美占10%，中近东占7%；三分之二以上的内容是关于资本主义国家及其势力范围的，而有关社会主义国家和亚非拉广大发展中国家的内容总计不到三分之一。② 这个比例，无论从面积还是人口比重上，都与地球世界的原貌有着巨大的差距。它说明，美国的媒介向来把西方社会看做是世界的“中心”，在它的眼中，地球上的其他国家和地区只不过是围着它转而已。

在西方传媒的报道中，发展中国家不但存在感弱，而且往往受到歪曲性的报道。不少学者指出，西方传媒的新闻，往往把发展中国家与动乱、战争、落后、愚昧、专制等消极的概念和印象联系在一起；它们通常挑选发展中国家的“坏新闻”加以报道，而对这些国家的政府和人民为社会发展所做的努力及其成果则视而不见。M. 罗森布卢姆曾经对西方媒介的倾向做了如下抨击：“西方报刊对发展中国家的现实仅仅给予不当的和表面的注目，而且往往充满了文化的偏见。所谓戏剧性变化、煽情的事件以及‘政变和地震综合征’的形象，对发展中国家来说不仅是不公平的，而且是有害的。”③

在国际传播和全球传播研究中，新闻价值一直是一个备受关注的领域，有着丰富的研究积累。大量的研究成果揭示，西方资本主义媒介并不是“公正”、“客观”地报道国际新闻的，而是有着自己的一套新闻价值体系；新闻信息的传播，不仅是少数发达国家维护自己现存的支配地位和利益的手段，而且是推行新的全球战略的工具。这些研究，有助于我们理解西方传媒国际报道活动的本质。

二、信息与国家主权问题

在少数发达国家支配着世界信息的生产和流通的情况下，大多数传播弱国所受到的并不仅仅是形象的伤害，严重时，它们甚至面临国家主权受到干涉的危险。这种危险产生的根源，在于世界上还存在着霸权主义和强权政治。冷战时代结束后，个别超级大国并没有放弃争霸全球的战略，反而加快了实施这一战略的步伐。其主要策略是：（1）直接使用军事手段对其他主权国家实行高压政策，如两次海湾战争和轰炸南联盟；（2）使用经济制裁、经济掣肘或制造金融动荡来左右别国经济局势，如对伊朗、伊拉克、利比亚的制裁和亚洲金融危机等；（3）使用信息手段来干预别国内政，如利用民族矛盾挑动他国内战和分

---

① See UNESCO, *Foreign News in the Media: International Reporting in 29 Countries*, Report and Papers on Mass Communication, No. 93, UNRSCO, Paris, 1982.

② See G. Gerbner, “The Many Worlds of the World's Press”, *Journal of Communication*, 1977 (27), pp. 52-66.

③ M. Rosenblum, “Reporting from the Third World”, *Foreign Affairs*, July, 1977, p. 816.

裂，利用反体制势力或“人权”问题制造他国政治和社会秩序的混乱等。在跨国传播技术十分发达的今天，信息手段可以说已经成了个别强权国家干涉别国内政的最廉价、最常用的手段。

在跨国传播时代，信息与国家主权的关系已经密不可分。20 世纪 80 年代中期，法国的“数据处理与自由委员会”曾发表过如下见解：“信息就是力量……储存和处理数据的能力，意味着对其他国家的政治和技术优势。因此，跨越国界的数据流通也可能导致国家主权的丧失。”①这个预言，数年后不幸为东欧剧变和苏联解体的事实所证明。

苏联和东欧社会主义阵营解体的原因是复杂的，但有一点可以肯定，这就是来自美国和西方的跨国宣传起到了巨大的作用。根据有关调查，早在 1985 年，苏联 16 岁至 30 岁的青年人中已有 63%的人在收听西方广播，到了 1987 年，这个比例已上升为 83%，其中每天收听 1 小时以上的人达 46%。20 世纪 80 年代后期，民主德国有 80%以上的电视观众收看联邦德国的电视节目。在 1989 年的捷克斯洛伐克，首都布拉格的市民家庭中安装的碟式卫星天线已超过 1 万只。“其中，对苏联和东欧市民产生了最大影响的是 RL（自由电台）和 RFE（自由欧洲电台），这两家电台都是美国政府出资运营的，它们分别从设在慕尼黑和法兰克福的总部向东方实施短波广播，传播西方信息，进行自由主义宣传。”② 一些分析家认为，在苏联和东欧剧变的过程中，西方媒介绝不仅仅是起到了“推波助澜”的作用，它们的煽动、怂恿式的宣传甚至是这场剧变的直接动因。

跨越国界的电子传播技术飞速发展，正在为传统的国家主权概念赋予新的内容。弗里德利克认为：“所谓主权，在传统上指的是（一个国家或民族）保卫领土免于军事侵略，保护自然资源，不受别国干涉而自主选择自己的政治、社会、经济和文化体制的权利。”③主权的行使一般局限于一国的领土、领海和领空范围之内，边防和海关在维护国家的政治、经济和文化主权的完整方面起着重要作用。按照国际法的一般原则，外国人的入境、外国商品以及物质形态的文化产品（报纸、书刊、影视拷贝等）进口，都必须经过边防和海关的检查和许可，否则便视为偷渡、走私等违法行为。

但是，跨国的卫星直播广播电视、计算机互联网等新的电子媒介却使这一切发生了重大变化：外国信息可以不受限制地穿越国界，对一国的政治、经济、文化、社会秩序甚至国家安全产生重要的影响，而国家和政府却对此缺乏有效的管理和控制的手段，迄今为止的国际法体系也没有提供普遍公认的规则。这种状况，导致了一个新的主权概念——“信息主权”（informational sovereignty）的诞生。

信息主权，是诺顿斯登和席勒在《国家主权和国际传播》（1979）中提出的概念。所谓信息主权，简言之，即一个国家对本国的信息传播系统进行自主管理的权利，这是信息时代的国家主权的重要组成部分。一般来说，信息主权包括三个方面的内容：（1）对本国信息资源进行保护、开发和利用的权利；（2）不受外部干涉，自主确立本国的信息生产、加工、储存、流通和传播体制的权利；（3）对本国信息的输出和外国信息的输入进行管理和监控的权利。其中第三项内容直接涉及跨国界传播，其功能包括保护国家机密和排除危

---

① Howard H. Frederick, *Global Communication and International Relations*, p. 144.

② ［日］川竹和夫：《国际传播媒介的结构性变化》，载《新闻学评论》，东京，日本新闻学会，1992（47）。

③ See Howard H. Frederick, *Global Communication and International Relations*, p. 144.

及国家安全的有害信息等重要方面。

信息主权是在全球信息化的背景下，国家主权面临着新的威胁因素的背景下提出来的。信息化使各国国内信息系统与全球信息系统连成一体，国内系统受到国外因素更为直接的影响。来自外部的信息干扰，有可能使一国的信息系统遭到破坏，使国家失去危机管理能力而陷于混乱。同时，在世界上还存在强权政治的情况下，个别传播大国有可能凭借自己的技术优势，通过“劫持”他国电信系统，阻断信息和数据往来等手段来达到其政治目的。例如，在20世纪80年代初，美国计算机系统曾经接二连三地单方面冻结了伊朗、菲律宾、阿根廷、巴拿马等国的银行资产。在“伊朗人质事件”期间，美国政府曾计划对伊朗的英特尔卫星通信系统进行干扰。[①] 这些事件，证明了人们的上述担心并不是杞人忧天。

信息主权同样是一个与建立“新世界信息秩序”密切相关的问题。广大发展中国家认为，在世界信息单向流通的不平衡结构下，传播弱国的信息主权没有任何保障，这种状况使它们在政治、经济、文化各个领域处于极为不利的状态。发展中国家的学者主张，与拥有领土、领空、领海、资源以及社会制度的主权一样，一个国家对自己的信息传播资源和传播制度同样应该拥有主权，这是在信息时代保障国家主权完整的重要条件。可以说，对信息主权的重视和保护，已经成了世界各国规划和建设本国信息系统的重要指导思想。

三、文化帝国主义问题

信息主权，也是一个与文化主权密切相关的问题。世界上任何一个国家和民族，都拥有自主选择自己的文化制度、道德和价值体系、生活方式的权利，文化的整体性和统合性也是维持一个国家或民族生存和发展的前提条件之一。但是，在跨国界传播技术飞速发展的时代，由于世界信息流通的单向性，许多国家和民族的文化统合性正在面临着严重的威胁和挑战。

对这个问题的普遍关心，形成了国际传播和全球传播研究的另一个重要领域，这就是文化帝国主义研究。顾名思义，文化帝国主义研究，是把个别传播大国对世界信息流通系统的支配看做是推行文化扩张主义的过程，而把发展中国家的牵制和反抗看做是抵制文化侵略的过程。

文化帝国主义（cultural imperialism）并不是一个很新的概念，它是在20世纪60年代反对“新帝国主义”的国际环境下诞生的。所谓“新帝国主义”，指的是在战后许多殖民地国家获得民族独立的条件下，帝国主义的扩张战略由军事手段和直接的殖民统治为主，转向以经济和文化控制为主的变化。如果说传统的帝国主义属于军事帝国主义，那么“新帝国主义”则属于经济帝国主义和文化帝国主义。

文化帝国主义并不是一个孤立的现象，而是现代帝国主义总过程的一部分。苏利文曾经指出：“帝国主义，是某些经济上居支配地位的国家以系统的方式强化和扩大它们对其他国家的经济、政治和文化控制的总体过程。这个过程，在全球范围内形成拥有财富和力量的发达资本主义国家与贫穷无力的发展中国家之间的支配、服从或依附关系。文化帝国

---

① See William J. Broad, “No Go for Satellite Sanctions against Iran”, *Science*, 1980, pp. 685 - 686.

主义既是这个总体过程的组成部分，又是它的结果。……它指的是来自发达国家、包含着与支配者利益相关的文化价值或观点的商品、时尚或生活方式等流向发展中国家市场，创造出某些特定的需求或消费形态，而发展中国家的民族文化在不同程度上受到外国（主要是西方）文化的侵害、取代或挑战，受支配程度越来越高的状况。"①

美国学者 H. I. 席勒是文化帝国主义研究的代表学者，在 1976 年出版的《传播与文化支配》一书中，他为这个概念做出了一个经典定义：文化帝国主义，就是"在某个社会步入现代世界系统过程中，在外部压力的作用下被迫接受该世界系统中的核心势力的价值，并使社会制度与这个世界系统相适应的过程"②。这里的外部压力，主要指的不是军事高压，而是西方发达国家特别是美国的信息和文化产品单向汹涌而入的状况。

概括起来说，文化帝国主义有三个特点：第一，它是以强大的经济、资本实力为后盾，主要通过市场而进行的扩张过程；第二，它是一种文化价值的扩张，即通过含有文化价值的产品或商品的销售而实现的全球性文化支配；第三，由于信息产品的文化含量最高（或者说信息本身就是文化产品），那么很明显，这种文化扩张主要是通过信息产品的传播而得到实现的。席勒指出："电影、广播电视节目、书籍、新闻报道等随处可见的文化产品或服务，它们所提供的并不仅仅是消息和娱乐，同时也是传播社会价值或政治观点的工具；最终，它们会对全社会的精神结构产生深刻的影响。"③

在文化扩张的过程中，由于大众传播媒介是一种最有力的制度化手段，因此不少学者也把文化帝国主义称为"媒介帝国主义"（media imperialism）。在探讨媒介帝国主义之际，人们更关注两个极为现实的问题：一是跨国传播媒介的高度集中和垄断，二是由这种垄断体制所形成的信息单向流通所产生的文化后果。

就前者而言，目前世界传播媒介的集中垄断的程度仍在加剧。B. H. 巴格迪坎预言：如果这种趋势继续发展下去，在 21 世纪最终会只剩下 5 至 10 家超大型媒介企业（megal-media），而这些"地球村的巨头们"将控制世界的报纸、杂志、书籍、广播电视、电影、唱片、录像产业的绝大部分，并对全世界的思想、文化和意识形态产生普遍的影响。④ 媒介的集中和垄断的加剧，意味着在世界上确保文化的丰富性和多元性的条件在继续恶化。

就后者而言，在全球性文化产品市场形成和跨国传播领域越来越大的状况下，对信息的单向流通所产生的文化后果表示深切关注和担忧的已不仅仅是发展中国家，不少发达国家也产生了警惕。例如，根据加拿大的统计，该国电视台每年总计播出英语节目 52 000 小时，其中本国生产的节目只占 28%；在播出的27 000小时法语节目中，本国生产的只有 630 小时。在日本，一些学者从 20 世纪 80 年代初就开始研究信息的"入超"问题。1985 年，日本新闻协会研究所发表了一项对亚洲 14 个国家 29 家主要报纸的"国际报道"状况的调查报告。这个报告显示，亚洲各国报纸"国际新闻"的主要提供者是西方信源，其中美联社占 22.6%、路透社占 21.9%、法新社占 9.3%、合众国际社占 8.6%；四大通讯社占了 60%以上，而各报的"本报讯"总计只有 21.2%。同年发表的一项题为《电视中的

---

① T. O'Sullivan，*Key Concepts in Communication*，p. 62.
② Herbert I. Schiller，*Communication and Cultural Domination*，White Plains，Sharpe，New York，1976，p. 9.
③ H. I. Schiller，*Who Knows：Information in the Age of the Fortune 500*，Norwood，NJ：Ablex，1981，p. 5.
④ See B. H. Bagdikian，*The Lords of the Global Village*，The Nation，1989，p. 807.

外国文化》研究报告则揭示，日本对美国的电视信息的“输出”和“输入”的比例为1：20，存在着巨大的逆差，而这种逆差反映了美国的电视文化对日本文化的巨大影响。①

随着以美国产品为主导的世界影像市场的形成，西欧各发达国家面对美国商业文化产品的冲击，基于保护自己的经济利益和维护“文化统合性”的双重目的，也开始采取一些必要的措施。例如，1989年3月欧共体通过了《跨国界电视公约》（The Convention on Trans-frontier Television），其中强调要“对电视广告制定时间限制”、“重视电视节目对未成年人的影响”，并提出了“将欧洲制作的节目增加到50%以上”的目标。进入20世纪90年代以后，欧共体大多数成员国都以“比例制”（quarter system）对电视节目播出实行了一定程度的限制（见表13—1）。根据《荧屏文摘》（*Screen Digest*）的推算，1992年，在欧共体各国电视节目总体中，欧洲本地生产的节目已经达到了66.6%。② 对西欧各国的这些措施，美国参众两院以“违反关贸总协定”为由，曾通过决议表示抗议。

表13—1　　欧共体国家电视节目播出比例

国家	国产节目	EC（欧共体）节目
法国	50%	60%（含国产）
意大利	25%	50%（含国产）
荷兰	50%	60%（含国产）
西班牙（电影）	50%	40%
英国	—	86%（含国产）
澳大利亚	40%	—

对文化帝国主义的担心由发展中国家扩大到美国自己的西方盟友当中，说明了美国的对外文化扩张已经到了十分严重的程度。美国当然是不承认自己具有文化扩张主义的意图的，相反，它以“自由市场”和“信息自由流通”的捍卫者而自居。但是，我们在现实当中所看到的是，所谓维护“信息的自由流通”，实质上只不过是维护美国一己的政治、经济和文化利益。与此同时，美国在信息传播问题上的实用主义态度和双重标准也很难使人相信它没有文化扩张的意图。这具体表现在：美国在国内强调媒介的自由与社会责任的统一以维持本国传播秩序的平衡，但在世界信息流通领域却仅仅强调“自由”，避而不谈美国对国际传播秩序应尽的责任。

人类世界是一个由多元文化组成的社会，多种文化的存在，构成了我们这个丰富多彩的世界；各种不同文化模式之间的交流、沟通和互动，也是人类文化发展的基本动力。全球信息化的理性目标应该是各民族多元文化的共同繁荣，而不是以一种文化吞并或取代其他文化。法国前总统密特朗曾经说过：“推广一种唯一的文化模式将是灾难性的。这是连极权主义制度都未能实现的事情，难道金钱原则加技术同盟就可以做到吗?”③ 密特朗的这句话是正确的，正像殖民地时代的军事帝国主义未能实现独霸世界的野心一样，信息时代的文化帝国主义也必然会在世界各国各民族的抵制下最终破产。尽管如此，我们仍不能不

① 参见［日］鹤木真：《国际传播论》，65页。
② 参见［日］川竹和夫：《国际传播媒介的结构性变化》，载《新闻学评论》，1992（47）。
③ 转引自［法］阿芒·马拉特：《世界传播的新构图》，载《国际新闻界》，1999（2）。

警惕它对人类多元文化的健康发展所带来的危害。

本章对国际传播和全球传播发展的现状和趋势、世界信息流通中的一些重要问题进行了论述。我们的基本观点是，全球信息化是当今世界的重要趋势，这个趋势正在把世界上的人类融入到一个相互联系越来越密切的“地球社会”中去。但是，全球信息化的发展所带来的并不都是光明的一面，正如“新世界信息秩序”之争以及围绕“信息主权”或“文化帝国主义”问题的讨论所揭示的，目前的全球信息传播系统中还存在着结构性的不平衡，存在着少数传播大国和多数传播弱国之间的控制与被控制、支配与被支配的不平等关系。互联网时代的到来依然没有改变这种局面，建立“公正、平衡的新世界信息秩序”，依然有着它的现实意义。从另一个方面来看，发展中国家争取平等的传播地位是不能靠“呼吁”来实现的，加速自己的经济与社会发展，增强自身的文化与传播实力，才是切实可靠的解决办法，对于改革开放的我国来说尤其如此。

思考题

第一节

1. 什么是国际传播？国际传播的主体有哪些？
2. 什么是全球传播？我们应该从哪些方面理解全球传播？
3. 谈谈全球信息化的冲击和影响。
4. 随着跨国卫星电视的发展，传统的国际广播概念发生了哪些变化？

第二节

1. 世界信息生产和流通的失衡状态反映了什么性质的问题？
2. 简述“新世界信息秩序”论争的过程及其实质。
3. 《关于信息非殖民化的新德里宣言》有哪些要点？
4. 解释下列名词概念：《大众传媒宣言》、《麦克布莱德报告》、《塔罗瓦尔宣言》。

第三节

1. 试析国际新闻选择中的价值标准。
2. 什么是信息主权？它与国家主权的关系是什么？
3. 试析冷战结束后个别超级大国推行霸权主义的主要策略。
4. 什么是文化帝国主义或媒介帝国主义？它有哪些特点？

第十四章 传播学研究史和主要学派

CHAPTER 14

学习传播学，不但要把握它的基本概念和理论，而且应该了解这门学问发生和发展的历史，这有助于加深我们对这门学问的系统理解。此外，传播学的研究中存在着一些重要的学派，了解这些学派的立场、观点和方法，对开拓我们的研究视野是有助益的。

第一节　传播学的起源、形成与发展

传播是人类社会的基本现象。正因为如此，人类对传播现象的观察和思考有着悠久的历史。早在古希腊和古罗马时代，柏拉图和亚里士多德等思想家就对辩论、对话、说服等主题进行了许多探讨；在中国源远流长的古代文化中，同样包含着极其丰富的传播思想。在这里，我们主要介绍和考察传播学作为社会科学的一个学科起源、形成和发展的历史。

传播学形成于20世纪初至40年代的美国，它的形成是由许多因素促成的。第一，从传播媒介的发展情况来说，在这个时期的西方国家，大众报刊和电影已经高度普及，作为新的电子媒介的广播事业发展也十分迅速。媒介的增加和社会影响力不断扩大，使得许多社会科学家越来越关注信息与传播的问题，并开始从各自的学科背景出发来研究这些问题。第二，从历史和社会环境来说，这是一个世界范围的战争与革命的时代。在两次世界大战中，交战双方都利用各种传播媒介进行大规模的宣传，信息心理战在战争进程中发挥了前所未有的巨大影响。在俄国“十月革命”和东欧各国社会主义革命过程中，报刊宣传在动员和组织民众方面起到了重要的作用。所有这一切，都使得社会科学家对传播尤其是大众传播在战争和社会变革中的作用产生了强烈的关心，对宣传的研究成了这一时期的热点课题。第三，在这个时期，与传播学有着许多衔接点的一些社会科学，如新闻学、心理学、社会学、政治学、文化人类学等都已经有了充分发展，为传播学提供了理论和研究方法的基础。例如，俄国生物学家巴甫洛夫的条件反射理论、奥地利精神分析学家弗洛伊德的心理分析法以及初期的大众社会理论等，都对早期的传播学研究产生过重要的影响。

传播学之所以诞生在美国，也有两个直接的原因。一是美国是世界上传播事业最发达的国家，为媒介和传播研究提供了最合适的环境和社会条件；二是在 1933 年德国纳粹党执政后，大批欧洲学者为躲避法西斯迫害而逃亡到美国，推动了美国社会科学的发展和繁荣。许多著名的传播学家（如拉扎斯菲尔德、卢因等）本人就是流亡者，其他美国出生的学者也大多在欧洲接受过教育。因此，传播学虽然诞生在美国，但它在欧洲也有着深厚的学术思想根源。

1986 年，美国传播学家 E. M. 罗杰斯在《传播技术》一书中对传播学产生和发展的历史进行了总结，特别强调了十几位学者的重要贡献。

一、传播学的早期学术思想源流

传播学的早期学术思想源流包括两个方面：一是欧洲源流，二是美国源流。

（一）欧洲源流

欧洲源流中包括法国社会心理学家塔尔德和他的模仿理论，德国社会学家齐美尔和他的网络理论。

塔尔德（Jean Gabriel Tarde，1843—1904）原是一位法官，1890 年出版了《模仿的法则》一书，成为社会心理学中模仿理论的创始人。塔尔德认为，一切社会事物“不是发明就是模仿”，纯粹的发明是极少见的，大量的行为是模仿。模仿是通过人与人的接触和传播发生的，既然模仿是“最基本的社会现象”，那么传播也就是最基本的互动渠道。塔尔德的模仿理论，对后来从社会心理学角度研究传播在人格形成和人的社会化过程中的作用具有重要影响。此外，塔尔德还在 1901 年出版了《舆论与群集》一书，对舆论的结构及其形成、运动过程做了详细的分析，并对作为舆论主体的“公众”的概念做出了严格界定，认为报刊是公众的“精神纽带”，它在“理性的舆论”形成过程中发挥着重要的作用。

齐美尔（Georg Simmel，1858—1918）是德国著名社会学家，形式社会学的创始人，主要著作有《社会分化论》（1890）、《社会学》（1908）和《社会学的根本问题》（1918）等。齐美尔认为，社会学就是“关于人与人之间相互关系的科学”。他也是最早研究群体对个人行为的影响的社会心理学家，并且最早提出了传播网络理论，认为社会上的个人都是由特定的信息渠道相互连接的，要解释人的行为，最根本的是要搞清个人在这个传播链中的位置，也就是与谁有着信息传播的关系。齐美尔把这个传播网络描述为“舆论的厨房”。

（二）美国源流

在美国学术思想源流中，比较著名的学者有杜威、库利、帕克、米德等人。

杜威（John Dewey，1859—1952）是美国著名实用主义哲学家和教育学家。他强调教育在社会改造中的作用，认为大众传播是变革社会的重要工具。在密歇根大学任教期间，杜威曾经设想“通过出版一张小小的报纸来改造哲学”，并创办了以报道社会科学的最新成果和改良社会为宗旨的报纸——《思想新闻》。虽然这张报纸因经营困难而停刊，但他始终认为大众传播在改造社会方面具有强大的潜在力量，新的传播技术将会导致社会价值体系的重构。杜威的这些观点，至今影响着许多传播学者。

库利（Charles Horton Cooley，1864—1929）是美国著名社会学家，在1909年出版的《社会组织》一书中，他设了“传播”一章，从传播的概念、传播的意义和重要性、传播与人际关系、传播的社会心理功能，到印刷媒介与近代社会、舆论的形成过程等，对传播的许多重要问题做了深刻的论述。从这个意义上，库利可以说是最早系统研究传播现象，并最早进行了理论化尝试的一位重要学者。库利关心的一个主要课题是人的社会化问题，并为社会学和传播学提出了两个影响深远的概念：一是“初级群体”（primary group），认为个人日常所处的基本群体（父母、伙伴、邻居等）是社会化的基础；二是“镜中我”（looking-glass self），这个概念说明，个人的行为在很大程度上取决于对“自我”的认识，而这种认识主要是通过与他人的社会互动形成的，他人对自己的态度或评价是反映“自我”的一面镜子。在库利看来，传播是“镜中我”形成的主要机制，它不仅是个人社会化的途径，而且是将整个社会连成一个整体的纽带。库利关心的焦点是人际传播，对大众传播没有给予充分关注，这与他对大众媒介的营利性感到不满有一定关系。

帕克（Robert Ezla Park，1864—1944）和社会学芝加哥学派也对传播学的形成产生过重要的影响。帕克早年曾经从事了11年新闻记者职业，后来为了系统研究报刊的社会功能以及报刊与舆论的关系而进入哈佛大学和柏林大学攻读硕士和博士学位，1904年写成了博士论文《群众与公众》。1913年帕克应聘任教于芝加哥大学社会学系，成为芝加哥学派的理论领袖。

芝加哥学派在关于人的行为问题上反对本能论观点，提倡社会互动理论。他们认为人在出生之际并不具备社会性，使儿童成为社会性存在的是学习语言和感觉自我的过程，在这里，传播起着重要作用。帕克曾经为传播做出如下定义：所谓传播，即在某种意义、某种程度上，个人由此得以推测他人态度和看法的社会心理学过程。帕克对大众传播也有广泛研究。1922年，帕克对美国外语报刊的状况进行了调查和内容分析，发表了题为《移民报刊及其控制》的论文。一些学者认为，现代传播学中的“议程设置功能”理论，可以溯源于帕克关于“新闻是社会上个人间讨论之基础素材”的观点。

米德（George Herbert Mead，1863—1931）是芝加哥学派中影响仅次于帕克的二号领袖人物，也是社会心理学中的互动理论的创始人之一。米德在芝加哥大学任教37年，生前只发表过几十篇论文和书评，直到去世后人们才根据他的讲稿和学生们的课堂笔记整理出版了《精神、社会与自我》等四部著作，他的生前影响主要在于课堂教学。米德关于人的社会化、社会角色取得以及社会自我理论，对现代社会心理学和传播学具有很大影响，他提出的“主我”（I）和“客我”（Me）理论，对理解人内传播的社会性具有重要意义。

除了上述学者以外，我们还应该提到李普曼（Walter Lippmann，1889—1974）对新闻学和大众传播学的贡献。李普曼是美国著名政治学家和新闻工作者，由于长期从事新闻活动，他很早就注意到了大众传播对社会的巨大影响。在《自由与新闻》、《舆论》等论著中，李普曼不仅对新闻的性质及其选择过程进行了深刻的分析，而且提出了两个重要概念：一个是“拟态环境”（pseudo-environment），这个概念阐述了现代社会“环境的双重性”和大众传播对现代人行为的影响（详见本书第七章第三节）；另一个是“刻板成见”（stereotype）。所谓刻板成见，指的是人们对特定事物所持有的固定化、简单化的观念和印象，它通常伴随着对该事物的价值评价和好恶的感情。刻板成见可以为人们认识事物提供简便的参考标准，但也阻碍着对新事物的接受。个人有个人的刻板成见，一个社会也有其社会成员广泛接受和普遍通行的刻板成见，因而它也起着社会控制的作用。李普曼特别强调大众传播的力量，认为大众传播不仅是“拟态环境”的主要营造者，而且在形成、维护和改变一个社会的刻板成见方面也拥有强大的影响力。可以说，李普曼是较早探讨了大众传播的宏观社会效果的学者之一。

二、传播学的奠基者和学科开创者

尽管传播学有着悠久的学术思想渊源，但在20世纪20年代以前并没有人专门研究传播问题，许多学者只是从各自的学科关心出发，附带性地对传播现象做了某种程度的考察。20世纪20年代以后，有四位学者的研究和学术活动对传播学的建立产生了直接的影响，被称为传播学四大奠基人，他们是拉斯韦尔、卢因、霍夫兰和拉扎斯菲尔德。

（一）拉斯韦尔的宣传与传播研究

拉斯韦尔（Harold Dwight Lasswell，1902—1978）是美国现代政治科学的倡始人之一，1926年在芝加哥大学获得博士学位，后在母校和耶鲁大学任教。第二次世界大战期间担任过美国国会图书馆战时报道调查局局长，1955年出任美国政治学会会长。

拉斯韦尔在宣传研究领域拥有很大的影响。1927年，他出版了《世界大战中的宣传技巧》一书，对第一次世界大战中的宣传策略及其效果进行了全面的分析。这本书刺激了两次大战之间的宣传研究，使之成为当时学界和社会各界关注的热点。拉斯韦尔曾经为宣传下过这样的定义：宣传就是运用象征符号来控制（人们的）群体态度，广义的宣传，就是运用种种表态方式以影响人们的行动的技术，这些表态方式可以是口头的、书写的、图画的或音乐的等。

拉斯韦尔对传播学的许多基本理论问题进行过研究。在1948年发表的《传播在社会中的结构与功能》一文中，他最早总结了社会传播的三项基本功能（环境监控、社会协调、文化传承），并考察了传播的基本过程，将其解析为五个主要环节或要素（即著名的“5W”：谁、说什么、通过什么渠道、对谁说、产生了什么效果）。这个过程模式虽然带有单向性和直线性的缺陷，但它明确勾勒出了传播学研究的五个主要领域（控制研究、内容分析、媒介研究、受众研究和效果研究），对形成传播学的理论体系的基本框架具有重要意义。拉斯韦尔一生写了600万字的著作，在他逝世后的1980年，又出版了三卷巨作《世界历史上的宣传与传播》。

（二）卢因与“把关人”研究

卢因（Kurt Lewin，1890—1947）是德国犹太人，原在柏林大学任社会心理学教授，1933 年为躲避法西斯迫害而逃亡到美国，在艾奥瓦大学任教。卢因的主要专业领域是群体力学，他研究了不少群体传播的问题，如群体归属关系和群体规范对个人态度和行为的制约、独裁的和民主的领袖对群体运作效率的影响等。卢因的理论具有很强的实践性和应用性。

卢因对传播学的一个重要贡献是提出了信息传播中的“把关人”（gatekeeper）概念（详见本书第八章第二节）。后来，这个概念被广泛应用到新闻和信息的选择、加工、制作和传达过程的研究当中，“把关”理论成为揭示新闻或信息传播过程内在的控制机制的一种重要理论。

（三）霍夫兰与说服效果实验

霍夫兰（Carl Hovland，1912—1961）是耶鲁大学的实验心理学教授，在第二次世界大战期间曾应聘担任美国陆军部心理实验室主任。霍夫兰和他的实验室的任务，是研究军内教育电影对提高士气所起的作用和效果，为此他们进行了一系列心理实验。战后，霍夫兰带着他的研究资料回到耶鲁大学，主持“关于传播与态度改变的耶鲁项目”，并把战时的研究成果整理为《大众传播实验》（1949）一书出版。1953 年，又出版了《传播与说服》。霍夫兰的学术关心在于揭示传播效果形成的诸条件，如信源的条件、传播方法和技巧的条件以及受传者本身的属性条件等，并为此进行了大量实验。霍夫兰对传播学的贡献，一是把心理实验方法引进了传播学领域，二是他的研究揭示了传播效果形成的条件性和复杂性，为否认早期的“子弹论”效果观提供了重要的依据。

（四）拉扎斯菲尔德与经验性传播学研究

拉扎斯菲尔德（Paul F. Lazarsfeld，1901—1976）原为奥地利籍犹太人，20 世纪 20 年代在维也纳大学获得博士学位。德国法西斯上台后，他于 1933 年逃到美国，在洛克菲勒财团赞助的普林斯顿广播研究所担任负责人，在此期间进行了一系列的听众调查和研究。1939 年，该研究所迁到哥伦比亚大学并改名为应用社会研究所，拉扎斯菲尔德也开始由广播研究转向范围更广的传播学研究。

在传播学四大奠基人中，拉扎斯菲尔德是对后来的传播学发展影响最大的一位。他是“两级传播”理论的提出者。1940 年，他和卡兹等人在时代—生活公司赞助下对总统大选中的宣传战进行了调查，以测定大众传播对选民态度的影响（史称“伊里调查”，1944 年出版了调查报告《人民的选择》）。在这项研究中，他们发现大众传播并没有力量左右人们的态度，决定选民投票意向的还有其他众多的因素，如“政治既有倾向”的作用、受众对不同媒介或内容的“选择性接触”机制、人际传播中的“意见领袖”的影响等。根据这项调查，拉扎斯菲尔德等人提出了“两级传播”的观点，认为大众传播只有通过“意见领袖”的中介才能发挥影响。这项研究对否定“子弹论”起了直接的作用，但也开创了“有限效果论”的传统。

拉扎斯菲尔德对研究方法也做出了重要贡献，被称为传播学研究的“工具制作者”（toolmaker）。罗杰斯指出，拉扎斯菲尔德比其他任何人都更多地把传播学引向了经验性研究的方向，他通过不断改进抽样调查技术和量化分析方法，为传播学赢得了来自其他科学的尊重。① 不过，这种经验主义和数据主义同时也受到了其他学者尤其是批判学派的抨击。

（五）施拉姆与传播学科的创立

除了四大奠基人以外，我们还应该提到另一位重要学者——施拉姆。一些学者认为，施拉姆“使传播科学从梦想变成了现实”，他应该是传播学的“第五位奠基人”，这主要是指施拉姆在传播学学科建设方面做出的贡献。

施拉姆（Wilbur Schramm，1907—1987）早年在艾奥瓦大学获得博士学位，后在该大学讲授文学创作。第二次世界大战期间，他曾应聘到美国国防部战争情报室工作，并在那里开始与霍夫兰和拉扎斯菲尔德等人接触。1947 年，施拉姆在伊利诺伊大学创办了第一个传播学研究所，并开设了硕士和博士学位教育课程。1950 年，世界上第一个传播学博士学位在伊利诺伊大学获得通过，施拉姆成为该校传播学系主任。1956 年，施拉姆又创办了斯坦福大学传播学研究所。他主编了最早的一批传播学教材，包括《大众传播学》（1949）、《传播过程与效果》（1954）等。施拉姆一生编写了近 30 部论著，并开辟过几个新的研究领域，如电视对少年儿童的影响、国际传播中的信息流通、传播与第三世界国家发展等。他曾经于 20 世纪 70 年代末和 80 年代初数次访华，是最早向中国介绍传播学的外国学者之一。

从 20 世纪 50 年代以后，传播学作为社会科学的一个新学科逐渐建立和巩固了自己的学术地位。据 20 世纪 80 年代的统计，在美国各大学中，每年完成的传播学博士论文近 120 部，约占美国每年提交的博士论文总数的 1/250。目前，世界各国的主要大学一般都设有传播学院系专业或研究机构。传播学之所以获得迅速发展，既是由于它适应了信息技术革命和信息社会发展的需要，同时与传播学家们的不懈努力也是分不开的。

三、信息论和控制论对传播学的贡献

传播学是一个多学科交叉的领域。传播学的发展，不仅从新闻学、社会学、心理学、政治学等传统社会科学中吸收了丰富的营养，而且从与信息传播技术有关的通信工程学、信息科学和控制论等 20 世纪的新兴科学那里汲取了新的动力。

1946 年，世界上第一台电子计算机在宾夕法尼亚大学工学院诞生，标志着计算机革命的开始。数年后，贝尔实验室的几位科学家发明了对电子通信具有重大意义的晶体管技术。1948 年，麻省理工学院的数学家诺伯特·威纳出版了《控制论》一书。几乎与此同时，贝尔实验室的电信工程师克劳德·E·香农提出了他的信息论。控制论和信息论的诞生，对传播学的科学化发展起到了巨大的推动作用。

（一）香农的信息论与传播学

美国传播学家 J. 坎贝尔指出：信息论是一位工程师的发明。这位工程师，便是当年

---

① See Everett M. Rogers, *Communication Technology: The New Media in Society*, New York and London, The Free Press, 1986, p. 106.

在贝尔实验室工作的香农。

香农（Claude E. Shannon，1916—2001）早年毕业于密歇根大学，在麻省理工学院获得博士学位，之后在著名的贝尔实验室一直工作到1956年。1948年，香农在《贝尔系统技术学刊》10月号上发表了两篇文章，较全面地提出了他的信息论。香农的论文，主要是用数学表达式来考察和解决电信系统中的信息传输问题，但具有重要意义的是，在香农的眼中，信息已经不是单纯的物理信号，而是适用于自然界和社会一切领域的一个普遍概念。坎贝尔曾经对此做过如下评价：由于香农信息论的诞生，“信息开始作为在整个世界起作用的普遍原理展现在我们面前。它赋予无形以有形，阐释各种运动形态的特性，甚至能够解释以特殊符码的形式表现出来的人类思维的形态。因此，信息概念可以说是将太空时代的计算机与传统物理学、分子生物学以及人类传播、语言的进化与人的进化等不同领域相互连接起来的一座桥梁”①。

那么，香农是如何把握信息概念的呢？香农认为，所谓信息，也就是“在人们需要进行决策之际，影响他们可能的行为选择之概率的物质—能量的型式”②。换句话说，我们对事物的反应或决策都是基于对事物的认识进行的，任何事物都具有自己内在的属性或规律，这些属性或规律通过一定的物质或能量的型式（pattern）表现出来，这些表现型式，如重量、形状、颜色、温度、质感、声音等，便是反映事物内部属性的信息。在我们获得这些信息之前，对象事物具有不确定性，而我们的行为决策也是盲目的；只有获得了这些信息，我们才能做出正确的行为决策。因此，信息具有帮助我们消除对事物的不确定性的功能，并影响着我们选择或不选择某种行为的概率。

不难看出，香农的信息论使信息与人的行为发生了密切的联系，从而为传播学研究开辟了更广阔的视野。因为按照香农的信息概念，人类传播中所交换的符号，包括语言、文字、声音、图像、表情、动作等，也不外乎是表达事物内在属性的物质—能量的型式，也都属于信息的范畴，只不过人类社会的信息具有更复杂的精神内容（意义）罢了。

现今的传播学已经发展成一个文理交融的学科，香农的信息概念可以说是这种交融的起点。传播学家罗杰斯认为，信息理论是建立在电子技术、计算机技术以及大众传播发展的基础之上的，“只有在电子传播时代的曙光照临世界之际，信息才成了一个科学的概念”③。对作为社会科学的传播学来说，香农信息理论的一个直接冲击就是使传播学者感受到了传播的普遍性：所谓传播，无非是信息的传递和交流；信息是普遍的，传播也必然是普遍的。信息的传递和交流无论是通过物理系统、生物系统还是社会系统来进行，都属于传播的范畴，而作为社会科学的传播学的任务，就是在考虑到人类的社会传播与其他形态传播的共性和共通规律的同时，研究和揭示它的个性和特殊规律。这样一种认识，无疑大大开拓了传播学者的视野，并坚定了对传播学之科学意义的信念。

香农的贡献并不仅仅是为传播学提供了一个具有普遍意义的信息概念。在1949年发表的《传播的数学理论》中，他与W. 韦弗还提出了一个传播过程基本模式（详见本书第

---

① J. Campbell, *Grammatical Man: Information, Entropy, Language, and Life*, New York, Simmon and Schuster, 1982, p. 16.

② Everett M. Rogers, *Communication Technology: The New Media in Society*, p. 85.

③ Everett M. Rogers, *Communication Technology: The New Media in Society*, p. 85.

四章第一节)。这个模式,虽然因其直线性和缺乏反馈机制而受到人们的批评,但也给予了传播学以不少有益的影响。首先,它开辟了以图解方式建构传播模式的先河,自此之后,图解方式成为建构传播模式的基本方法,它的好处是比以前的文字描述方式更为直观,概括性更强,也更能揭示和说明问题。其次,香农—韦弗模式提出了过去传播学研究中尚未充分关注的一些新课题,如"噪音"(noise)以及由此产生的"冗余信息"(redundancy)的问题等,给予了传播学尤其是传播效果研究不少新的启示。除此之外,香农的信息理论还解决了信息的量度问题,为传播学的定量研究提供了新的方法。

(二)威纳的控制论与传播学

控制论的创始人威纳(Norbert Wiener,1894—1964)被称为"传播学的另一位伟大的工程师"。他是一位科学天才,10 岁时就进入哈佛大学学习,18 岁在该校取得博士学位,后来又到剑桥大学攻读博士后。1919 年,威纳进入麻省理工学院,在那里度过了 45 年的教授生涯。1948 年,他出版了《控制论》一书,使控制论成为与信息论具有同等重要影响的 20 世纪新兴科学。

控制论是关于系统内秩序维持的一般法则的科学。按照威纳的观点,任何系统(包括物理、生物和社会系统)都是按照一定的秩序运行的,但由于系统内部以及环境中存在着许多偶然的和随机的偏离因素,因此任何系统都具有从有序向无序、从确定状态向不确定状态变化的倾向。为了保持系统的正常运行和系统目标的实现,就需要对系统进行控制。

那么,如何才能实现这种控制呢?威纳认为,一个重要的方法就是信息反馈。换句话说,系统输出物反映了系统的秩序状态和功能执行的结果,把输出物的全部或一部分作为反馈信息回送到系统中,并对系统的运行进行再调整,就可以起到修正偏差的作用。在这里我们可以看到,信息在控制论中也是一个核心概念。

但是,威纳的信息概念与香农的信息概念有着重要的区别,这就是香农主要考察的是离散信息(yes/no 信息),而威纳考察的则是连续信息,即信息的不停流动。威纳本人也在自传中写道:"我研究信息理论,最早就是从考察电路系统中电流的不间断流动开始的。"① 这样一个视点,决定了反馈机制是作为一个前提包含在威纳的信息概念当中的。

威纳所创建的控制论对 20 世纪后半叶的科学研究产生了巨大的影响。现代控制论已经形成了四大领域,即工程控制论、生物控制论、智能控制论和社会控制论。传播学研究对控制论的运用也是普遍的。现代传播学中的制度与规范,法规、政策与管理,受众与传播效果等几乎所有的宏观、中观和微观研究领域,无不渗透着控制论的观点。控制论对传播学的另一个重要贡献就是把反馈的概念引进了传播过程研究,这对于认识人类的社会传播过程的双向性和互动性具有极为深刻的意义。在今天,反馈已经成了传播学的一个基本概念,它不仅指导着理论研究,而且指导着传播实践活动。许多传媒通过来信来访、热线电话、受众调查等渠道自觉收集反馈信息,并把它们作为改进传播效果的重要依据。

---

① Norbert Wiener, *I Am a Mathematician: The Later Life of a Prodigy*, Garden City, New York: Doubleday, 1956, p. 263.

第二节　传播学的主要学派

传播学的发展已有近百年的历史。在这个过程当中，由于学者们的方法论和学术立场不同，形成了各种各样的流派。本节主要介绍和分析传播学研究中的两大主要学派，即经验学派和批判学派。

一、传播学的经验学派

经验学派（empirical school）一词，在广义上指的是主要以经验性方法来考察社会现象的社会科学流派，它与主要以思辨性方法考察社会现象的流派相区别。在传播学中，经验学派尤其指以美国学者为代表的主流传播学。从后者而言，它既是一个方法论的概念，又在很大程度上代表了一定的社会观和传播观。

（一）经验性方法的意义及其局限性

经验学派，顾名思义是主张从经验事实出发、运用经验性方法研究传播现象的学派。所谓经验性方法，是一种运用可观察、可测定、可量化的经验材料来对社会现象或社会行为进行实证考察的方法，它出现于 19 世纪后期，在现代社会科学中有着广泛的应用。经验性方法论有三个基本前提，即认为：（1）普遍存在的社会现象具有自身的客观性，这些客观性可以通过一定的科学方法加以揭示；（2）人类有能力开发或设计出揭示社会现象之客观性的科学方法；（3）任何关于社会现象的理论和假设，都能够通过一定的科学方法得到证明或否定。因此，经验性方法论与社会科学中的实证立场是联系在一起的。

经验性研究方法的主要原则是：（1）研究程序应具有客观性和可重复性，用于调查和分析的方法和技术不能随意变更，以便为其他学者提供验证的手段；（2）社会科学家的首要目标，是收集和提供关于理论假设的无可争议的科学数据和材料；（3）通过公开的学术讨论，建构关于社会现象的一般理论模式或“定理”。

经验性研究方法反对从观念到观念地对社会现象做纯主观抽象的说明，强调切实可靠的经验材料或客观数据的重要性，主张从环境或外部条件的变量出发来揭示社会现象和社会行为的原因和客观规律。从这个意义上来说，经验性研究方法也是社会科学的一种必不可少的重要方法。

但是，经验性方法并不是研究社会现象的唯一方法，它本身也存在着严重的局限。第一，社会现象和人的行为无限复杂，而可观察、可测定、可量化的经验材料是有限的，尤其是作为社会实践主体的人的理性和精神活动，在许多情况下并不能单纯地用经验材料就能够加以说明。第二，在目前的情况下，经验性研究所依赖的程序或技术主要是问卷调查或控制实验。就前者而言，仅仅具有“概率论意义上的科学性”，并不具备自然科学的精确和严谨；就后者而言，虽然一部分变量或条件在实验环境中得到操作、分析和处理，但在有限的实验控制条件下得出的结论，往往说明不了丰富多彩和复杂的社会现实。因此，苏利文指出：“对任何一种关于这种研究与现实生活之联系的假设，都必须给予严肃的质疑”[①]。第三，经验性研究所依赖的主要是个人或小群体层面上的经验材料，在研究现实的

---

① T. O'Sullivan, *Key Concepts in Communication*, p. 21.

社会微观现象方面具有一定的效用，但在考察社会的历史过程以及宏观社会结构方面缺乏有效的手段。第四，尽管经验性方法论者主张用“纯客观”的态度来研究社会现象，但这一点在现实当中很难做到。每一个学者都有自己的文化背景、社会价值和意识形态，这使得他们的学术立场或多或少都具有特定的倾向性，所谓用“纯自然科学的方法和态度”考察社会，只能是一种幻想。

（二）美国的经验学派

经验学派是西方传播学的主流学派，以美国学者为代表。美国的经验学派除了在方法论上坚持经验性实证研究立场以外，还有以下两个重要特点：一是实用主义的研究目的；二是多元主义的社会观。

实用主义是西方社会广为流行的一种思维方式和哲学流派，产生于 18 世纪、19 世纪的美国，早期代表人物有富兰克林、杰弗逊、爱默生等。这种思维方式认为，判断事物（或真理）的标准不是思想或语言本身，而是思想所引起的客观行为。1878 年，美国哲学家皮尔士曾经对实用主义的真谛做了这样的概括：“让我们来反思一下概念的对象对行为产生影响的任何可能的效果。唯有关于这些效果的概念，才是我们关于对象事物的概念的全部”[①]。实用主义认为“真理就是效用”，而社会科学研究必须立足于社会现实生活，解决实际问题。

实用主义哲学通过皮尔士、杜威、米德等人的学术思想深刻地影响了美国的传播学研究。经验学派的主要学者——拉斯韦尔和他的宣传研究、拉扎斯菲尔德等人的“传播流”研究、霍夫兰等人的“说服”实验、罗杰斯等人的“创新与普及”研究，无不带有明确的实用目的。他们的着眼点在于考察传播过程的结构与功能，传播对人的心理、态度和行为的影响，以及如何通过传播来达成个人或群体的目标，这使得传播效果问题一直是经验学派关注的核心和焦点。

经验学派也被称为管理学派，这与他们的多元主义社会观是分不开的。经验学派否认西方资本主义社会是阶级支配的社会，而认为是一个由多元利益相互竞争、相互制衡的社会，因此，传播学研究的重要任务不是变革现存资本主义制度，而是通过改进传播机制来实现社会管理。英国广播大学的一些学者曾对经验学派的大众传播研究背后的多元主义意识形态做过如下归纳：“在多元主义者看来，资本主义社会并不存在阶级支配现象，而是由相互竞争的各社会集团和利益派别所组成的复合体，这些集团和派别的合纵连横状况是与时俱进的。大众传播媒介是一种保持着自己独立领域的组织体，它在国家、政党以及其他压力集团面前保有某种自治性。控制大众传播媒介的并非传媒企业的所有者，而是独立的、享有相当的自由决断权的专职管理者和专业工作者。大众传播制度和受众之间基本上是一种均衡的、平等的关系。之所以如此，是因为受众可以根据自己的需求自由地选择接触各种传播媒介，自主地决定自己或赞成、或反对、或顺应、或挑战的态度。”[②]

经验学派的这种多元主义意识形态，决定了他们不可能从批判的立场上研究资本主义

---

① ［日］见田宗介等：《社会学事典》，1 版，766 页，东京，弘文堂，1988。

② 转引自［日］冈田直之：《大众传播研究的展开与现状》，载《放送学研究》，NHK 放送文化研究所，1984（34）。

制度下的大众传播，也不可能触及资本主义社会的基本矛盾。至多，他们只能出于维护现存制度目的，从“管理”的角度做一些修修补补的工作。20 世纪 60 年代以后，经验学派的这些倾向，受到了来自批判学派的激烈抨击。

（三）经验学派的主要研究成果

前面我们已经提到，从实用主义目的出发的美国的经验学派，其关注的焦点主要是传播效果问题。在这个领域，经验学派的成果积累可以说是很丰富的。美国学者洛厄里和德弗勒曾经归纳了传播效果研究的 14 座里程碑：

（1）20 世纪 20 年代的培恩基金会关于电影对少年儿童影响的研究。这项研究开创了以经验调查方式考察大众传播效果的先河。

（2）对 1938 年“火星人入侵地球”广播引起的社会恐慌研究。该研究的侧重点不是为了提出关于大众传播效果的一般理论，而是探讨引起恐慌的各种心理因素。

（3）1940 年的“伊里调查”（1944 年出版的《人民的选择》，参见本书第十章第二节）。这项调查采用了精心设计的方法和程序，是经验性研究的一个典范。不仅如此，该调查还提出了“政治既有倾向的作用”、“选择性接触”、“意见领袖与两级传播”，对后来的传播效果研究产生了极为重要的影响。

（4）20 世纪 40 年代关于昼间广播剧听众的调查研究。这些调查揭示了受众媒介接触的一些基本动机和利用形态，开创了“使用与满足”研究的传统。

（5）20 世纪 40 年代艾奥瓦大学的农村社会学家对玉米良种推广与普及过程的考察，推动了对新事物的“创新—扩散”传播过程研究。

（6）霍夫兰等人在第二次世界大战期间关于电影的说服效果的实验，揭示了传播效果形成的条件性和制约因素。

（7）第二次世界大战后至 20 世纪 60 年代的“耶鲁项目”，进一步从传播的主体条件、内容条件、对象条件等方面对传播的说服效果进行了较为系统的心理实验。

（8）20 世纪 50 年代《个人影响》是对《人民的选择》提出的各项理论假说的进一步验证，其意义在于揭示了大众传播与人际传播的交织性。

（9）1951 年至 1953 年的“里维尔项目”，对传单和标语的传播效果进行了一系列心理实验。

（10）20 世纪 50 年代至 60 年代施拉姆等人关于电视对儿童生活影响的研究，从“使用与满足”的角度对少年儿童的电视接触行为进行了详细调查，揭示了电视在儿童的生活、学习和社会化过程中的功能、影响和效果。

（11）20 世纪 70 年代以后的“议程设置”研究是经验学派效果研究的一个重要转折点，它使得研究人员的关心由微观、个人层面的效果开始转向大众传播的宏观社会影响和效果。

（12）20 世纪 60 年代至 70 年代由格伯纳等人进行的关于媒介暴力内容与社会犯罪的研究。这些研究虽然未能证明两者之间的直接、必然的联系，但发现媒介内容在形成人们的现实观方面有着重要的影响。这项研究后来发展成“培养”理论（参见本书第十二章第三节）。

（13）20 世纪 60 年代末至 70 年代初由美国国会拨款实施的关于电视与社会行为的大

型研究，该研究的结果以《军医署长报告》为题发表。整个报告共分6卷，包括“电视内容及其控制”、“电视与社会学习”、“电视与青少年的侵害行为”、“日常生活中的电视”、“电视的效果”、“电视与成长”。这是关于电视的社会化功能及其正负效果的一次较全面的研究。

（14）1982年第二次“军医署长报告”以《电视与行为：十年的科学进步及其对80年代的启示》为题发表，该报告总结了第一次报告以后该领域的研究成果。①

从以上不难看出，经验学派的研究兴趣主要集中在传播与人的行为问题上，着意探索如何通过传播来控制和修正人的行为，这些研究对社会管理来说具有很高的应用价值。但是，由于经验学派的方法论和学术立场的倾向性，他们有意无意地忽视和回避了传播学研究的许多重大课题，如信息生产和传播与宏观社会结构的关系、信息传播与社会的上层建筑和经济基础的关系、传播制度与社会制度的关系等。这些问题，正是传播学的另一主要学派——批判学派研究的重点。

二、传播学的批判学派

传播学的批判学派（critical school）是现代传播学研究中的两大学派之一，无论在方法论还是在学术立场上都与经验学派有着很大的区别。20世纪60年代至80年代，批判学派和经验学派之间的大辩论曾经是传播学研究瞩目的焦点。经过这场大辩论，双方在方法论上虽然有所接近，但在社会观和传播观上依然存在着根本的对立和分歧。

（一）批判学派的由来及其立场

批判学派是在社会科学的法兰克福学派的影响下，以欧洲学者为主形成和发展起来的学派。1923年，几乎在美国开始经验性传播学研究的同时，欧洲一部分学者在德国的法兰克福成立了“社会科学研究所”，从马克思主义理论出发对资本主义社会进行批判性研究，其主要代表人物有M. 霍克海默、H. 马尔库塞、T. W. 阿多诺等人。在德国法西斯势力上台后，“社会科学研究所”于1933年迁到日内瓦，1934年又迁到美国，与哥伦比亚大学建立了合作关系。战后于1949年重新迁回法兰克福，成为欧洲新马克思主义和新左翼运动的理论据点。

法兰克福学派学者一开始就对美国传播学的实用主义和实证主义态度抱有强烈的批判态度。根据阿多诺的回忆，他在1938年曾应拉扎斯菲尔德的邀请到普林斯顿大学广播研究室担任音乐部门的负责人，在这里，他在两个方面感到“很不适应”。② 第一，研究室是由洛克菲勒财团赞助的，进行的各种研究都有为商业广播资本服务的实用目的，并且不允许批评美国现存的资本主义商业广播制度。第二，研究室所采用的经验性研究方法有很大问题，学者们仅仅对“数据”感兴趣，把数据看做是“科学的本质”，社会理论只不过是“从数据的整理中抽象出来的东西”。而对阿多诺来说，“把实验对象的反应看做是社会科

---

① See Shearon A. Lowery & Melvin L. DeFleur, *Milestones in Mass Communication Research: Media Effects*, Third Edition, Longman Publishers, 1995.

② See T. W. Adorno, “Scientific Experiences of an European Scholar in America, in Fleming, D. (ed)”, *The Intellectual Migration: Europe and America* (1930—1960), Cambridge, Mass, 1969.

学知识之最终源泉的研究方法是极为肤浅的”，数据只不过是证明社会理论的正确性的附属现象而已。在普林斯顿大学广播研究室期间，阿多诺依然坚持自己的批判态度和辩证的分析方法，因此引起了商业广播资本的不满。1939 年秋，洛克菲勒财团停止了对该音乐研究项目的资助，阿多诺也因此离开了这个研究室。

阿多诺的这段经历，曾得到了拉扎斯菲尔德的证实。实际上，最早把坚持反实用主义、反实证主义立场的传播学者称为“批判学者”的，正是拉扎斯菲尔德。1941 年，拉氏在美国《哲学社会科学研究》上发表了一篇题为《论传播学中的管理研究和批判研究》的文章，首次提出了这两种研究之间的分歧与对立。根据拉氏的观点，所谓“管理研究”也就是经验性研究，它们虽然是在一些公私机构的赞助下进行的，但目的并不仅仅是为了推销商品或推行政府的政策，也是为了解决具有燃眉之急的经济或社会问题，如研究广播对政治纷争及其缓和的影响等，就具有这种意义。另一方面，他认为“批判研究”则不同，其目的并不是为了解决现实的社会问题，而是为了研究现代社会的一般趋势以及人的基本价值，并在此基础上探讨大众传播的社会作用。具体来说：（1）批判学者认为“促销文化”（promotional culture）是现代资本主义社会的一般倾向；（2）他们着重分析大众传媒是怎样表现和强化这一倾向的；（3）关心的焦点是资本主义垄断媒介是如何剥夺了人的尊严和自由的；（4）研究的目的是为了探讨恢复这些被剥夺的人的基本价值的方法和途径。①

作为经验学派旗手的拉扎斯菲尔德敏锐地意识到，两个学派的根本分歧恐怕不是方法论之争，相反，他在当时就预见到了辩证分析法和经验研究法具有统合的可能性。他认为这种分歧的关键在于社会观的对立，事实也正是如此。正因为经验学者认为资本主义社会是多元社会，只要实现多元利益的协调和平衡便能够消除社会矛盾，那么自然会把传播看做是控制人的行为和实现社会“科学管理”的重要手段。另一方面，批判学者则认为资本主义制度连同其传播制度本身就是不合理的，大众传媒在本质上是少数垄断资本对大多数人实行统治的意识形态工具。英国广播大学的学者们对批判学派的社会观曾经做了如下概括：马克思主义者认为资本主义社会是阶级支配的社会。大众传媒是社会意识形态斗争的重要一环，它们越来越集中于垄断资本手中并为其利益服务。大众传播媒介中的专业工作者在沉浸在“自治”幻想中的同时，不断接受占统治地位的思想和价值规范的熏陶，有着越来越被其同化的倾向。大众传播媒介在总体上是统治阶级利益和统治阶级思想文化的中转传播站。在资本主义制度下，尽管大众传播的受众时时想改变不合理的现状，却无法拥有自己的传播工具来宣传自己的主张，无法与占统治地位的思想文化相抗衡。

不难看出，与经验学派在现存制度内部寻找解决社会问题对策的立场相比，批判学派是把资本主义制度本身作为变革对象的。罗杰斯曾经承认，经验学派和批判学派都关心传播的社会控制作用：经验学派的核心课题是“如何”控制或“在多大程度上”进行控制；而批判学派关心的焦点则是“谁在控制”、“为什么存在着支配与控制”以及“为了谁的利益进行控制”。这种学术关心的不同，显然是由他们的社会观和意识形态立场所决定的。

---

① See T. W. Adorno, “Scientific Experiences of an European Scholar in America, in Fleming, D. (ed)”, *The Intellectual Migration: Europe and America* (1930—1960), Cambridge, Mass, 1969.

（二）批判学派中的主要流派

前面已经提到，基于批判立场的传播学研究从早期阶段就已存在。这些研究，经过一定时间的积累和成熟，到了20世纪60年代以后发展成了与经验学派相抗衡的批判学派，影响扩大到整个欧洲和世界传播学界。在这个过程中，由于学者们研究的对象课题、分析问题的角度和方法的差异，批判学派中也形成了各种各样的流派。

1. 政治经济学派

其代表是英国累斯特大学大众传播研究中心的G. 默多克和P. 格尔丁等人。该学派依据马克思关于若一个阶级是社会上占统治地位的物质力量，则同时也是社会上占统治地位的精神力量，支配着物质生产资料的阶级同时也支配着精神生产资料的观点，从经济基础对上层建筑的决定作用出发来揭示资本主义社会大众传媒支配与控制的现状。20世纪70年代以后，默多克等人撰写了大量论文，对资本主义社会的大众传播与阶级关系、文化产品的生产过程及其结构进行了深刻的剖析。

政治经济学派关心的一个焦点问题是现代媒介高度集中和垄断的趋势及其带来的社会后果。例如，默多克和格尔丁曾指出："在20世纪70年代初，71%的日报和74%的电视台、78%的电影、70%的书籍以及65%的唱片发行是由各行业中5家最大的企业控制的"，这种集中和垄断的趋势依然在不断加剧。[①] 他们认为，这种高度的独占和集中正是垄断资本控制着文化生产和流通的明证，大众传媒的活动最终是为了维护垄断资本的利益、意识形态和统治权力。政治经济学派学者主要从所有制关系和经济结构上来揭示资本主义大众传播的内在矛盾和制度的非合理性，对于传播内容本身没有给予更多的关注。

2. "文化研究"（cultural studies）学派

也称伯明翰学派，以英国伯明翰大学现代文化研究所的S. 霍尔、D. 莫利等人为代表。该学派继承了葛兰西、阿尔都塞等新马克思主义者的观点，反对简单的"经济基础还原"论，主张从上层建筑和意识形态的相对独立性出发来研究资本主义社会的大众传播。阿尔都塞的关于大众传媒是从事"合意"的生产和再生产的"国家意识形态装置"的观点，对"文化研究"有着重要的影响。根据阿尔都塞的观点，一个国家要维持其统治秩序，必须要有维持、形成和创造社会"合意"的机制或"装置"。过去，这种装置主要是由学校、家庭和教会来充任的，在现代社会其重心则移向了大众传媒。在资本主义社会中，"国家意识形态装置"具有二律背反的功能：一方面，它以"不偏不党"或社会纠纷"仲裁者"、普遍利益"代表者"的面目出现，提高社会成员对现存制度的向心力；另一方面，它通过消除统治阶级的内部矛盾以保证其对政治权利的支配，与此同时则通过阻碍被统治阶级的觉醒和组织化过程而把他们排除在政治权力之外。

霍尔等"文化研究"学者认为，大众传媒之所以能够作为"国家意识形态装置"从事"合意"的生产与再生产，是因为它有一种"赋予意义"（signification）的独特功能。大众传媒通过新闻和信息的选择、加工、结构化等活动，每日每时地都在为社会事物赋予这样那样的"意义"，但"赋予意义"活动并不是客观中立的，其背后有着利益和意识形态的

---

① See G. Murdock, *Patterns of Ownership, Questionsof Control, Mass Communication and Society*, Milton Keynes, Open University, 1977.

驱动。资本主义媒介的一种突出倾向，就是把统治阶级的特殊利益作为似乎得到广泛社会“合意”的普遍利益加以提示。

简单地说，“文化研究”学者的主要观点可以概括如下：

第一，大众传播是资本主义社会系统的一个重要组成部分，它在规定社会关系、行使政治统治方面发挥着重要的意识形态功能，并具有相对的独立性。

第二，大众传播可以分为两个部分：一是文化产品的生产过程；二是文化产品的消费过程。前者是媒介通过象征事物的选择和加工，将社会事物加以“符号化”和“赋予意义”的过程，后者是受众接触媒介讯息，进行符号解读，解释其意义的过程。

第三，讯息符号是与一定的价值体系或意义体系（meaning system）结合在一起的。在资本主义社会中，既有促进现存不平等关系的“支配性的”价值体系，又有推动人们接受不平等、安居较低社会地位的“从属性”价值体系，还有不满于阶级支配现状、号召社会变革的“激进的”价值体系。大众传媒的符号化活动，在本质上来说是按照支配阶级的价值体系为事物“赋予意义”。

第四，尽管如此，受众的符号解读过程却不是完全被动的，由于符号的多义性和受众社会背景的多样性，受众可以对文本讯息做出多种多样的理解。霍尔认为，受众对媒介讯息有三种解读形态：一是同向解读或“优先式解读”（preferred reading），即按照媒介赋予的意义来理解讯息；二是妥协式解读（negotiated reading），即部分基于媒介提示的意义、部分基于自己的社会背景来理解讯息；三是反向解读或“对抗式解读”（oppositional reading），即对媒介提示的讯息意义做出完全相反的理解。① 霍尔认为，大众传媒的符号化和受众的符号解读过程，体现了资本主义社会中占统治地位的文化和各种从属性文化之间支配、妥协和反抗的关系，体现了“意义空间中的阶级斗争”。

“文化研究”学者采用的研究方法主要有文本分析（text analysis）和受众调查两种，前者主要是为了揭示大众传媒为占统治地位的利益和意识形态服务的倾向，后者则是为了考察受众符号解读的多样性。20 世纪 70 年代以来，“文化研究”学派成了批判学派中最有影响的一个流派。

3. 意识形态“霸权”理论

“霸权”（hegemony）一词，原指国家的霸权或政治运动的主导权，由意大利共产党的创始人 A. 葛兰西在《狱中笔记》中最早作为社会分析的一个主概念加以使用。葛兰西把现代国家的形成看做是作为“强制装置”的政治社会和作为“霸权装置”的市民社会的融合，认为市民社会主要是通过“合意”或“同意”的组织化过程而维持统治的社会，随着市民社会的发展，它将吸收政治社会而形成新型的国家。②

批判学派的学者继承了葛兰西的这个观点，把“霸权”看做是支配阶级在一定历史时期内为维护自身利益而行使社会主导权和文化主导权的能力，而实现“霸权”的手段不是通过直接的高压政策，而是通过决定国家的经济、政治和文化方向，使被支配阶级对现有权力结构和社会关系产生认同或从属意识。换句话说，批判学者认为，在现代资本主义社

---

① See S. Hall, *Encoding/Decoding, Culture, Media and Language*, Hatchinson, 1980, pp. 128-138.

② See A. Gramsci, *Prison Notebooks*, London, Lawrence & Wishart, 1971.

会，支配阶级不再主要依靠国家、军队、法院等“强制装置”，而主要是通过意识形态“霸权装置”来维护自身利益，以私有制为基础的大众传播制度就是重要的意识形态“霸权装置”之一。大众传媒通过日常的新闻报道、宣传和广告活动，把支配阶级的特殊利益描述为社会的“普遍利益”，其目的是操作形成“同意”或“社会合意”，但这归根结底只不过是一种“虚假的合意”，因为它掩盖了阶级支配的实质。一些批判学者认为，资本主义大众传媒的一种明显的倾向，就是把支配阶级的意识形态“自然化”，把它表现为“正常的”、“无可争议的”、“人性的”产物，而把对立的政治和社会意识描述为“怪僻的”、“无意义的”或“不可想象的”东西。[①] 他们从事传播学研究的一个宗旨，就是揭露这种“虚假的合意”，唤起受众的觉醒，推动社会变革。

4. 哈贝马斯的批判理论

J. 哈贝马斯是德国哲学家和社会学家，法兰克福学派的第二代旗手。第二次世界大战后，哈贝马斯在批判地继承阿多诺、霍克海默等第一代学者观点的基础上，针对后期资本主义的社会状况的变化，试图建构一种新的社会理论，其代表作是 1962 年出版的《公共性的结构转换》和 1968 年出版的《传播行为理论》。在这两部著作中，哈贝马斯提出通过改善“传播的合理性”来实现社会变革的观点。他认为，近代以来的资本主义追求的是一种“工具合理性”，这一合理化过程不仅带来了对自然的支配和操作能力的扩大，而且也强化了社会的支配结构和支配关系。哈贝马斯反对导致人的异化的片面追求“工具合理性”的立场，提倡“综合的合理性”，即主张通过扩展“没有支配和强制的传播关系”来改革社会，建立基于“理性合意”的新型社会关系。哈贝马斯主要以社会哲学和语言哲学的方法来探索传播与社会变革问题，其中包含着对现行资本主义社会的否定和批判，但也有不少学者指出，他的传播观中带有明显的“普遍主义”和“伦理主义”的色彩。

批判学派中还有其他一些流派，在此不再一一介绍。总的来说，批判学派具有以下几个特点：

第一，他们都对现行的资本主义制度持否定和批判态度，这也是他们之所以被称为批判学派的最主要理由。

第二，他们更多地将传播理论和社会理论结合在一起，着重考察与社会结构和意识形态相关的宏观问题，这些问题在经验学派的研究中大多有意无意地受到忽视和回避，但它们本身的重要性和启发意义是不容置疑的。

第三，批判学派在方法论上以思辨为主，反对实证主义态度。不过，批判学派并不总是排斥经验调查和量化研究，近年来，辩证分析和经验调查相结合的方法，已开始为不少批判学者所接受。例如，“文化研究”学者 D. 莫利进行的关于社会结构与电视释码的“文化地图”分析等研究，就系统地采用了经验调查的方法，被称为“批判的经验性研究”。[②]

---

① See T. O'Sullivan, *Key Concepts in Communication*, pp. 102 - 104.

② See D. Morley, *The Nation Wide Audience: Structure and Decoding*, British Film Institute, 1980.

思考题

第一节

1. 传播学形成于什么时期？有哪些因素推动了传播学的诞生？
2. 谈谈传播学早期学术思想的主要代表人物及其贡献。
3. 传播学的四大奠基人和学科创始人是谁？他们各自的主要贡献是什么？
4. 香农的信息论对传播学研究有什么贡献？
5. 威纳的控制论对传播学研究有什么贡献？

第二节

1. 什么是传播学经验学派？谈谈美国经验学派的特点。
2. 谈谈经验性方法的意义及其局限性。
3. 什么是传播学批判学派？批判学派在方法论、社会观和传播观上与经验学派有什么分歧？
4. 批判学派中包含了哪些主要流派或理论？各有什么特点？
5. “文化研究”学者的主要观点是什么？

第十五章 传播学调查研究方法

CHAPTER 15

传播学的研究方法问题可以分为两个层次：一是方法论体系的问题，二是调查研究程序或技术的问题。前者与研究人员的世界观、社会观和传播观有着密切的关系，从本书第十四章对经验学派和批判学派的介绍和分析中，我们可以看到两者在方法论上的区别。在本章中，我们主要从应用的角度对传播学研究中常用的若干定量调查研究方法或技术做一简要介绍。

第一节 传播学与调查研究

考察社会现象离不开调查。从广义上来说，任何一种有意图的信息收集活动都属于调查的范畴，如干部下乡了解情况、记者进行街头采访、消费者打听商品信息、警察收集犯罪证据等。不过，在社会科学研究中，调查具有较为限定的含义，指的是一种为获得关于某一事物或现象的科学知识，通过一定的客观程序进行数据或资料的收集、记录、统计、分析，以探索和揭示其现状、过程、构成要素或运动变化规律为目的的研究活动。传播学中的调查研究，主要指的是后者。

一、传播学调查研究的类型

调查是传播学研究的基本方法，其应用十分广泛，种类繁多。东京大学教授铃木裕久曾经概括过传播学调查的 14 种不同分类方式：

（1）基于调查对象的分类——内容分析、传播者调查、受传者调查。

（2）基于调查对象选定方法的分类——全员调查、抽样调查。

（3）基于数据收集方式的分类——文献调查、观察（自然观察和实验观察）、个别面访调查、集体调查、留置调查、邮寄调查、电话调查等。

（4）基于实施顺序和性质的分类——预备调查、正式调查。

（5）基于调查空间范围的分类——国际调查、全国调查、地区调查。

（6）基于调查时期的分类——事前调查、事后调查、追踪调查。

（7）基于调查次数的分类——单次调查、时系列调查。

（8）基于有无控制条件的分类——实验室调查（控制实验）、实地调查。

（9）基于对象数或有无量化操作的分类——事例研究、统计调查。

（10）基于调查或测试工具的分类——自然观察、实验、问卷、心理测试。

（11）基于面接深度的分类——指示性面接、详询面访、自由访谈。

（12）基于媒体类型的分类——报纸、杂志、电视、广播、电影、新媒体调查等。

（13）基于传播过程的调查——媒体接触调查、知觉实验、认知调查、行动调查、信息或影响的“流程”调查等。

（14）基于内容类型及其要素的调查——广告调查、节目（或栏目）调查、明星调查等。①

以上 14 种类型中所列的每一种调查都在程序和技术上具有不同的要求和特点，它们也可以说是规定现实中实施的每一次调查的具体性质的各个侧面。例如，就“北京地区电视广告收视状况调查”这个题目而言，它可能具有以下属性：（1）调查对象是受众；（2）采用抽样调查技术；（3）采用面接方式；（4）属于正式调查；（5）属于地区调查；（6）属于事后调查；（7）属于单次调查；（8）属于实地调查；（9）属于统计调查；（10）属于问卷调查；（11）属于指示性面接调查；（12）属于电视媒体调查；（13）属于接触调查；（14）属于节目形态（广告）调查。调查实施人在发布调查结果时都应对这些属性做出相应说明，以便使调查结果的利用者了解调查的可靠性、科学性以及调查结果的参考和利用价值。

在传播学研究中，调查的应用范围是极为广泛的，它涵盖了传播者分析、内容分析、媒介分析、受众分析和效果分析的所有领域。

二、调查研究的基本过程

传播学调查研究的过程，同其他社会科学调查一样，大致上可分为“准备阶段”、“实查阶段”和“数据处理阶段”三个阶段。这个过程，可用下图表示（见图 15—1）：

（一）准备阶段

在这个阶段，调查者首先要确定调查课题，明确调查目的。调查课题大致可分为两类，一种是理论研究型的，如“报纸和电视的议程设置功能比较调查”等，这一类调查大

① 参见［日］铃木裕久：《大众传播调查研究法》，1 版，17～21 页，东京，创风社，1990。

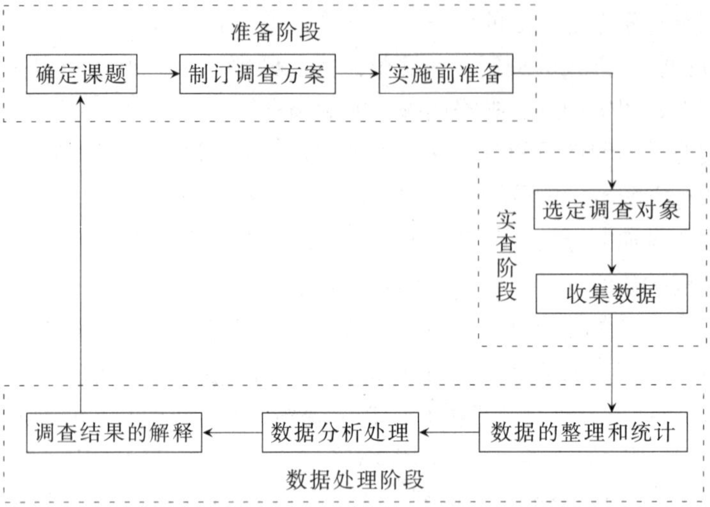

图 15—1 传播学调查研究的基本过程

多是调研人员根据科研需要自行确定的；另一类是实务型的，如“××电视台文艺节目收视状况及评价调查”、“家电类广告的促销效果调查”等，这一类调查大多是调研专家或机构接受媒体、企业或团体的委托进行的。

不管是哪一类调查，都要根据课题的性质和需要选择适当的调查方法。对象范围较小的可采用全员调查法，范围较大的可采用抽样调查法，涉及讯息内容的可采用内容分析法，涉及人的认知或心理变化的，可采用控制实验法。在不少调查中，有些方法也可以同时并用。

制订切实可行的调查方案是准备阶段的最主要的工作。方案中至少应包括以下几项：(1) 调查目的；(2) 调查对象；(3) 调查范围；(4) 调查方法（问卷或实验程序）；(5) 数据分析和处理技术；(6) 实施日程；(7) 费用预算等。在准备工作中，有时还需要进行调查员培训。

（二）实查阶段

这个阶段主要是根据调查方案实际选出和接触调查对象，从事数据收集的作业。其方法有面接法、留置法、邮寄法、电话调查等。在有些情况下，还需要进行中间抽查，以保证调查能够按照既定方案得到严格实施，保证调查质量。

（三）数据处理阶段

在这个阶段，需要把收集到的分散数据加以整理和统计，使其处于一种易于把握的状态，能够基于一定的尺度加以判断。简单的统计分析的方法有单纯统计、交叉统计，一般来说这两种统计的结果就可以说明许多问题，但是，在探讨较复杂的问题时还需要多变量分析等较高级统计分析技术。关于这些技术，有关专业书籍中都有介绍，本书不再详细说明。过去，统计分析工作需要大量的人工作业或要求调研人员有较多的数学知识，但在计算机统计分析软件十分发达的今天，已不再是一个很难的问题。调研人员所要做的，更多的是根据计算机处理的结果，来解释数据并做出与研究目的相关的结论，撰写出调查报告。

第二节 抽样调查法

在进行实地调查时，如果调查对象的范围较小，可进行全员调查。例如，某小学有1 000名学生，校方打算了解学生们阅读课外书的情况，由于每个学生都在可接触的范围内，便可进行全员调查。不过，在大众传播学研究中，调查对象往往面积大、范围广，通常采用抽样调查的方法。抽样调查会伴随着一定的样本误差，但经过一定的统计学修正和处理，其正确性一般认为不次于全员调查。

抽样调查是从调查对象总体中抽选出部分样本，以这部分样本作为对象实施的调查，其结果可用于推论对象总体。例如，“首都大学生媒体接触调查”这个题目涉及的对象总体是北京高校的数十万大学生，我们可以从中抽出 1 000 人的样本进行调查，并根据这个结果来推断首都大学生的媒体接触或利用状况。根据调研人员主观介入的有无，抽样方法可分为两种：一种是有意抽样（非概率抽样），另一种是随机抽样（概率抽样）。有意抽样多用于事例研究或特殊题目的调查，而随机抽样则是现代最普遍、最常用的方法。

一、几种主要的随机抽样技术

（一）简单随机抽样

简单随机抽样方法与掷骰子或抽签的原理相同，其好处是能够保证对象总体中的每个单位都有被选中的同等概率机会。例如，在以抽签方式抽选样本之际，最简单的方法就是给对象总体中的每个单位都进行编号，并制作记录号码的同等数量的标签，从中随机抽出所需的样本数即可。但是，由于实际操作中标签制作很麻烦，所以一般使用乱数表（随机数字表）加以抽选。乱数表在统计学或社会调查的教科书中一般均有附录，其标准使用方法如下：

首先，由于乱数表通常由数页组成，最先必须随机决定表的页号。例如，有的乱数表由 6 页组成，可将骰子 6 面 1 至 6 的数字与各页号码相对应，根据掷出的数字决定页号。

其次，决定表中数字的读取方向。可以使用从表的上方随意掷落铅笔，从笔尖落点最近的数字开始读取；也可以用掷骰子的方法，出现奇数时横向读取，出现偶数时纵向读取等。

此外，还要根据对象总体规模决定所抽取数字的位数。例如，若总体规模为 900，打算抽取 100 个样本，则需要为总体中的每个单位分配以 001 至 900 中的 1 个号码，按照上面所述方法，从乱数表中抽出 100 个 3 位数即可。

简单随机抽样一般用于小规模的调查。在进行较大规模调查之际，为了提高工作效率，大多使用经过改进的其他随机抽样方法。

（二）系统抽样

系统抽样也称等距抽样，基本做法是在随机排列的对象总表（如居民名册、电话簿等）中随意选取第 1 个样本，其他样本按一定间隔加以抽出即可。抽选的间隔距离，用调查对象总数除以样本数的方法来确定，出现小数时可以省略，只取整数即可。例如，对象总数为 10 300，需抽出 1 000 个样本，计算结果为 10.3，省略小数后即可确定间隔距离为 10，即每隔 10 个单位抽出 1 个样本。

系统抽样法的好处是简单省力，但它的前提是对象总体中各构成单位的排列必须是随机的。如果这种排列具有一定的规律性，而抽出的间隔又与这种规律一致，那么就会使抽出的样本产生较大的误差。例如，我们为了分析 1998 年《××日报》的新闻报道内容，打算抽取 50 天的报纸作为样本，那么抽样间隔将会是 7，在这种情况下，也许抽出的 50 份报纸都是一周中某个特定日子（如周三或周日等）发行的，并不能代表该报的总体状况。采用系统抽样法，要对此类情况给予充分注意。

（三）分层抽样

分层抽样也称分类抽样，即将对象总体中的所有单位按照一定属性预先分成若干类别（层），分别进行随机抽取。分层抽样的好处是：（1）使大规模的抽样变得较为容易，便于调查过程的管理；（2）可以提高推断的精确度，例如，在调查“妇女的电视节目收视状况”之际，可根据已掌握的信息事先将她们的学历分成“本科及以上”、“大专”、“高中”、“初中”和“小学及以下”等若干层类，分别抽出样本；（3）便于数据处理阶段对不同属性的群体进行分析比较。

在分层抽样中，可按等比例方法分配每个层类的抽出数量。

（四）多级抽样

也称为多阶段抽样。这也是在大规模调查中经常使用的方法，例如，在进行“全国农村家庭电话普及状况调查”的抽样时，可以把“县”作为第一级抽取单位，把“区”作为第二级抽取单位，把“家庭”作为第三级抽取单位。多级抽样可使大面积调查易于实施，但由于每级（阶段）抽样都会有抽样误差，抽取级数越多误差越大，因此一般认为在应用上最多只能分为三级。

抽样调查是抽出部分以代表总体的调查，由于各种原因，在部分与总体之间不可避免地会存在误差。在随机抽样中，这种误差有多大，在统计学上是可以做出推定的。一般来说，我们进行调查所想得到的是关于对象总体特性的平均值或百分比。因此，通过计算总体与样本之间在平均值和百分比上的差异，就可以推定误差的程度。关于其计算和修正误差的方法，请参照有关统计学或社会调查教科书。

二、问卷设计

大多数实地调查都是以请调查对象填写问卷的方式进行的。一项调查的质量如何，与问卷设计是否科学、是否合理有很大关系。

（一）问卷的构成

在传播学研究中，多数问卷的提问项目由以下三个部分构成：

第一部分是基本项目，一般放在问卷首页（face-sheet），也有的放在问卷的末页。调查内容包括答卷人的性别、年龄、学历、职业、收入、家庭人口等。了解这些内容，主要是为了掌握调查对象的背景，以便在数据分析时作为参照轴加以使用。

第二部分是与调查主题相关的事实或行动项目，如主要利用的媒体、媒体接触的时间量、每月的信息支出费用等。这些项目，可以作为分析的辅助材料加以使用。

第三部分是关于态度或意识的项目，如对媒体的认识、判断、评价、喜好及其理由等。在传播学调查中，这部分内容往往是问卷的核心部分，是调研人员最感兴趣的项目。

有些问卷还有简短的前文和结束语。前文包括介绍调查的目的和意义，寻求调查对象的积极合作，以及保障填写人的匿名权利等，结束语主要包括对合作者表示感谢等内容。

（二）问卷制作的一般原则

为了保证问卷的科学性、客观性和准确性，在制作问卷时应遵循一些基本原则。东京大学教授铃木裕久认为，在以一般社会成员为对象的调查中，应留意以下九个方面：（1）采用通俗易懂的口语体；（2）避免使用属于特殊群体的语汇或专业语汇和缩写词；（3）避免使用暧昧、多义的词语；（4）避免非现实的或虚构想象式的提问；（5）避免主观诱导式提问；（6）避免提问调查对象记忆模糊的问题；（7）在一个问项中避免双重提问（询问性质不同的两个问题）；（8）留意提问顺序的影响（前项提问可能会对后项提问的回答产生特定影响）；（9）将调查对象容易拒绝回答的问题，尽可能放在后面。[1]

问卷中的问项，依回答方式分为闭合式和开放式两种。闭合式问项指问卷中规定几种答案，请答卷者从中做出选择回答的问题；开放式问项指的是请答卷者自由回答的问题。在一份问卷中，两者并用的情况也是常见的。

（三）问题的回答方式

为便于答卷者回答问题，对各问项应具体指定回答方式。常见的回答方式有以下几种：

多项选择法——提供几种可能存在的答案，由答卷人选择与自己的意见相同的答案，可规定选择一项，亦可规定选择多项。

例：在下列媒体当中，您认为哪一种媒体最能帮助您获得国际信息？（选择一项）

（1）报纸（2）杂志（3）电视（4）广播（5）互联网（6）其他（记入：）

评价法——特点是项目间存在着顺序或程度关系，通常采用多项择一形式。

例：您认为××电视台的《实话实说》栏目是否有教育意义？（选择一项）

（1）非常有教育意义（2）有一定教育意义（3）说不准有无教育意义（4）没有多大教育意义（5）非常没有教育意义

排序法——请答卷人按照某种要求为所列各项排出顺序的方法。

例：对下列电视节目，请您按照喜欢的程度为它们排出一个顺序。

（1）新闻节目（第　位）（2）综艺节目（第　位）（3）体育节目（第　位）

（4）电视剧（第　位）（5）电视购物（第　位）（6）音乐节目（第　位）

---

① 参见［日］铃木裕久：《大众传播调查研究法》，40～42页。

自由回答法——不指定回答方式，请答卷人自由表达的方法。一般是在问题的后面留出回答的卷面空间，请答卷人写出自己的观点或见解。这种方法，由于事后的答案整理较为麻烦，一般用于较小规模的调查。

第三节 内容分析法

讯息内容是传播学研究的一个重要领域，对讯息内容的研究和考察也就是内容分析。因此，从广义上来说，内容分析包括了对传播过程中的讯息内容的各种特性进行整理、分类、概括、解释、推测以及评价的各种活动，文章讲评、文学评论等也在这个范畴之内。但是，内容分析作为传播学调查研究的一种实证方法，却有其特定的含义。

一、内容分析的定义和特点

作为一种实证方法，内容分析是与具有一定客观性的调查程序联系在一起的。美国学者贝雷尔森在1952年曾为内容分析下过这样一个定义："内容分析，是一种对明示的传播内容进行客观、系统和定量描述的调查方法。"[①] 这个定义认为内容分析有四个特点，即分析对象是"明示的内容"、程序上的客观性、系统性和定量性。后来，不少学者对此进行了探讨，提出了各种各样的定义，这些定义大多都强调了内容分析的以下三个特点：

（1）客观性——必须要有明确的客观规则，保证不同的分析者分析同一素材能够得出相同的结论。

（2）系统性——讯息内容或类型的取舍选择要有首尾一贯的标准，防止分析者仅选择支持自己见解的材料。

（3）普遍性——内容分析应该将讯息属性和传播者以及受传者的特征联系起来，其目的是为了获得具有科学价值和理论意义的结果，而不是纯粹的"描述性"信息。[②]

至于内容分析的内容是否应仅限于"明示的内容"、是否必须采用量化手段，学者们是有争议的。例如，K. 克里潘多夫在《内容分析方法入门》（1980）中就认为，传播内容中既有"明示讯息"，也有"潜在讯息"，后者无法直接观察到，难以量化，但绝不可以忽视。20世纪80年代以来，内容分析逐渐从狭义向广义发生变化，主张定量考察和定性考察相结合的学者越来越多。

二、内容分析的课题和用途

内容分析不应以单纯的内容描述为最终目的，必须要有科学价值、应用价值和理论意义，因此，内容分析的研究课题是十分广泛的。在传播学研究史上，学者们曾经从事过大量的内容分析，他们所关注的课题大致可以概括归纳如下：

（1）不同时期传播内容的纵向比较分析——用于揭示社会的政治、经济和文化的历史变迁。

---

① B. Belelson, *Content Analysis in Communication Research*, Free Press, 1952.

② 参见［日］铃木裕久：《大众传播调查研究法》，89页。

（2）同一时期传播内容的横向比较——用于揭示不同国家、社会、地区、民族、群体或个人信息传播的共性与个性。

（3）特定时期的传播内容分析——从传播内容特色来推断时代精神或潮流以及社会成员的态度、关心和价值观。

（4）不同媒体间的比较——考察不同媒体讯息内容的特点、结构及其作用方式。

（5）分析传播内容与传播者的关系——通过内容来判断传播者的意图、主张、倾向或传播者的社会背景特点。

（6）分析传播内容对传播效果的影响——考察内容的主题、观点和表达方法或技巧（内容提示法、说理法、诉求法等）对说服效果的影响等。

（7）分析传播内容与受传者的关系——考察特定社会群体经常接触的媒体内容，分析他们的兴趣、关心和需求，以及讯息接触和解读的过程、结构和特点等。

（8）考察传播内容与宏观的社会结构之间的关系——考察传播内容中所体现的意识形态及其与社会的政治、经济和文化制度的联系等。

以上这些，并不是内容分析课题的全部，但它们无疑是最主要的部分。近年来，除了以考察传播效果为目的的内容分析以外，以下几种类型的研究尤其受到人们的重视：

第一种是为了获得"文化指标"（cultural index）而进行的内容分析。在现代社会，大众传播几乎覆盖了社会生活的各个领域，其内容无疑是反映社会状态及其特点的重要指标。例如，20 世纪 90 年代，我国的传媒流行"潇洒"一词，通过分析这个词出现的频度、它所使用的场合、经常与哪些行为范例相联系以及它所包含的价值意义等，我们可以判断"潇洒"这个词究竟反映了什么样的社会文化现象。这种内容分析既可以用于分析社会变化，也可以用于同一时期的社会横向比较。

第二种是用于媒介提示的"拟态现实"与客观现实之间的比较。在大众传播高度普及的今天，我们关于社会事物的绝大多数知识和信息都来自于传播媒介，如果大众传播的内容（形成"拟态现实"）不能正确地反映现实，缺乏客观性和公正性，就会引起我们的认识和判断的失误，并由此产生各种各样的社会问题。因此，通过内容分析来检验媒介提示的"拟态现实"与客观现实之间的一致程度，防止媒介歪曲现实的某些倾向是具有重要意义的。此类比较研究，在美国学者格伯纳从事的"培养分析"中得到了较多的应用（参见本书第十二章第三节）。

第三种类型是欧洲批判学者从事的"文本分析"。所谓文本（ text），与讯息（message）的意义大致相同，指的是由一定的符号或符码组成的信息结构体，这种结构体可采用不同的表现形态，如语言的、文字的、影像的等。文本是由特定的人制作的，文本的语义不可避免地会反映人的特定立场、观点、价值和利益。因此，由文本内容分析，可以推断文本提供者的意图和目的。批判学派中以霍尔为首的"文化研究"学者所从事的大众传播文本分析，主要是根据马克思"统治阶级的思想在每一时代都是占统治地位的思想"[1]的论断，来考察文本的符号和语义结构与社会支配结构的关系，其宗旨是揭示资本主义社会中的主流传媒为占统治地位的利益和意识形态服务的实质，倡导社会变革。

---

① 《马克思恩格斯选集》，2 版，第 1 卷，98 页，北京，人民出版社，1995。

三、内容分析的程序和技术

内容分析的基本过程，与其他类型的调查研究大致相同。换句话说，这个过程也是由“确定课题→选定对象→实施调查→整理分析→提出结论”等各个环节和步骤构成的，只不过调查的对象是“讯息”而已。在这里，我们不再介绍这些共同点，仅就涉及内容分析程序和技术的一些特殊问题做一些简要说明。

（一）分析对象的选定

内容分析也可以分为全数分析和抽样分析两种。在分析对象有限的场合，可以进行全数分析。例如，日本国会在1999年通过了所谓“周边关系诸法案”，我们可以把这几项法案都作为分析的对象，由此来透视日本的外交方针。不过，在大众传播内容分析中，由于分析的对象素材数量庞大，一般采用抽样的方法。

根据铃木裕久的见解，大众传播内容分析的样本抽选应考虑三个层面上的问题。第一是“信源”层面上的抽样，如“改革开放以来中国报纸言论的变化”这个题目，应该把1978年到现在的所有报纸都作为调查分析的对象，从中抽出所需的样本。第二是“传播单位”层面上的抽样，即确定是把日报、晚报、周报等都作为抽样对象，还是仅限定为日报。第三是“讯息”层面上的抽样，即确定是把整张报纸的内容都作为抽样对象，还是仅确定为社论或评论。[①] 内容分析抽选出的基本单位样本是讯息。

（二）内容的解析操作

确定了具体的分析对象之后，就进入内容解析作业的过程。这个过程，实际上就是制定分类标准、确定分析单位，将讯息的各部分纳入不同类型范畴的活动。在对语言文字素材进行内容分析时，分析单位通常有三种：（1）单词或象征符；（2）句子或段落；（3）整条讯息。

在决定了分析单位以后，接着必须按照统一的分类标准把每个单位纳入不同的类型。在传播学研究中，根据“言及对象”（说的是什么）和“言及方式”（如何说的）进行分类是较为常用的方法。

根据“言及对象”的分类有：

（1）对象（言及的事物或人物是什么）；

（2）方向（好意的—非好意的，强烈的—平淡的，等等）；

（3）标准（方向设定背后的依据或基础）；

（4）价值（体现了什么样的价值、目标或期望）；

（5）方法（达成目标的方法是什么）；

（6）特征（当事人的性格特征是什么）；

（7）行为人（行为人是谁）；

（8）权威（意见是以谁的名义阐述的）；

（9）信源（传播者是谁）；

（10）对象（对什么样的个人或群体进行的传播）；

---

① 参见［日］铃木裕久：《大众传播调查研究法》，95～96页。

（11）场所（行为在什么场所发生的）；

（12）冲突（冲突的根源与程度是什么）；

（13）结果（冲突解决成功还是失败，或者结果是暧昧的）。

根据“言及方式”的分类主要有：

（1）媒体形态（使用的传播媒介是什么，是报纸还是广播、电视，或是其他）；

（2）表述的形态（语法、句法或统词论意义上的形态）；

（3）策略手段（使用的是什么样的修辞方法或宣传技巧）。

根据分析对象和分析目的的需要，研究人员也可以采用其他的分类方式。不过，不管采用什么样的分类方式，都应该具有系统性，各类型之间保持有机的关系。

（三）量化表示的方法

在把作为分析对象的讯息全部加以解析、分类和类型分配之后，随之而来的是如何显示结果的问题。在有定量可能的情况下，应尽可能采用量化表示的方法。内容分析中常用的量化表示方法有以下几种：

1. 出现的有无

仅仅判断某一事物或属性在内容中是否出现，出现的时候用 1 表示，未出现时用 0 表示。在这种场合，出现的频度并不重要，主要为了计算某种属性在一组讯息中“出现”和“未出现”的比例。

2. 出现的频度

这是每当某种属性出现 1 次便加以累计的表示方法，一般用于两组讯息之间的比较。例如，在对两家报社报道北约轰炸南联盟的同期消息稿进行内容分析时发现，“侵略”这个词在 A 社消息中出现了 7 次，而在 B 社消息中出现了 55 次，显然这两家报社对该事件的立场和态度是有很大区别的。

3. 传播的时间量和空间量

这是在大众传播内容分析中经常使用的一种量化表示法。例如，计算电视台在报道某个问题时用了多少节目时间，报社在报道某个问题时用了多少版面空间等。这种方法可以用来显示媒介对特定问题的重视程度，也可以从某些侧面反映它们的立场和态度。

4. 传播的强度

这是不仅考虑某种属性出现的次数或频度，而且把强烈程度也考虑在内的一种量化表示法。例如，“环卫部门对这种行为提出了批评”、“环卫部门对这种行为提出了警告”和“环卫部门对这种行为提出了严厉警告”这三个句子，由于语气和用词不同，其分量是不一样的。对不同表达方式的强度的比较，通常使用加权的方法来计算。

内容分析是一种比较复杂和琐细的研究活动，必须在各环节上系统、全面地分析问题，防止判断标准不一。为了保证这一点，调研人员应该事先对分析操作员进行严格的培训。

第四节　控制实验法

在传播学中，控制实验也是一种常用的方法，这种方法伴随着对实验对象、实验环境和条件的严格限定和控制，所以称为控制实验。本书在第十一章第三节中提到的霍夫兰等人关于传播效果的形成条件和制约因素的研究，大都是以控制实验的方式进行的。

一、控制实验法的用途

传播学中的控制实验，主要用于测试特定的信息刺激或环境条件与人的特定心理或行为反应类型之间的因果关系。从迄今为止有关传播的影响和效果的一些实验事例来看，学者们较为关注的条件大致可以分为以下几个方面：

（1）信源的条件——测试信源的可信性的高低与传播效果的大小是否有某种必然联系；

（2）信息内容的条件——测试不同的信息内容是否会导致不同的认知和行为反应（如暴力节目是否会导致青少年的侵害行为）；

（3）传播方法和技巧的条件——测试不同的内容提示法、说理法和诉求法具有什么样的说服效果；

（4）受传者的社会条件——测试受传者的各种社会属性、群体归属关系、群体规范等对他们接收信息具有什么样的影响；

（5）受传者的个性条件——测试个人的信息处理方式和习惯、自信心的强弱等个性特征对他们的信息处理过程及其结果具有什么样的影响等。

由于实验的目的是为了测试特定条件的作用，或者反过来说是为了测试引起某种特定反应需要什么样的特定条件，所以必须对实验条件加以严格控制。例如，我们在测试“诉诸理性”和“诉诸感情”这两种诉求方法的说服效果时，应该尽最大可能排除可能对说服效果产生作用的其他条件变量（如信源、观点、被测人的社会背景等）的影响。为了达到条件控制的目的，大多数实验是在实验室环境中进行的，有些情况下还需要特殊的实验装置。

对控制实验法的有效性和科学性，在学界是有争论的。持否定观点的人认为，人的社会行为是由众多的变量决定的，控制实验法仅能操作其中的一个或少数几个变量，因此并不适用于复杂的社会行为分析；同时，实验环境与人的行为发生的自然环境有很大的差异，在实验条件下得出的结论，也并不一定适用于现实。但也有不少学者赞成这种方法，认为它能够最大限度地排除不确切变量的影响，通过考察最重要的变量的作用而得出明确的结论；同时这种方法不受自然环境中所产生的特定变量值及其组合的限制，其结果可用于推测一般人的行为。尽管人们的看法不同，但控制实验法仍然作为一种重要方法在传播学研究中得到广泛应用，不少实验结果对我们理解人的传播行为具有很大的启发意义。

二、控制实验的基本程序与技术

控制实验的过程，大致由以下几个环节或步骤组成。

1. 确定实验课题

实验课题有两种类型：一种是假说发现型，另一种是假说验证型。前者如通过实验测试“电视广告的最有效播放次数”，后者如验证在信源条件对说服效果影响中是否存在“休眠效果”现象等。在很多情况下，一项实验可能既具有“发现”的目的，也具有“验证”的目的。

2. 选定实验对象

实验对象的选择可采用抽样方式选出，也可以根据课题需要选择某个具有一定代表性的小群体。例如，美国社会心理学家凯利等人在考察群体规范对说服效果的影响时，曾把中学生中的“童子军”团体作为实验对象。

3. 制作信息测试材料

主要指制作用于测试的内容材料，可以选择现有的文章、图画、广播录音稿、影像短片等，也可以制作新的测试材料。

4. 实施测试

将实验对象置于特定的实验控制环境里，按既定程序向他们提示测试材料，收集反应数据。

5. 提出实验报告

对测试的数据进行整理和分析，并将实验结果与实验课题目标相照合，提出结论，达到发现新假说或验证既有假说的目的。

从实验的组织方法、实施程序和技术的角度来看，传播学中常用的控制实验主要有以下三种类型（见表 15—1)。

表 15—1　　传播学控制实验的主要类型

	被验组	测试 1	刺激提示	测试 2
类型 1				
单一事后测试	第 1 组		○	○
控制实验	第 2 组			○
类型 2				
前后测试	第 1 组	○	○	○
控制实验	第 2 组	○		○
类型 3				
	第 1 组	○	○	○
所罗门 4 组	第 2 组	○		○
控制实验	第 3 组		○	○
	第 4 组			○

注：○表示有实验操作。

第一种称为“单一事后测试控制实验”(posttest-only controlled experiment)。其做法是将实验对象随机地分成两个等质的小组，对其中一组实施信息刺激，而对另一组则不实施信息刺激；对两组均不做事前测试（测试 1)，只进行事后测试（测试 2)，实验目的是为了观察两组之间因信息刺激提示的有无而产生的差异。

第二种称为“前后测试控制实验”（pretest-posttest controlled experiment)。其做法是对第 1 组实施两次测试，以观察比较信息刺激提示前后的变化；对第 2 组同样实施前后两次测试，但不提示信息刺激，以观察无刺激条件下的自然变化，并对两组进行比较。

第三种称为“所罗门 4 组控制实验”(Solomon 4-group controlled experiment)。其做法是把实验对象随机分成 4 组，给予不同的实验条件，目的是对测试结果进行多方面的比较。这里包括第1组的测试1和测试2的比较、第1组的测试2与第3组的测试2的比较、第2组的测试1与第3组的测试2的比较、第3组的测试2与第4组的测试2的比较等。

以上三种类型只是控制实验的基本做法，在从事具体课题的研究时，可以根据需要做某些变更，设计出更为科学有效的实验方案。例如，霍夫兰在第二次世界大战中实施的关于"一面提示"和"两面提示"说服效果的实验设计和过程，大致可以概括如下：

课题目的：检验"一面提示"和"两面提示"的说服效果并进行比较。

实验对象：美军士兵。

信息刺激材料：两篇宣传讲演稿（观点相同："战胜日本尚需时日"；提示法不同：一篇采用"一面提示"，另一篇采用"两面提示"）。

操作步骤和方法：（1）将被验者随机分为等量的三组；（2）分别对三组实施事前态度测试；（3）对第1组实施"一面提示"的宣传，对第2组实施"两面提示"的宣传，第3组作为对照组，不实施任何宣传；（4）分别对三组实施事后态度测试。

数据整理分析：（1）比较第1组接触宣传前后的态度变化；（2）比较第2组接触宣传前后的态度变化；（3）第1组和第2组的态度变化程度比较；（4）第1、2组与第3组的态度变化程度比较（考察接触了宣传和未接触宣传的态度变化差异）；（5）对被验者的（学历、原有态度等）背景进行分析，考察背景要素与两种提示法之说服效果的关联。

撰写实验报告：对实验的过程、方法、结论或发现进行概括和总结，提出有关"一面提示"和"两面提示"之说服效果的一般理论。（关于实验的结果，请参阅本书第十一章第三节）

在拉姆斯丁等人在20世纪50年代实施的有关上述两种提示法的实验中，还有后续实验的部分。后续实验在第一次实验的基础上进行，在第一次实验后过一段时间（如4周）再追加1次"反宣传实验"（向实验对象提示与第一次实验观点相反的宣传材料），其目的是比较"一面提示"和"两面提示"的说服效果的稳定性，以及对反宣传的抵抗力的强弱。

本章简要介绍了传播学中几种常用的定量调查研究方法。应该指出的是，定量研究是社会科学研究中的一种重要的方法，但不是唯一的方法。社会科学中的定量研究与自然科学中的定量研究是有本质区别的。第一，社会科学（包括传播学）中的定量方法尚不成熟，其本身还存在许多缺陷和问题；第二，社会现象极为复杂，包括了许多不能加以量化的因素（如人的内在思维活动、宏观的社会结构等）；第三，每个调研人员对社会事物都有特定的价值、立场和态度倾向，要完全排除主观因素的介入是不可能的。因此，我们不能将社会科学量化研究的结果或结论当作自然科学中的"定律"来对待，而只能把它们作为说明或解释社会现象的一种参考性的"假说"。任何一种对定量方法的迷信都是错误的，只有将定量研究与定性研究相结合，并运用辩证法的原理分析问题，才是传播学研究的正确方法。

思考题

第一节

1. 谈谈调查在传播学研究中的地位和作用。
2. 传播学的调查研究大致可分为哪些阶段？各阶段的主要工作是什么？

第二节

1. 简述几种主要的随机抽样方法。
2. 问卷设计的基本原则有哪些？
3. 选择你感兴趣的传播学课题，制作一份调查问卷。

第三节

1. 什么是内容分析？它有哪些特点或原则？
2. 内容分析主要应用于哪些研究目的？
3. 什么是“文化指标”？为什么说大众传播内容是反映社会现实的重要“文化指标”？
4. 试述几种主要的内容分析量化表示方法。

第四节

1. 传播学中的控制实验主要关注哪些条件？
2. 什么是“所罗门 4 组控制实验”？其特点是什么？
3. 选择你感兴趣的课题，设计一份“前后测试控制实验”的方案。

后记

POSTSCRIPT

《传播学教程》（第二版）与大家见面了。这次再版，是应广大学子和教师的要求并在中国人民大学出版社的支持下完成的。自第一版出版以来，使用本教材的许多学子和教师在充分肯定它的价值的同时，也以来信或其他方式提出了不少宝贵的修改意见，本次修改的许多思路也是来自于他们的建议。因此，我首先由衷地向多年来使用和关心本教材的广大学子和教师表示感谢。中国人民大学出版社为本书出版提供了许多帮助，特别是责任编辑李学伟先生、钟婧怡女士、骆骁女士、李颜女士为保证本书的编辑质量付出了大量的心血。中国传媒大学青年研究人员蔡静博士、青岛海洋大学在清华大学进修的公文老师，都为本书的修改提供了思路、建议，并在文献资料收集和翻译方面付出了辛勤的劳动，在此一并表示深深感谢。

斯蒂文·W·小约翰在他的《传播理论》（第五版）序言中曾经说过："没有任何一本传播理论教科书在其新版本出版时能够全面和完整地反映这一领域的理论，即使多卷本的传播学百科全书也未必能够提供全面介绍。"本书亦是如此，尽管作者力图提供传播学基础理论并试图勾勒传播学的基本框架，但远远还未达到这个目的，并且书中一定还会有作者未能留意到的缺陷和不足。因此，欢迎大家对本书提出批评，作者一定将这些宝贵意见作为下次修改的重要参考。

郭庆光

2011年1月28日

新编21世纪新闻传播学系列教材

系列	书名	ISBN	作者
基础课程系列	当代媒介素养十讲	978-7-300-20305-8	高　萍
基础课程系列	当代西方新闻理论	978-7-300-20394-2	刘建明
基础课程系列	理论新闻传播学导论（第二版）	978-7-300-13959-3	童　兵
基础课程系列	马克思主义新闻观教程（第二版）	978-7-300-20958-6	陈力丹
基础课程系列	媒介经营与管理	978-7-300-31487-7	周蔚华
基础课程系列	媒介素养概论	978-7-300-22244-8	刘　勇
基础课程系列	外国新闻传播史	978-7-300-20259-4	陈力丹
基础课程系列	外国新闻传播史纲要（第3版）	978-7-300-29979-2	陈力丹 张玉川
基础课程系列	外国新闻史（第2版）	978-7-300-31658-1	李　磊 傅　宁
基础课程系列	新闻传播法教程（第7版）	978-7-300-30695-7	魏永征 周丽娜
基础课程系列	新闻传播伦理与法规教程	978-7-300-22658-3	陈　绚
基础课程系列	新闻传播学专业英语教程（第二版）	978-7-300-11756-0	展　江
基础课程系列	新闻理论教程（第5版）	978-7-300-31784-7	杨保军
基础课程系列	新闻理论新编（第二版）	978-7-300-20150-4	郑保卫
基础课程系列	中国新闻传播史新编（第二版）	978-7-300-28338-8	王润泽 等
新闻学系列	报刊编辑（第2版）	978-7-300-31132-6	王灿发 等
新闻学系列	当代新闻写作（第二版）	978-7-300-25688-7	白　贵 彭焕萍
新闻学系列	融合新闻学概论：理念、实务、操作解析	978-7-300-29739-2	李　沁
新闻学系列	深度报道	978-7-300-29756-9	唐　铮
新闻学系列	新闻编辑学（第四版）	978-7-300-26788-3	蔡　雯 等
新闻学系列	新闻采访教程	978-7-300-09371-0	张　征
新闻学系列	新闻采访与写作	978-7-300-25972-7	高　钢 潘曙雅
新闻学系列	新闻评论	978-7-300-17654-3	李　舒
新闻学系列	新闻摄影教程（第五版）	978-7-300-28327-2	盛希贵
传播学系列	传播心理学	978-7-300-27601-4	陈　锐 等
传播学系列	传播学纲要（第二版）	978-7-300-18386-2	陈力丹 陈俊妮
传播学系列	大众传播理论：范式与流派	978-7-300-08629-3	刘海龙
传播学系列	大众传播学研究方法导论（第二版）	978-7-300-21789-5	陈　阳
传播学系列	国际传播（第3版）	978-7-300-32050-2	李　智

系列	书名	ISBN	作者
传播学系列	健康传播：理论与实践	978-7-300-30840-1	王秀丽
	全球传播导论	978-7-300-31478-5	高金萍
	视觉传播概论	978-7-300-09186-0	任　悦
	网络传播学	978-7-300-10376-1	彭　兰
	危机传播管理（第三版）	978-7-300-18658-0	胡百精
	舆论学教程（第2版）	978-7-300-31785-4	李　彪
	政府传播	978-7-300-20139-9	郎劲松 侯月娟
广播电视系列	出镜报道与新闻主持	978-7-300-27213-9	刘　培
	商业摄影实训教程（第3版）	978-7-300-29480-3	杨莉莉
	出镜报道（第3版）	978-7-300-31973-5	张　超
	电视采访学（第三版）	978-7-300-25925-3	雷蔚真 朱羽君
	电视摄像教程（第2版）	978-7-300-30778-7	杨晓宏 等
	广播电视概论（第2版）	978-7-300-31894-3	周小普
	广播新闻	978-7-300-17836-3	成文胜
	纪录片创作（第四版）	978-7-300-26857-6	朱景和
	节目主持人教程（第二版）	978-7-300-21066-7	廖声武
	视听新闻报道	978-7-300-29101-7	周　勇
广告学系列	传媒经济学教程（第二版）	978-7-300-27847-6	喻国明 等
	公共关系学（第二版）	978-7-300-25074-8	胡百精
	公共关系学教程（第3版）	978-7-300-31272-9	殷娟娟
	广告策划与创意（第二版）	978-7-300-13768-1	蒋旭峰
	广告创意概论（第二版）	978-7-300-26146-1	刘建萍 陈思达
	广告伦理与法规	978-7-300-21414-6	陈　绚
	广告文案写作教程（第四版）	978-7-300-27053-1	郭有献
	广告效果测评	978-7-300-28093-6	杨雪睿
	广告学教程（第四版）	978-7-300-19360-1	倪　宁
	广告学专业导论	978-7-300-30839-5	何玉杰
	计算广告学	978-7-300-29946-4	林升梁
	新媒体广告（第2版）	978-7-300-30671-1	黄　河 等
	中外广告史（第二版）	978-7-300-28550-4	何玉杰
编辑出版系列	数字出版概论	978-7-300-32051-9	陈　丹
	数字出版教程	978-7-300-22124-3	匡文波

书名	ISBN	作者
编辑出版系列		
数字出版营销	978-7-300-29976-1	张新华
选题策划导论	978-7-300-22268-4	易图强
中外出版史	978-7-300-10691-5	肖东发

21世纪新媒体专业系列教材

跨媒体新闻传播理论与实务	978-7-300-15767-2	雷蔚真
融媒体新闻报道实务	978-7-300-32054-0	红 尘
社会化媒体：理论与实践解析	978-7-300-21417-7	彭 兰
数据新闻概论（第二版）	978-7-300-26519-3	方 洁
算法新闻	978-7-300-27153-8	塔 娜 唐 铮
网络传播导论（第三版）	978-7-300-28094-3	钟 瑛
网络传播法导论（第2版）	978-7-300-32362-6	邵国松
网络传播概论（第5版）	978-7-300-31972-8	彭 兰
网络新闻编辑	978-7-300-28460-6	胡明川
网络舆情概论（第2版）	978-7-300-31434-1	周蔚华 徐发波
微电影创作教程（第2版）	978-7-300-32052-6	黄秋生 等
新媒体产品设计与项目管理	978-7-300-29740-8	龙思思
新媒体概论（第三版）	978-7-300-27214-6	匡文波
新媒体研究方法	978-7-300-30054-2	王锡苓 刘 昊
新媒体艺术导论	978-7-300-26001-3	童 岩 郭春宁
新媒体运营	978-7-300-25702-0	刘友芝
新媒体运营实务	978-7-300-29737-8	张浩淼 等
信息图表编辑	978-7-300-21565-5	许向东
智能媒体传播	978-7-300-30934-7	段 鹏 等

普通高等学校应用型教材·新闻传播学

H5交互融媒体作品创作（第2版）	978-7-300-31330-6	周德旭
广播电视新闻业务（第2版）	978-7-300-32053-3	常 昕 袁 雪
广告策划实训教程（数字教材版）	978-7-300-31971-1	宋 瑾
融合新闻创作（数字教材版）	978-7-300-30933-0	韩 姝 严 亚
视听新闻实务（数字教材版）	978-7-300-30669-8	郭子辉
网络与新媒体概论	978-7-300-30449-6	詹新惠
新媒体纪录片创作（数字教材版）	978-7-300-31634-5	邬建中
新媒体视听节目制作（数字教材版）	978-7-300-31824-0	谢 杰
新闻学基础：历史与理论	978-7-300-30668-1	陆佳怡
直播电商运营实务（数字教材版）	978-7-300-31910-0	陈致烽

图书在版编目（CIP）数据

传播学教程/郭庆光著．—2版．—北京：中国人民大学出版社，2011
21世纪新闻传播学系列教材
ISBN 978-7-300-11125-4

Ⅰ．①传… Ⅱ．①郭… Ⅲ．①传播学-高等学校-教育 Ⅳ．①G206

中国版本图书馆CIP数据核字（2011）第031874号

全国优秀教材二等奖
普通高等教育“十一五”国家级规划教材
教育部普通高等教育精品教材
21世纪新闻传播学系列教材

传播学教程

第二版

郭庆光　著

Chuanboxue Jiaocheng

出版发行	中国人民大学出版社		
社　　址	北京中关村大街31号	**邮政编码**	100080
电　　话	010－62511242（总编室）		010－62511770（质管部）
	010－82501766（邮购部）		010－62514148（门市部）
	010－62511173（发行公司）		010－62515275（盗版举报）
网　　址	http://www.crup.com.cn		
经　　销	新华书店		
印　　刷	北京市鑫霸印务有限公司	**版　　次**	1999年11月第1版
开　　本	787 mm×1092 mm　1/16		2011年4月第2版
印　　张	18.75	**印　　次**	2025年12月第42次印刷
字　　数	421 000	**定　　价**	49.90元

关联课程教材推荐

ISBN	书名	作者	定价（元）	出版时间
978-7-300-18386-2	传播学纲要（第二版）	陈力丹 陈俊妮	49.80	2014年1月
978-7-300-08629-3	大众传播理论：范式与流派	刘海龙	59.80	2008年2月
978-7-300-21789-5	大众传播学研究方法导论（第二版）	陈　阳	48.00	2015年9月
978-7-300-13959-3	理论新闻传播学导论（第二版）	童　兵	39.00	2011年7月
978-7-300-31972-8	网络传播概论（第5版）	彭　兰	69.80	2023年9月
978-7-300-30290-4	传播理论导引：分析与应用（第6版）	［美］理查德·韦斯特等	149.00	2022年3月
978-7-300-12214-4	传播学概论（第二版）	［美］威尔伯·施拉姆等	59.80	2010年10月
978-7-300-08994-2	传播学简史	［法］阿芒·马特拉等	39.80	2008年4月
978-7-300-26689-3	媒介论争：数字时代的20个争议话题（第4版）	［美］埃弗里特·丹尼斯等	65.00	2019年3月

配套教学资源支持

尊敬的老师：

衷心感谢您选择使用人大版教材！

相关的配套教学资源，请到人大出版社网站（www.crup.com.cn）下载，或是随时与我们联系，我们将向您免费提供。

欢迎您随时反馈教材使用过程中的疑问、修订建议并提供您个人制作的课件。您的课件一经采用，我们将署名并付费。让我们与教材共成长！

联系人信息：

地址：北京海淀区中关村大街31号206室　龚洪训 收　　邮编：100080

电子邮件：gonghx@crup.com.cn　　电话：010－62515637　　QQ：6130616

如有相关教材的选题计划，也欢迎您与我们联系，我们将竭诚为您服务！

选题联系人：	电子邮件：	电话：
周　莹	383902102@qq.com.cn	010－62511612

俯仰天地　心系人文

人大社网站　www.crup.com.cn

专业教师QQ群：

723715191（全国新闻教师2群）

欢迎您登录人大社网站浏览，了解图书信息，共享教学资源

期待您加入专业教师QQ群，开展学术讨论，交流教学心得

群名称:全国新闻教师2群

群　号:723715191